程潜大传

陈利明／著

团结出版社

图书在版编目（ＣＩＰ）数据

程潜大传 / 陈利明著. -- 北京 ： 团结出版社，
2017.1（2020.3 重印）
　　ISBN 978-7-5126-4690-2

　　Ⅰ．①程… Ⅱ．①陈… Ⅲ．①程潜（1882-1968）
—传记 Ⅳ．①K827=7

　中国版本图书馆 CIP 数据核字(2016)第 297962 号

出　　版：团结出版社
　　　　　（北京市东城区东皇城根南街 84 号　邮编：100006）
电　　话：（010）65228880　65244790　（出版社）
　　　　　（010）65238766　85113874　65133603（发行部）
　　　　　（010）65133603（邮购）
网　　址：http://www.tjpress.com
E-mail：zb65244790@vip.163.com
　　　　　fx65133603@163.com（发行部邮购）
经　　销：全国新华书店
印　　装：三河腾飞印务有限公司

开　　本：170mm×240mm　　　16 开
印　　张：24
字　　数：426 千字
版　　次：2017 年 1 月　第 1 版
印　　次：2020 年 3 月　第 2 次印刷

书　　号：978-7-5126-4690-2
定　　价：49.80 元

编者的话

2015年10月12日，芙蓉之国的古城长沙风和日丽，秋高气爽。坐落于长沙市芙蓉区人民西路百果园19号的湖南和平解放史事陈列馆于这一天隆重开馆。民国时期，这里是湖南绥靖公署主任兼省主席程潜将军的公馆，也是他率领在湘的几十万国民党军人和旧军政人员实现湖南和平起义的珍贵的历史见证。

程潜将军是辛亥革命元老，北伐战争和抗日战争时期的著名将领。抗战胜利后，他任武汉行营主任，反对内战，支持国共和谈。1948年，他改任湖南绥靖公署主任兼省主席，给其人生带来根本改变的契机。随着全国各地，尤其是湖南人民反内战和平运动的风起云涌和人民解放军如排山倒海般的胜利进军，激励他在中共地下组织的帮助下，经过长期酝酿和精心准备，于1949年8月4日，毅然率部通电起义，使其成为湖南和平解放的首要功臣。

中华人民共和国成立后，程潜历任中南军政委员会副主席，湖南军政委员会主席，湖南省政府主席、省长，全国政治协商会议常务委员，全国人民代表大会常务委员会副委员长，中央人民政府革命军事委员会副主席、全国国防委员会副主席，中国国民党革命委员会中央委员会副主席。他在长期担任国家领导职务的同时，一直兼任湖南省政府主席、省长近20年，直到1968年逝世。他毕生为民族民主革命而斗争，为中国社会主义革命和建设事业做出杰出贡献。他的坎坷人生是一部沧桑民国史的缩影，他的革命荣光和湖南和平起义紧密联系在一起，见证了湖南历史和中国社会翻天覆地的变化。

《程潜大传》是著名传记文学作家陈利明先生的作品。作者搜集大量历史资料，真实生动地记录了程潜将军充满传奇色彩的一生。该书在2005年由我社第一次出版后，获得广泛的社会好评，同时一些专家、学者和读者对书中的某些史实和评价也提出了质疑和探讨，特别是程瑜女士等程潜将军的亲属对书中存在的问题提出了许多具体的修改意见。这次出版，我们对原书中的技术性问题进行了统一处理，重点对重大史实的缺漏和失误进行了较大的增补和修改。比如，根据程潜本人的回忆，增写了他于 1904 年赴日本东京振武学校留学的相关内容，补述了他在 1938 年担任天水行营主任期间举办国民党军队第二期游击干部训练班的相关情况。还有 1937 年程潜与郭翼青女士结婚的情况和 1945 年重庆谈判期间程潜与毛泽东两次见面的情况，原书中都有不切实际的描写，这次都进行了必要的修改更正。尤其 1938 年 6 月，程潜正在第一战区司令官兼河南省主席任上，对他执行国民政府计划，实行花园口决堤的历史事件，除了肯定这一举措阻滞了日军对武汉的进攻，为国民政府军政人员和广大百姓的转移，以及各类工厂学校的搬迁，赢得了三个月的宝贵时间，同时依据相关资料的新发现，详尽地补述了程潜为尽可能减少决堤损失所做的工作，一是在决堤之前，通知下游四个村庄居民及时迁避。致"无一人伤亡"；二是在决堤后及时发放赈灾款，用以资助灾民重建家园。因他"救援得当，尽可能地降低了由决堤造成的人道灾难"。总之，一些重大史实的增补修正，使该书内容更符历史事实，对程潜的是非功过有了更为客观公正的评价。

这次修改，我们参考、吸收一些专家、学者的研究成果，尤其得到程渝女士的潜心指正，谨致感谢。《程潜大传》这次修订出版，还得到程潜女儿程渝、程文及外孙林可冀，曾外孙林钢、林锋，侄外孙张起衡等慷慨资助，在此一并表示由衷敬意和谢忱。

团结出版社编辑部

2016 年 10 月

目录 CONTENTS

引　言 / 1

第一章　少年壮志 / 5

　　农家门第 / 5

　　清末秀才 / 13

　　弃文习武 / 20

　　东渡日本 / 26

　　海外归来 / 31

第二章　披肝沥胆 / 46

　　义举立勋 / 46

　　回湘斡旋 / 57

　　重渡东洋 / 66

　　护回讨袁 / 74

　　护法前驱 / 100

第三章　东征北伐 / 112

　　血性男儿 / 112

　　军政部长 / 122

　　东征讨逆 / 132

　　转战北伐 / 139

　　首克南京 / 148

　　虎口脱险 / 159

　　西征讨唐 / 164

　　无端受辱 / 172

　　"寓公"生涯 / 180

第四章　抗日救国 / 192

　　出任总长 / 192

督师御寇 / 206

毁誉参半 / 214

喜娶夫人 / 222

一级上将 / 225

第五章　勉力竞选 / 239

行辕主任 / 239

早邀默契 / 248

跻身竞选 / 250

竞选角逐 / 255

第六章　义声昭著 / 275

回湘主改 / 275

巧于应变 / 280

投向光明 / 287

妙演双簧 / 292

高举义旗 / 300

毅然起义 / 315

威震四海 / 326

备受礼遇 / 331

第七章　老骥伏枥 / 339

身兼数职 / 339

肝胆相照 / 352

晚节弥坚 / 356

情深意笃 / 361

自有评说 / 369

后记 / 375

引　言

　　程潜（1882—1968），字颂云，1882 年 3 月 31 日出生于湖南省醴陵县。初习举业，为晚清名儒岳麓书院山长王先谦先生之高足，曾考中秀才。后因愤于国事日塞，弃文习武，考入武备学校，以成绩优异，经保送赴日，于 1904 年入日本陆军士官学校炮兵科第六期学习，毕业后继入日本早稻田大学学习政治经济，在日本结识了孙中山先生，并加入同盟会。

　　1908 年回国后，程潜受同盟会委派入四川训练新军，任四川镇统府上校正参谋。辛亥革命爆发时，他前往武昌，在黄兴领导下，参加了著名的武汉保卫战，任龟山炮兵阵地指挥，后任湘军都督府参谋长、湖南军事厅厅长。无产阶级革命家毛泽东、李立三都在他的麾下当过兵。

　　1913 年，他积极响应孙中山的号召，参加讨袁，失败后再次赴日。1915 年，他奉孙中山先生之命，由日本归国，在云南得到护国军政府的帮助，率兵进入湖南，一举攻克靖县，被推举为湖南护国军总司令，

程潜（1882—1968）

在"讨袁驱汤"斗争中颇负盛名，1916年任湖南省长。1917年8月，孙中山派程潜自广东赴湖南护法，被推为湖南护法军总司令。1920年任广东大元帅府陆军次长、非常大总统陆军总长，1923年至1925年，任大本营军政部长兼陆军讲武学校校长，1925年下半年，任"建国"攻鄂军总司令。是年冬，程潜任国民革命军第六军军长，参加了讨伐陈炯明的东征和镇压杨希闵等在广州的叛乱，屡立军功，得到孙中山的赞赏。

孙中山先生逝世后，程潜继续拥护孙中山的三大政策。北伐时，他率国民革命军第六军，与担任该军党代表的共产党人林伯渠通力合作，转战湖北、江西，后又任国民革命军江右军总指挥，率部攻克安徽，于1927年3月直取南京。"南京事件"发生后，程潜的名字开始出现于欧美报坛。

程潜1927年任国民政府军委会主席，1928年任西征总指挥兼第四路军总指挥，率部西征讨伐唐生智，同时兼任湘鄂政务委员会主席，1935年任国民政府参谋总长。

1937年卢沟桥事变后，程潜毅然投身到抗日战争的行列之中，先后担任第一战区司令长官、河南省政府主席、军委会西安行营主任、战地党政委员会副主任委员等职。在指挥作战中，他身先士卒，英勇抗击日军，并热情帮助一些共产党人和进步人士从事抗日活动。

溯自辛亥革命以来，程潜指挥师旅，运筹帷幄，功勋彪炳，先后荣获中华民国宝鼎勋章、青天白日勋章、胜利勋章及法国荣光勋章等。

抗日战争胜利后，程潜期望和平，曾登门拜访在重庆参加国共谈判的毛泽东主席。两人话语依依，畅叙旧情。毛泽东鼓励他参加行宪国大竞选副总统。1948年3月，程潜被推选为副总统候选人，竞选失败后，他自请回湖南任省政府主席、长沙绥靖公署主任。对于家乡兵祸频仍、人民蒙受苦难的情景，他极为痛心。翌年，人民解放军强渡长江，南京、上海相继解放，程潜毅然响应中国共产党的号召，不顾顽固派的非议和反对，经过周密筹划，和第一兵团司令陈明仁（程的学生、同乡）配合默契，于8月4日，在长沙通电起义。这一义举，受到党中央和毛泽东的高度评价。毛泽东主席和朱德总司令员复电慰勉，称赞："诸公率三湘健儿，脱离反动阵营，参加人民革命，义声昭著，全国欢迎。"

1949年9月，应毛泽东主席的邀请，程潜出席了中国人民政治协商会议第一次全体会议，参与建立具有伟大历史意义的人民政府的工作。全国解放后，他相继担任湖南省军政委员会主席、中南军政委员会副主席、湖南省省长、全国政协常务委员、全国人大常委会副委员长、国防委员会副主席、中国国民党

程潜抵平

毛泽东等到站欢迎

［新华社北平七日电］湖南军政首领程潜已于六日午十时到北平，毛泽东、朱德、周恩来、林伯渠、董必武、李济深等百余人前往车站欢迎。程潜偕同李明灏、程星龄、方叔章、朱明章、杨敏先等由长沙乘专车于八月三十一日出发，经平江、通城、武汉、郑州、保定等地转来。程氏此次来平商谈建国大计，将与中国共产党及各民主党派领袖共商国家建设有关问题等事宜。

受毛泽东邀请，1949年8月31日偕李明灏、程星龄、方叔章、朱明章、杨敏先等离长经平江、通城，9月2日到武汉，7日晚十点到北平，毛泽东、朱德、周恩来、林伯渠、董必武、李济深等一百余人，到火车站迎接。由李明灏将军陪同，乘车到中南海毛泽东住所，毛泽东举行晚宴洗尘。第二天拜访了毛泽东，共叙建国大计。

19日，共游天坛，21日出席中国人民政治协商会议第一届全体会议。10月1日登上天安门出席开国大典。

10月26日，参加了中华人民共和国成立的各项活动、完成了共商国是的任务后，启程返湘。毛泽东在中南海设宴为他们送行，朱德、周恩来、董必武、林伯渠等作陪。毛泽东亲自到火车站只接过两人，宋庆龄和程潜。

革命委员会中央副主席、中苏友协副主席等领导职务。他热爱中国共产党，热爱社会主义祖国，为祖国的和平、繁荣和统一，做出了积极的贡献。

程潜虽青年时代弃文习武，驰骋沙场，但对文学之爱好，毕生未尝稍懈，虽戎马倥偬，仍手不释卷，军旅之余，常以赋诗自遣，诗崇汉魏乐府，尤以五言古体见称于世，韵味深厚，格调高雅，质朴中有俊逸隽永。他文才并茂，有"军中才子"之称，并对宋明陆王理学有深湛的研究，他的书法也广为人称道，著有《养复园诗集》等书，曾被章士钊等文坛名士誉为一代钟吕之音。1983年由叶剑英元帅题词出版的《程潜诗集》题记中，赵朴初先生称赞为"风华而天秀，实与大谢同"，"谁知三军帅，诗亦一代雄！"

程潜性格直率坚毅，办事认真，心口如一，不苟言笑，刚正不阿，世人以"儒将"视之。孙中山先生曾赞扬他是"血性男子，可共患难"，毛泽东也曾评价他"文武双全，当之无愧"。

1968年4月9日，程潜病逝，终年86岁。

程潜经历了清朝、民国、新中国三个不同的历史时期，身任要职。他一生坎坷曲折，历尽风雨沧桑，充满传奇色彩。滔滔历史长河，流传着他非同凡响而又生动感人的故事。

第一章
少年壮志

◉　农家门第

在湖南的东部，有一座建于东汉的古城，绕城而过的渌江之畔，有一座姜岭，相传其北麓"地下有陵，陵下有井，涌泉如醴"，故古城名叫醴陵。

醴陵是富饶之地，物产丰富，地处湘赣交通要津，物华天宝，人杰地灵。据民国三十七年醴陵县志记载："惟考醴陵建县于东汉，县志自同治十修以还，距今已历70余载。就国家政体言，由帝政专制，进入民主；就国家沿革言，逊清既屋，民国肇兴。此数十年间，历史演进，吾醴陵实握其机运焉。盖咸、同以后，清政府腐败不可为。程公颂云先生，以儒生习兵事，毅然以天下为己任，号召三湘子弟，推翻异族，肇造民国。邑人受颂公熏陶，参与革命者：刘建藩、何云樵、刘恢先、陶思安、刘为章、陈明仁、邓文仪诸公以下，位至将官者数百余人。其间成功成仁，莫不于开国史上占有光辉灿烂之一页，猗嗟昌兮！……一贯道统，周濂溪、王船山、曾文正而后，继之者其惟程公。今国事盖艰，民族危机间不容发。程公以元老出守湘赣，示公诚为天下倡。至小至正，至大至刚，一身系国家安危，时艰任重，又岂濂溪、船山、文正诸先贤所能比拟哉？"

北出醴陵县城，越过江岭，向东望去，但见巍巍峻峭之张仙岭，向北逶迤起伏，重峦叠嶂。仰观气势雄伟，俯视人烟稠密，阡陌连绵。北行50余里，东边耸峙着峻峭的庐佛岭，西边盘踞着雄伟的狮子山。两山之间，坐落着一个村庄，名曰长连冲。村落山清水秀，苍松挺立，翠柏参天。绿树丛中，映掩着一栋古朴的青砖瓦屋，叫程家大屋。1882年3月31日（光绪8年壬午2月13日），程潜就诞生在这里。

醴陵县北乡长连冲——程潜出生地（程潜20世纪60年代回老家由其女儿程熙绘画）

程潜，名月如，字颂云。程家世世代代以耕种为业。明洪武年初，程谟（长连公）由安徽歙县迁来醴北。刚搬迁时，程氏仅两兄弟，为程族第84代子孙。老大长连，老二长宝。长宝无后，由长连单传，到程潜已是程家第20代了，约经500余年，子孙繁衍，支叶云兴，祖父兰林公，祖母王氏。程潜的父亲程若凤，母亲钟氏，醴陵潭塘人，1852年古历10月14日生，幼承家训，性慈和孝，善工纺织，19岁时嫁给若凤。她对长辈恪尽其孝，对妯娌益致其和，对宗族乡党备广其慈与敬。当时内无疾语，外无闲言，遐迩奉为楷模。生三子两女。三子依次叫衣庆（吉如）、衣斯（昭如）、潜（月如）。相传程潜出生的先晚，明月高悬，清晖洒满田野，钟氏梦中突见明月下坠，掉在床前的摇篮里。次日幼子程潜呱呱落地，故取名月如。程潜为老五。两女叫德贞、细贞。父母对老满程潜极为疼爱。程潜对慈母尤为尊敬。1926年北伐军进入湖南后，身任第六军军长的程潜，率部经郴县、安仁、攸县，8月18日午后到达醴陵。是日，程潜即疾驰故里长连冲村探母。母子相见，话语依依，共享天伦之乐。是夜，蛙声阵阵，更增添了乡村夜晚的宁静。他激动不已，久不成眠，索性挥笔写就了一篇《过家谒母》诗，表达自己对慈母赞颂、思念之情。诗云：

"弱冠辞乡井，及壮会风云。驰驱十五载，险阻厉贞坚。持节出江汉，过间觐慈亲。步行长连村，疾趋庐佛山。入门拜慈母，慈母有温颜。母曰'嗟予季，久役今始还。汝以身许国，离母母心安'。复慈聆懿训，未言中如焚。济世世愈沌，戡乱乱弥纷。人皆能奉养，我独阙晨昏。忠孝两无成，薰芳独自煎。无以对我母，不复可为人。兄姊扶我起，涕泪各潺湲。回视同胞者，咸以白发繁。五人绕北堂，依膝共承欢。慈母顾之喜，垂老尚比肩。戚族一时来，长幼苦难分。邻里相周旋，敢惮酬应烦。戎期未可稽，挥泪整征鞍。丁宁戒子弟，努力事农田。"

因戎马倥偬，征战不能推延，次日晚，程潜便与慈母挥泪而别，踏上了北伐的征程。

母死后，程潜于1928年亲写《程母钟老太君墓碑颂》云："太君随府君在清政府统治下，茹苦含辛，鞠育子女，男婚女嫁，皆底于成，使幼子潜留学日本，参加中国同盟会，从事革命，举凡辛亥、讨袁、护国、护法诸役，莫不为民前驱，人咸庆之，太君则曰：'男儿以身许国，除暴安民，分内事耳，何以庆之？'为绩而不辍，人复止之，则又曰：'人贵自食其力耳，吾不欲以身累人。'故为人之其明决如此。"

数十年来，每当母亲生日这天，程潜总要特备佳肴，全家团聚，点燃香烛，向母亲遗像三鞠躬，寄托哀思，不忘慈母养育之恩。此举成为世人美谈。

每逢自己生日，程潜备好美酒佳肴，奠祭母亲，自己却行斋戒，滴酒不进，块肉不尝，深情地说："我的诞生之日，便是母亲痛苦之时。"

长连冲属醴陵北四区，这里土地贫瘠，人口繁多，而又长期处于封建地主阶级的残酷压迫和剥削之下，以致经济凋零，人民生活苦不堪言。在如此艰难困苦的环境中，程若凤兄弟四人各分得一份祖业，计有梯田6亩，少许山林，终岁勤劳耕作，得以自给，勉强维持一家温饱。程潜的母亲勤于纺织，日夜操劳，他们三兄弟及两个姐姐的衣服，全赖"慈母手中线"。由于父耕母织，吃苦耐劳，程潜一家才免于冻馁。

程潜的父亲程若凤，曾经和戚友收购茶叶，运往湘潭销售，受人欺骗，以致涉讼，但因衙门无背景，讼事失败，从而亏累甚巨，引为憾事。其父深知"衙门八字开，有理无钱莫进来"的真谛。父亲告诫他们兄弟，朝中有人好做官，不知书识理，必然受人欺凌，勉励他们应以耕田继承祖业，以读书振起家声。因此，尽管家里无余钱剩米，便省吃俭用，想方设法让儿子读书深造，企望功成名遂，以荣耀门庭。始则想培养程潜的长兄吉如，使之读书5年，继则培养程潜的二兄昭如，使之读书7年，然而皆因师资不善，学业无成，不符企望，仍然从事农业。岁月流逝，斗转星移，两个哥哥都已长大成人，耕种自家的6亩梯田，并佃耕族姓的数亩水田，尚有余力从事副业。程潜的父母因此家境已稍宽裕，不忧衣食贫乏，遂将希望寄托在幼子程潜身上，毅然决然送他读书。

在当时农村经济凋敝、民不聊生的情况下，要培养一个儿子读书，是一件非常困苦的事。首先要打算这个儿子长期脱离生产，必须准备他的饮食衣服、报酬业师、购置书籍，无一不需要增加费用。而儿子读书十年八载，寒窗苦读，能否读通，未可预知；即使读通，能否博取科名，更难预料。程潜的父母不惜茹苦含辛，竭尽全力，希望儿子读书成名，光宗耀祖，出人头地，这一片苦心孤诣，使程潜终身感痛中怀，时刻不已，决心不负父母期望，立志为国为家创建一番功业。

1891年农历元宵过后，程潜的母亲为将满9岁的儿子添置新衣鞋袜，忙这忙那，准备得熨熨帖帖；父亲为他购买一些书籍和纸笔墨砚，送他到一位同宗前辈程寿峰先生处从师受业。程寿峰性情忠厚温和，设馆多年，本年仅有学生9人。当时科举未废，学堂未兴，乡塾原无一定的学制。凡读书年老无成之人，皆得自由设馆。学童入塾之日，必须向孔夫子牌位四拜，再向先生一拜。这就叫开学。每年5月端阳节，7月中元节，各放假10天，到10月末一天散学。名为读书一年，实际上不过8个月。主要课本为《三字经》《百家姓》《包举杂学》《幼学》《增广》《论语》等书。无论是哪一种书，先生用红笔每句加一红点，自己口诵一遍，学生跟着口诵一遍。读了四五遍后，学生各归自己的座位，反复熟读，能够背诵出来了，然后请先生再点。午前如此，午后亦如此。此外，每天还要习字两张。程潜思维敏捷，资质聪颖，记忆惊人，每读几遍，便能背诵自如。他握笔得法，记住要领，大楷小楷，都很娟秀，深得先生的赞赏。当时，家境贫寒的子弟，许多仅读一年就辍学，也有读两三年者，视其家庭经济状况而定。程寿峰为人宽厚仁慈，对学生谆谆教诲，很受学生敬重。这一年，程潜读完了《三字经》，即读《论语》，始则口诵百余字，渐次增至二三百字，都能背诵如流。至散学时，已读完上下《论语》《大学》《中庸》《上孟》，大为族戚所赞扬。

1892年，程潜仍从程寿峰受业，学习愈益刻苦。读完《中孟》《下孟》和《诗经》。《诗经》为有韵之文，尤为顺口易记。每当夜深人静，万籁俱寂，程潜伴着如豆的油灯，摇头晃脑，琅琅出声。一夜，月悬中天，人们早已进入梦乡，长连冲一片宁静。程潜正襟危坐，在一遍又一遍地诵读《诗经》："关关雎鸠，在河之洲。窈窕淑女，君子好逑。参差荇菜，左右流之；窈窕淑女，寤寐求之。求之不得，寤寐思服；悠哉悠哉，辗转反侧！"悠扬悦耳的朗诵声从窗口飘出，恰屋檐下一小偷驻足静听，被程潜的抑扬顿挫之声迷住了，不禁"扑哧"一笑。后来，这个小偷悄悄地告诉一位农民："程家的后生读得真认真，将来定有出头之日。"

由于程潜苦读诗书，成绩总是名列前茅，到散学时，寿峰先生对程若凤说："你家孩子读书，殆有夙慧，现在已是青胜于蓝，明年应另择高明，免得贻误他的终身。"程若凤闻之甚喜，口头赞许寿峰师授业有功，内心决定让程潜另外从师。

1893 年，程若凤遵照寿峰师的意见，让程潜改从同宗前辈晓峰师受业。程晓峰是一位时文老秀才，往年都在本乡富室坐馆，这年失馆回家。程若凤望子成龙心切，便为他邀集近村学童 10 余人，在程家对门开馆。程晓峰的教授法与程寿峰不同，每点一段书，必照注解讲说一遍，使学生得以领会其中意义。他还教程潜读八股时文，开始学作破题、承题。程潜对他说："这是一种模仿文字，不难学习。"程晓峰严肃地说："时文是代圣贤立言，最难做好。国家取士，以时文为主。此外，一切散文诗赋，皆为杂学，不需钻研。"这是他一贯坚持的观点和经常发出的言论。程潜听之任之，不以为然。这年散学时，程潜读完了《易经》，时文学到作起讲。晓峰师对程潜的长进极为佩服，高兴地对他父亲说："你儿子作文思路很好，将来的科举颇有希望。"

1894 年，程晓峰在距程家 10 余里许的南竹坡钟姓家开馆，招集程、钟两姓成年子弟 11 人授课。这不同于读走学的乡塾，而是读寄宿的经馆。学堂也没有一定的学制，师徒同堂而讲，共桌而食。每人每天各凑米一升，蔬菜自备。雇请一个工友，专司炊事。所需床桌椅凳，都是就近借用。南竹坡在一山腰上，林木葱翠，风景清幽，是一绝妙进修所在。同学之中，惟有程潜年纪最小，年仅 12 岁。好在程晓峰先生带来一个孙子，比程潜大 1 岁，前已与他共同走学两年，堪称老同学了，他才不感到孤独了。这年，程潜开始读《礼记》，并作时文。每逢初三、初八两日，先生出题作文，是为常例。

时至 8 月，金风送爽，桂花飘香，为乡试大比之时，程晓峰收拾行装，赴省应试。早先两个月，盛传中国与日本为争夺高丽发生战事，湖南巡抚吴大澂，出示各县招募壮丁，赴援高丽。大秋过后，程晓峰师由省城归来，大谈观感传闻，他说："日本是个蕞尔小国，无端侵犯高丽，堂堂中国竟为日本所败，这是一桩奇耻大辱。假使中国能闭关自守，何致为日本打败？假使曾国藩、左宗棠尚在，也不致为日本打败。李鸿章为卖国汉奸，丧权辱国，实可痛心。"又说，"吴大澂忽于闱前请援高丽，在省招募湘军，大行操演，不独自己会打洋枪，他的女儿也能百发百中。"程潜听到先生讲的这些传闻，顿开茅塞，时事维艰，在他幼小的心灵里深深地打下了烙印。

原来，1894 年，爆发了日本侵略朝鲜和中国的甲午战争。6~7 月间，中日战云密布，光绪和部分帝党官僚既为国家的前途忧虑，又希望借机加强自己的权力和地位，便借助国内舆论，不断电谕直隶总督兼北洋通商事务大臣李鸿章"预筹战略"。但他奉行"以夷制夷"的政策，乞求帝国主义各国出面干涉，避战求和，招致了战争的失败和北洋海军的覆没，签订了丧权辱国的《马关条约》。程潜听了晓峰师的讲述，激起了对洋务派的愤恨。他觉得科学救国言之成理，便抱定决心，将来为救国救民辟出一条蹊径。于是，他更勤奋地学习，不舍昼夜。10 月底散学时，他读完了《礼记》时文，学业日有进步。

是年冬，天寒地冻，滴水成冰。凛冽的北风怒吼着，卷着落叶四处乱窜，肆虐地摇曳着光秃秃的树枝。突然，村里有个从山东逃回来的士兵，徘徊在程家门前。12 岁的程潜，怀着强烈的好奇心，与之交谈。这位士兵满脸愁云，一下子打开了记忆的闸门，他的话零零散散、星星点点，犹如布局混杂的星辰在银河中闪烁，又像那忽明忽暗的萤火虫在迷蒙的夜空中飘浮。他深沉地说："我原是乡下演戏的一个净角，因生活困苦，今夏 6 月，听说省里招募新兵，赶到长沙应征。以身体强壮，年龄合格，编入队伍后，颇得哨长和哨官的照顾。入伍后，看到军中场面，迎宾送客，排班站队，和唱戏几无差别，只有操练甚感苦恼，要翻铁棒子，打弹弓尤为累人。每哨为 20 人，分大刀、矛子、洋枪三种，最重要的是洋枪，但为数不多。我们是前哨，仅有 20 把大刀，矛子则完全无缺。操演不到两个月，忽然奉命开拔北行。官兵都极惊恐，匆促上船，驶过洞庭，3 日晚到达汉口。那汉口是名不虚传的热闹市场。可军中禁止上洋街，休息 3 天，即令向河南开进，每日行 60 里。军队有规程，晚则有地方驻扎，大部行李有骡马运送。行军 10 余日，就过了武胜关，到了信阳。多山区的湖南人到了地阔天空，一望无际的平原，感觉得有些神魂飘荡。行至漯河，奉命又要开往山东。不要以为平地好走，若碰上一场大雨，那就泥泞路滑，寸步难行。我们行了数程，忽然天空阴云密布，白天尚能支持，一到夜晚，寒气冲心，实难忍受。队伍自汉口出发以来，一路日有逃兵。总之，愈向北走，天气愈冷。行至山东渡过黄河的时候，队伍人数只剩一半。又行两程，我受不住寒冷，只得脱身逃走。我身边仅剩几两银饷，可作盘费，循原路回来，竟无人过问。此次说要和日本人打仗，恐怕不到关外，就要全军冻死。我走了两个多月，依然回到故乡，如今弄得一身精光，如同做了一场噩梦，我将何以为生？"逃兵言毕，泪如雨下，泣不成声。程潜听罢他的诉说，顿生怜悯之心，忙去告诉父母，要求资助一二。程家便赠给他50文铜钱，他拱手作揖，无限感激，扬长而去。程潜听说抚台吴大澂的军队不过如此，真是儿戏。吴抚台有心报国，却只会纸上谈兵。程潜实引为慨叹。

1895年，程潜仍从程晓峰在南竹坡读书，读完了《礼记》全部，正读《春秋》《左传》。程晓峰说他的时文大有进步，可应试院考。但这年自5月端阳节后，每天红日高照，直到黄昏，如火如荼。经过3月，天不见片云，地不沾滴雨，以致早稻歉收，晚禾枯槁，河川断流，田泥开坼，旱情十分严重，为数十年来所未有。到处人心惶惶，怨天恨地。据醴陵县志记载："醴陵大旱，自5月至9月无雨，江河断流，县东白兔潭水涸，白兔石见。早稻收获，仅十之三，晚稻通县皆赤。冬初流民四出，经省过者万余人。湘抚吴大澂各给钱米，抚慰回籍待赈。次年春，江苏义赈会特派江苏候补道严作霖来县赈荒，作霖携银币20万元，躬亲下乡沿门散放，惠遍饥民。夏，又大水。"严道台体察民情，救民于水火的举动，在程潜童稚的心灵里留下美好的印象。他连声叹曰："严道台是好官，做官就要做这样的官。"严作霖是扬州人，至今醴陵野老，犹喜谈严道台散赈救民之事。

当时一般农民迷信神佛，认为雨水可以通过神佛求得。尤其是地方劣绅借神惑民，敛财肥己，因之鼓动甚力。程潜家附近有一大佛寺，相传有3个菩萨显灵，如遇有旱灾，能够诚心祈祷，就会立降甘霖。因此，醴陵知事和全县士绅乃至浏阳西乡的团绅，就先后敲锣打鼓，到寺庙迎接菩萨，诵经念佛。结果还是丝毫无效，直到中秋后始见沛然下雨。但是田中禾苗久已枯槁，无可补救。这样的天然巨灾，以醴陵为甚，长连冲毫不例外。关心农事的程潜，目睹惨景，伤心落泪。他怨天无情，更恨士绅无耻，叹曰："天公不作美，士绅尽作孽，百姓尽遭殃，呜呼哀哉！"

1896年，程晓峰移到双河口陶氏祠设馆，教的都是旧日学生，程潜与老同学来到这里就读。他早已读完了《春秋》《左传》，现在专心致志地学习时文和试帖诗。许多同学年纪比他大，写的文章却不如他，他成了这个经馆的高材生。程晓峰高兴地对他说："可以及锋而试，不难一鸣惊人。"适醴陵知县周至德发出布告，定于2月24日考试全县童生。他便随晓峰师于21日步行到县落店。那时醴陵县城建立在清秀莹碧的渌江北岸，山环水绕，户密人稠，商业却不甚发展。

第二天到县署报名，探闻全县应考童生有 2000 余人。考棚设在东门，联结学宫。23 日夜，在灯烛辉煌照耀下，知县周至德临棚按册点名后，即分已冠、未冠发出题目，都是一些截搭题。

什么叫截搭题？就是将"四书"中章句上文截去，搭于下章，截去下文。就是要牛头合成马尾，瓜棚搭上柳梢。这样的选拔人才，不知坑害了多少学子，束缚了几许英才！比之女子裹足，尤为恶毒，彼以裹足，此则裹心，同是一般愚民政策。由朱元璋倡导开始，至清朝变本加厉，流毒全国，历时 500 多年，黑暗不见天日。程潜在当时就察觉到这一点，他在《养复园回忆录》中就此写道："我在当时即知如此，代圣贤立言，全是虚伪。"程潜的文章本来在老师的帮助下，不难圆满交卷，但他考到第三场即已落选。归来后，他毫不气馁，学习如常。

6 月间，程潜同老师由浏阳普迹搭船赴省，应考院试，同船 28 人，都是应试学子。同学 3 年，风华正茂，见苍天辽阔，感慨万端。突然浏阳人张某见程潜年少，圆脸方颐，眉清目秀，便脱口而出："浏水同舟，偶合营台列宿。"

程潜仰望蓝天云彩，不假思索，信口诵来："青云得路，高折桂林一枝。"

张某高声朗诵，连声惊叹："对得好，对得妙。他日必成大人物！"

一时同舟之人，莫不同声赞美。

由普迹顺流而下，两日即抵长沙。

长沙是湖南省会，立于湘、浏两水之间的一个三角洲上，是商贾云集、管毂南北的雄伟重镇。程潜初次到此，感到胸怀开畅，豪情满怀。他在南城落了一家试馆，补过县、府两试，就应院试。学使江标，是个通达时务、开通风气的人物，以选拔真才自任。这次院试的题目是《园囿污池沛泽多》。因为程潜的时文不能入彀，故当时落选。

程潜院试落选，同行应试者为之惊奇和惋惜。他自己也殊感心情沉痛，觉得辜负了父母的期望，但又觉得八股时文束缚人们的思想，荼毒人们的心灵，当今以科举取士，不攻读时文何以功成名遂？此刻，他内心有一种难以言状的痛苦，只得强行抑制自己的情绪。他觉得来日方长，索性在省城逗留数日，偕朋友游贾太傅祠、定王台、天心阁、妙高峰，左顾右盼，流连忘返，惟见湘江如带，岳麓如屏，宛如一幅美丽图画。他饱览祖国山河的壮美，不禁心旷神怡，更增爱国之情。

◉　清末秀才

程潜由省城回乡后，仍旧学习时文。父亲见他学习意志弥坚，打内心高兴，坚信不能以某次院试成败论人才，儿子将来定会有出息。散学时，他父亲将他的窗稿请求族叔程锦奎（号伯春）予以品评。程锦奎看过窗稿，称赞程潜资质高、思路好，将来造就，未可限量。但暗示现在所从老师顽固腐朽，不足为法，劝他父亲为之另求明师，以宏造就。适有族伯吉华久住湘潭，交游甚广，称有至友赵壁，少年新进，博学能文，且家中藏书万卷。如不嫌路远，可以介绍到赵家受业。

程若凤喜出望外，对程吉华说："机会难得，我儿正在求师不得，我们不嫌湘潭路远，请为介绍。"

程吉华欣然许诺。

是年冬 11 月初，程若凤命程潜负笈赴潭，并派他的大哥护送。他们兄弟俩步行一日，旅宿株洲，次日再行 60 余里，到达湘潭。但见城垣高耸，俯瞰湘江，形势壮伟，气象万千。城外通衢，市肆密陈，商贾云集，满江船艇，千百成群。在海运未通的时候，此地南通两广，北接武汉，为中南商业中心。现虽日见凋零，而繁荣景象尚在。程潜兄弟于城中询得族伯吉华住所，叔侄相见，大为欣悦。

次日，吉华即领程潜出拱极门外约 8 里许松山赵宅，介绍他拜见赵师。赵师名壁，字实涵。程潜拜见后陈出窗稿，并说明"五经"已读完。赵师审阅完他所作的文章后，对他直言不讳："你资质甚好，但所作时文陈腐肤浅，格调不高，不够应试。当今风气大变，学问是无穷无尽的。不只时文是文章末技，就是经世文章高妙绝伦，也称不得学问。你既从我受业，当尽我所知，为你指导。"

程潜对赵师坦诚之言，心领神会，觉得一针见血，很有见地，对他油然而生敬意，便心悦诚服地说："赵师讲的是至理名言，我一定虚心领教，听从良师的教诲。"

过了两日，赵壁对他大谈学问文章之道。他口若悬河地说："士习不端，经义失传，由来已久。学问与文章分为两途：学问一途，分为汉、宋两大派。汉人经学，分今文和古文。宋人理学分朱陆。此外，九流百家，有传有不传，有专精一派的学者，有贯通诸家的学者。能著书立说，为人师表，这才能称为学问。至于文章，或指陈政治得失，或辩论国家兴衰，或序礼乐兵农沿革，或明文教艺术源流，这都叫做文章。又由上列意义而发，为诗词赋颂，使读者可以发生兴观群怨，叫做有韵之文。文章一途，正散文，皆有正反两面。正面是有益于国家人类的，反面则认为是邪说，韵文为淫词，时文发源于明初，盛行于清代，俗称制艺，不得谓之文章，更谈不上学问。名曰代圣贤立言，试问圣贤之言，岂是俗人所能代的吗？但因为国家功令所尚，读书人不得不由这条道路以博取科名，而为晋身之阶。"赵师沉默片刻，若有所思；程潜则认为，赵师说的是经验之谈，自己不熟谙时文，何以有晋身之阶？上次院试落选，不就是明证吗？赵师似乎看透了程潜的心思，提高嗓音，接着说："时文亦有种种法门，并不难学习。我对于汉、宋两大学派，仅知门径，谈不到有何等学问；至于文章，散文尚未升堂，韵文亦未入室，也谈不到文章好手。何况现在海禁大开，西法东渐，闻有所谓科学、哲学，我更是门外汉，一无所知。来日方长，变化甚大。你对于学问与文章，由你心志所好，自可择一而精。但一切学问文章，都需从根本做起，从苦功得来，这是毫无疑义的。我今详细斟酌你的学历，规定读书课程。这样行吗？"赵璧用严峻的目光扫射了一下端坐在旁的程潜，期待他的回答。程潜深感赵师讲得句句在理，字字千钧，连连点头说："我既远道从师于您，一定听赵先生的，严师出高徒嘛。"说得赵师多皱的脸上，绽开了两朵菊花。

从此，赵师对程潜的每日课程，规定得十分严格：

刚日上午，读经以专求大义为主，《公羊毂》、《梁孝经》、《周礼》、《仪礼》诸经，顺次诵习，以注疏为津梁，辅以白虎通春秋，繁露说苑。

刚日下午，读子以专求大意为主，荀子、杨子、文中子、老子、庄子、墨子、孙子、吴子、淮南子、晏子、吕氏春秋，顺序诵习，辅以汉魏百三家。

刚日晚，读时文天崇百篇，明清文才调集。

柔日上午，读史以专求政治得失为主，《史记》、前后《汉书》、《三国志》，辅以《纪事本末》、《资治通鉴》、《三通船山天论》。

柔日下午，读文以专求其命意布局为主，楚辞、文选、古文辞类，八代诗选。

柔日晚，研究时文，写论文，作五言古诗或五言律诗。

作文之法，有横说、竖说、高低、前后、进退八法、有练句、练篇、练气、练神四妙。不特古文如是，韵文亦如是，时文亦如是。

赵师对于读书四读、四求、作文八法、八练，皆一一详加讲解，是程潜前所未闻的。他当时心悦诚服，遵其指示，对经史渐有体会，努力用功三月，心境渐次豁达，文思顿然发扬。更难得的是，赵家藏书极为丰富，举凡经史、子集，应有尽有。赵师于住室前新建一读书楼，名曰竹楼，前临旷野，林园葱郁，山水清幽，对景多姿，引人入胜。

赵师有同学胡庶钧，亦来共学。他性情泽厚，与程潜意气相投，亦得以相互质疑问难。

赵师官派甚重，繁文缛节，过事铺张。程潜本农家子弟，周旋晋接，引以为苦，但无可如何。

1897年，赵师有戚属肖仲芳新来就学。肖比程潜小一岁，极为聪颖，与程潜同堂共砚，两人称兄道弟，感情笃厚，相得甚欢。可惜仅半年时间，肖仲芳体弱退学，程潜深为惋惜。

程潜在赵师的循循诱导下，朝夕苦读，锲而不舍，对于经史子文，沿波导源，因枝振叶，皆已寻得门径。

赵师的启发极高明，程潜的造诣益深远，所作诗文和时文，都能援笔立就。赵师对他文字的批评也不遗余力，使他服膺无憾。程潜对于文章八法四练，都能渐次运用。他认为，死读书不能增长人的知识，必须通达时务，方能学以致用。他曾作一条日记，说读书不能一味泥古。古时情状不同于今，泥古者绝不能致用，但也不能反古，今日一切事物由古演进而来。反古者，如醴泉无源，芝草无根，不能有成。他的这一独立见解，深得赵师的赞许。他的这篇日记，在经馆传观以后，同窗同学也赞不绝口，夸他"出类拔萃，是一人才"。

是年，湘潭县聘请全国著名经学大师王壬秋先生为昭潭书院山长，赵师对王老极端尊敬。程潜便顺理成章地也附名书院应课，王壬秋对他的课艺曾作细致的批评，使他获益匪浅，给他留下深刻而美好的印象。

1898年春，赵师聘请朱性存教读其侄，朱性存善于谈论，亦工诗词，与程潜交谊甚笃。程潜这时开始作五言古诗，朱称赞他的诗意气昂扬。程一生酷爱五言古诗，造诣很高，后著有《养复园诗集》，其诗"深郁而永扬，无异阮嗣宗。风华而天秀，实与大谢同"（赵朴初语）。其实，他是从此时开始写五言古诗的。

是年春，清廷下令，今后大小科场废除时文试帖，改为策论经义，使得这500余年学界黑暗，复得重见天日。凡有血气者，闻之无不欢欣鼓舞。当时湖南巡抚陈宝箴，主张变法自强甚力。谭嗣同、黄遵宪、熊希龄、皮锡瑞、汪诒书等共为羽翼，开办时务学堂。这所时务学堂于1897年10月在长沙开办。熊希龄任提调（校长），梁启超任中文总教习，欧榘甲、韩文举、叶觉迈、唐才常等任分教习，许奎园任数学教习，李维格任西文总教习，王史为分教习。第一批学生40人，学制定为5年。至1898年春，全堂师生有蔡锷、林圭、泰力山等200余人。同时，谭嗣同、唐才常等创办了《湘报》，为湖南维新派的报刊。

熊希龄、唐才常等为主编，以"开风气，拓见闻"为办报宗旨，宣传维新变法，主张"君民共主"的立宪政治，认为"利之所在，听民自兴之；害之所在，听民白去之"，这样就可使旧法日益解体，新政逐渐推行。提倡解放言论，一时风气大变。

程潜对《湘报》兴趣极浓，每期必读，从中受到莫大的启迪。他还认真阅读以梁启超主笔的《时务报》。此报为戊戌变法运动期间维新派重要刊物之一，载有谕说、上谕、奏折、中外杂志、域外报译等，以宣传维新变法、救亡图强为宗旨。程潜更是爱不释手，从而见闻渐广，懂得许多救国救民的道理。

这年6月，程潜随赵师赴省应试。来到省城长沙，看到城里有电灯，有保卫局，有学堂（时务学堂），与前年所见，大不相同。他因在湘潭读书，未应县、府两试，得复行装卷插名的手续，报名应考经诂场时务一门。这经诂学使为宛平人徐仁铸颁布《蜻轩今语》，提倡学术树之风声。他所出的题目是："朝政昌明，兴利除弊，试言其致弊之由及兴利之策如何？""彼得、明治合论"。程潜对于这等题目，胸有成竹，自视不难援引成文，当场尽意发挥。过几天发榜，果然获得取录。旋考正场，倒得挑列堂号，其题目是：《释论语均和义》《易讼师相承说》。他对这两题都能引经据典，阐发无遗，终于获得挑取。复试题目是：《先知论》。他就《孟子》先知论作成短篇文字交卷，因言简意赅，别出心裁，很有见地，竟获录取，名列黉宫。当时醴陵县学额为23名，程潜少年入学，年仅16岁，同学、乡亲莫不引为荣幸。谒圣之日，徐仁铸学使亲临训话。他振振有词地说："时局艰难，端赖少年努力学问，力求上进，爱国卫民，无负国民希望，云云。"

是年4月末，开始变法，除废除八股外，一无所变。至8月初（阳历9月21日），北京突起政变，谭嗣同、林旭等六君子被慈禧太后杀害，遂使"百日维新"失败。这个戊戌新政如昙花一现，从此中国重入黑暗世界。程潜感到怅然若失，不知所措。

幸本年春，由赵师的介绍，得以结识曹毅亭先生。他是一位讲陆王之学而又留心时事的学者。他向程潜讲述戊戌变法的真相以及发生政变的原因。程潜得知戊戌变法的远因，是由于中国近百年间，从鸦片战争失败后，政治日益腐败，民不聊生，以致洪、杨金田起义，蔓延10余省，时历20余年，当内战方殷之时，始则有英法联军攻陷广州，酿成两广总督叶名琛被俘的大耻；继则有僧格林沁对英军作战，塘沽的溃败，酿成北京失陷，火烧圆明园的奇辱。迨至内战借顽固派曾国藩、胡林翼、左宗棠、李鸿章的拼命镇压，得以次第敉平，以致民穷财尽，国已不国。甲申之役，法国进攻，越南不能不甘心割让，此为远因；而近因则甲午一役，李鸿章所领淮军及北洋水师，为日本军所败，终于订立丧权辱国的《马关条约》，拱手割让辽东半岛和台湾。虽经列强出面干扰，返还辽东半岛，而列强划分势力范围，瓜分之势已定。光绪皇帝始行亲政，他内慑于那拉氏的淫威，外迫于列强的侵侮，而又处于文恬武嬉、积重难返、一筹莫展的境界。

适有广东新进士、工部主事康有为，前后6次上书，指陈时局得失。他于1898年4月，在广东会馆召开第一次大会上，慷慨激昂，发表救亡演讲。他说："吾中国四万万人，无贵无贱，当今日在覆屋之下，漏舟之中，薪火之上，如笼中之鸟，釜底之鱼，牢中之囚，为奴隶，为牛马，为犬羊，听人驱使，听人宰割，此四千年中二十朝未有之奇变。"他大声疾呼："今日人人有亡天下之责，人人有救天下之权！"他第七次劝光绪皇帝效法沙俄皇帝彼得大帝、日本天皇睦仁，变法自强，以救危亡。

是年春，光绪帝决心改革。由徐致靖、张荫桓之保举，使康有为得见光绪。光绪对康有为的见解很是满意，本想委以重任，但又恐慈禧反对，故只授予"在总理衙门章京行走"的微职。光绪深知那拉氏痛恶改革，恐康有为不为那拉氏所容，便另用一班新进人物杨锐、刘光第、谭嗣同、林旭4人，以"京堂充军机处章京"的职务，参与新政，首先废除八股试帖，改试策论，以为变法之本，并令裁汰冗员。于是一班顽固分子拥总理衙门大臣荣禄为首，对新进人物和新政事业肆意诋毁。因此，新、旧两派明争暗斗，水火不容，形成后党、帝党之争。浏阳（与醴陵毗邻）人谭嗣同，由翰林院侍读学士徐致靖推荐，被征入京。认为"朝廷毅然变法，国事大有可为。"9月5日擢四品卿衔军机章京，与林旭、杨锐、刘光第同参新政。后党密谋政变，光绪帝召见袁世凯，赏以侍郎衔，专办练兵事宜。谭嗣同夜访袁世凯，请袁举兵相救。袁阳奉阴违，一回到天津，当夜向荣禄告密。荣禄是那拉氏的亲侄，立即向她告状。那拉氏闻之大怒，立令囚光绪于瀛台，捕杨秀深、刘光第、谭嗣同、林旭、杨锐、康广仁，枭首市街，其他如张荫桓，充戍伊犁，徐致靖禁锢终身，陈宝箴、徐仁铸、江标、陈三立、熊希龄等一并革职，交地方官看管。康有为、梁启超在逃，明令通缉，归案重惩。西太后从此仍然垂帘听政，并下令考试仍用八股试帖。这场新旧两派的激烈斗争，轰动中外，所有新派人物，自光绪以下，或囚或戮，或革职或逃跑，真是一败涂地。此后，全国仍旧阴云密布，不见天日。

程潜从曹毅亭先生那里得到这些传闻后，心情沉痛之余，记忆所及，将这些时事和见解写在自己的"回忆录"中。他特别崇尚谭嗣同的民族气节和牺牲精神。夜阑人静，南风习习，可程潜的心胸却犹如云雾翻滚，浪涛喧腾，他拿出文房四宝，用毛笔端端正正地写下了谭嗣同临刑绝命词："有心杀贼，无力回天；死得其所，快哉快哉！"对于谭嗣同以死报国的慷慨陈词："各国变法，无不从流血而成，今中国未闻有因变法而流血者，此国之所以不昌也，有之请自嗣同始。"他更是推崇备至，视为楷模，立志效法。他将这段话背诵如流，铭刻于心，直至晚年，仍只字不忘。

是年 8 月间，程潜由省城应试归来后，虽科场得意，戚族庆贺者云集，但他从未介怀，仍然诵习他未读完的书史，决心像谭嗣同那样报效祖国。

1899 年 2 月，程潜赴省城入城南书院就读。城南书院在长沙南门外妙高峰下，负责人不叫山长，而曰院长。院长所居曰"丽泽堂"。肄业者分附生、监生、童生。全院可容 400 人。妙高峰、卷云亭内亦可容纳数十人。吴大澂抚湘时，在大椿桥侧建 4 个新斋，可容 100 人。当时省城有岳麓、城南、求忠三大书院，以岳麓为最大，与江西白鹿、河南嵩阳、陕西关中三书院称全国四大书院，坐落在岳麓山下，有院舍能容纳 1000 余人。求忠书院在城内荷花池，有院舍能容纳六七百人。岳麓书院山长所居曰"半学斋"，诸生所居有"主敬""存诚"等斋名。凡书院讲堂前东西两寮排列斋房，每斋有房 20 间，每间住 2 人，每斋有斋夫 1 人，司洒扫，经营伙食。每年春 2 月生徒陆续入院，由巡抚考试，谓之甄别。取录时有正课、副课、额外之分。入院肄业者皆廪生、附生、监生，而童生不与焉。甄别后，巡抚送山长入学，率诸生谒圣、拜师，礼极隆重。各书院各取正课生 100 名，每名奖银 3 两；附课生 100 名，每名奖银 1 两 5 钱。岳麓次取生 2000 名，城南次取生 1200 名，求忠次取生 600 名。皆得月应官课。3 月以后，由藩县督学粮盐道分担，最后巡抚收课。程潜认为，"当时书院学制如此简单，不能造成出类拔萃之才，自可想见。"

是年，城南书院山长（院长）为刘凤苞，他学问平常，但喜提拔后进，甚是可取。程潜去年同榜入伴的朋友在城南肄业者有杨策，他秉性聪明，志气弘远，爱读孙吴兵法和诸葛亮心书，和程潜志趣相合，因此交往甚密。程潜从曹师讲阳明学，思想发生变化，认为朱元璋尊君抑民学说，实开明、清两代学术黑暗先河，而明、清两代以八股取士，对朱元璋尊崇备至，为何至此？因他的学说极能投其所好。曹师嘱程潜辨明朱陆分宗，要他讲明良知，对他启发甚深；教他本着良知体会力行，为做人之本。是年科举考试仍用八股，程潜为境遇所迫，勉强应试。

1900 年 2 月，抚台照例甄别，程潜报名岳麓书院，结果考取正课生。当时应考岳麓者，多为全省的廪贡生员，不下 3000 人，其中不乏八股大家。他能取得正课，如果住院进修，必能增加学问。特别是岳麓风景清雅，环境幽静，林木青翠，空气新鲜，实一研究治学的胜地，住斋颇饶乐趣。但到 5 月端阳节后，程潜移居城内落星田鲁班庙，借便能向曹师请教，从而大获裨益。且庙中老僧常静，佛学深湛，辩论无碍。他见程潜研求义理，直指心灵，劝他："欲做大人物，研究阳明学，甚是有益于身心。但理学家援释入儒者，大有人在，王阳明即其中之一。必须诵读法华、华严诸经，使人心境开朗，而后可收知行合一之效。"程潜认为老僧一席话，确有见解，言之成理，从此遇有闲暇，兼读佛经。

1900 年，当程潜 18 岁的时候，正值美、英、德、法、俄、日、意、奥八国，为了扑灭我国义和团反帝运动而组成的侵略军（即八国联军）攻占了我国要地天津、北京等地，全国人民处在水深火热之中，惶惶不可终日。这时，曹师征得北京确讯，对程潜说，会党义和拳，借符咒神通练习拳术，谓可避除枪、炮，始而啸聚乡村，秘密传授，继则广播城市，白昼活动，树立扶清灭洋的旗帜，专以仇杀教士、焚毁教堂为事，附之者众，情势汹涌。直隶总督裕禄迷信尤深，为之改名为义和团。由是所属府州厅县蜂起林立，戕杀教民，日有所闻。有人说枢府荣禄、刚毅，以为义和团扶清灭洋宗旨正大，转报西太后，大家赞许。有人说义和团上年在山东仇杀教士，被外国公使诘责，经山东大吏剿灭，余党逃入直隶，复得裕禄大力扶植，现在火已燎原，势难扑灭。未几，又闻戊戌政变后建立皇储，不为外人所赞同。其父瑞王思图报复，勾引义和团引为支援，一时攀鳞附翼的顽固党，莫不同声附和，谓能及早驱逐洋人，不难早登大宝。北京上自宫廷，下至市巷，乱成一团，无法治理至于此极。未几，闻有义和团戕害日本书记松山和德国公使的噩报。未几，闻有西太后对外国宣战的谕旨；接着，闻有董福祥所率军队和义和团数万人围攻东交民巷，外国公使馆未能攻破的奇闻；又闻有长江督抚联合保境息民，不向外人开衅的布告；闻有八国联军攻破大沽、天津，裕禄死难的报道；闻有武毅军统领聂士成在京津间战败阵亡的惨音；闻有西太后和光绪帝逃离北京，避难西安的巡幸；最后，闻有八国联军长驱直入，攻陷北京的惨史。

这次庚子变乱，战事从此就弦绝音断，万籁无声。程潜和曹师研究这次变乱，认为西太后一生自许英才大略，控制中外，贸然对外宣战，全国无一响应者，所以战事仅局限于北京一隅，长江西南两广诸督抚，公然宣布保境息民，是一奇闻；战事发生后，西太后挟光绪帝逃离北京，派李鸿章屈膝求和，结果还是赔偿兵费，老百姓遭殃，欠下了子孙债，更是可耻奇闻。

面对这一动乱的时代，程潜满怀忧国忧民之情，仍然苦读经史，期望有朝一日，能为国家民族干出一番事业来。

◉ 弃文习武

1901 年，程潜在岳麓书院住斋学习，常与同学议论国事。其时，清政府与德、奥、比、西、美、法、英、意、日、俄、荷 11 国公使签订了卖国的《辛丑条约》，中国的领土主权进一步丧失，割地赔款，丧权辱国，偌大的文明古国，正在遭受列强的宰割，亡国的危险与日俱增，人们到了难于忍让的地步。然而，清政府居然一一顺从，全国人民虽痛心疾首，可又莫可如何。程潜忧国忧民之情，如利箭穿心般的疼痛，又似石块压胸般的郁闷。入夜，岳麓书院的环境幽静极了，他举目凝视窗外，秋空明净，繁星满天，明月高悬，清风徐徐，蛙鸣阵阵。如银的月光洒在他棱角分明的脸上，愁容显得更加浓重。恰曹师来到斋房，与他促膝谈心，两人推心置腹，谈及时政。程潜在良师面前毫不隐讳。他对曹师说："鉴于甲午战败，戊戌政变、庚子动乱的事件接踵而来，中国大势日就危亡，非有一种大变革，不足以振起人心，而谋挽救。在这个攘往熙来的世界，西太后掌握实权，根本反对变法，深知变法之后民智必开，必将摇动根本。时至今日，而言救亡，一言破的，必须废科举而兴学堂。废八股改试策论，非根本之论。今日学堂安在？其将奈何？"

曹师深有同感，很佩服学生对时局的意见，对程潜说："君子得时，则驾素位而行，为阳明学之真谛。切记，切记！"程潜点头称是。

是年秋，清政府命各省会设立武备学堂，以培养将才，练成劲旅。程潜认为这是一明智的措施，欣喜之至。从此，他投笔从戎之志决，再不作科试思想。他潜心研究英、俄、德、法、美、日诸国的政治、地理、历史，并略知大概。对于中国的经史，更是意志昂扬，研究不辍。

1902 年，程潜仍在岳麓书院住斋。春间甄别，又取得正课。他是一个穷秀才，当然不能不做升斗打算。山长王先谦，也是当时八股大家，非常顽固。他是同治进士，治经循乾嘉遗轨，重考证，而颇疏小学。湖南巡抚陈宝箴力行新政，请梁启超主讲时务学堂，宣传维新变法，他却猛烈反对，诬蔑时务学堂"伤风败俗"，梁启超"专以无父无君之邪说教人"，使学生"不复知忠孝节义为何事"；

他所著《庄子集解》一书，舛谬百出。他身为岳麓书院山长，但程潜认为他"不足为训，我素鄙之"。

是年，曹师为人主编《时事汇报》，所得国内外情势，了如指掌，常与程潜交谈，使他精神奋发。程潜各门功课都很认真，考试非常顺利，到7月间通过了5课。同窗学友都认为他对乡试定有把握，殊不知他的志向已不在此。8月乡试，果未取录。他决心不再从事举业，将国内外情势潜观默察，分析清楚，并将自己的学识文章、思想志愿综合分析，而定今后努力之方向。

经过一番深思熟虑之后，年方20岁的程潜，奋笔疾书，用毛笔工工整整地写下自己弃文习武的强烈愿望。笔者不妨照录于后：

　　我的志向如下：

　　一、中国自鸦片战争失败后，备受外国的政治经济侵略，辱莫辱于英、法进攻广州之役，叶名琛以昏愚腐朽，拱手为英人房去，而不复返；耻莫耻于英、法攻陷塘沽之役，僧格林沁轻躁妄动，横（惨）遭失败，火烧圆明园；痛莫痛于甲申之战，清政府事权纷乱，法国不费吹毫（灰）之力，而夺去越南，顿失南疆的藩篱；惨莫惨于甲午中日之战，李鸿章所部海、陆军失利，政府屈膝求和，割让辽东半岛和台湾，虽由列强假言仗义，保存辽东半岛，而主权领土，俱达损失无遗。嗣是英租九龙，虎视两广，囊括长江上下游，并由印缅进窥西藏；法占广州湾，进犯云南，席卷川黔；德国横占胶州，觊觎山东；俄人强侵旅顺，驻兵东北；美国高唱中国门户开放，利益均分。最近庚子动乱，八国联军攻破北京，迫使李鸿章签订卖国条约，列强划分势力范围，瓜分中国之祸，痛切燃眉，一旦实施，无论远近，同归于尽。岂有血气者所能坐视？

　　二、中国政治腐败，人心昏愚，由来已久。远植根于首创愚民政策的朱元璋，崇信朱熹尊君抑民学说，取四书朱句，创立八股文程式，定为科举取士，使举国人民的才智消磨和束缚于四书讲义中，谓以此法可使天下英雄尽入其彀中，足以保其帝王万世之业。熟知朱明之亡，亡于黑暗愚昧，远不敌农民起义的李自成。清兵入关，蹈袭其术，变本加厉，内外臣工非八股出身不用。中国学术黑暗历五百数十年之久，不见天日，故谚有之曰："痛莫痛于女子缠足，惨莫惨于男子缠心"，而其结果使普天率土之人，沦于奴隶。皮之不存，毛将焉附？洪、杨揭竿而起，一夫发难，天下响应，莫敢谁何？曾胡左李利用地主富农尽20余年之力，始得削平，嗣是外患濒临，经济枯竭，文恬武嬉，民穷财困。藉曰除旧革新，改试策论。殊不知策论而与八股同一空虚，即使文如韩柳，才过欧苏，在当时亦不发生作用，在今日更不能捍卫国家，而救危亡，自可断言根本之论端，尽在学校振聋发聩。固非旦夕所能行，亦非旦夕所能成。有志者能不早图奋起？

三、我家世代业农，我祖我宗耕田而室，凿井而饮，日出而作，日入而息，原不与闻国政。我父含辛茹苦，谋得衣食，促足自给。即使我变为士人，亦不过希望我读书成名，藉光门第而已。我今年年满20岁，已既冠矣。我自9岁发蒙，11岁开始学习八股时文，到14岁前后4年间，朝夕揣摸，煞费苦心，求得奥秘，而不知其长行黑路，虚浮无用，空费光阴。15岁至19岁前后5年间，尽力贯通经史，旁及诸子百家，兼修古文诗词，素以通博自豪，目空今古，仅于戊戌获得一衿。以后滔滔岁月，一无成就。殊不知古文诗的虚浮不切实用，亦与八股同。最近研究阳明学律，已修身遇事，以实践为古。经过庚子变乱，使我爱国之心与日俱增，且深感人我关系尤为重大，无有国家，即无有己身，无有人亦无有我。人生于世不耕而食，不织而衣，这衣食之所来何等艰难。我对国家对人类不尽我其所能力，何以为人？若谓所以博通经史，为己乎？为人乎？为国乎？经史死物，不能致用。善做文章，有益于人乎？有益于国乎？有益于己之心身乎？文章也是死物，既不能衣，亦不能食，徒为欺世之具而已。中国今日从外患来说，凶恶的欧美资本主义，挟其政治经济军事文化的优势力量，肆行侵略中国，图尽化为彼之殖民，物以饱其狼虎之欲。迄至狼虎利害冲突，势不相下，尔后划为势力范围，造成瓜分之局。一旦付诸实施，必将举国悉受其祸，此为举世凡有血气者，之所不能忍受之侵侮。我自问：为有血气者，自然不能忍受。从内忧来说，惨恶的愚民政策，残虚的腐败政治，消磨举国的才智，俟成为毫无所知和毫无所能的蠢豕，酿成无法无天、贪暴成风的世界。此又为凡有血气者之所不能忍视的现象。我自问：为血气者当然不能忍视。外侮如此其极，应当准备有以御之；内忧如此其深，应当设法有以平之。而我自顾一无所知，一无所能，与彼八股之徒同，既无真学问，亦无真本领，未足与言削平弥天患难。曾闻有人自费出洋，研求学问，而我以农民之家，无此资斧。亦闻政府间常派遣学生外洋留学，而我为一乡村秀才，绝不能分配及我。我反复思维，惟有弃文就武，投考武备学堂，前途或无阻碍。从今以后，绝不再习举业，也不应科举，断然结束我十余年研究中国经史及文学的生涯。

血气方刚的程潜，饱蘸心血和激情，写就了这篇充满豪情的"壮志书"，字里行间，既充盈着对列强、清朝的切齿痛恨，又洋溢着救国救民的一片赤诚，可钦可佩，感人至深！

恰此之时，没落的清朝庭，因感于外侮，企图加强军事力量，以免再受人欺凌，便下了几道圣旨，令各省开办陆军小学和陆军中学，希冀借此培训军事人才以弘扬国威。湖南武备学堂也应运而生，陈宝箴、黄遵宪等将省城的求贤书院，改为武备学堂，仿照天津、湖北的有关规定，培养新式军官。聘王者化、武振常为教习。所需经费，呈准清政府，每年于正款项下支拨。1903年2月，湖南武备学堂第一期招生工作大体就绪。按照学堂章程："第一期招考120名，由各州县考送，凡州县学额30名以上者，送五六人；20名以上者，送三四人；10名以上者，送二三人。"

程潜立志投考武备学堂，造就救国救民的军事本领。1903年2月，他在家乡过了春节，检点行装赴省，欣然赶考。当时省城尚无日报，所有政府政令，皆由传闻描绘，难得真相。他不知武备学堂有规章，武备学生须由各县按学额比例申送，不能自由投考。谁知到省城后，方闻醴陵已送4人，到省复考，仅2人合格，业已入堂授课。程潜以情急势迫，不揣冒昧，一挥而就，上书巡抚赵尔巽，陈述本人志愿："鉴于国家外患内忧，纷至沓来，报国心急，愿弃文学武，以尽匹夫之责，绝非希图个人功名利禄，为此突报，请求亲试，送堂学习。云云。"赵尔巽阅完程潜恳切的上书，当即批示："生之志可嘉，不必破章求考。醴陵距省非遥，回籍申送，果能合格，自当录取，以符定章。"

程潜奉获这个批示，欣喜之至，迅速回县，谒见本县知事张致安，陈述巡抚批示，请求备文申送。张知事欣然允许，次日派人传达说，本县渌江书院童生要求申送者有20余人，须经一番考试，凭文录取，以昭公允。

翌日，张知事亲试报考生20余人，结果录取程潜和唐赞宸、文标、肖昌炽4人。旋即备文申送。并每人赠川资6元，这也是破例之举。程潜等领文一同赴省。投文后，经过身体检查，均为合格，静候抚院亲试。

几天后，抚院定期考试。作文题目是：《文武不宜偏重论》。对这等题目，程潜自能应对自如，行文严谨，有理有据，顺理成章。

次日，榜取录40名，程潜名列第一。4月初入堂授课。他如愿以偿，心里异常兴奋！

湖南武备学堂的地址，在长沙小吴门外大校场旁。学生定期3年毕业。预科一年半，习普通中学课程及外国语文（日文），后一年半，习初级军事学。

程潜等40人入堂后编为丙、丁两班，合前次招考的甲、乙两班共为4个班。教官系日本士官毕业生或江南陆师学堂毕业生。程潜他们都是成年人，知识既高，学习起来较易。数学从算术开始，渐次加习代数、几何、三角和物理、化学、生理学等。所学功课，分外场、内场两种（重在内场）；内场有汉文、日文、数学、伦理学、军制学、战术学、城垒学、地形学等22门；外场有体操、马术、剑术、步操、炮操、工程6门。程潜学习刻苦用功，进度颇快，学习学科，均无滞碍，农历年终考试，获列前茅。

1903年，程潜投笔从戎，以第一名成绩考入湖南武备学堂。图为1905年，巡抚端方将武备学堂改为湖南陆军小学学堂旧貌。

是冬，日、俄因朝鲜和东三省问题互有争论，开始进行谈判。日本政府暗唆中国留学生反俄，俄国以重兵占据东北，长期赖着不走，妄想永远独霸。

这时，由于瓜分之祸迫在眉睫，留日学生中的激进分子，在东京组织拒俄义勇队，由黄兴教授兵器，准备开赴前线，抵御外侮。并通告内地各省，一律响应。武备学堂的学生推程潜作代表，与省垣各学堂的学生代表联合开会，采取一致行动。决定创办一种用俗语编成的小报《俚语日报》，登载揭露日、俄侵略我国的文章和有关消息，广为宣传，唤起民众，并呼吁学堂总办俞明颐将学习期限缩短，俾得提前毕业，训练新军，蔚为劲旅。

俞明颐对学生的要求寄以同情，允许转呈抚院照办，要大家静候佳音。可是，日、俄开战则已迫不及待。

1904 年 2 月，日、俄谈判破裂，爆发了日俄战争。支持日本的有英国和美国。支持俄国的有法国和德国。腐败无能的清政府，竟厚颜无耻地顺着日、俄的旨意，置国家主权和东北人民的死活于不顾，自称"局部中立"，让日、俄帝国主义在我国东北进行掠夺。

面对祖国壮丽的河山被列强践踏，无辜的人们任人蹂躏，程潜五脏俱焚，悲愤已极。他为救亡活动奔走呼号，奋笔撰文，倾吐满腔爱国之情。他在《养复园回忆录》中写道："日俄战争是为着争夺辽东半岛。俄国疆域与我东北毗连。而新兴的日本垂涎东北，利害冲突，势所必争。这就是战争的主要原因。再说中日甲午之战，中国被日本战败，李鸿章与伊藤博文签订《马关条约》，已将辽东半岛割让给日本。李鸿章复利用俄国协同德、法，迫使日本退还辽东半岛给中国。日本对俄国蓄恨甚深。这也是日俄战争的一个原因。再说庚子北京动乱，俄国派兵进驻中国东北，建有旅顺要塞，威胁已被日本吞并的朝鲜。这也是战争又一原因。现在日、俄两强，同一藐视中国，公然敢在中国国境开战，中国竟拱手中立，使领土主权丧失殆尽，不以为奇耻大辱，尚认为两虎相斗，必有一毙，中国尚可以借收渔翁之利。似这样国已不国，寡廉鲜耻的论据，用以掩饰其腐朽无能，徒令人民愤恨已极。"程潜对时局分析透彻，入木三分，忧国忧民之情洋溢于字里行间。

时令是早春 2 月，夜已深沉，寒凝大地，阴云笼罩着古老的长沙城。大校场旁的更鼓声幽怨地响着，一声声地像敲击在人们的心坎上。程潜写着写着，他感到胸腔在阵痛，心灵在流血。他是一名书生，报国无门呵！最后，他重握狼毫，笔走龙蛇，奋然写道："中华民族党已不党，国将不国，兵祸联结，政以贿成，国内同胞自相杀戮，而强邻瓜分豆剖。吾怎能眼见兄弟阋墙，国土日表？即使赴汤蹈火，粉身碎骨，只要能报效祖国于万一，也在所不辞！"

正当程潜苦闷彷徨之时，北平总理练兵处令各省督府选派武备学生送京考试，派遣赴日留学陆军。总理练兵处是 1903 年冬成立的，以庆亲王奕劻为总办，袁世凯为会办，徐世昌为练兵处提调，王士珍为军学司正使。练兵处的主管人员全是北洋军官，北洋新军的编练方式自此推行全国。至 1904 年，北平练兵处奏订选派陆军学生赴日本游学章程，规定"以四班为一轮，每年选送一班，每班一百名"。各省选派学生有定额，"已设武备学堂各省旗，其学生应在该学堂内选派"。湖南依定章选派武备学生 4 人，送京派遣日本留学陆军。程潜与同学王正彪、李铎、欧阳融 4 人，由学堂以优选转呈署理湖南巡抚陆春江，再呈报北京练兵处。

8月初的一天，艳阳高照，群群飞鸟在湛蓝的天空中自由自在地翱翔。22岁的程潜，满怀豪情，与另3名同学乘海轮由武汉经上海赴京应考。一路上，只见江风习习，浪花排排，连绵不绝的山峰、田野向后迅速隐去。程潜饱览祖国山河的壮美，顿感心旷神怡。到达北平后，他们即向练兵处投文，经军学司检查身体合格，其时各省所送的学生，业已陆续聚齐，一同参加考试。程潜等文学已有根底，军学各科又得门径，应试成绩极优，皆获录取。全班共取120名。后来在军界崭露头角的有：直隶学生周荫人、孙传芳、卢香亭，河南学生韩凤楼，安徽学生葛光延，江西学生李烈钧、欧阳武，广西学生覃鎏钦，四川学生刘存厚，兵部主事王庚，即后来堕落为汉奸的王揖唐。

程潜等一行于8月下旬由监督赵理泰率领赴日。启程前，徐世昌、王士珍都对他们讲演，无非是"国家深恩厚泽培养你们，希望努力求学，共济时艰"等一些套话。

当他们路过天津时，当时最出风头的直隶总督袁世凯，又是练兵处的会办，例当接见学生。大家在天津行辕排队，谒见袁世凯。袁世凯五短身材，腰大足短，躯体肥胖，说话装腔作势，神气十足。他对大家训话说："因为时局艰难，国家不惜岁费国帑，派遣学生赴日本学习军事，原期造就真才，担负整军经武的责任。因此，你们首先应体会朝廷的盛意，务必求得真实学问，相与共济时艰。"这些套话，与徐世昌、王士珍所说的大体相同。

最后，袁世凯扯着公鸭嗓子大声说："现在中国留日学生，倡言一种邪说，犯上作乱，肆无忌惮。汝等受国家培养厚恩，应作正心诚意，坚决反对。如此，你们的前途自有无限的光明。国家定当重用你们，将来提镇协参游都是你们做的。"如此一派胡言，学生闻之，莫不深恶痛绝。程潜更怀有鄙视心理，不屑一顾。

◉ 东渡日本

1904年10月，秋高气爽，程潜与赴日留学的同学一道，登上了东渡日本的海轮。这是他第一次见到大海，只见烟波浩渺，一望无际。巨轮犁开层层白浪，在海面上破浪疾驶。群群海鸥，在辽阔的海面上飞翔。程潜怀着无比振奋的心情，来到甲板上，好奇地凝望着眼前的一切，如痴如醉，心驰神往。倏然间，他那宽额丰颐的面庞上，流露出思深忧远的表情。是呵，面对此情此景，他浮想联翩。他在百孔千疮的祖国已度过22个春秋，曾踌躇满志，苦读诗书，希图报效祖国。血淋淋的现实教育了他，觉今是而昨非，惟其弃文习武，才能为拯救祖国献出菲薄之力。这些年来，祖国的灾难更为深重。自从 1895 年 4 月 17 日，李鸿章与日本签订丧权辱国的《马关条约》起，割让了宝岛台湾，1900 年，八国联军攻入北京，大肆烧杀奸淫掳掠。次年，腐朽的清政府又与德、奥、比、西、美、法、英、意、日、俄、荷 11 国公使签订了卖国的《辛丑条约》，中国的领土主权进一步丧失；1903 年，英国军队入侵西藏，占领春丕，今年又攻陷拉萨……为挽救祖国的危亡，孙中山在海外奔走呼号，呕心沥血，积极组织革命志士仁人，发动一系列旨在推翻卖国的清政府的起义斗争。对于孙中山其人其事，程潜早有所闻，如若能结识孙中山先生，那真是一生中极大的幸事。

程潜在日本陆军士官学校（1904—1908）第六期毕业

"呜——"汽笛一声长鸣，打断了程潜的沉思遐想。他犹如一只伫立岩石上的海燕，远望浊浪排空的茫茫海天，时刻准备扑向浪涛，进行拼搏，激流勇进。

经过远航的劳顿，程潜到达日本东京，进了专为中国学生而设的振武学校，补习普通科学及日文。程潜在其《回忆录》中讲到入学时的情况："该校已有中国学生六班，我们百余人编为第七班至第十班，我和武备同学李锋、欧阳融编入第七班。这学校系日本参谋本部所办，为军事预备学校，学生一律住校，饮食衣服皆由校供给，早晚点名，星期日准外出限时回校，规律甚严。其课程除普通中学外，以日本语文为最重要。我在湖南武备学堂预科一年有余，所受的课程与这校的课程大致相同，因此我的学习问题就算是毫无阻碍。"

12 月，他和湖南留日学生黄兴、宋教仁、程子楷、赵恒惕、欧阳振声、曾继梧、陈强、仇亮；云南留日学生杨振鸿、罗佩金、殷承、郑开文、唐继尧；直隶姜登选；江苏章梓、伍崇实；河南曾昭文等共 100 余人，组织革命同志会，从事民族革命。程潜勤奋工作，为革命思想的广泛传播和唤醒更多的爱国志士，积极开展各项活动。

翌年 7 月，孙中山从欧洲重返日本，会见了黄兴等革命党人，确定了联合兴中会、华兴会及其他革命党人建立全国性革命团体的决策。在孙中山的推动下，兴中会、华兴会、光复会等革命团体联合成立全国性的革命组织——中国同盟会。

8 月 20 日，中国同盟会在东京正式举行成立大会，到会的有 100 多人。会议通过了同盟会章程，选举孙中山为总理。章程确定："本会以驱除鞑虏，恢复中华，创立民国，平均地权为宗旨"，并确定同盟会本部暂设于东京，本部机构遵循三权分立原则，在总理之下设执行、评议、司法 3 部。执行部由总理直接管辖，下设庶务、内务、外务、书记、会计、调查 6 科。黄兴任第一任庶务总干事。同盟会在国内设东、南、西、北、中 5 个支部，国外设南洋、欧洲、美洲、檀岛四个支部。同盟会的成立，使全国的革命有了一个领导中心，标志着全国资产阶级革命运动发展到了一个新阶段。正如后来孙中山感慨地说："自革命同盟会成立之后，予以希望则为之开一新纪元。盖前此虽身当百难之冲，为举世所非笑唾骂，一败再败，而犹冒险猛进者，仍未敢望革命排满事业能及吾身而成者也。……及乙巳之秋，集合全国之英俊而成立革命同盟会于东京之日，吾始信革命大业可及身而成矣。于是乃敢定立中华民国之名称，而公布于党员，使之各回本省，鼓吹革命主义，而传布中华民国之思想焉。不期年而加盟者逾万人，支部则亦先后成立于各省；从此革命风潮一日千丈，其进步之速，有出人意表者矣。"

在东京，程潜与湖南同乡、华兴会组织者黄兴以及同盟会湖南支部长仇亮等人过从甚密，常聚集在一起研讨国事，寻求革命真理。

仇亮系湖南湘阴人，能文善诗，年方 16 岁，便补博士弟子员，后入日本振武学校习军事，潜心研讨民族革命方略。当孙中山、黄兴组织同盟会，他即参加，随即介绍程潜加入同盟会。程潜在其《回忆录》中说："孙中山倡导有志青年由各省主盟人介绍东京学生，首先加入者八千余人，而以湖南湖北广东安徽江苏浙江为最多，其他各省都有志士参加。我们陆军学生多与黄庆午接洽，我由黄庆午及同学介仇亮介绍于是年九月初十日宣誓入党。从此我平日所怀抱的志愿永当遵从三民主义努力前进作为一个先锋战士。"入会这天，程潜以他那娟秀遒劲的毛笔字，一字一句地签署着会员们的誓词：

"当天发誓，同心协力，驱除鞑虏，恢复中华，创立民国，平均地权。矢信矢忠，有始有卒，如或渝此，任众处罚。"

程潜加入同盟会不到几天，仇亮便引导程潜到东京赤坂区灵南坂日人金弥宅，谒见孙中山先生。这是和一个日本人合租的一幢小楼房，楼上面积只有四五十平方米。孙中山先生为了便于大家谈话，每次都备饮供应，一落座，常常是两桌。每次聚会，通常谈上四五个小时，大部分时间是听孙中山先生讲话，内容侧重在鼓动大家参加组织，以暴力反清，很少谈到别的方面。

是日，东京的天气特别宜人，雨后初晴，空气显得异常新鲜。程潜兴致勃勃，跟随仇亮来到孙中山寓所楼上。经仇亮简单介绍之后，孙中山亲切地叫程潜坐下，尽情谈论。程潜见比他大16岁的孙中山先生，如此慈祥和蔼，顿消局促之态。只见孙中山先生身材匀称，方正而俊秀的脸膛，挺直略高的鼻梁下，两撇短须微微翘着，开阔的天庭，浓黑的宽叶眉，衬着那双明亮的眼睛，闪烁着智慧的光芒，眉宇间充溢着豪俊之气，给人以非同凡响的感觉。一阵寒暄过后，程潜向孙中山面示革命方略。孙中山先生表情肃穆坚定，挥动一下右手，滔滔不绝地说：革命的志士仁人，既然抱定献身革命的志向，欲求达到革命的目标，势必注意三点：

一、首先打倒自己脑中的敌人，抛弃富贵利禄的观念，树立爱国家爱人民的思想，服膺主义，不与敌人妥协。

二、革命军占领地区，必须立即成立政府，以为号召，即使占领地区小至一州一县，亦应如此。

三、慎选革命基地，以发展革命力量。

孙中山言尚未竟，程潜按捺不住急切的心情，插问一句："中国如此广大，选择革命基地，究以何处为宜？"

孙中山见程潜这位血性男儿，提出这样一个引人深思的问题，会心地微笑着。他远谟在胸，不假思索地回答："革命必须依敌我形势的变化来决定，如形势于我有利，而于敌不利，则随处可以起义。至于选择革命基地，则北平、武汉、南京、广州四地，或为政治中心，或为经济中心，或为交通枢纽，各有特点，而皆为战略所必争。北平为中国首都，如能攻占，那么，登高一呼，万方响应，是为上策。武汉绾毂南北，控制长江上下游，如能攻占，也可据以号召全国，不难次第扫荡逆氛。南京虎踞东南，形势所在，但必须上下游同时起义，才有成功希望。至于广州，则远在岭外，僻处边徼，只因其地得风气之先，人心倾向革命，攻占较易；并且港澳密迩，于我更为有利。以上四处，各有千秋，只看哪里条件成熟，即可在哪里下手，不过从现时情况看来，仍以攻取广州，较易为力。"

程潜专心致志地听说，觉得孙中山先生诲人谆谆不倦，对革命形势的分析高屋建瓴，入情入理，因而对这位久仰的革命长者肃然起敬，钦佩不已。

在长达3个小时的长谈中，孙中山还讲述了有关革命的道理与经过，程潜都有所领会，不禁点头称是。后来，他在《回忆录》中说："自从我亲聆这次教诲以后，一时思想大为开朗，从此衷心服膺三民主义，并心悦诚服地敬佩先生。此情此景，印象最深，至今不能忘怀。"

孙中山被迫离开日本以后，黄兴代理同盟会总理。其时，时势艰险，加之会员成分复杂，黄兴嘱咐陆军学生中的同盟会会员不要到同盟会总部去。并由陆军学生同盟会会员中选择一批坚贞可靠的同志组织一个秘密团体叫"丈夫团"（后又吸收了成城学校的优秀同盟会会员若干人加入，改名"丈夫成城团"），以孟子所说的"富贵不能淫，贫贱不能移，威武不能屈"，作为团员应具有的品德。当时加入这个组织的有程潜和李根源、李烈钧、李书城、赵恒惕、黄郛、尹昌衡、阎锡山、曾继梧、陈之骥、姜登选等30余人。他们在辛亥革命后都成为军政界的出色人物。

程潜在振武学校毕业后，进入姬路陆军第十师团野炮兵第十联队入伍当兵一年，随即转入陆军士官学校第六期学习。学习期间，他一面潜心研读军事知识，刻苦练就军事本领，同时与李烈钧、李根源等联络在士官学校的同志组成同志会，矢志革命，积极开展各种革命活动。

光阴荏苒，斗转星移，四个多春秋很快过去了，1908年12月程潜毕业于日本士官学校。他在晚年自述留日之感想写道："第一，日本的封建制度，建立在藩封残余上而力求巩固，其阶级关系是复杂的，惟一是拥护天皇；第二，日本陆海军之锻炼，纯粹采取德式，实行奴役化；第三，日本重男轻女之风，骇人听闻，从中外书籍中都查不出这样压制妇女之纪录；第四，日本地小，四面临海，便于扼制人民思潮，是个警察国家；第五，日本借甲午中日战争和后来日俄战争之胜利，得到赔款，渐次走上资本主义之道路；第六，日本旧藩渐次失势，引渡到新军阀手中，其主旨不离忠君爱国……""日本人民之美德：一、除少数豪富外，不分男女，一律勤劳，努力生产；二、地小，民众极为团结，富于爱国思想；三、人民好学，对科学力求精进；四、人民勇敢、笃实，富于进取心。"

程潜在士官学校毕业时，有五、六两期，共计255人（第五期57人，第六期198人）同时毕业。依照陆军学生游学章程规定，学成回国，"由练兵处就其历年所学，一一考试，最优者奏请授职守备，次者授千总，再次者授把总。"

其时，程潜的朋友李钟奇，在川督赵尔巽处当幕友，荐之于赵。赵尔巽系同治进士，授翰林院编修，历任安徽、陕西各省按察使。1902 年护理山西巡抚，次年初调任湖南巡抚。程潜能入湖南武备学堂，仰仗他的批示，得以如愿以偿，故程潜对赵尔巽有知遇之恩。赵对这位"立志可嘉"的士官学校毕业生，早有所闻，而且早在几年前看过他言词恳切要求投考武备学堂的呈文，已留下深刻的印象。如今经幕僚李钟奇荐举，便欣然同意程潜入川。这样，程潜与姜登选、王凯成、舒和钧一道入川训练新军。他受同盟会东京本部委派，担任了长江上游联络员。当时在日本学陆军者归国，例须回北京参加考试。他们因有赵尔巽电调，得以免考赴川。

◉ 海外归来

岁月不居，时节如流。转眼 4 个多春秋逝去，1908 年 12 月 1 日，程潜于日本士官学校第六期毕业。按照惯例，毕业生应原队充见习士官 6 个月。忽接四川总督赵尔巽调程潜、姜登选、王凯成、舒和钧 4 人回川训练新军电文。此次毕业尚未入伍见习，何以川督就来电调？原来，革命同志会会员李钟奇已入川督幕府，保荐程潜和姜登选入川督幕府任职。程潜殊感荣幸，其时任革命同志会总干事，便当即召集主要成员开会讨论：应否受川督之召？讨论结果，一致主张程潜和姜登选回国赴川，借以联络长江上游同盟会会员，并派程潜为长江上游联络员，其任务是联络党员，宣传主义。程便复电川督即日启程应命。因程潜为革命同志会干事长，各省同志在他启程之前，请求他讲演在日本留学的感想。程潜欣然允诺，将当前日本情势，列举十大纲要如下：

一、日本文化导源于中国唐代，它以大和民族的精神尽力与中国文化相结合，在明治维新以前，保守着封建统治千有余年，毫无进步，迨至明治维新以后，醉心欧化，效法英、德，追求功利主义。

二、日本为四面临海的岛国，民族性尚武，意志坚强，一旦统一，内部团结，促成向外发展，其势甚便。

三、日本人民男勤妇勉，从事生产，生活得到提高。

四、日本工业的发达，不论轻重，与日俱增，不仅自给自足，以抵制外货侵入，而且可以利用商业，吸收外资，发展国民经济，但农业尚少进步。

五、日本政党政治，效法英、美，且能结合封建势力，构成君主立宪，假借民意，安然无事，运用自如。

六、日本军事仿效德国，与其民族尚武性相结合，构成军国主义，随其经济发达，走入欧美资本主义，亦为自然之趋势。

七、日本民族性尚武，容易流于急功近利，一旦团结人心，势将灾害并至不可收拾。

八、日本民族归于中日、日俄两次战役取得极大胜利，日本军事家智小谋大，急图远交，进攻称霸东西，必遭毁灭。

九、日本民族封建残余势力尚团结于社会各阶层，重男轻女之风牢不可破，阻滞人类走向文明领域。

十、日本地褊土狭，先天不足，资源缺乏，铁、炭尤为稀少，欲建世界惟一富强大国，成功的希望极为渺茫。

程潜据十大提纲慷慨陈词，谈得入情入理，听者无不称道不已。

是日，冬阳艳丽，程潜与姜登选、舒和钧等同窗学友，应四川都督赵尔巽的电调入川训练新军。他们告别东京，赴横滨坐邮轮过海。邮轮推波犁浪，全速前进。海涛在咆哮，发出巨大的声响。程潜仁立船头，仰望浊浪排空的茫茫海天，思绪万千。他将要回到祖国的怀抱，去勇猛冲杀，迎难搏击，尽一番赤子之心。

邮轮抵达上海，他急忙整顿行装，顾不上歇息，遂沿江上驶，途经汉口，与旅鄂同乡戚友们应酬一番，再到宜昌，访问了同学黄凯元，详询入川道路。据说入川有水、陆两路，任人选择。水路由川江上驶，经秭归、巫山、夔府（奉节）而达万县，其中虽有险滩急流，如乘安稳的大船，保证万无一失。陆路必经施南，道路崎岖险恶，每日翻山越岭，晓行晚宿，比较艰难。两路行程均需半月始达万县。程潜与姜登选、舒和钧商定，由水路入川，雇用坚固而稳重的柏木大船，并和新认识的川友但懋辛及姓龚者，同坐此船，于12月24日上船进入川江，溯三道坪、巴东而上。程潜素闻川江之险，尽在鄂境，眼前望见山势渐高，水流愈急，两岸悬崖峭壁，十分险峻，真有名不虚传之感。到了秭归后即入巫峡。"巴东三峡巫峡长，猿鸣三声泪沾裳。"这两句古代渔歌，道出了巫峡在三峡中的地位。它是一条绵延不断长达42公里的完整峡谷，以巫山而得名，西起巫山城东的大宁河口，东到巴东县的官渡口，幽深秀丽，千姿百态，置身其间，目不暇接。两岸奇峰竞起，怪石嶙峋，飞泉垂练，群岩蔽日，长江穿流其间，回环曲折，忽而苍崖相通，恰似江流阻塞，忽而峰回路转，却又柳暗花明。江中礁石林产，险滩密布，水势湍急，波涛汹涌，云腾雾障，气象万千。整个峡区就是一幅巨型天然山水画，人们称之为山水画廊。程潜身历其境，感慨尤多。后来，他在《养复园回忆录》中对此有绝妙的描写："到了秭归后即入巫峡，两岸尤为险峻，川江三峡，以巫峡为最长，绵亘巫山县，上下游百余里。两岸绝壁高峙，飞鸟莫渡。悬崖倒倾，捷猿难攀。江中乱石凿凿，白浪滔滔。新滩、浊滩、兴隆滩，哀湍怒吼，万籁齐鸣。船工敲锣打鼓，卖勇而进；纤夫狂声疾呼，踊跃以趋。更有所谓牛肝马肺峡，兵书宝剑峡，舟人指点，历历在望。这些奇形怪状，可称集人间之美景，尽世界之奇观。这时人在船中仰望，但窥天一线俯视，惟见影如梭，同舟之人，莫不欣赏佳境，欢欣不已……"无怪乎后来一些名人墨客，夸赞程潜"不仅是一位儒将，而且极有诗才、文才"。

船过巫山县时，程潜和姜登选等联袂上岸，同游神女峰、高堂观，但见神女峰与青石隔江相对，在 12 峰中，数它最为纤丽奇峭。神女峰上入云端，下临大江，山峰旁有一块危石，形如俊美的少女，亭亭玉立。侧目远眺，数不清的岁月，她朝迎早霞，暮送晚霞，总是那样脉脉含情，妩媚动人。所以，人们又将神女峰称为望霞峰、美人峰。程潜问同游的姜登选："你知道有关神女峰的传说吗？"姜登选顿然语塞，还是程潜自问自答：远古时代，有 12 条蛟龙在巫山上空兴风作浪，危害黎民百姓，后被西王母的小女儿瑶姬施用仙术斩杀，化作 12 座大山，堵塞了大江。滔滔江水无处宣泄，便向四面八方漫去。一时间，田园、村镇均被淹没，四川盆地变成一片汪洋大海。灾情严重，连从黄河匆匆赴来的大禹也束手无策、焦急万分。正在巫山巡游的瑶姬见此情景，忙带着她的侍女们，降落在形如彩凤的飞凤峰半腰的台地上，召见大禹，命侍女们将《太上先天呼召万灵玉篆之书》授给大禹。大禹在这部治水用的黄绫宝卷的指点下，并借助众仙女的帮助，很快疏通了峡道，解除了水患。巫山百姓感激大禹和瑶姬，尊称瑶姬为"妙用真人"。瑶姬深受感动，不愿再回瑶池，决心在山奇水秀的巫山定居下来，为船民除水妖，为樵夫驱虎豹，为病人种灵芝，为农夫保丰收。久而久之，她和她的那些侍女们便在巫峡两岸化成了 12 尊奇秀绝美的峰峦。其中的神女峰便是瑶姬的化身。

同行的姜登选、舒和钧，对程潜的博学多才和惊人的记忆力钦佩，同声夸赞："颂云学识渊博，定能出人头地。"

"哪里哪里，不敢当，不敢当。"程潜连连摇头，又补充说："我想，宋玉说的，巫山神女，朝为行云，暮为行雨，自是一种讽喻神话。"

说罢，四人来到昭君故里，观看了宝坪的昭君井。杜甫诗云："群山万壑赴荆门，生长明妃尚有村。"诗中的明妃村就是宝坪，明妃即昭君。这里也有个美妙的传说：村子溪水的上游有个大山洞，洞里潜藏着一条成精的鲤鱼，鲤鱼几次出游，都被捕获，亏得昭君放生。这一天，鲤鱼得知昭君将要离乡出塞的消息，便向下游游来，要报昭君的救命之恩，陪昭君远行。昭君阻止鲤鱼，叫它留下。溪水听了昭君的话，陡然消退，把大鲤鱼困在沙洲上。如今，村里这块扁长的台地，犹如一条卧在溪边的鲤鱼。因此，人们形象地称这里为"鲤鱼困沙洲"。触景生情，程潜感叹道："昭君出塞，史有记载。杜甫亦云：'生长明妃尚有村，殆是此地。'如今也只好作为一段历史上的典故，为千古无可挽回的恨事。"

是日，正是阳历元旦，冬至已过数日，气候未入大寒，程潜等人上山，各个汗水涔涔。无端天气陡变，遂急忙返船，缓缓而行，穿过巫峡，抵达夔府。夔府即奉节县城，是一座历史悠久的名城，距瞿塘峡西口不远，建立在川江左岸。程潜与姜登选、但懋辛，同游了这里的名胜。他们先游览了公孙述所筑的白帝城。登上白帝城，视野开阔，水光山色，尽收眼底，俯瞰蜿蜒奔腾的江流，确有"不尽长江滚滚来"的意境。相传西汉末年公孙述在四川称王，在这山头筑城，屯兵马，积粮草。这里有一口白鹤井，井里常冒白雾，形状如龙。公孙述认为这是自己要当皇帝的吉祥征兆："白龙献瑞"。公元 25 年，公孙述自称"白帝"，并把这座山改名"白帝山"，城称"白帝城"。白帝城在夔府下首高山上，尚存积石垒垒的遗址，其中则一无所有，其下端山坳仅有三四户贫苦人家。城内有永安宫，有青松翠柏围绕着。永安宫相传是三国刘备托孤的地方。刘备结拜的兄弟关羽在麦城遭杀害后，刘备亲自率师讨伐东吴，被东吴大将陆逊打得大败，《三国演义》里"火烧连营七百里"，记的就是这一段刘备打败仗的故事。刘备惨败后，就驻扎在鱼腹（即奉节），改鱼腹县为永安县。把自己住的地方称为永安宫。杜甫所咏"蜀主征吴幸三峡，崩年亦在永安宫"，殆是此地，有庙祝而无僧道，异常荒芜。程潜由此下山，见奉节城与白帝城之间，有一块沙洲碛坝，便是赫赫有名的"八阵图"故址。相传诸葛亮率师入川之时，曾在这里垒石布阵以防东吴入蜀。"功盖三分国，名成八阵图。江流石不转，遗恨失吞吴。"千百年来，许多诗人名士每过八阵图，无不赞颂诸葛亮的军事才能，吟怀他的不朽业绩。接着，程潜等人来到瞿塘峡的西口，见江流回旋处，横卧着一堆大礁石，方圆 20 丈，潜藏江底，如今枯水季节，露出水面近 10 丈，"大石如刀剑，小石如牙齿"，形似燕子窝，这就是有名的滟滪堆。江水流经这里，波涛汹涌，奔腾直下，巨大的旋涡，陡起的恶浪，不知颠覆了多少舟船，不知打散了多少木排。古人云："舟行至此，靡不动魄惊心。"

程潜游览了这些常为诗人所吟咏的名胜古迹，情不自禁地诵道："朝辞白帝彩云间，千里江陵一日还。两岸猿声啼不住，轻舟已过万重山。"吟罢，他对身旁的人说："诗人流落在这样荒芜的境域，无怪他情不自禁地有所感慨。但我们今日和他们的处境不同呵！"

有人忙问他："你的感慨别有所在吗？"

程潜沉思片刻，便陈述一件令人痛心的事情：前天停泊时，我上岸看到一个13岁的纤夫，横卧茅棚榻上，面目浮肿，烟容满面，大吸鸦片。我大为惊骇，问他何时染这恶习？他说："因拖纤劳苦，上瘾已一年有余。"我问他家中有无父母，有则何不管教。容你学这种坏样？他说："家有母亲，是不管这些闲事的。"我说："你须立刻断除烟瘾，免至戕生害命，并须勉力学做好人。"他似未曾了解今日中国这样的社会，如何不令人感到痛心！

游览完名胜，程潜等人回到船中，突然望见江远处冒出一股白烟，缭绕山城，上接云霄。程潜便询问舟人，答曰："据称白烟所在，土人挖取地下水汁，可以煮成白盐，俗名臭盐，实际不臭，把它调和肉类，其味异常鲜美。"程潜因此联想起公孙述假托白气称帝一事，便对同舟的人大发感慨："在公孙述未曾称帝以前，不知几何年，早就有这样的白气，证明这白气绝非为公孙述而生。公孙述败死后，至今近两千年，仍有这样的白气，可见这白气与公孙述毫无关系。白气是什么呢？是地下矿盐的蒸发气体。公孙述假托何为？其司马昭之心，路人皆知。"

舟逆流而上，愈觉平缓，不数日，抵达万县。程潜和同人舍舟登陆，择清洁的客店住宿，并约同但懋辛来寓盘桓两日，相约后会，依依而别。程潜听说在西南各省旅行，欲求安全便利，必找麻乡约。这麻乡约是一家轿行，信用昭著，有时兼办客商汇总。至于行客旅行，雇用轿夫运送行李，无不办理妥善。行李每担若干斤，竹轿每乘若干人，均有定规。由万县到成都的路程计800多公里，称小川北路。这一带通用制钱和纹银，每一苦力的工资为制钱7串200文，折合银圆约为9元。雇用人力10人以上，须雇夫头一名照顾行李。程潜和麻乡约的经理面商，托他办理一切。他们3人共须雇用苦力20名（包括夫头），协定力资先交2/3，由轿行分配，其余1/3到成都后交由夫头分配。俱事办理完后，他们遂于1909年1月12日由万县出发，经过梁山、大竹乃至顺庆、潼川等地，一路早行夜宿，皆由夫头指定他们素所认识的店房住宿。这些店房，不仅对客商的招待十分周密，饭菜丰盛可口，对苦力们亦有好处，即是将客人的饭菜价钱略为提高，用以填补劳力的食用。这是有限度的损上益下，程潜认为这是合乎情理的。他看到一般苦力多系年壮身轻、翻山越岭、行走如飞，兼之所过路途，如遇些微阻碍，则前呼后应，报道清楚，且有一套报道口语，令人闻之发笑。程潜对此十分欣赏，但对他们抽鸦片烟等恶习感到讨厌。这些苦力的面容尽是满面浮肿，毫无血色。他们的言语尽是满腔沙碎，程潜对此十分鄙恶。每过高山，程潜悯其过于劳苦，想要下舆步行。他们认为不可，如果下舆，他们抬着空舆，反而吃力。后来程潜在回忆中写道："我没有抬舆的经验，不知这话是真是假，也许是经验之谈吧。"

这小川北路，无数大小市镇，都聚集着无数的临时苦力，每到一处，异常喧哗拥挤，积蚊成雷。这临时苦力，均以道里计资，每行李一担，每一华里，只须制钱二分半。程潜等人行走四五日后，出发时苦力已改雇了一半。程潜留心考察这个山岳地带的人民，就其表面而言，发现有三个优点：一、聪颖活泼；二、言行敏捷；三、习尚淳朴。他认为若能授以良好的教育和严密的组织，必将大有可为。

程潜等人一路上，夙兴夜寐，长途跋涉，整整经历17天，到达金堂的赵家渡，当看到这古称天府之国一望无垠的平原，大家心神为之一振。又行一日，终于到达目的地成都。他们择大东街一家大旅馆安寓，并向督军报到。

不几天，赵尔巽定期接见他们。程潜向赵尔巽说明因路途遥远，经两月有余才迟迟报到的原因。赵尔巽表示欣喜，对他们说："四川陆军已有一个混成协，必须准备扩充成镇，一切建设需人负责办理。希望你们各本所学，为国出力，以副国家愿望。"并询问他们所学专业。程潜如实报告所学兵科，听候派遣。

早在1901年（光绪二十七年），朝廷颁布诏令，废除绿营制度，建立新军。规定全国各省共成立36镇新军（镇等于师），除北洋已成立3镇外，大省成立一镇，小省成立一混成协（协等于旅）。当时四川接到建立3镇新军诏令，感到最缺乏的是训练新军的军事人才。程潜到川后，赵尔巽派他充任陆军第三十三混成协正参谋官，委王凯成为参谋处提调，舒和钧为教练提调，姜登选为混成协工兵营长。一律试用3个月，再行调用。

程潜就职一月以后，即1909年2月，他与同盟会少数同志详细分析了国内外形势。他有理有据地说："西太后和光绪死去未久，载泽监国，奕劻秉政，在政治上欺骗人民，定期立宪而举朝，昏迷不恭，一味贪残横暴，积弊如山，永无澄清的希望。经济上，工农业日就枯萎，而财政的横暴剥削，与日俱增，迫使亿兆良善人陷于水深火热之中。创深痛剧，而哭泣无门。文教上，虽建立了学校，而风气依然闭塞，科学不发达，自安于残阙愚蠢。其他社会各阶层的黑暗腐败，不胜枚举。不仅如此，清政府内部的矛盾，层出不穷。行一新政，则有新旧派的交阅；组织内阁，则有满汉的纷争；中央集权，则有地方督权的对立。用人方法，自西太后专政以来，不外两途：一是勒令下级报效金钱，报效愈多的人，不论资格深浅，可以立升高官；一是奖励人肆行残忍，残忍愈力的人，不论资格高下，一样可以立致高位。卖官鬻爵之风，积重难返，无论习道，乃至州县，明有明规，暗有暗例。清政府政治黑暗，列强肆行侵略久矣。国已不国，崩溃在即。"程潜愈说愈激愤，字字珠玑，对国内形势的分析一针见血，入木三分。听者无不为之愤懑，产生了强烈的共鸣。

"我们来到四川，"程潜环视一下四周，表情严肃，将话锋一转，提高嗓音说："亲目所见，四川风气也比较落后，政治贪暴时有所闻。我们在四川进行革命，就要立个行动纲要，以为守则。"

程潜话音刚落，同盟会的热血青年情绪高昂，共同研究了四川的情况，认为程潜的话切中时弊，很有见地，当即拟定了在四川的行动纲领，大致有如下四点：一、服膺三民主义，始终不渝；二、稳步结合同志，发展组织；三、切实把握军事实力，应付事变；四、联络一切力量，共策进行。大家认为，只要这个方案能够切实施行，那么，他方一有动作，我们立即可以响应；他方未有动作，我们也可以掌握时机，随时发难。共同商妥后，程潜邀集林修梅、杨瑾、季雨霖、舒和钧、梁达沅等同志开秘密会议，讨论行动纲要，得到一致同意，并当场推选程潜主持一切事宜。程潜欣然应允，激动地说："纲领既然经大家议决，定为守则，全靠诸位身体力行，付诸实践。"

当时第三十三协协统是旗人钟颖。1909年3月，清政府紧急电令协统钟颖，率军一协到西藏拉萨驻防，限期到达。钟颖与四川督练公所商量，对程潜也极为信赖，与他商量调动军队与安排人员问题。程潜对钟颖说："入藏军队，一、必须纪律严明，对藏民秋毫无犯，确能取得藏民欢心；二、官兵练习藏语，熟察军队意旨，必须与藏民相结合；三、熟悉军事技术。这几项事务必须在西康训练半年，多则一年。如今若组织东拉西凑的军队，是违背国家利益的。"钟颖深以为然，觉得他的建议极好。经商定，在成都调兵3个营，在雅安、泸定等处募兵3个营，组成一协兵力带去拉萨。各营军官则在四川陆军速成学堂毕业生中抽选。入藏军队约2000余人，编为第三营。第一营由防营改编，管带(营长)为陈庆，第二、第三营由陈军合编，第二营管带为张葆初，第三营管带为林修梅。

程潜受委任后，即赴东校场谒见协统钟颖。当时在协任职的有程潜的湖南同学林修梅任军械官，梁达沅任执事官。他两人引程潜和钟颖见面，谈论军队建设和教练事宜。两人谈得十分融洽，程潜从中摸清了许多情况。然后他又回住处和林、梁两同学深谈，从而了解到全协官兵除一部分有缺额，马炮工尚待扩充外，均符合编制。他为了了解军队生活状况，便和钟协统到凤凰山两标检查，得知士官疾病流行，尤以疟疾伤寒为多。究其原因，程潜发现营房建筑异常草率，营舍封闭，空气恶浊，不合清洁卫生。因此，疾病逐月增加。他当即建议将营房东南面敞开，西北面加以严密封闭，室内将中间的墙壁拆除或改低，以通空气。但这些建筑皆为文职人员所包办，钟协统本身就是候补人员，不敢开罪同僚。程潜不得已，只好及时将情况报告了督练公所。督帅大震，立即派员查办工程人员，令其如法更改。这是程潜就任参谋官放的第一炮。其次，为加强军事教育工作，程潜审核了全年教育方针，未发现不合要求之处，但他认为，如果执行不力，则难以达到教育目的，且成立协已经许久，尚未举行机动演习，这是一大缺陷，应按期进行机动演习，规模不拘大小。钟协统认为他言之成理，倍加赞赏，并通知两标，年终施行。

程潜到协统任职将两月，川督赵尔巽根据清廷的旨意，令钟协统带兵入藏，赵尔巽便调与其关系密切的东三省道员朱太澜接充，并筹建四川陆军第十七镇，任他为统制官（师长）。朱庆澜到任之前，钟颖所遗第三十三协协统职务，由该协第六十五标标统（团长）周道刚代理。周代职期间，发生了一件将密谋革命的六十五标上士伍安全（伍系秀才）斩首的血案，导致全军反抗的轩然大波。当时，在三十三协里，已有孙中山领导下的革命党人渗入活动，程潜与他们一道密谋，运动新军起义，常向伍安全等人进行宣传。伍安全和伍朝全、李本生、余瑞明等人，一次在成都外西犀浦农村余瑞明家秘密开会。伍安全系不假离营，为队官王申命所侦知，率兵前往将伍等拘捕。周道刚下令将伍安全责打军棍40下，引起第六十五标全体军士反抗。开会时军士怒不可遏，高喊："士可杀，不可侮！"并将会场内供奉的"皇帝万岁"牌位推倒。四川总督赵尔巽立令周道刚将伍安全斩首。对此，第六十五标官兵对伍的处死皆愤愤不平，第六十六标官兵亦群起反抗。赵尔巽惟恐酿成巨变，为平息众怒，只得将周道刚的六十五标统和代理协统职务一并撤销。程潜因谨言慎行，善于察言观色，颇得赵尔巽的赏识。

这时，赵尔巽拟任为第十七镇统制的朱庆澜到达成都，他秉承赵的意旨，与四川兵备处总办吴中庸商量，趁四川陆军速成学堂停办，就原址改办四川陆军讲武堂，以培养赵的亲信。讲武堂的学生多系随赵来川的奉天籍人员。开办讲武堂后，朱又秉承赵的委派，着手建立新军第十七镇。朱庆澜素有廉洁勤敏之名，有虚心好学之意，程潜乐于与他接触，言谈极为融洽。相处1月，程潜见他虚心好善，性和情厚。便对他十分敬重。两人感情与日俱增。赵尔巽为完成陆军建镇（师）的任务，他常问计于程潜，请程潜为之出谋献策。程潜诚挚地对他说："由协扩编为镇，要着重解决五个问题：其一为总方略；其二为迅速设立讲武堂以训练干部；其三为购买枪炮器材服装；其四为加紧建造营房；其五为增购马匹。除第一项属于国防，需经我们拟定后呈请军谘府核定外，其他四项，应有一年半的准备，才能成镇。"朱庆澜认为所言极是，嘱程潜草拟计划。程潜将五项计划起草完毕，并详加说明，交赵尔巽批办。程潜又主动在新津县地域选定了建立马炮工营地址，皆由赵督批准定案实施。陆军成镇五项计划，惟第三项购置军械器材服装难得办理。朱庆澜便推荐程潜担负此任，并征得督练公所总参议黄忠浩的同意，于是，赵督委任程潜为主任，派兵备处科员杨谨、曾广开为随员。程潜本不想作购买军械器材服装的工作，但姜登选力言，劝他到长江下游考察一翻形势，多多联系同志，对革命的进行是大有裨益的。于是程潜才下决心担负这一工作。只见他双目炯炯，两道浓重的剑眉，隐含着一股凛凛英气，显示他只要认准的事业，即使天塌地裂，也会应承的果敢精神。

这年11月的一天，北风呼啸，山城上空云雾蒸腾，程潜一行3人从成都出发，乘民船下驶至宜昌，转武汉，见到了统制张彪、协统黎元洪等湖北军事当局，参观了汉阳兵工厂，试验了汉厂仿造的五生七克森山炮。程潜认为这种炮口径小，射程又短，不合新军炮兵的标准。同时他们还参观了纺纱厂和陆军三十二标。三十二标训练甚好，士兵体操技术高超，深堪赞美，协统王德胜、刘镒玉、统带曾广大、李襄邻，将湖北建立陆军的经过情形，向他们作了详细说明。与这些高级军官接触，给程潜一个这样的印象：他们是循规蹈矩、怕惹是非的人，如果一旦军队发生变故，他们是无能作梗的。

在武汉逗留期间，程潜特别注意对下层情况的了解。经过详细考察，程潜得知自同盟会三民主义宣传到国内后，长江中部人民莫不闻风兴起，成为革命救国的一大浪潮。尤两湖一带青年活动最力，革命空气十分浓厚，许多青年学生都投入新军，以达成其热诚救国的愿望。上年冬，湖北陆军中，始有蒋翊武等组织文学社，其中重要分子如李六如、杨王鹏、廖湘云等，都是思想进步、才能出众的人物。因随员澧县人杨谨与蒋翊武是旧交，由杨介绍，程潜得与蒋翊武见面。两人在汉口一见如故，程潜惊叹蒋翊武为胆识俱全的同志。两人谈得极为投机，首先谈到三民主义为中国革命与建设的惟一出路，其次认为武汉为全国革命中心所在，关系重大，同志必须共同努力，以能确实掌握革命行动的准则。还谈到秘密运动，必须有严密的组织，构成坚固的团体，始能完成任务。

对这些根本问题的看法，他们完全一致。蒋翊武激动地说："湖北一镇一混成协的新军当中，不乏革命人才，但文学社因禁网严密，侦探如林，不便大事发展，只能稳步前进。我们现已打通了宪兵方面的关节，与之取得联系，故得安然无事。"

程潜告知以四川方面的情况，因人心觉悟不高，远不如鄂省进行顺利。他认为只要军队训练成熟，而又为自己所掌握，能切实执行行动纲要，虽然四川暂时落后于两湖，不久会迎头赶上的。

蒋翊武听后，插话说："文学社与鄂省其他革命团体，同出一源。尚有居正、孙武领导的共进会，与文学社合作得还好。我们两社秉志同道合声应气求之精神，并行不悖。听说谭人凤、焦达峰在湖南也发展了共进会的组织，我们自当和他们联合一致，共策进行。"

程潜对蒋翊武的意见深表赞同。

蒋翊武接着说："你看革命何时可以成功？"

程潜回答："三年五载不为多，我们不能专就湖北良好情形来下判断，但主义已渗透到军队之中，中国人心不死，成功是会很快的。"

蒋翊武凝神听着，深以为然。他们相约各自努力而别。

程潜感到十分兴奋，认为此次来鄂与高级军官酬应，味同嚼蜡，与下级士兵晤谈，探得骊珠。程潜等决定随即离汉赴沪。

当他们到沪，已属新年的时候，闻同盟会竭尽全力策动广州新军起义，倪映典于正月初二率新军一部进攻省城，战败阵亡，余众被敌击溃。这次新军起义虽然失败，但为军队革命起义的潮流，程潜闻之格外气壮。他虽为川省建军购械，但未忘记联络人员的职责，认为此任尤为重要。一日，他恰遇上年赴川曾与同舟的但懋辛。此人精悍聪敏，叫他担负联络任务定能胜任。他现在中国公学教学，程与之交谈，征求他的意见，他表示愿意回川与之共事。程潜即电朱庆澜，转请赵督优予录用。不久，赵督复电照准。

在上海，程潜经各方考察，决定由上海制造局定购了七生五管退山炮；由泰来洋行定购了马克沁机关枪；由日本太平洋行定购了工兵各种器材；其他如马鞍、皮带、水筒、饭盒、服装等军用品，均经与各洋行或公司签订了合同，如期交货。

程潜将购置军械、服装的任务完成以后，特意到南京考察了一番。

时值早春，古老的南京城，春意盎然，玄武湖面水波粼粼，行人道旁柳枝抽绿。程潜时而欣赏眼前的绿树红花，时而举目眺望长江上乘风归来的片片帆船和嬉戏浪花的点点鸥鸟，顿觉全身的疲劳被春之魔力所驱散，似乎眼里的瞳仁也被春色染得墨绿晶莹，换发出异样的神采。他兴致勃勃地考察了南京陆军第九镇。该镇成立在湖北陆军第八镇之后，标榜煊赫有名，其高级军官多半是日本留学生，略具一种形式训练其军队。从前，以赵声（曾任南京督练公所参谋官，援引柏文蔚、倪映典、熊成基等人入第九镇新军任官佐，并加入同盟会，倾向反清革命）为首的一拨人思想意识进步，曾一度发展了不少下级军官。可是自1905年经朝廷两江总督端方屠杀了革命党杨卓林、李发群等，逐走了军队将领赵声、倪映典、柏文蔚后，禁网异常严密，以致一般官长皆如惊弓之鸟，对于革命讳莫如深，但潜伏势力仍不可小觑。

在南京逗留数日，程潜回到上海，将购械事宜办理完竣以后，4月间，便向朱庆澜电告请假一月，回湘省亲。路过长沙时，会见了文斐。老乡相遇，格外亲切，话语依依，彼此畅谈了近况。程潜得知1909年湖南先后发生水灾和旱灾，颗粒无收，饥民背井离乡，哀鸿遍野。官绅富商和帝国主义洋商勾结起来，不仅抢购粮食，私运出境，获取暴利，而且乘机哄抬粮价，以致长沙米价一日数涨，广大饥民面临饿死的威胁。

1910年4月的一天，成千上万的饥民聚集起来，纷纷涌向巡抚衙门，要求减价卖米。湖南巡抚不仅不答应群众的正当要求，反而下令向手无寸铁的群众开枪，当场打死数十人，伤无数。广大饥民怒不可遏，捣毁米店、碓房、钱庄、税卡和外国侵略者的一些机构，并放火烧毁了巡抚衙门，驱走了巡抚岑春萱。清朝政府湖南当局惊恐万状，在长沙城内实行镇压。英、美、法、日兵舰开进湘江，协助镇压。起事群众被杀害和被拘捕者达数百人，群众暴动很快被镇压下去。

长沙抢米暴动，充分表现了人民对清政府和帝国主义的仇恨与坚决反抗的决心，在全国引起了强烈的反响。后来程潜的回忆文章中写道："这一暴动，为前所未有，是帝国主义、贪官污吏、劣绅奸商互相谋利、互相斗争专以压迫人民激成的巨变。结果巡抚岑春萱、藩台庄庚良被撤了职，劣绅王光谦、叶德辉、杨巩、孔宪教受了严厉的处分，算得人民争取生存权的一次大暴动。人民迫于饥饿争取生存权，是正当的行动。这次暴动是偶然触发的暴动，虽未经过组织和训练，但收到类似革命的成绩，终有一日必将达到不可思议的地步。这次算是'万里云程初发轫'，革命前途，大可乐观。"

程潜回醴陵老家省亲，得见二老康健如昔，亲心和己心皆慰。他只住了两周，于6月间回到成都，仍任原职。

　　是年冬，四川陆军第十七镇正式成立，统制为朱庆澜，程潜任正参谋官，即幕僚长，执事官为袁殿元，军法官为夏西凡。十七镇辖第三十三协、第三十四协，每协辖两个标，每标三个营，另外辖一个骑兵标，一个炮兵标和一个工兵营，一个辎重营。两位步兵协统由五十五、五十六两标统带施承志、陈德都升任。步兵中一位统带叫叶荃，是同盟会会员，与炮兵统带、工兵管带一起，均同程潜保持联系，一旦有事，可以协同行动。惟姜登选没有升任步兵统带，程潜引为遗憾。

　　第七镇两协四标和特科部队干部和配备，多数是四川陆军武备学堂、四川陆军速成学堂、四川陆军弁目队等毕业的学生，成为第十七镇新军的基干力量。在第十七镇正式成立时，川督赵尔巽亲临会场致贺词，他激昂慷慨地说："十七镇的成立，为川人庆，为川人贺，从此四川省防有了保障……"

　　赵督话音未落，只见一位魁梧英俊、剑眉挺鼻的军人，正步出列，拔军刀敬礼后，大声说道："大帅所言，昌衡以为大谬不然，应为川人悲，为川人吊。枪械名为新枪，其实是日本人不要的，才卖给我们。而统兵的人，又不是军人，械既不精，将又不知兵，何能言庆言贺……"

　　此人叫尹昌衡，四川彭县人，相貌堂堂，一表人才，日本士官学校五期毕业，平日对朱庆澜有缘而得统制心怀不满，认为朱庆澜及所携部属类皆滥竽。这次，他以督练公所编译科长兼教处会办的身份参加大会。听到赵督的贺词，更是两眼喷火，口若悬河，反唇相讥，恨不得把平日蕴藏在心中的愤懑全部喷射出来。

　　赵尔巽强忍怒火，故作镇静，听完其言，大声反问："你认为哪个人才知兵呢？"

　　尹昌衡脱口而出："原协统周道刚是也！"

　　赵又问："还有谁呢？"

　　尹无言以答，头略点两下，意谓："尹某自己是也。"

　　赵明知故问："周道刚是哪个学堂毕业的？"

　　尹答："日本士官学校。"

　　赵尔巽指着坐在前面的正参谋官程潜，问尹昌衡："他是哪里毕业的？"

　　"这——"尹昌衡支支吾吾，顿然语塞，急得冷汗直冒。

　　"这位程潜，"赵尔巽提高嗓门，那双明澈清亮的凝眸注视着全场，火灼灼地慑人始狮，眉宇间威凌逼人，"他是日本士官学校六期高才生，文韬武略，样样俱全，谁说十七镇将不知兵？谁是充数滥竽？"他越说越激昂，犹如火山爆发，宛似瀑布倾泻，直问得尹昌衡张口结舌，如坐针毡。会场的空气似乎要凝固起来。

听着赵尔巽对自己的夸奖，程潜无比激动，但神态泰然自若，眉宇间充溢着自豪感。

朱庆澜只好出来圆场，走近尹昌衡身边，似笑非笑地说："尹科长今天多喝了几杯。"他边说边将尹扶出会场。

在第十七镇任职期间，程潜尽责尽职，经常与姜登选等分析国内外形势，以策革命进展。他在分析国内外形势时写道："载沣当摄政王总揽朝政已两年，假名立宪以欺骗人民，实际奉行所谓宪法大纲，无非是为巩固皇权，梦想树立万世基业。现行之军械内阁，徒以排斥汉人为主，新建巩卫军，总揽军权，推行中央集权，实行皇族专政。毫无疑义，将走上自陷于灭亡的途径。各省谘议局已经陆续成立，所有议员当然是一班所谓名流和新进官僚，虽相互联络请愿，立宪丝毫不能代表人民的意志。不过随着梁启超的言论，甘作吠声犬罢了，并无真实的力量。但其中亦有部分良善分子有同情于革命的倾向，可以联络。至于工农人民，坐于涂炭，创深痛剧，虽能宣达己意，惟恃革命党为之代申。商人受外国经济侵略，大都同情革命。革命运动的进展，已遍布于全国。依我这次考察所得，长江中部一带的人民，尤为意志昂扬，忠勇奋发，三民主义的宣传，发生了伟大的力量，恨不能立将满清推翻，例如湖南抢米风潮的暴动，非同小可，逐走了抚台藩台。至于长江下游各省，如苏、浙、皖、赣的人民，对清政府的苛暴政令愤恨日深，不仅蹙额失望，亦且疾首痛心。但下游各省革命的倡导，以上海为中心，中枢已派人循着进行。广州今年的发难，虽已失败，尚在努力，再接再厉。四川处长江上海，应与滇黔联络一气。云南同学大多参加同盟会，不难构成一股力量。但我们注重军队方面，不比两湖专向士兵进行，一旦有事，保持纪律较为容易。四川会党极多，俟但懋辛回川，和他商量，得出结论，以准备实力随时响应为方针。"

1911年正月间，程潜接但懋辛来信，大意是："近得异人传授法术，要往广州学道，无法分身回州，有负盛意。"这是隐语，不久果有广州3月29日黄花岗之役，但懋辛亲自参加了这次起义。但既然不能回川，程潜只好另找他人代替他做联络工作。

4月间，川督赵尔巽调任东三省总督，川边大臣赵尔丰接充川督。此时，全国人民正受着黄花岗烈士死难的刺激，义愤填膺；复有铁路国有风潮。5月间，"皇族内阁"成立后，第一件事就是颁布所谓"铁路国有"的政策，宣布将各省商办的铁路干线一律收归"国有"。18日，清政府命令端方为粤汉、川汉铁路督办大臣，强行接收广东、湖南、湖北、四川的铁路公司。20日，清政府在"铁路国有"名义下，将两条铁路修筑权统统出卖给英、美、德、法帝国主义者。川、粤、湘、鄂4省人民坚决反对，很快形成了广泛的群众性的保路运动。湖南人民首先奋起斗争。

5月14日，长沙各界1万多人集会，要求湖南巡抚电奏清廷收回成命，声称"如不得请"，"定即全力抵抗，无论酿成如何巨案，在所不顾。"不久，长沙株洲段铁路工人1万多人举行罢工游行，进入长沙示威。

程潜获悉这一消息，内心无比振奋，赞扬人民的果敢行动，认为"形势接近起义，是一个空前的创举"。

6月中旬，程潜接家电，得知父亲病故，只好请假回籍奔丧，把他担负的同盟会的工作交给姜登选接办。他于闰6月23日动身，取东大路返湘。朱庆澜送他至成都东郊，因时局演变基剧，问他应如何应付为好。程潜迈着沉重的步伐，心似刀绞，五脏俱焚，他强忍着丧父的悲痛。男儿有泪不轻弹，这是心灵的煎熬，是难以言状的痛苦呵！沉思片刻，他缓缓而谈："老百姓与士绅反对铁路国有的风潮越来越大，十七镇新军是为捍卫国家而设立的，以不介入这次风潮为好。我闻新督性情急躁，统制似应多方进言，总以不激起大变为妥。去年长沙抢米暴动，岑春萱、庄庚良受到撤职处分，连新军协统杨晋也牵连受累，可为前车之鉴。此次风潮远远超过长沙抢米暴动，希望统制相机行动。如有紧急，姜登选沉着勇敢，胜我十倍，遇事请与他商量。"程潜胸有成竹，从不轻易表态，一经说出的话，都是深思熟虑的，一言九鼎，一字千钧！朱庆澜深以为然，连连点头首肯，互道珍重而别。

程潜从成都急行7天，到了重庆，其时川南、川东各大城市已纷纷罢市。从渝坐船东下，7月20日抵达长沙。在长沙与文斐重逢，两人畅谈别后之情。文斐说："自广州起义失败后，黄兴、胡汉民已不能在沪露面，但宋教仁、陈其美等已奉命从港到沪，组织中国同盟会中部总会，联络长江各省同志，指导各地工作。"

程潜听他这么一说，喜形于色，神采飞扬，兴奋地说："这个组织极为重要。我们近年来，各省工作都是各自为政，既无联系，又无统一计划，徒然使工作受到损失。现在有了这个组织，今后工作定会大有进展。"

此外，他俩又谈了一些有关湖南反对铁路国有的情形，彼此预感到革命时机行将成熟，遂互相勉励努力为革命工作，而后作别。

7月底，程潜回到醴陵家中，哭拜父亲灵堂。见母亲健康如常，得到莫大的慰藉。他和两兄商定，将父亲灵柩早日归山。8月上旬，安葬好父亲，突接朱庆澜来电，告知四川省派他为永平观操员，须于20日赶到北平报到。于是他于中秋前夜从家动身来到长沙，在长沙过中秋节。恰好再次与文斐重逢，他告知程潜："浏阳人焦达峰在湖南组织了共进会，对新军士兵有联系，对会党也进行了不少工作。"程潜回答说："四川会党极盛，我竟对之束手无策。我认为，会党流品很杂，运用这种力量，如不能操纵自如，以后必致发生流弊。我是着重在军队方面进行工作的，对会党，我不甚重视。我现欲借观操机会到北方去看看，你以为如何？"

文斐很赞成程潜北上一趟，连声说："很好，很好，此举定会卓有成效。"

程潜在长沙又遇上程子楷，他由广西省派赴北平观操，程潜正好与他同行。

农历八月十六日，程潜与程子楷到了汉口，向浚川源取了川省所寓路费。程潜到武昌寻找蒋翊武，没有见到，又向华胜公司经理询问武汉情况。告知曰："武昌似有大事。"程潜找不到熟人，遂于18日搭车赴京，行至漳德，已是20日，始闻武昌起义。程潜深感自己为同盟会会员，如此义举大事，不能亲身参加，引为憾事。是日下午到京，始知秋操停止举行，军队纷纷向南运送。并得知瑞徵（湖广总督，参与预备立宪活动。武昌起义爆发后，弃城逃往上海）、张彪（驻武汉第八镇统制）均已逃上军舰，武昌确为革命的起义。当时军谘的同学建议留程潜在重炮团负责指挥。程潜心想：我独自一人，何能指挥军队？于是婉词拒绝同学的挽留，与程子楷商量，决定立即南下，由天津转上海再赴武汉，参加革命，以遂平生之愿。

第二章

披肝沥胆

◉ 义举立勋

程潜闻知武昌起义，心中万分焦急，巴不得立刻飞往武汉，助一臂之力，以遂平生之愿，为国效劳。

程潜纵观当时的形势：世界列强争雄，弱肉强食。自甲午战争以来，祖国山河破碎，国势危亟，清朝政府腐败无能、屡战屡败，割地赔款、丧权辱国，清廷已成洋人朝廷。它对内则封建专制，残酷镇压，爱国志士报国无门。我炎黄子孙不惜抛头颅、洒热血，誓死推翻封建统治，建立民国，以挽救民族危亡。作为同盟会的骨干分子，程潜更是热血沸腾，跃跃欲试。在同盟会的领导和影响下，早已在湖北新军和会党中积蓄力量的文学社和促进会，于 9 月 14 日组成领导机构，决定在武汉发动起义。

武汉地处长江中游，向称"九省通衢"，是当时国内仅次于上海的第二大城市，是粤汉、川汉两条铁路的交会处，黄花岗起义和粤、湘、鄂、川四省的保路运动，都在这里得到了强烈的反响，极大地鼓舞了武汉革命党人的信心。尤四川保路同志军武装起义的消息传来，早已准备发动起义的湖北革命党人，奔走相告，决定利用这一大好时机，在武汉发动起义。

当时，同盟会对湖北非常重视，这个省的革命党人也奉孙中山为领袖，与同盟会保持着密切的联系。同盟会对湖北省革命活动的领导主要是通过中部同盟会来实现。中部同盟会是同盟会本部在国内的一个支部，由谭人凤、宋教仁等筹划于 1911 年 7 月成立，总部设在上海，长江流域各省都设有分会。中部同盟会主张在长江流域地区发动起义，其工作中心又在湖北，并把武汉作为发难的地点。文学社和促进会，都是在中部同盟会的直接领导下进行革命活动的。

为了增强革命力量和统一领导，文学社和共进会联合成立了统一起义指挥部，推举文学社社长蒋翊武为总指挥（或总司令），共进会负责人孙武为参谋长，两个团体的重要骨干刘尧澂、彭楚藩等为军事筹备员。他们制订了起义的详细计划和文告，派人到上海迎接同盟会领导人黄兴、谭人凤、宋教仁等来鄂主持大计，同时和邻近各省进行联系，筹动响应，预定10月6日（农历中秋节）发动，因计划尚未订妥，改期为10月9日发动。9日上午8时，孙武等因在汉口俄租界试制炸弹，失慎爆炸，被俄警入屋搜查，革命文告、名册、弹药、印信、旗帜、符号等物均被搜去，汉口总机关暴露，清政府在武汉三镇大肆搜捕革命党人。下午5时，蒋翊武闻讯，遂改定当夜发动，命南湖炮队在当晚12时发炮为号，各标、营闻声响应，因清吏戒严，送信人未能到达炮营，号炮未响，各营未动，而武昌的机关又被破获，彭楚藩、刘复基、杨宏胜3人遇害，蒋翊武被迫出走，是夜举事未成。10日上午，清湖广总督瑞澂和第八镇统制张彪按名册捕人，形势紧迫。革命党人暗中联络在当晚起义。晚7时，新军工程第八营的革命党人熊秉坤和金兆龙等首先发难，轰轰烈烈的武昌起义于10月10日（农历8月19日）爆发了。

程潜闻讯武昌起义，急欲南下参战。当时京汉路已停止客运，只有赴天津航海南下一条路。事不凑巧，程子楷突患疟疾，需找医诊治，方能成行。于是，他们稽留至农历八月二十七日才抵达天津，候至三十日始搭货轮南航。沿途在各港口起货上货；直到九月七日始抵上海。从京至沪，沿途所见，截然不同。京、津两地，熙来攘往，仍然一片昏昏沉沉。上海则革命空气十分浓厚，尤以工、学、商三界表现最为热烈，令人兴奋。计自武昌首义，至农历九月十三日上海独立，不出一月，全国已有湖北、湖南、陕西、江西、山西、云南、浙江、江苏、贵州、安徽、广西、福建、广东等13个省和上海市相继宣布起义，声势之壮，为前所未有。但在农历九月十四日，程潜闻知湖南革命党人焦达峰、陈作新，被立宪派谭延闿和旧官僚集团杀害，谭延闿夺取了湖南政权，当了都督，他感到十分痛心。

在沪得知黄兴已于月初从香港经上海转赴武汉，程潜立即与程子楷商量，决定尽速同赴武汉。同行的还有邓希禹、黄子伟2人，他俩均系清廷文官，愿意弃职从军，实属难能可贵。他们一行4人，于13日从沪乘轮船赴武汉，准期到达汉口附近，停泊洪山江心。他们雇了民船登陆，面见洪山防守司令，说明是随黄兴来武汉助战的。防守司令立即写了介绍信，让他们进城。这天下午，下了一场秋雨，泥泞载道，程潜等人冒雨步行30里，到了武昌，此时城门紧闭，守城士兵验看介绍信，才放他们进城。程潜见城内人人精神焕发，斗志昂扬，确有一番革命新气象。又见市上间有青壮年，身穿青缎武士袍，头戴青缎武士巾，巾左插上一朵红绒花，足穿一双青缎薄底鞋，同舞台上武松、石秀一样装束打扮，大摇大摆，往来市上。程潜想：这些人着如此服饰，大概是排满情急，表示"恢复大汉衣冠"的意思吧。

黄兴得悉程潜到了武昌，欣喜欲狂，即于当晚派唐蟒（又名唐桂良）前来迎接，把他们安排在客栈住下，并转达黄兴的心愿：热切欢迎程潜等人前来参加汉阳战事。

原来，武昌首义，恰似一堆浇上汽油燃起的干柴，越烧越旺，迅速燃及全国。

10月12日，清政府急忙派陆军大臣荫昌率领北洋陆军二、四两镇各一部，火速前往湖北"剿办"。随即派北洋悍将冯国璋率第二军前往助战，又派海军和长江水师配合作战。各帝国主义列强又极力吹捧袁世凯，说什么这次作战指挥"非袁莫属"，"如果清朝获得像袁世凯那样强有力的人襄助，叛乱自得平息"，催促重新起用袁世凯。本来，3年之前，为了削减汉族官僚实力，载沣罢免了袁世凯。在内阁总理大臣奕劻的力荐下，屈服于帝国主义列强的压力，清廷无可奈何，于10月14日任命袁世凯为湖广总督，"督办剿抚事宜"。

与此同时，革命党人也在加紧扩充力量，迎接新的战斗。革命军迅速扩编为5个协，26日至28日3天，革命军与清军在刘家庙和大智门一带，多次展开了激战。清军是久经训练的老兵，约2万多人，装备有机关枪和野战炮，号称劲旅，还有海军大炮相配合，在兵力上占有很大优势。而革命军仅有第四协张廷辅部，第五协熊秉坤部，炮兵第二标蔡德懋部和敢死队方兴、马荣等增援，约有1万人。虽英勇作战，但因寡不敌众，革命军伤亡数千人，被迫放弃了刘家庙，退入了汉口。

10月28日，革命军退守汉口市区，背靠长江和汉水，形势非常危急。就在这一天，黄兴偕宋教仁到达武昌。黄兴是同盟会内仅次于孙中山的革命领袖，以军事家著称。他会晤了军政府的都督黎元洪，力主坚守汉口和汉阳，并毅然应承了指挥汉口战事的重任。

11月1日，革命军与清军在汉口展开激战。霎时，枪声四起，炮火连天，瓦砾四溅，尘土飞扬，枪炮声、喊杀声惊天动地，双方展开血刃格斗。革命军右路军曾突破清军阵线，迫使清军后撤，并夺回野战炮4尊，获弹药几千箱。但左路军受挫，纷纷后退。黄兴率敢死队亲自督阵无效，返回司令部。革命军固守不退，利用民房和其他建筑物作为掩护，向敌人猛烈射击。并与敌人展开肉搏战。冯国璋借口汉口障碍甚多，进攻困难，悍然下令放火烧毁民房。一连两天三夜，火光熊熊，浓烟滚滚，整个繁华的汉口市街，四处颓垣断壁，化为一片灰烬。

袁世凯不以攻占武汉为满足，他们下一个目标，就是攻占汉阳。革命军在汉口失守后，积极组织力量，决心保卫汉阳城。

汉阳隔汉水与汉口南北相对，地势高而且险，龟山的炮火可以控制整个武汉。汉阳的得失，是双方胜败的关键。

就在汉口失守的当天，军政府召开紧急会议，议论汉阳防务问题。会上有人提出黄兴在汉口督战3天，却没有正式名义，全凭他个人的愿望，建议公推黄兴为两湖大都督或南方盟军总司令，全权指挥汉阳战事。多数革命党人同意这个意见，但孙武等人表示反对，坚持黄兴必须由都督委任，只用战时总司令头衔。最后经宋教仁调解采用后一种意见，仿效汉朝刘邦拜韩信为大将的历史故事，设坛拜将。

11月3日，在武昌阅马场搭起拜将台，文武各官参加拜将仪式。黎元洪和黄兴登台，黎将令旗、令箭和委任状捧给黄兴。当天下午，黄兴带领参谋长李书城，秘书长田桐等渡江，在汉阳昭忠祠设司令部，部署汉阳防务。

汉阳战役开始之前，黄兴曾以湖南两协为主力，以鄂军为后援乘夜渡河偷袭汉口清军，企图收复汉口。革命军虽渡过汉水，奋战一昼夜，给清军以重创。但自己伤亡860多人，黄兴眼见敌军不断增援，火力猛烈，为了保存实力，被迫于17日夜退回汉阳。

黄兴退守汉阳，心情无比焦虑。他伫立江畔，遥望被敌军占领的汉口。两眼喷火，恰似怒目之金刚。他知道，此刻将士们每人的心中都奔涌着愤懑的怒潮，就像拦洪坝中的洪水一样，只要闸门一开，就会奔腾咆哮，一泻千里。然而，伤亡实在惨重了，敌我力量过于悬殊，需重整旗鼓，伺机行事。连日来，他两条粗黑的剑眉，一直紧紧地拧成疙瘩，丰腴的面颊，日渐消瘦，颧骨愈益突出，惟见那撇黄帝须显得更加威严。此刻，朦朦胧胧的黄昏裹着战后的硝烟渐渐降临。对岸的敌军，敲着刺耳的洋鼓，吹着撩人的洋号，奏起令人心碎的凯旋乐，隐约传来。他恨不得灭此朝食，报效祖国。

"报告黄总司令！程潜已到昭忠祠……"唐蟒来到黄兴身旁，行了一个军礼。

"太好了！走！"黄兴此时退守汉阳，思图反击，收复汉口，正急需人手之时，程潜赶到了，叫他怎不欣喜欲狂！他与唐蟒急回总司令部。

程潜见到黄兴，肃然起敬，一双宽厚的大手紧握他的双手，连声说："黄总司令，我们思念心切，前来助兄一臂之力，以雪国耻，捍卫武汉。请吾兄尽管吩咐吧。"

黄兴异常欣喜，眉宇间顿添英武之气，雍容地叫大家坐下来，畅谈当前形势，研究抗敌对策。

他们各抒己见，谈论了当时两军对峙的情形，得知湖北陆军自起义后，破坏了原有建制，原有管带（营长）以上军官，多有离开军队。因此，汉阳军队虽有三协和一标步兵，但由于统兵官不够，或有统兵官军事水平不高，所以力量显得有些单薄。不过士兵为革命精神所鼓舞，士气尚好。至于清政府，早已仓皇失措，不得不起用袁世凯。那北洋几镇（师）陆军，在这革命四方风动之中，当然不敷分配。开来汉口的军队，不过是冯国璋所率两镇，再要抽调军队南下，为数有限，因为山西、陕西等省已经宣布独立，敌人到处加强防备。又自 13 日上海宣布独立，15 日苏、浙宣布独立后，为张勋所窃据的南京已成一座孤城，只要苏、浙、沪合军进攻，南京即可攻下。大局已定，胜负了然。

大家对形势充满乐观的分析，房间里洋溢着热烈的气氛。黄兴环视左右，激动地说："湖南已派湘军第一协王隆中部率领新军四十九标和巡防营援鄂，我们革命声威益振。"

原来，10 月 28 日，王隆中率领独立一协的二、四两营（一、三两营已在湘鄂边境），在长江大西门登船出发。焦达峰、陈作新亲至湘江河岸，欢送将士，望师出征，并发表檄文，表示要"灭此朝食，与诸君同为黄龙之饮；建兹民国，俾万邦共睹赤日之光"。

11 月 4 日，王隆中受黄兴命令，全协由两湖书院开往汉阳，驻防十里铺、锅底山、琴断口、三眼桥一线，"并拨炮队第二标统带董占元所属两队归其指挥"。

从此，湘军便在黄兴的指挥下，与鄂军并肩进行了反攻汉口、保卫汉阳的战斗。

当时，在座的程潜、谭人凤（中部同盟会负责人）、参谋长李书城、副参谋长吴兆麟以及程潜的同学曾继梧等，听了黄兴的发言，情绪更为高昂，无不扬眉吐气，谈笑风生。尤谭人凤满发幡幡，语言耿直，侃侃而谈，令人感动。

谈话间，夕阳西沉，日落的余晖，像血一样殷红，映抹在昭忠祠上。黄兴招呼大家吃顿便餐，饭后继续谈话。

大家以最快的速度用完晚餐，便聚集在总司令部。黄兴首先拉开了话题："目前，湖南关系甚大，可惜焦达峰、陈作新被人暗害，是革命党的一大损失。最好我们有同志前往湖南联络，共策进行。"他略沉思一下，将目光投向程潜，"汉阳战事，我已派曾继梧指挥炮兵团，颂云（程潜字）来得好，就请你帮助风岗（继梧字）。"他加重语气强调说："汉阳战役关系重大，如一战而胜，则革命形势即可稳定。"

"承蒙克强兄信任，无论作什么工作，只要对革命有利，我都应当尽力而为的，继梧是我的同志，我们定会合作得好。"程潜慷慨受命。

汉阳，北靠汉水，西邻南北流向的琴断河。横跨琴断河的二眼桥，约数十米，离汉阳城西 10 公里，是新沟、蔡甸向东通往汉阳的惟一陆路通道，是扼守汉阳的咽喉。琴断河以东，依次密布着美娘山、仙女山、锅底山、扁担山、汤家山和磨盘山，居高临下，形势险要，成为汉阳城西部的天然屏障。革命军在这一带设置了第一道防线。龟山地势最高，上面的炮火至关重要，是控制整个武汉的关键火力。程潜肩负龟山炮兵指挥的重任，心情既兴奋又紧张，巴不得立即奔赴战场，大显身手。

是日，他与曾继梧来到龟山，选定一古庙作为炮兵指挥部，并委派邓希禹、黄子伟任秘书。随后上龟山察看炮兵阵地，见有日本七生五野炮 6 门，汉阳仿造克鲁森五生七山炮 18 尊，炮位布置合理，并构筑了临时掩护工事。程潜询问炮兵，得知他们是第十八镇炮兵团的老兵，皆是训练有素的。惟克鲁森山炮口径小，射程又短，程潜曾在汉阳厂试验过这种炮，成绩不佳，但此时程潜觉得，有胜于无，且可壮壮声威，幸野炮虽已陈旧，尚属可用。程潜来到龟山之颠，举目远望，但见汉口已被冯国璋的部队烧得七零八落，情状异常凄惨，令人触目惊心。又见到平日万船云集的襄河，也空无一船，可见这时船民也不肯供敌人利用。往日热闹非凡的街市，已冷冷清清，行人稀少，敌人藏避屋内，亦不见有多少形迹。程潜当时认为，以这样的阵地情况，可以大胆地说，我们得到地利人和，器械虽窳朽，只要发扬革命精神，是可以取胜的。

22 日，湘军统领王隆中率四十九标和巡防营到了汉阳。这是武昌起义后首先得到的援军，人心为之大振。王隆中和程潜，是日本士官同学。湘军将领卿衡、鲁涤平、胡兆鹏等都是湖南武备或陆军速成的学生，颇能团结一致。惟湖南军队内部发生矛盾，因四十九标起义援鄂来汉阳后，五十标在立宪派谭延闿的策划下，残杀了焦达峰，势力有所扩展，四十九标不免向隅，官长士兵咸感不平。但既开来汉阳，大敌当前，只好以名誉心巩固他们的志向。

程潜将这个值得注意的问题，于当晚向黄兴作了汇报。

黄兴深以为然，表示要对四十九标官兵格外慰勉。

当晚，月亮徐徐升起，汉水江面上笼罩着一层朦胧月色，偶然听到稀稀落落的枪声。

总司令部里，灯火通明。谭人凤、李书城、程子楷、吴兆麟、曾继梧，王隆中等军政要人陆续到齐，大家聚精会神，集中讨论作战的问题。

谭人凤以长者的姿态，首先发言："湘军已到，值得欢迎，正好乘势从速进攻，不能拖延，以负同胞同志的愿望。"

此话正中黄兴下怀，话音刚落，黄兴声音激动地说："现在许多同志都和谭石老（谭人凤号石屏）所见相同，各同志如有意见，希望尽情发表。"说罢，他用锐利的目光扫射全场。

程潜听到诸位发言，陷于深沉的思索，他大概在想，大敌当前，千万不能轻举妄动。既然总司令征询意见，他便霍地从座上站起来，有理有据地说："既参末议，就应有话必说。武昌起义，我军士气昂扬，胜敌百陪，这是不言而喻的。然而，就现时情况而论，我军兵力单薄，建制已破，新旧兵参差不齐；也是显而易见的事实。我认为最好是利用长江天堑和各省响应独立的声威，作防御中的攻势准备，使敌人不敢越襄河一步。如有得力部队渡过襄河，扰乱敌人侧背，牵制敌人，使之力量分散，不敢一意向我进攻，这也是用兵的通常办法。只要再坚持一个月，我们援军日多，北方定有变动。"程潜口若悬河，激昂慷慨，引起与会者的强烈反响。

黄兴不同意程潜的意见，第一个提出不同的看法："你这办法是十分稳妥的，袁氏既已出山，与清朝贵族如冰炭一样不能相容，自在意中。但是，若以今日军队实际情况而论，即使扼守汉阳不动，也嫌兵力单薄。"

程子楷忙插一句："防守汉阳，必须巩固蔡甸，蔡甸巩固，汉阳万全。"

李书城即接下一句："蔡甸已派得力部队防守，且与此地相距甚近，亦可随时策应。"

谭石老迫不及待地大声说："现在我军士气旺盛，正好进攻，不必迟凝，还是趁火炼钢，不必'刻舟求剑'。"

程潜见谭人凤的议论与己针锋相对，便据理力争："石老的话必有所本，能够代表多数同志的意见。我意力主速攻的同志，因为受压迫太久，怀恨甚深，屈服求伸，自是热血灌顶的主张。但我们面临的敌军，非有坚强的实力或革命的内应，是不可能一击即破的。事关重大，值得再三思考。"

此刻，会场的空气似乎快要凝固了。沉默，短暂的沉默。各人的心在激烈地跳荡，每人的脑海都在快速地思索，事关举足轻重啊！霎时，室内又荡起交头接耳的骚动。

"依我之见，还是迅速反攻为妙。"援鄂军独立第一协协统王隆中，两眼喷出如同剑一样的光芒，首先打破暂时的沉默。他初到汉阳，勇气百倍，力主迅速进攻。

程潜见主张速攻者人多势众，殊感孤掌难鸣，最后只好婉转地说："必须就敌我情势，兵力多寡，训练优劣，作通盘打算，最好请总司令作最后的决定。"

"好吧，诸位再深思熟虑，改日再议。"黄兴见大家畅所欲言，各持己见，莫衷一是，不便急于作出决定，只得宣布散会。

讨论至此中止。是日，各方消息频传：广西、福建、广东已先后宣布独立，海军已于本月宣布起义。大好消息如雪片般飞来，尤其是海军起义关系特别重大，因长江虽是天堑，必须有海军弋巡，方保安宁无事，首义的武昌便可解除许多困难。

农历十月二十四日（阳历11月14日）继续开会，与会同志莫不意气昂扬，兴高采烈。有的说："在这有利形势下，即令进攻招致不利，但因海军在我们这一边，敌人也无法飞渡长江。革命军与清政府胜败之局已经判定。我们得到全国各省人民响应，已有十分之八，声威之大，足以使敌胆寒。胜利终归属于我们，这是毫无疑义的。"

程潜见形势急速地朝革命军方面发展，同志们意气风发，力主速战速决。他虽对进攻持不同意见，然而大势所趋，觉得自己不应独持己见，便放弃了原来的见解。

据此，黄兴作出最后决定：准备进攻。只见黄兴眉宇间充满一股英俊之气，昂首挺胸，将右手一挥，不容争辩地慷慨陈词："满清入关统治中国已历260余年，全国同胞无日不在水深火热之中，备受压迫、摧残、耻辱，而且近数十年来，清政府对外丧权辱国，使中国大好河山沦为殖民地，人民受两重压迫的痛苦，是以武昌首义，树立风声，全国同胞，奋起响应，敌之所恃以为爪牙者，仅此区区之逆寇而已。若不及早剪除，何以慰全国同胞的愿望？前此革命先烈，赤手空拳，奋不顾身，赴汤蹈火，前仆后继，由于清政府的疯狂镇压、肆行屠杀，以致革命曾未成功。今幸正义伸张，同仇敌忾，凡我同志，咸思保卫革命根基，莫不枕戈待旦，希求一显身手，以竟先烈未竟之全功。冯国璋率领虎狼，攻占汉口，纵火焚烧市肆。受祸灾民百有余万，莫不父哭其子，妻哭其夫，以致老弱流离，转死沟壑。所有灾黎，希望早日驱除虎寇，重建家园，尤为万分迫切。因此，为应全国同胞的愿望，为顺本党同志的请为，予汉市灾民的抚慰，自当剑及履及，同仇敌忾，心同理同，所冀三军同志，万众一心，奋勇前进，灭此朝食，还我河山。"黄兴越说越激昂，洋洋洒洒，入木三分，如火山爆发，似瀑布倾泻，在司令部里久久回荡，启迪与会者一齐陷入深思。

总司令既表示伟大的决心，同人等无不竭诚拥护。程潜自然心悦诚服。

当时总司令所辖各军兵力如下：

鄂军：步兵第一协协统蒋肇鉴；

步兵第四协协统张廷辅；

步兵第五协协统熊秉坤；

步兵第四标统带胡效骞；

炮兵团司令曾继梧；

工程第一营管带李占魁。

湘军：步兵第一协协统王隆中（四十九标部）；

湖南巡防营四营统领甘兴典（约 1200 人）；

总司令部兵站司令王安澜。

为了急速渡河进攻，总司令黄兴下令工兵营在琴断口附近架设临时浮桥。总司令于 26 日（阳历 11 月 16 日）下令，定于 27 日拂晓进攻汉口大智门之敌，企图一举突破，收复汉口。

关于攻击目标、各军攻击部署和任务以及各部队渡河时刻，命令中均有详细规定。总司令亲率幕僚，于 26 日夜随同各军前进。程潜奉命指挥龟山阵地炮兵，于先夜在龟山阵地掩护所监视并指示各炮位，测定距离，定准表尺，按照时刻，准备炮弹，准时准刻遵令实施，做好战斗前的一切准备，以掩护各军前进。各军遵照命令渡过襄河，湘军为先头部队，渡河后即向博爱书院堤岸侦察进攻，与敌前哨发生了冲突，惟枪声不密。当时程潜在龟山上，看得汉口大智门一清二楚。他自到汉阳后，每夜听到敌人机关枪声响彻云霄，通宵达旦，直至天明始行停止，而是夜却万籁俱寂，由此他悟出一个道理：敌军官长平日为了睡得安稳，让士兵不惜浪费子弹，乱放一阵，表示谨防夜袭。今夜官长进入临阵状态，不能入睡，各自站在火线上，准备与我军进行一场厮杀，我军也必须枕戈待旦。

11 月 21 日（农历十月一日）凌晨，汉阳战役开始。当前哨战打响以后，离拂晓还有两小时，程潜命令炮兵一齐向大智门开炮。10 余分钟后，敌人炮兵向龟山阵地射击。在昏天暗地中，敌人的炮弹全落在龟山后面，并没有击中目标。龟山炮兵更处于劣势，也和敌炮一样，不易命中。经过前哨战一小时许，遥望博爱书院堤岸一带，始而火光熊熊，继而步枪声"叭叭"作响，不绝于耳，接着机关枪"嗒嗒"齐鸣，最后则炮声惊天动地，震耳欲聋。不到一个小时，这些声浪渐稀，敌人前哨向本阵地撤退。于是程潜抓住时机，命令大小炮位，向大智门猛轰。可敌炮不稍示弱，也向龟山阵地反击。正当双方万炮齐鸣、炮战激烈之时，东方渐渐发白，万道霞光，映照在巍峨的龟山上，给山巅镀上一层淡淡的金黄色。这时，程潜伫立炮兵阵地，举目远望，敌军的动作，历历在目。经近3个多小时的激战，敌军总在原阵地胶着不动。程潜看出战斗呈胶着状态，说明进攻部队遇到了顽强抵抗。敌人能做垂死挣扎，必持有坚固的工事和地形地物的障碍，阻滞革命军不得进展。程潜忽然记起数日前，革命军谍报人员称：大智门一带地形复杂，障碍繁多，敌人火烧汉口市后，利用残墙破壁做了许多工事。这种工事，非有重炮对直冲毁，是不易攻破的。果然，不到正午，忽见革命军有一部分队伍从博爱书院堤岸后退，未几影响全军，各部队都争先恐后地纷乱溃退。这场暴风骤雨的战斗不终朝而风消云散。从军语上说，革命军在这场战斗中，叫做攻击不奏效。不过敌军始终居于被动地位，当革命军退却时，并未跟踪追击。布防在三眼桥的革命军和援军，坚持阵地两昼夜，打退清军的多次冲锋。但是，清军乙队由舵落口渡河成功，到达琴断河西岸，开始向美娘山炮击。清军甲队攻打三眼桥未奏效，便就近涉水过琴断河，配合乙队仰攻美娘山。汉口清军炮兵也向美娘山、仙女山隔岸猛击。守山的湖南援军王隆中部奋力抵抗，但因伤亡太多，被迫后撤。美娘山、仙女山于23日相继失陷。清军又集中炮火从侧背夹攻三眼桥。革命军不得不退守锅底山，三眼桥随之失守。接着，锅底山、扁担山、汤泉山、磨盘山等险要据点又相继失守。这样，第一道防线全部被清军突破。黄兴只得在十里铺一带组织第二道防线。军政府各机关人员纷纷要求上前线，他们带领学生数百人渡江助战。黄兴亲赴前线指挥，他决心与汉阳共存亡，指挥幸存的革命军阻击敌人。尽管炮弹乱炸，子弹横飞，杀声震天，他仍身先士卒，指挥若定，率部与包围而来的敌人拼命厮杀。但因敌我力量过于悬殊，参谋部副部长杨玺章阵亡，军务部副部长张振武受伤，革命军伤亡惨重。

27日清晨，清军突破第二道防线，沿大道向汉阳城推进。在汉口担任正面攻击的清军也渡过汉水，夺取龟山炮台。程潜只得率龟山炮兵迅速撤退。当时革命军的精干已伤亡殆尽，未经训练的新兵纷纷后退。从远道前来的保定入伍生和留日学生高冠英等许多人组织敢死队，投入战斗。留日士官生肖钟英眼见汉阳将要陷落，便组织敢死队渡江，在汉阳铁厂码头登岸，持枪杀敌，遭清军猛烈扫射，全部壮烈牺牲。下午，汉阳终告陷落。革命军全部撤回武昌。

据综合战报，汉阳战役革命军前后共伤亡3300余人。在这场鏖战龟山的炮战中，程潜经受了炮火的洗礼，后来他在回忆录中写道："这是我第一次参加实战的经验，也是我永远不能忘记的一次经验。"

汉阳之战受挫，黄兴不以失败归罪于人，而是引咎自责，程潜认为他"真不愧是个革命领袖"。但有人指责说："军队复杂，未经整理，即上阵作战，受此挫折，黄司令责任攸关。"黎元洪和军政府中一些人也对黄兴进行责难。程潜却主持正义，理直气壮地对官兵说："平心而论，克强（黄兴字）抵鄂不过10余日，湘军到汉阳亦不过数日，各军官兵都急于要迅速进攻，革命意志高昂，气氛紧张，也是不能让克强从容加以整理的。总之，在这样情急势迫中，能够指挥进攻，取得主动，即是一种胜利。人们不察其实情，事后论长道短，不是应有的观点。何况此一战，影响所及，实际上结束了清廷268年的君主专制统治，自有其一定的价值，事实俱在，岂容抹煞！"

程潜的一席话，掷地有声，令人心悦诚服，完全符合历史唯物主义的观点。从10月10日武昌起义，到11月27日汉阳失守，湖北革命军民和其他省援军共数万人，为了占领和保卫武汉三镇，英勇地进行了近50天的奋战，付出了巨大的牺牲。据辛亥老人张难先估计，在这些战役中献身的将士总数尚在万人以上。但他们的鲜血没有白流，"在此万余人之头颅，支持武昌根据地两月，使各省胆气雄壮，次第反正"，起义独立。汉口与汉阳的失守，不过是革命方面局部的、暂时的失利。两个战役坚持了1个多月，赢得了时间，使各省能闻风响应，纷纷起义。3个月之后，清王朝彻底崩溃。烈士们的英勇献身精神和为中华民族的解放事业做出的巨大功绩，已铭刻在天安门广场的纪念碑上，永远被后人敬仰和传颂。

当革命军进攻汉口，坚守汉阳失败后，黄兴无比悲愤。一日，他找到同乡旧友程潜，语重心长地对他说："我军进攻失利，你可迅速返湘，联络湘省当局，准备一种持久力量，为革命方面建立新的中央政权，创造有利条件。"

程潜凝视着眼前这位带着浑身征尘、英武威严的上司和故友，不禁油然而生敬意，欣然接受赴湘的联络任务。他沉思良久，深情地对黄兴说："在中山先生未回国以前，吾兄应负起领导全国革命的责任，及早摆脱前线作战指挥任务，驰赴上海，设法攻下南京，作为革命根据地。"黄兴点头称是，赞许程潜的忠告。

黄兴遂于当晚渡江，乘轮离鄂东下，奔赴上海。越数日，程潜秉承黄兴旨意回到湖南，与各界人士广泛接触，以推动革命力量的发展。不几日，程潜收到黄兴一封情深意切的信，其中有一首黄兴写的《山虎令》：

明月如霜照宝刀，壮士淹凶涛。男儿争斩单于首，祖龙一炬咸阳烧。偌大商场地尽焦，革命事，又丢抛，都付与鄂江潮。

读罢，程潜的心潮翻卷着悲愤、感慨和凄楚的浪花，与黄兴有了强烈的感情共鸣。但他觉得，尽管汉阳战败，黄兴的彪炳功勋是不容抹杀的，当此之时，惟有鼓起勇气，展望未来。他凝望窗外，只见繁星闪烁，明月高悬，四周一片宁静。蓦地，他展开信笺，挥毫写道："克强吾兄：你对待同志，披肝沥胆，笃实厚重；对待革命，注重实干，勇于牺牲，即使面临艰难险阻，身处逆境，也能履险如夷，临危不惧。你不愧为孙中山的忠诚战友，中国革命的杰出领袖，我的良师挚友。任重道远，望吾兄继往开来，意志弥坚，弟一如既往，竭诚助力，甘苦共尝……"

◉ 回湘斡旋

程潜带着满身硝烟，风尘仆仆地回到湖南。不久，南京即告光复。12 月 18 日，北方袁世凯的代表唐绍仪和南方革命方面的代表伍廷芳，在上海英租界市政厅正式举行南北和谈。正当南北和谈就如何召开"国民大会"争论不休，临时政府难产之时，12 月 25 日，孙中山从海外到达上海，使革命派的声势为之大振。

12 月 29 日，南京代表会选举临时大总统，与会的 17 省代表，每省 1 票，孙中山以 16 票当选。

1912 年 1 月 1 日，孙中山在南京宣誓就任临时大总统，宣告中华民国成立。

2 日，孙中山宣布改用公历，以 1912 年为中华民国元年。

3 日，选举黎元洪为副总统，并基本上通过了孙中山提名的国府成员名单，黄兴担任陆军总长。

喜讯传来，程潜感到无比振奋，决心在湖南迅速打开联络工作的局面。

程潜一踏上故土，首先便拜见湖南都督谭延闿。此人从立宪派首领逐步转化为掌握军政大权的地方实力派，在以孙中山为首与袁世凯谈判的南北议和中，进一步巩固了统治湖南的地位；及至袁世凯篡权以后，他首先通电拥戴，被任为湖南都督，以立宪派和清朝残余势力相结合的湖南政权得到了进一步的巩固。谭人凤一针见血地指出：谭延闿以辛亥革命时"维持湘省之劳"掩盖了"贻祸湘省"的行径。谭延闿委任的第五师师长梅馨也在自述中供认："当时直为人作猎狗耳。"

当程潜与他相见时，只见他态度冷漠，眼红脸黑，苦闷之状可掬。程潜认为谭延闿以一咨议局议长一跃而为湖南都督，理应心满意足，如今为何如此神态？程潜分析内中因由，认为有这么四点：一、他好用权术，联甲制乙，用丙控丁，使之互相牵制，彼此猜疑而皆倾向于一己，不过以此却使内部分歧，不能团结一致。二、革命后，人事安排最不合理，投机者捷足取得高位，有功者依然屈居下僚，以此咸感不平。三、湖南 6 个师，系由焦达峰、陈作新执政时扩编而成，其中许多干部为革命元勋，动辄恃功集会要挟，以致纪律荡然。四、各师有名无实，兵多械少，虚糜国帑，经费异常交绌。组庵（谭延闿字）面对这个局面，一筹莫展，所以烦恼起来了。1912 年 5 月间，他听到黄兴在南京大刀阔斧地一次解散了十几万军队，风平浪静，安然无事，使他景慕不已。程潜的这一分析，入情入理，恰到好处。他虚与周旋，力图使他的态度有所转变。

一日，谭延闿来到程潜的卧室，寒暄一阵故乡之情，便诡秘地说："克公在南京，仅用两个月时间，遣散了十几万军队，没有发生事故，不知他采用什么方法，而收功如此神速？请谈谈高见。"

程潜观其言谈之缓急，脸色之阴晴，语调之高低，觉得他忧心忡忡。沉思片刻，他针对他的为人，直截了当地对谭延闿说："克公（黄兴字克强）公忠体国，解散南京十几万军队，不是靠留守这个地位，而是靠他平日革命的声望取得成功的。"

谭延闿顺水推舟，接着程潜的话茬说："湖南经费支绌，养不起许多军队，你看，能否假借克公的威望，来一个大裁兵？"既然话题谈到裁兵，程潜便对湖南军队情形作了一番分析，对谭延闿说："凡是爱国的人，都认为湖南可以裁兵。比如第三师，程子楷和我，便心同理同，具此愿望。第一、二两个师，实力较薄，裁兵亦较易为之。应当注意的，反而是第四、五两个师，如能得到这两个师同意，问题可迎刃而解。"

谭延闿听罢，高兴地说："第五师，我可与梅馨商量，但一、四两个师则非你去说服不可。同时，请你到上海走一趟，向克强请求援助。"

程潜当即婉言谢绝，对谭延闿说："此事一旦泄露，惟恐发生意外，还是请你另派妥员办理为好。我能办到的事，一定尽力帮助。"

谭延闿认为程潜言之有理，乃于 6 月中派机要秘书吕芯筹赴沪谒见黄兴，请求黄兴对湖南裁兵一事做出主张。黄兴不赞成裁尽，主张留两个师或三个师以应缓急。吕用电报将黄兴主张告知谭。谭延闿回电声称：裁汰改编，必致发生争议，不如一律退伍，另建一支新军，较为妥善。但谭延闿手无寸铁，要实行这个方案，甚感棘手。适当时第八师赵恒惕一旅，原系从广西带来的新军，器械精良，因赵与第八师将领不甚融洽，从南京返桂，路过湖南，如谭延闿截留调用，则湘省裁兵得有监视的部队，而第八师也可以新招一旅补充，以解除上述不融洽的矛盾。广西陆荣廷平时厌忌新军，赵不回桂，亦足以解除陆之顾虑；而于赵旅则得以有安身之所。一举数得，皆大欢喜。

后经与有关方面协商，谭延闿的裁兵方案终于出台。8月中旬，适赵恒惕率旅回桂，道经长沙，借炎暑为名，假长沙休养。至是赵旅为谭延闿截留调用，即开始裁兵运动。谭延闿要求程潜对第四师做说服工作。程潜与四师师长王隆中是同学，交谊甚笃，前后与王商谈两次。王隆中耿介忠厚，深明大义，经程潜说服竭诚赞成裁兵。谭延闿闻之大喜，并亲自与王隆中商谈，对王钦佩不已。

经过多次酝酿与协商，才正式组织裁兵委员会。程潜主张每师留2营，加以训练，作为今后成立新军的骨干，但裁兵委员会不久做出了一律裁撤的决定，对各师所有官兵，分别年资与革命功勋，一律优先给予退伍年金。计共裁撤官兵4万余人。裁军时，与南京遣散军队一样，没有遇到什么阻碍，只是各师学生出身的军官，事后有烦言，因兵心安稳，也鼓不起什么风浪。

这时在长沙新军二十五混成协（旅）五十标（团）第一营当列兵的毛泽东，听到武昌首义任龟山炮兵指挥官程潜来到长沙，非常高兴，很想一睹他的风采。

初春的长沙，春寒料峭。程潜肩负黄兴的嘱托，带着武昌首义的征尘，深入长沙古城驻扎新军的各协、各标、各营营房，与官兵促膝谈心，问长问短。他来到新军二十五混成协五十标第一营，只见一个眉清目秀、面部明朗、个儿高瘦的士兵向他微笑，这位士兵就是后来的新中国开国领袖毛泽东。

"你叫什么名字？何时参军？在部队习惯吗？"程潜满口乡音，一副慈祥长者的模样，令人感到无比亲切。

"呵，你是程长官，久仰久仰。我叫毛泽东，原来在中学读书，响应武昌起义，于10月底参了军，当了一名列兵。"年方18岁的毛泽东不慌不忙，显出一点学生腔，胸有成竹地回答程潜的问话。

原来，当武昌起义爆发后，首先响应的就是湖南长沙。当时，毛泽东正在湖南湘乡中学念书，受革命思潮的影响，追求救国救民真理，决心投身革命洪流。

一天，驻省湘乡中学的校长允许革命党人来学校作了一篇激烈的演说。毛泽东听了这次演说之后，心情异常激动，心想：自己对革命不能袖手旁观，非参加不可。四五天后，他下定决心，要干革命，最好是去当兵，于是决定到湖北都督黎元洪部下当革命军去。他从同学那里募到了一些资费，又约好了几个朋友准备一道去武汉。但就在这时，长沙城里也兴起了革命。湖南哥老会红帮的头子焦达峰和陈作新在湖南的新军里已做了工作，运动四十九标、五十标的官兵反正，响应武汉首义。这时长沙城里十分活跃，一面派兵去援助武汉，一面添招新兵。热心的青年学生们成立了学生军，毛泽东认为学生军的基础不好，决定参加正式军队，于是，他投奔新军二十五混成协五十标，成了一名列兵。

毛泽东在新军队伍里，每天除操练和干一些杂事外，要到长沙城外白沙井去挑一担泉水回来，给大家煮饭及官长们泡茶用。当时，人们戏称白沙泉水叫"沙水"。毛泽东挑"沙水"时，时常吟诵一首对联："常德德山山有德，长沙沙水水无沙。"

这样，毛泽东在新军里当了半年兵，学会了行军打仗的基本动能。在南北议和、中国"统一"之后，毛泽东决定退伍，他对于这种"革命"大为失望，决定继续求学，寻找中国的出路。虽连排长一再挽留他，但他执意离开了兵营，此后，他继续求学自修和开展各种革命活动。

毛泽东与程潜短暂的接触，留下了深刻难忘的印象，50年后的20世纪60年代初，在一次中央军委扩大会议上，他感慨万千地说："我不是吹牛皮，枪上肩、枪放下、瞄准射击等几下子，我至今没有忘记，还是从程颂公指挥下的新军那里学来的。"因此，直至新中国成立以后，毛泽东常常尊称程潜为自己的"老上级"，程潜是当之无愧的。

当此之时，各省官僚政客即倡行"革命军兴，革命党消"之说，而在南京临时政府之内，同盟会各项革命政纲事实上并未施行，及至袁世凯就任大总统，部分党人，为了扩大未来国会竞选的声势，争得参议会议席，因以"新旧合作，朝野合作"为号召，于1912年8月25日，同盟会与统一共和党、国民共进会、共和实进会、国民公党等五个团体实行合并，改组为国民党，设立总部于北京，由张继任主席，孙中山、黄兴、王人文、王芝祥、宋教仁、张凤翔、吴景濂、王宠惠、贡桑诺尔布为理事，孙中山被推为理事长。整个党务均由宋教仁代理。国民党主张实行政党政治，成立责任内阁，以制约袁世凯的独裁。国民党还提出了"促进政治统一，发展地方自治，实行种族同化，注意民生政策，维持国际和平"等政纲，修改了同盟会的革命纲领。湖南同盟会党人于8月底，奉到北京国民党总部通知，于9月下旬，国民党湖南总部正式组织成立，除了一部分同盟会成员参加以外，大量吸收了原辛亥俱乐部和民社分子参加，革命派与立宪派混合成为一体，真可谓鱼龙混杂，结果推选谭延闿为支部长，仇鳌为副支部长，陈嘉祐为军务主任，程潜为副主任。

1912 年 10 月 31 日，黄兴回到长沙，全省各大中城市居民欢欣若狂，长沙举行了盛大的欢迎会。他主张：革命党人应该团结一致，政治上展开民权运动，经济上振兴实业，教育上培养人才，多派学生赴欧美留学，军事上训练一支新军，并推荐张孝准任军事厅长。至于训练军队的工作，同盟会的同志都寄希望于程潜。但程潜有志兴办实业，已在岳阳筹办一所制革厂，对于练兵事兴味索然。这时，湖南资产阶级掀起了一阵实业热，相率筹款兴办各种各样的公司和企业。黄兴回到湖南后，更使这种实业热趋向新的高潮。他先后和宋教仁、谭延闿、程潜等人，发起成立了中华汽船有限公司、五金矿业公司等。这个迅速发展的兴办企业的热潮，一方面反映了民族资产阶级包括其政治上的代表人物，发展民族资本主义经济的强烈愿望，也反映了孙中山、黄兴、程潜等革命党人，对于袁世凯的反动本质认识不足。孙中山认为，推翻了清王朝，共和政体已成，"今后吾人所急宜进行者，即民生主义是也。"黄兴北京之行后，被袁世凯伪善的面孔所蒙蔽，提出了"国民党于今日政府，专取维持主义"。程潜对"练兵的事不感兴趣"。铁的事实教育了他们，后来程潜在《回忆录》中写道："那时，湖南原武备、兵目、速成各学堂及两标学兵出身的军事人才很多，裁兵后他们失业了，而政府却以为发给了退伍年金，即可安然无事，讵知事实正相反。到 1913 年新年，渐渐议论纷纷，局面开始出现动荡状态。张孝准建立新军的计划，在 4 个月中并无若何进展：一则由于组庵优柔寡断，拖延时日，二则由于孝准人缘不熟，无法推动。而大多数失业军官，则已由口头议论，进而结党成群，企图推翻张孝准。至于政治方面，议员选举结果，国民党虽取得多数，实则全无根底，许多人不仅不知三民主义为何物，并且醉心利禄的官僚分子亦多摇身一变，混入国民党内。……宋教仁力倡内阁责任制，企图以议会为武器来制服袁世凯的专横独裁……"

1913 年 1 月 17 日，国民党代理理事长宋教仁，回到湖南，到处演说宣传"政党的责任内阁制"。他是湖南桃源县人，自幼喜爱政治、法律，曾留学东洋达 6 年之久，政见敏锐，文笔锋利，言谈敏捷，辞论丰博，政治活动能力甚强。他主张正式总统虽可选举袁世凯，而内阁必须由政党组织，始能根据"约法"发挥责任内阁制精神，反对袁世凯专权，深为袁世凯忌讳。他到长沙，在欢迎会和宴会上，几乎与程潜每日相见。一日，程潜私人设宴招待他，酒过三巡，他征求程潜对时局的看法和政见。程潜乘着酒兴，话语滔滔，对他开门见山地说："依我之浅见，恕我冒昧，向您提出三点：一、同盟会改组为国民党，内部复杂，即令将主义与政纲降低水平，意见亦不能统一；二、起义各省，其属于同盟者，有名无实，同志间精神涣散，并无中心力量作为国民党核心，三、袁世凯依靠武力，专横独裁，目无法律，安问政党。有此三点，而欲实行内阁责任制，不能无疑。"

宋教仁听到这里，急不可捺地回答："我力主实行内阁责任制，正是为了制服袁世凯的专横，如政治不能上轨道，再作道理不迟。"

程潜内心不悦，但言词仍然委婉地说："依我之见，目前工作应以训练党员为中心，不知你意如何？"

"很有必要，很有必要。"宋教仁频频颔首："湖南也的确应从速训练军队。"但宋教仁仍坚持己见，认为非搞责任内阁制不可，两人谈话并不投机，草草收场，不欢而散。

宋教仁踌躇满志，信心百倍，怀着强烈的事业心，匆匆离开湖南，踏上征程，从湖南入湖北，从湖北进安徽，继而从安徽到江苏。尽管一路风尘，所到之处，他演说鼓动，人们为他的精彩演讲所倾倒。他憧憬着即将组织责任内阁。

宋教仁离湘后，湖南骚动日趋紧张，到3月13日，退伍军官以兵目学生易堂龄为首，假反对张孝准为名，运动少数巡防部队，围攻都督府，后被卫队击退。翌日，查出主使人犯，谭延闿大为恐慌，请程潜（时任湘军都督府参谋长）到都督府会商处理办法。程潜建议："将主谋拘禁，其余从宽，只要能够大事化小，小事化无，就可迅速解决。"谭延闿深以为然，即将主谋易堂龄拘禁，其余一概不究，一场风波，归于平息。

风波平息后，张孝准辞职，谭延闿要程潜继任军事厅长，但程潜早已看到国民党与袁世凯的斗争必将尖锐化，湖南关系甚大，他认为即使此时迅速练兵，亦难以挽救危局，若自己陷入军事机关，实在用非其才，因此，他拒不受任。谭延闿便执意相劝，极尽不胜夸赞之词，对他说："这次风潮虽已平息，但人心浮动，非你出来不足以镇定人心。"程潜仍推荐陈强、程子楷以自代，谭延闿认为不可，反请程子楷与赵恒惕齐来劝驾，再三怂恿，程潜只好应允，于3月15日就任军事厅长，上任伊始，他打算首先成立两团，严格挑选干部，加强军事训练，以作楷模。谁知20日即发生宋教仁被刺案。

篡夺辛亥革命果实的袁世凯，日益明显地暴露出破坏民主共和、复辟封建帝制的反革命野心，把国民党代理理事长的宋教仁视为眼中钉、肉中刺，置之死地而后快。3月召开国会前夕，20日下午10时，当宋教仁拟乘沪宁线火车北上组阁，被袁世凯派人刺杀于上海车站，22日身亡。

宋案发生后，国民党中枢一面坚持由法律解决，一面准备实力以应付事变。

4月底，由李烈钧发起赣、粤、皖、湘四督秘密联盟，并以黄兴为中心进行反袁斗争。但四督联盟，军力异常脆弱，内部团结亦成问题，加之黎元洪倾向袁世凯，力主和平，甘为反袁路障。不仅如此，他利用谭延闿依违两可，反袁不坚决的弱点，先后派金永炎、陈守箴来湘做说客，企图破坏反袁联盟。金、陈以同学之谊首先以程潜为游说对象，声称只要程不反袁，黎元洪已许以高官厚禄。程潜严词拒绝，晓以大义，声色俱厉地说："你们甘当袁贼走狗，均系无耻之辈。黎元洪认贼作父，下场可悲可惨。叫我跟着你们走上陷阱，简直异想天开，白日做梦。"义正词严一席话，说得他们低头落耳，悻悻而别。正在这时，以梁启超为首的进步党，已被袁世凯利用为反对国民党的政治工具，蔡锷便以同乡同学的关系打电报给程潜，劝告他提高警惕，勿走极端。程潜深感蔡锷对他的关心，激动不已，立即复电辨明是非，电称："湖南只有与国民党同进退，共始终，不能另作主张，事势如此，只有各行其是。"

程潜接任军事厅长后，刚到5天，便发生了震惊中外的"宋案"。他默察当时的局势，认为终必出于一战，便抓紧时间，训练军队，在4月、5月、6月的3个月间，成立了3个步兵团与1个炮兵营，拟从巡防营改编3个团，合赵恒惕所部桂军1个旅，共为两个师。其时，袁世凯虽无兵力进攻湖南，但他收买湖南败类向瑞琮、唐乾一等于7月7日火焚荷花池湖南军械局，致使湖南所储的军火付之一炬，断绝了湖南军队的军火来源。尽管如此，程潜并未放松军事训练，经常深入兵营，鼓舞士气，励精图治，国民党人的反袁斗争也未稍衰。谭人凤、蒋翊武等由沪、汉来湘，领导反袁运动。

诡计多端的袁世凯，自就任临时大总统以来，即着手准备武力统一中国，消灭国民党的计划，宋教仁案只是这个计划的一部分。宋案之后，他见4督有不稳之势，便投靠帝国主义，竟向5国银行团贷款2000多万镑，作为消灭异己的费用。接着，以段芝贵为第一军军长，率第二、第六师及毅军屯驻豫鄂边境；以冯国璋为第二军军长，率第三师及张勋、雷震春、倪嗣冲各部，分由津浦路与河南两路向宁、皖推进。军事布置既妥，袁世凯转而从政治上向国民党采取攻势，首先非法杀害《民主报》主笔仇亮，并于5月6日下所谓"除暴安良令"。

仇亮系湖南湘阴人，能文善诗，曾任同盟会湖南支部长。1905年8月中国同盟会在东京成立，他介绍程潜加入同盟会，共同潜心研讨民族革命方略。他生性笃实长厚，博览群书，刻苦自励，有"仇长厚"之称。辛亥武昌起义，仇亮纠合山西同志举事响应。临时政府成立时。仇亮任军衡司长。南北和议成，孙中山以总统让袁世凯，仇亮力言不可，说："袁世凯老奸巨猾，包藏祸心，终不利于民国。"后政府北迁，遂辞军衡司长职，创办《民主报》于北京，阐扬齐民为治之理，力斥君主立宪之非。仇亮遭袁杀害后，程潜悲愤欲绝，后来他挥就了一篇《仇亮传》（见中国文史出版社《文史资料选辑》），以示悼念。

与此同时，袁世凯暗使北洋将领联名通电，痛责国民党利用多数捣乱议会，反对大借款；恶毒诽谤黄兴，捏造去年季雨霖的"叛变"为黄兴所指使，授意北洋各将领呈请"枕戈待命，讨伐有罪"。然后，第一军由豫入鄂，黎元洪敞开大门，任北洋军队通行无阻。6月9日，袁世凯下令免李烈钧赣督职，以黎元洪兼赣督。14日袁调胡汉民为西藏宣慰使，派陈炯明为粤督。30日袁下令调柏文蔚为陕甘筹边使，派孙多森为皖督。4省都督中，惟独对湘督谭延闿未加处理，却下令缉拿湖南"叛乱"首犯程潜及附逆程子楷、陈强、唐蟒等人归案惩办。程潜置个人生死于度外，与谭人凤、蒋翊武等革命党人密切配合，奔走于以刘崧衡、邹代藩、周名南为首的公民联合会之间，巧与敌人周旋，积极开展反袁运动，成立讨袁军，以程子楷为第一军司令，赵恒惕为副司令。湖南对袁作战，主要是集中力量援赣。这时，北洋军重兵压境，战火迫在眉睫，孙中山力排异议，毅然发动"二次革命"，武力讨袁。7月12日，讨袁急先锋、江西都督李烈钧奉孙中山之命潜抵湖口，召集旧部，成立讨袁总司令部，发布江西讨袁军总司令檄文。是日，讨袁军与李纯部在德安一带开始接战。"二次革命"终于爆发了。

江西首倡独立，各省相继响应。

7月15日，黄兴在南京组织江苏讨袁军，就任江苏讨袁军总司令，正式宣告："袁世凯违反约法，蹂躏国会权限，举腐败不堪胜任之私人，高居要职，爱国志士惨遭谋毙，迹其罪恶，甚于专制暴君，我人先拟依据约法令袁世凯退职，以谢人民。法律解决既经无效，乃不得不诉之武力，作最后之解决。今兹讨袁之军，其目的惟在保障共和，维持人道，因此而牺牲一切，亦所不惜。"

7月17日，谭延闿被迫宣布湖南独立。同日，安徽宣布独立，柏文蔚为安徽讨袁军总司令。

7月18日，上海、广东同时宣告独立，陈其美为上海讨袁军总司令，陈炯明为广东讨袁军总司令。

7月20日，福建宣告独立，许崇智为福建讨袁军总司令。

8月4日，四川宣告独立，熊克武为四川讨袁军总司令。

"二次革命"爆发后，在孙中山、黄兴等人的领导下，一时，大江南北燃起了讨袁的熊熊烈火，已成燎原之势。然而，讨袁军仓促上阵，孤立作战，缺乏统一的指挥和战略配合，尽管不少地方出现"孤城落日斗兵稀"的悲壮搏斗场面，但"二次革命"在两个月内就失败了。

赣军苦战数旬，已到精疲力竭的地步。至敌军海军驶入鄱阳湖以后，南昌告急。程潜速派唐蟒率军队从萍乡进入新余，掩护赣军主力集中。无奈赣军节节败退，已成瓦解之势。最后李烈钧、林虎仅率残部 1000 余人，于 8 月 8 日退保赣西，幸得湘军支援，并收容其逃散士兵，李、林二人才得从容入湘，并由程潜派部队保护他们离湘赴日。

赣军战败，已使谭延闿心神不定，至 8 月 8 日得到陈炯明弃职潜逃的消息，他更感不安。他此时又眼红面黑，大感恐慌。连日来，他喜怒无常，时而勃然震怒，时而引咎自责，时而喟然长叹。是夜，谭延闿伫立窗前，凝望淅淅沥沥的雨滴下个不停，他脑海里的思绪也是乱的，心中的愁情恰似眼前绵绵的雨丝。于是，他来到程潜的卧室，想与他密商应付时局对策。程潜正伏案疾书，起草讨袁的军事纲领，见谭延闿入室，连忙搁笔相迎。谭延闿用他那浓重乡音的茶陵话对程潜说："湖南在上月宣布独立，从当时环境看，可以说水到渠成，除独立外别无第二条路可走。现在我们处于四面楚歌之中，孤立无援，当今取消独立，可以说是瓜熟蒂落。我想取消独立，依靠黎元洪担保，可免生灵涂炭，这不失为一个好办法。我想听听颂云高见，不知你以为如何？"说罢，两只诡秘的眼睛凝视着程潜。

程潜显得有些消瘦的脸上，双眉打结，愁云满布，脑海里思索着谭延闿的来意。蓦地，他站起来，向谭延闿走近两步，声音沉痛地说："组庵，我很谅解你的苦衷。黎元洪的代表金永炎来长沙时，我对他说过，湖南宁为玉碎，不愿瓦全。今日事势如此，玉碎不能，瓦全亦难。但黎元洪倒在袁氏怀中，他无实力，其本身已是皮之不存，湖南以他为护符，真所谓'毛将焉附'，你的办法，只不过暂时避免危险而已，将来演变，仍然未可乐观。我决意马上辞职，你可把一切责任推在我身上。这样做，你对袁氏也有话说。"

谭延闿听程潜这一说，脸上顿时露出一丝不易察觉的微笑，瞬间又消失了，装出一副悲天悯人、愿共患难的样子，对程潜说："我不能把一切责任都推在你身上，所有罪恶皆归于我。"

谭延闿说了一套客气话而别。于是，他于 8 月 12 日通电取消独立。他在先已拟就的给袁世凯的电报中说："湖南宣布独立，水到渠成，延闿不任其咎；湖南取消独立，瓜熟蒂落，延闿不居其功。"孙中山在分析"二次革命"失败的原因时说："同党人心之涣散"，"组庵（谭延闿）更反复于三湘"，此话道出了实情。

"二次革命"失败后，孙中山、黄兴以及国民党一部分负过军政责任的同志，如程潜、李根源、李烈钧、柏文蔚、熊克武、谭人凤、张孝准、廖仲恺、居正、周震麟等人，都被北京政府指为罪魁祸首，明令褫职缉拿。袁世凯给黎元洪的密电称："湘省独立，其中军界多明大义，绝非全体附从叛党。惟程潜、程子楷、陈强、唐蟒等最为黄兴死党，余均尚可招致。"

上海护军使张贴布告，"悬赏缉拿：黄兴——拾万元，陈其美——伍万元，黄郛——贰万元，李书城——贰万元。不论生死，一体给赏。"

孙中山、黄兴以及一大批国民党骨干党员，先后秘密东渡，准备在海外重整旗鼓，发动"三次革命"，推翻窃国大盗袁世凯。

正当袁世凯连下通缉电令，捕杀革命党人的危急时刻，已过而立之年的程潜，沉着冷静，以大无畏的胆略和气魄，一面设法保护同志离湘，一面迅速办理移交手续。当时如谭人凤、蒋翊武、程子楷、陈强、周震麟、唐蟒等，都是由程潜想方设法，出谋划策，使他们潜往上海转赴日本的。其中惟有蒋翊武一人，不愿经过汉口，改走桂林转香港，竟为陆荣廷所害。程潜掩护同志离湘的任务完成以后，办好移交，也于8月底离长赴沪。在沪流离月余，10月底便到东京做亡命之客。

灾难深重的中华民国，重又进入黑暗的深渊。

◉　重渡东洋

1913年8月"二次革命"讨袁失败后，国民党在长江，珠江流域各省的军事政治力量，被袁世凯用铁棒手段摧毁无余。国民党的一部分激进分子，如宁调元、仇亮、熊越山、蒋翊武、张振武、方维、杨德邻、伍任钧、刘嵩衡等人被袁世凯残酷杀害，国民党内一部分寡廉鲜耻的变节分子，如孙毓筠、胡瑛等，被袁世凯利诱收买，堕落成为袁世凯的爪牙。其余大多数党员，隐藏于内地或上海租界。孙中山和黄兴以及国民党内一部分骨干党员，如程潜、李烈钧、柏文蔚、胡汉民、陈其美、居正、廖仲恺、许崇智、章士钊、钮永建、周震麟、李根源、李书城、程子楷、陈强、林修梅、林伯渠、詹大悲等，他们遭袁世凯的通缉，先后逃往日本东京，过着流亡生活。

1914年春，各省议员如田桐、白逾桓、杨时杰、张知本、张继、覃振、谢持、王立斋等也因国会被解散，在国内不得安生，先后亡命聚集东京。流亡东京的国民党员，在一败涂地、创痛巨深之余，思想混乱，但大家迫切要求总结经验教训，检讨得失，准备继续开展反袁革命斗争。

当时，黄兴组织部分党员骨干开座谈会，提出四个问题请大家研究。一、国民党失败的主要原因；二、国民党何以在政治上、军事上处于被动地位；三、敌我双方形势的对比；四、今后革命纲领和倒袁的策略。通过以上四个问题的讨论，流亡东京的国民党员的思想混乱状态有了好转。程潜等要求黄兴把讨论中形成的结论拿去与孙中山商量，再作进一步的研究。

在血与火的斗争中，孙中山与黄兴一心一德，同仇敌忾，结下了情同手足的深情厚谊。但在对待上述重大问题上产生了严重的分歧。加上陈其美等人从中挑拨，分歧愈演愈烈。事隔一周，黄兴接到孙中山的手书，受到严厉的斥责。他感到晴天霹雳，目瞪神惊，悲痛之余，邀集程潜、李根源、张孝准、程子楷、耿毅、陈强等人谈话，并把孙中山的手迹交大家传阅。他神情慎重地说："我从事革命，时时本着至诚，服从中山。去年南京失败，我应完全负责。中山来信责备我，如此其重以周。信里讲的，有一部分合乎当时事实，一部分与当时的事实有出入。我请各位同志来，为的是商量一下，看如何处理为好。"

黄兴语落，有人主张详细申辩，分清是非，以息浮言。

程潜听着黄兴铿锵的话语，望着他那坚毅的目光、浓黑的胡须、宽厚的肩膀、有力的大手，陷入深深的沉思。此刻，孙中山那雍容大度、气宇轩昂的音容笑貌，也同时浮现在眼前，盘旋于脑际。

会场霎时陷入沉寂，每人都在沉思默想，似乎谁也不想首先打破这种暂时的默静。

俄顷，程潜突然点燃一支雪茄，猛抽了两口，烟雾在面前蒸腾，他不急不慢地说："我认为兹事体大，不能莽撞处理。中山大公无私，度量宽大，生平对于同志厚道和气。这个手函措辞严厉其中必有原因，自袁世凯用恶毒手段打击我党以来，我党已遭到严重失败，现在亡命海外，只要稍具血性天良，就应当惩前毖后、痛自反省、吸取教训、组织力量，与袁世凯作殊死斗争。我以为以有用的耳目心思，应注意于敌人的行动，党内应该精诚团结，才能发挥力量，战胜敌人。从前失败，自然要认真检查，引为教训。"程潜将视线移到黄兴的脸上，见他仍泰然自若，默默点头，便加重语气说："如认为中山说的是实，望你以有则改之自励；如认为中山说的不实，望你以无则加勉自勖。惟有不加申辩，然后可以息浮议，明是非，别有用心的挑拨伎俩也就不能得逞。"程潜的发言，字字玑珠、句句在理，使与会者心悦诚眼，点头首肯。

李根源深表赞同，接着说："颂云说得十分中肯，对中山手函我也主张不作申辩。若加以申辩，则言论愈辩愈长，是非愈辩愈多。惟有不辩，则争论无由而起。大敌当前，国民党领袖应精诚团结，不予敌人可乘之隙，否则破绽一露，不独影响革命前途，且贻敌人讪笑。"

黄兴听完程潜等人的发言，顿开茅塞，无比兴奋地说："颂云、印泉（李根源）所言极是，我诚心诚意接受同志们的建议。"

自此以后，孙、黄感情和好如初。黄兴还和孙中山协商，请寺尾丰组织一所政治学校，收容和训练亡命日本的国民党员。这所学校设在神田区，租有现成的讲堂。开学时，犬养毅、宫崎寅藏兄弟、萱野长知等一班日本人士，都来庆祝，犬养毅还作了讲演。黄兴也参加了开学典礼。黄兴还和章士钊等办了一个《甲寅杂志》，陈仲甫、李大钊、高一涵等纂著发梓政论。

这时，许崇智衔孙中山命由热海来东京和黄兴、程潜等人联系，彼此开诚布公地谈了两天，取得共同看法，一致拥护孙中山先生，实行三民主义，尽欢而别。

然而，孙中山、黄兴对当时政治形势的看法以及以后斗争所采取的战略策略等方面，仍然存在着分歧意见。孙中山认为袁世凯表面气焰嚣张，不可一世，实际上内外交困，危机四伏，"革命运动绝非极难"。他号召革命党人聚精会神，一致猛进，持积极主义，共图三次革命。黄兴则认为，当前革命时机尚未成熟，应从长远计议，等待袁氏野心暴露，社会有真切之要求，再举义讨袁，所谓"蓄之久而发之暴也"。

程潜、李烈钧、熊克武、李根源、林虎等人赞同黄兴的缓进主张，觉得再举革命的时机尚未成熟，主张"要过五年、十年再来筹备革命的事业"。而陈其美、戴季陶、许崇智、廖仲恺、朱执信、居正等人则支持孙中山的激进主张。革命党内部以这两种截然不同的观点为界线，日见分明地分成了"激进派"和"缓进派"。

流亡海外的革命党人，当前应如何行动？

孙中山强调，更应该鼓起从前的勇气，勇往直前。为此，目前当务之急应立即集合同志，组织机关，再图进行，"务以武力削彼暴政"。

黄兴主张不能盲动，必须"从根本上去做"。因此，目前应做的事情是：一、宣传党义；二、广泛团结；三、组织干部，计划久远。他鼓励同志，"趁这亡命期间，大家偷闲去研究学问，多造就一些人才"。

在是否要重新组党的问题上，孙中山与黄兴的意见相反。孙中山痛感二次革命失败，"非袁氏实力之强，实同党人心之涣。"他决心从整顿党务入手，解散国民党，重新组织中华革命党。黄兴则坚持要继续保全国民党，他说："当时亡命日本的国民党员，都是参加讨袁，且被通缉的，不应该这时对他们严加整肃。"在此形势下，更应"广通声气，团结感情，庶同舟共济，奋力与专制魔王搏斗。"

程潜殊感是否要重新组党的问题事关重大，且分歧发生在两个领袖人物身上，便与李根源、熊克武3人一道，特邀在长崎的柏文蔚等人到东京面商此事。

柏文蔚提出，国民党内部已欠纯洁，官僚政客投机加入，势有重新整顿的必要，但是，"另组新党，要特别慎重。"

谭人凤对此意见表示赞成。

程潜、熊克武、冷遹等则主张仍旧"保全国民党"。

李烈钧深表赞同地说："国民党堂堂正正，国内国民党机关虽被袁贼解散，而海外之国民党，居留政府从未干涉，"如孙中山另组新党，"岂不是又将海外之国民党而取消之，这绝不赞成。"

但是，孙中山积多年革命斗争经验，坚信只有以革命党为根本，才有希望重振精神，拯救革命于危难之际，完成铲除民贼，还我共和的重任。为此，他不顾面临的种种困难和党内意见分歧，倾全力于创建中华革命党的事业之中。

1913年9月27日，孙中山在东京筹组中华革命党，亲拟入党誓约，发起重新党帜。他严格规定，凡欲加入中华革命党者，无论其在党的历史及资格如何深久，皆须重写誓约，加按指模，以示坚决。他郑重提出："此次重组革命党，首以服从命令为惟一之要件。凡入党各员，必自问甘愿服孙一人，毫无疑虑而后可。若口是心非，神离貌合之辈，则宁从割爱，断不勉强，务以多得一党员，即多得一员之用，无取浮滥，以免良莠不齐，此吾等今次立党所以与前此不同者。"入党各员要宣誓"附从孙先生"。

他还提出：入党各员要在誓约上印盖指模，"指模为一不可更之条件"，"欲防假伪，当以指模为证据"。

他还特别强调："凡于革命军未起义之前进党者，名为首义党员；凡于革命军起义之后、革命政府成立以前进党者，名为协助党员；凡于革命政府成立之后进党者，名曰普通党员。""革命成功之日，首义党员悉隶为元勋公民，得一切参政、执政优先权利；协助党员得隶为有功公民，能得选举及被选举权利；普通党员得隶为先进公民，享有选举权利。"

是日，盛夏的东京，骄阳似火，室内显得有些闷热。程潜独自坐在窗前，仰望着被南风吹动、变幻莫测的蓝天白云，不禁思潮起伏，浮想联翩。对于孙中山屡败屡战的韧性战斗精神，以及他的豁达胸怀、高风亮节，他从内心佩服，视为楷模，且始终不渝地追随他，忠实于共同的民主革命事业，即使肝脑涂地，也在所不惜。但程潜觉得，此时此刻，孙中山先生以为"除我外，无革命导师"，提出今后全党必须"服孙一人"，这未免走到个人崇拜、绝对自信上去了。

程潜的脑海里，如万泉喷涌，一连打了许多疑问号：宣誓万能？盖指模能作为判断真伪革命党人的试金石？袁世凯不是宣誓要"发扬共和之精神，涤荡专制之瑕秽，谨守约法吗？"然而他干的是帝制自为，丧权辱国。汪精卫不是宣誓要"矢信矢忠，有始有卒"吗？但他都领取袁世凯的津贴，充当了内奸。想着想着，程潜的心胸间掀起了巨大的波澜。

正当此时，孙中山先生派居正、覃振对程潜等人说明入党必须宣誓、捺指印的意义，希望他们尽弃前嫌，参加中华革命党，共同奋斗。程潜坚决表示对孙中山先生忠诚拥护，但不愿与帮会合作。他对陈其美在新党尚未宣布成立时，就以青帮首领身份窃据组织部门要津，表示坚决反对。他对来者说："现在即使不入中华革命党，也不会另立名目，妨碍革命的进行，请居、覃二位将这层意思转孙中山先生。"程潜终因不赞成宣誓效忠的入党式而未加入中华革命党。后来孙中山明白了他的意旨，也没有勉强他加入。

黄兴出于民族正义和维护政党的尊严，曾劝告孙中山：誓约上"服从孙中山先生再举革命"一词和盖指模一事极为不妥，"前者不够平等，后者迹近侮辱"，恳切地期望纠正过来。

孙中山也觉得这些意见不无道理，又去与程潜等人商量，听到的看法与黄兴完全一致，故他表示考虑大家的意见。可是，陈其美却当面吹捧孙中山，"你是最伟大的人，由你统治中国是天经地义的事。无论在中国还是日本，哪有你这样的人？"他们带头宣誓盖指模，攻击与孙中山有意见分歧的同志。宫崎滔天回忆说："陈其美是主要赞成者。陈其美这次开始进行人身攻击。他攻击的是黄兴等人。……我认为陈其美很会玩弄手腕，是一个缺德的人！"孙中山却认为"陈其美是最了解我的人"。

生性老实忠厚的黄兴，是"一个党一个领袖论者"。他始终认为中国革命党只有一个领袖，领袖就是孙中山。但孙中山主张中华革命党只有一个"党魁"，党员必须绝对服从"党魁"的时候，反对最力的也是黄兴自己。但无私无畏、顾全大局的黄兴，后来到美国以后，并没有"静养两年"，而是与孙中山"分途并进"，从事反袁斗争。当有人来信挑拨他与孙中山的关系，怂恿他另行组党，黄兴愤慨地说："党只有国民党，领袖惟孙中山，其他不知也。"

此时，流亡日本的国民党人，群龙无首，主张各异。一些人不愿加入中华革命党，想另树一帜，与孙对抗。程潜等人不赞同这种做法，便与李根源等进入早稻田大学学习政治、经济，以等待时机，不久，爆发了第一次世界大战。欧洲主要帝国主义国家忙于互相厮杀，无暇东顾。日本以为独占中国的时机已到，从各方面加紧侵略中国的罪恶活动。

面对日趋紧张的时局，在东京的程潜等一部分国民党人，每星期都举行谈话会，分作四个题目，来研究国内情势和革命方针。第一，主义。他们认定，无论革命或建设，都必须有主义以为指导。如果没有主义，不但不能打倒袁世凯，就算打倒袁世凯，也不能建成一个富强的国家。他们认为，三民主义较之西方的民主议会政党政治，更适合于中国的国情，能把中国建设成为富强之邦。第二，量敌。他们认定，当前的主要敌人是万恶滔天的袁世凯，而袁世凯则有四种恶势力作为羽翼：一是北洋军队盘踞要津；二是反动官僚遍布全国；三是土豪恶霸横行乡里；四是会党游民弥漫当道。第三，党派。他们认定。进步党是一个政治危险性最大的政治集团。它是前清立宪派的化身，主张改良，反对革命，所以甘为独裁者所笼络利用，拼命和国民党作对。第四，宣传。他们认定，必须向全国广泛宣传，造成强大的舆论压力，才能取得反袁斗争的胜利。

世界大战爆发以后，程潜与李根源、钮永建、陈强、陈炯明等28人，曾联合发出了一个停止内争，一致对外的通电。通电宣言是由章士钊起草的（见《甲寅杂志》），略谓：我们秉着爱国天良，反对独裁之志，始终不渝，即使在外患频仍的时期，我们对袁世凯也不作丝毫让步，不存丝毫幻想；但我们主张停止内争，一致对外，首先是对付日本帝国主义的日益紧逼的侵略。这个通电，得到了许多人的同情，也招致了来自不同方面的误解。自浅识者观之，以为声称停止内争，就是对袁世凯表白心迹，一定有所企图。自袁世凯观之，他们的通电宣言，无异给他的通敌卖国，帝制自为，又增加了一层障碍。袁世凯痛恨之余，就贼喊捉贼地诬蔑他们，说他们是"借寇自重"。

1914年8月，日本对德宣战，随即派军队在中国山东半岛登陆，夺取了德国在山东的一切权益。为了对世界大战与中国革命的关系作详尽的探讨，是月，由程潜、李根源等人倡议，以讨论欧事为名，把散居各地的国民党人组织起来，大家都赞同这个建议，并取名为欧事研究会。这个名称是经过深思熟虑才决定下来的，最主要的是想和一般政党的性质区别开来。这样做有三个好处：一来可以避免发生和中华革命党对立的误会；二来可以借此联络侨居日本的同志，随时随地互相商榷；三来这个名称不显眼，一时不致为袁政府所忌，国内的人士也可以借此联络，互通声气。

欧事研究会的参加者，多数都是没有参加中华革命党，但在政治上坚持讨袁，又赞成黄兴"缓进"主张的国民党人，共有会员 100 多人。其中大多数是同盟会的军队骨干，所谓"黄派军人"或"士官生"，如江西都督李烈钧，广东都督陈炯明，安徽都督柏文蔚，四川军长熊克武，江西讨袁军将领林虎、李明扬，湖南除将领程潜是欧事研究会的发起人之外，还有张孝准、陈强、程子楷等，也是该会的核心力量。他们在第二次革命的战场上，直接带头与袁军短兵相接，浴血奋战。然而，惨败于袁军手下的沉重打击，使他们不同程度地产生错觉，认为讨袁之役，各自手下都有不少兵将，尚且招致失败，现在无一兵一卒，何能妄言激进？因此，对孙中山提出要重组军事力量，继续发展武装讨袁，感到信心不足。另外，黄兴曾是三军主帅，他们跟随黄兴征战多年，从感情上也多和黄兴接近，"皆愿以黄克强的进退为进退"。

欧事研究会在东京成立后，程潜与李根源、彭允彝、殷汝骊、冷遹、林虎联名致函在美国的黄兴、李书城等人，告知成立欧事研究会的目的和具体做法，请他们加入。

黄兴给程潜回信表示："知公等设立欧事研究会，本爱国之精神，抒救时之良策，主旨宏大，规画（划）周详，其着手办法，尤能祛除党见，取人才集中主义，毋任钦仰。又承决议认弟为本会会员，责任所在，弟何敢推辞？"

欧事研究会的成员多是黄兴的部下和追随者，黄兴的思想对欧事研究会也具有实际的指导作用。因此，黄兴是欧事研究会成员心目中的领袖。

欧事研究会成立后，便积极筹划倒袁，首先开展反袁宣传。1914 年底，日、美帝国主义乘第一次世界大战正紧张之机，企图霸占中国的领土，它们以答应支持袁世凯改行帝制为条件，要袁世凯签订丧权辱国的卖国条约。袁世凯仰承帝国主义的鼻息，厚颜无耻地与日本人签订了"二十一条"卖国条约。消息传来，举国惶然，激起了国内人民的强烈反对。欧事研究会以国家存亡，民族受辱，强调一致对外，反对日本侵略。他们改变了以往缓进的讨袁方针，倾注全力于反日救国斗争。1915 年 2 月 11 日，程潜与李根源、熊克武、陈强等人在东京最先联名通电声明："我人第一主见，乃先国家而后政治，先政治而后党派，国若不成，政于何有？"

接着，黄兴、钮永建与在南洋的李烈钧、柏文蔚、陈炯明也于 2 月 25 日，联名通电指出："一旅以内之事，纵为万恶，亦惟族人自董理之。倚赖他族，国必不保。"他们反对借助外力进行革命，提出暂时停止革命活动，以免妨碍袁政府之对日外交，希望以此为条件，联合袁政府，共同对敌。

然而，事实胜于雄辩。袁世凯卖国的事实，使他们豁然醒悟。无情的事实毁灭了欧事研究会联袁反日的幻想。他们看到的是，袁世凯不但不拒绝日本的无理要求，而且"忍心迎受，反以见好邻国之意图谋称帝"。程潜等主张缓进者于是重树讨袁旗帜，急起直追。

1915 年 5 月 9 日，日本的东京，树繁花艳，阳光明丽，庭院里，盛开的樱花默默地吐放着清香，随着一阵南风吹来，沁人心腑。此刻，程潜与黄兴、李根源、熊克武等正在客厅里字斟句酌，起草斥责袁世凯置国家利益于不顾，接受丧权辱国的"二十一条"。大家见程潜是一名清末秀才，文词锋利，字迹遒劲，执笔的任务便自然落到他的头上。经过反复推敲，以程潜、黄兴、李烈钧、陈炯明、柏文蔚、钮永建、林虎、李根源、熊克武等 17 人联名通电，便于是日发出。文中指出："当此举国听命，内讧尽熄之时，政府膺四亿同胞付托之重，一味屈让，罔识其他，条约既成，国命已绝。……今兹结果，实由吾国自始无死拒之心，而当局尤有不能死拒之势。"电文向全国表明，欧事研究会再次向袁世凯公开宣战。

可是，袁世凯并没有把程潜等人的通电放在眼里，于同年 8 月在北京成立筹安会，悍然公开推行帝制。身居海外的欧事研究会会员，看到袁世凯怙恶不悛，日甚一日，一致表示不能再事优容，必须立即回国，武装讨袁。

程潜与李根源、熊克武、陈强等人，经常分析国内形势，认为长江上游西南一隅，因袁世凯鞭长莫及和兵力有限，尚未吞噬，尤云南可以作为反袁起事的基地。程潜对云南反袁的优越条件作了详尽的论述：

一、云南地处偏僻险阻的边区，在军事上居险要优胜之势，且四川地方军队既杂又乱，陈宧（袁世凯派他率北洋军入川接管了川政）一时统一不起来，可以作为云南的有力屏障。

二、云南两师陆军的素质，大大超过了北洋军队，所有中下级军官，都是讲武堂的学生，学术优良，思想纯正。云南讲武堂是李根源筹办的，他曾邀集同学李烈钧、方声涛、赵康时等，参照日本士官学校的教程，结合中国实际所需要的革命精神，认真训练和教育学生，因此造就了不少革命人才。

三、云南陆军所使用的军械，都是德国克虏伯厂的精良产品，是在清末以重价从德国购来的，其枪炮火力之强，超过南方各省的军队。

四、云南当时的几个主要当权人物，如唐继尧、罗佩金、殷承瓛、叶荃等，原来都是同盟会会员或有革命倾向的人。因此，如果袁氏称帝，我们可以成功地在云南组织起义，为全国倡。大家赞同程潜的见解。

接着，程潜与李根源以欧事研究会干事的身份，召集在东京的成员开会，详细研究回国的步骤。会上有人提议：程潜与李根源既是欧事研究会的干事，应首先回国了解情况，考虑下一步进行办法。其余的人根据情况的发展和工作需要陆续回国，与会者都认为这样办比较稳妥，遂决定程潜和李根源先行回国。程潜欣然应允。

夜，静悄悄地沉睡过去，月亮缓缓升起，挂在树梢，柔和的银光洒在程潜那宽额丰颐的脸庞上。此刻，他无心去欣赏东京迷人的夜景，而是在寓所里踱来踱去，那双明亮的眼睛，闪着深思的光芒，脑海里翻腾着理不清的思绪。自己再度亡命日本，业已两载有余，眼见中华民族党已不党，国将不国，兵连祸结，政以贿成，国内同胞自相杀戮，强邻日寇坐收渔利，作为炎黄子孙，怎能眼见兄弟阋墙，国土日丧？报效祖国，机不可失，即使赴汤蹈火，也在所不辞！护国讨袁，举足轻重。云南虽系革命基地，能否毫无阻滞地进行发动，尚无把握，不如派方声涛先回国联络，等他探明情况，再决定方略不迟。想到这里，他眉宇间显出异样的神采，自言自语地说："好，就这么办！"

翌日，他把自己的想法告诉李根源、熊克武等人，并强调说："方声涛和云南的中级军官谊属师生，有许多社会历史关系，进行工作有许多方便。因此，我提议请方声涛亲自赴昆明一行，探明情况，进行联络，策动工作。"大家都同意程潜的提议，并且和方声涛约定了暗号，如联络策动有所进展，程潜等人接信后就立即回国，共策倒袁活动。

◉ 护回讨袁

方声涛受程潜、李根源的委派，整装出发，经上海、香港、越南到达昆明。1915 年 9 月中旬，方从昆明来信称："尚需多方调查。"10 月初，又来信用暗号道："销路甚好。"10 月 10 日又来函要程潜等人到上海面谈。程潜喜出望外，与李根源两人于 11 月 3 日从横滨乘邮轮启程。

浩瀚的大海，巨浪滔天，一望无垠。程潜伫立船舷上，举目远望，只见海燕时而搏击长空，时而在海面上一掠而过。海风呼啸，波浪滔滔。此刻，他的脑海里翻腾着一幕幕的往事：自重渡东洋到离开东京，已有两年多。在东京的岁月里，虽看不到战场的弥漫硝烟，听不到枪炮轰鸣，但党内的纷争，倒袁计划的研讨，使他的经历多么艰辛、险恶啊！如今，即将回到祖国的怀抱，在反袁的战斗中勇猛拼杀，他怎不感慨万端！

　　经过两日的海上颠簸，程潜便在上海登陆。先后抵达上海的还有从美国回来的钮永建，从南洋回来的林虎、章梓、冷遹、陈强、程子楷、耿毅、章士钊。他们又会晤了在上海的谷钟秀、杨永泰、欧阳振声、张季鸾等人。大家聚集上海，一起分析了当前的局势和事态的发展，共同感到欧事研究会以往的方针已不适应新形势的需要。于是，程潜主动与李根源等商妥，重新规定如下行动方针：一、全国各界人士，凡秉爱国热忱和救国愿望，挺身而出反对袁世凯卖国称帝者，我们都愿与之合作，采取一致行动；二、平日国内与我们不同宗旨的党派，只要真心反对袁世凯卖国称帝，我们也愿与之合作，采取一致行动；三、反袁斗争主要是武装对抗，但也不排斥其他方法。当时还安排了各人的工作任务：耿毅担任北方同志的联络工作；熊克武回四川组织地方讨袁军，为云南主力军的向导；柏文蔚、钮永建、冷遹策划苏、皖、浙地方军队的发动；林虎担任广西的联络；李烈钧担任筹划粤赣军事；程潜和张孝准布置两湖军事及湘省义军的发动；并且相约：组织发动起来的力量有大有小，但是每个同志都必须努力去完成自己分担的任务，在反袁战线上尽量发挥作用。同时，他们在上海创办了《中华新报》，作为全国讨袁阵营中第一家报纸，发表了一篇篇战斗檄文，以犀利的笔锋，咄咄逼人的气势，揭露袁氏的种种阴谋，号召人们起来斗争。

　　当时全国最大的几支反袁力量，如中华革命党、欧事研究会、进步党以及倾向讨袁的西南地方实力派，都是各自独立活动。讨袁斗争形势的发展，日益迫切地需要联合一切反袁力量共同对敌。程潜密切注视斗争进程中出现的转机，与其他同志一道，主动承担了联络各派力量的使命。

　　一天，程潜与章士钊往虹口访问蛰居在上海的谭延闿。见面寒暄一阵之后，程潜把袁氏称帝的情形和全国反袁势力的壮大等形势告诉他，并且问他作何感想。

　　谭延闿面有难色，沉思片刻，语气低沉地说："反对袁世凯称帝，是应有的义举，我竭诚拥护，没有二心。但是袁世凯掌握强大兵力，我们手无斧柯，这又有什么办法呢？"他两手一摊，显出无可奈何的神态，顿然语塞。

　　章士钊很谦让，"嘿嘿"两声，叫程潜先谈谈看法。程潜便无所顾忌，侃侃而谈："反对袁氏称帝，办法是有的。事在人为，人苟不为，纵有办法，也是枉然。凡事不能只看表面，要看得深一些、透一些。袁世凯掌握着北洋军队和官僚集团的势力，外表强大，但他是不得人心的，内部有众叛亲离的趋势，列强加诸袁氏的压力也越来越大。我们顺从民意，以民众的力量为后盾，只要一处发难，登高一呼，四方响应，袁世凯是可以打倒的。"

听到这里，谭延闿问："你们回国活动，是仅仅激于天良血性的义愤，还是有点实力做后盾呢？"

"既有义愤，也有实力。"章士钊提高嗓门说，"袁氏集团分崩离析，死在眼前。我们名正言顺，诛暴伐罪，这个号称拥有实力的独夫，是抵挡不住的。当然，反袁还有许多困难，需要大家团结一致，群策群力，困难才能克服。"

谭延闿唯唯诺诺，说什么"来日方长，可以从缓计议"，云云。

程潜对谭延闿存有争取的一线希望，过了几天，他着人送信给谭延闿，说有要事商量，请他约期相会。谭对送信的人说，外边风声紧，要他们出入谨慎，并约定会晤日期。

可是，约定日期已到，连谭延闿的影子也看不到。第二天，他打发人送来一信，声称："齿痛爽约，十分抱歉。"这天晚上，程潜凑巧遇见黄梅生，他告诉程潜昨天他正和谭在小有天午宴，谭喝得酩酊大醉，高谈阔论，神气飘然。程才恍然大悟，谭怕革命不成累及己身，所以用虚诈敷衍手段来应酬他们。

程潜也因此对他产生厌恶绝交之心。

过了不久，程潜于一天的上午 10 时在霞飞路步行，谭延闿在马车上发现了他，便立刻下车，装出很亲热的样子，问他上什么地方去。

程潜一本正经地说："到同志处商谈要事。"

谭满面带笑地说："我是特地来拜访你的。"

程潜回答："改日会吧！今天实在没有空，对不起。"

谭急切地说："我到你的寓处等你回来。"

程潜到圣母院路章寓谈话一个钟头，赶回来接待谭延闿。他海阔天空，不着边际地谈了一些革命形势。程潜出于湖南老乡之谊，还是留他午餐之后再走。

为了策动两湖的反袁力量，程潜趁在上海之便，进行了一些反袁联络工作，及时与湖南的"民意社"取得了联系。前面提到的黄梅生，便是程潜同学黄凯元的兄长。他在上海经营商业多年，素著信用，两湖的革命同志大多跟他相识。有一次，他在寓所设宴招待程潜，酒足饭饱之余，谈及近来营业兴旺，颇有盈利。程潜借着酒兴，顺水推舟，试探地说："现在手边拮据，筹款很是为难。"

黄梅生语调高亢，满脸堆笑，闪着得意的眼神说："你们的困难，我深为了解，需要用多少钱，我可以尽力贷垫。"

程潜大喜过望，神采飞扬，兴奋地说："多多益善，但目前急需动用的却不多，而且应该不妨碍你的生意才好。"

黄梅生见程潜言词恳切，说话实在，便当即爽快答应，需款时，他能随时垫付。

程潜在困顿中遇此友人，得此帮助，高兴万分，当即想到，值此计议讨袁之时，有了经济实力即可大派用场。在湖南同志中，冲锋陷阵、披坚执锐者大有人在，可是在运筹帷幄、全盘指挥的领导艺术方面略逊一筹。他在癸丑讨袁之役中，认识了杨王鹏、廖湘芸两人，他们是蒋翊武的战友，辛亥年曾一同组织过武昌军队起义，有比较丰富的革命斗争经验。他们和李国柱、邹永成、龚铁铮、殷之辂、刘白等组织民意社，是中华革命党的一部分，与陈其美一派有矛盾，不肯和他们同流合污。于是，程潜多次与杨王鹏、廖湘芸联络，推心置腹地畅谈"以大敌当前，正义所在"的道理。当他与杨、廖第三次谈话时，正值袁氏帝制运动万分紧张地进行，他们情绪激昂，表示愿出死力拥护共和，打倒帝制。程潜当面大加赞赏："你们的斗志坚决真诚，这是很好的。但我知道，你们从前所组织的炸弹队和暗杀队，在武汉、九江、扬州等处都遭到过失败，现在应该中止这种恐怖行动才好。"

杨王鹏连连点头，反问程潜："请你们明明白白地告诉我；你们到底坚持什么主义？"

程潜坦然地说："我们坚持孙中山先生的三民主义，至死不渝，不能节外生枝，立异标新。比方说，三民主义是海，我们和黄兴只能算是百川，而百川终汇于海。但是百川里面有一股浊流，孙中山无法澄清，我们也无法澄清，在一定时期之内，只好潜行不悖，相安无事。倒袁是我们目前的紧迫任务。袁氏虽然众叛亲离，成为全国民众的公敌，但毕竟不是赤手空拳可以吓倒的，也不是策动一部分军队、联络一批会党、占领一个据点，就能够把袁世凯打倒。正确的做法应该是，运用一个基本力量，建立根据地，影响各省，策动有倒袁倾向的军队。这样，袁氏在各省部署的势力就会如汤沃雪，尽归消灭。"程潜眉飞色舞，愈说愈激昂，一双锐利的眼睛凝视着杨王鹏，问道，"你们回湖南去，又预备如何着手进行呢？"

杨王鹏沉思片刻，脱口而出："先在长沙、衡阳策动军队，树立旗帜。"

"这是辛亥年3月29日黄兴进攻广州督署的复版！"程潜毫不隐讳，一针见血地指出，"那次黄花岗之役，震动全国民心，为武昌首义之先导。但今非昔比，袁世凯更不同于清朝。长沙、衡阳是要冲地区，袁氏已布重兵，即令得到少数军队的赞助，发难侥幸成功，但离根据地过远，势难长久支持。我的意见，应该从湘西、宝庆边远地区着手，组织队伍作为根据地，等云贵军队出兵湘西，或者那时我由云南带领一部分军队回来会师，一同奋斗，才能恢复湖南。如果不按这个办法行事，冒险妄动，一定会遭到重大损失。"杨王鹏。廖湘芸深感程潜的经验之谈，高瞻远瞩，很有见地，便满口表示愿意接受程潜的意见。程潜告诉他们，在上海的费用和回湘的旅费，他可以尽力支援。不久，程潜便向黄梅生等人集资1000多元，如数交给杨王鹏等作为活动经费。

当程潜部署湘事的时候，耿毅介绍袁乃宽之子袁不同和程潜见面。程潜问他袁氏称帝进行的情况，袁不同气愤地说："一般走狗，不顾百姓死活，疯狂地忙着筹备大典，已定明年元旦唱大登殿。我情急万分，希望有人起义讨逆，我也可以从中做点小玩艺儿给大家看看。"

程潜鼓励他："如果你能这样做，就是古人所谓大义灭亲了。请你与鹤生密商办理，我们坐听佳音。"

事后，程潜深有感触地对别人说："袁氏的滔天罪行，不仅为国人所唾弃，抑且为宗族所不容。"

这时，程潜闻讯梁启超于12月18日自天津抵沪，以便和上海的欧事研究会成员取得联系，"思与提携进行"。他当即表示，对志在讨袁者都推诚采纳，不存党见。为解决筹款购置武器及对日外交等事，程潜与李根源、杨永泰、林虎等人联名致函梁启超，说明岑春煊（任军务院抚军副长，加入反袁行列，后参加护法政府）须赴日活动外援，希望梁启超协助进行。梁启超本主张岑春煊赴滇，以壮军威，但他还是接受了程潜等人的意见，帮助岑赴日活动筹款。

一日，章士钊告诉程潜，他想款待一下梁启超，请程潜作陪。程潜欣然允诺："在反袁不分党派的时候，我当然可以奉陪，听听他的议论。"

12月19日晚，章氏设家宴款待梁氏，程潜于6时先到章寓，少顷，梁启超便兴致勃勃地登门，两人一见如故，话语依依，各自说了别后之情。

程潜对梁启超夸赞说："拜读了你的近作《异哉所谓国体论者》，非常钦佩。"

梁启超会心地笑着说："我煞费苦心，数易其稿，现在发表的文章，较之原稿，倒是温和得多了。因为我不想牵累同党，所以发表文章，宁愿脱党。"接着，梁启超在宴席上，又发表了一大套反对袁氏称帝的言论。程潜给梁启超斟了满满的一杯酒，自己首先一饮而尽，充满信心地说："倒袁是不成问题的，重要的是，倒袁之后，应该有一个主义为建设国家之准绳，对袁氏所遗留的北洋军队要迅速收拾。这倒是两个极关重要的问题。"

梁启超已有几分醉意，毫无顾忌，酒后果出真言："现在不好刻舟求剑，因为剑虽沉沦在此地，舟是随时移动的，将来只好就事办事。"

程潜见梁启超的话是冲着自己来的，内心不悦，认为他善于随风使舵，这次反袁的思想动机也不纯正，便没有再作深谈。宴席间，梁启超又把他在时务学堂任教时的第一届高才生蔡锷夸赞了一通，说他如何刻苦励学，聪敏过人，才华横溢，气宇非凡。

章士钊借着酒兴，为谈话圆场："名师出高徒嘛。大家都是相知有素的老朋友了。我们确信松坡是玉碎而白不移、金销而刚不易的好汉。"至此，宾主尽欢而散。

在上海，程潜等人对于凡倾向于反袁的党派、团体与个人，都尽可能与之联合。程潜、李根源、钮永建等人，还主动找唐绍仪、王宠惠、温宗尧等交换对时局的看法，邀他们在杨永泰住宅共商讨袁之策。还登门拜访了康有为、郑孝胥、沈曾植、瞿鸿被等各界名流。无怪乎中华书局出版的《中华民国史》称："中华革命党、进步党、西南地方实力派以及各种反袁政治力量，正是以欧事研究会为纽带，实现了直接或间接的联合。"作为欧事研究会干事的程潜，诚然起到了反袁力量联合的纽带作用。

与此同时，孙中山担当起领导全国反袁斗争的重任，不断给革命派指明方向。1915 年 12 月，孙中山发表了第一次《讨袁宣言》，痛斥"奸雄窃国"的种种罪行："今袁背弃前盟，暴行帝制，解散自治会，而闾阎无安民矣；解散国会，而国家无正论矣；滥用公款，谋杀人才，而陷国家于危险之地位矣，假名党狱，而良懦多为无辜矣。有此四者，国无不亡，国亡则民奴。"袁世凯"既忘共和，即称民贼"。表示要"誓死戮此民贼，以拯吾民"。号召一切"爱国之豪杰共图之"。并表示反袁决心："虽肝胆涂疆场，膏血润原野而不辞也。"这个宣言表明，孙中山吹响了反袁护国战争的进军号。

黄兴积极支持孙中山进行的第三次革命活动，欧事研究会成员认清了孙中山反袁的方向是正确的，逐渐向孙中山靠拢，李烈钧、章士钊、覃振等人后来加入中华革命党。继程潜、李根源回国以后，章士钊、钮永建、程子楷、陈强、耿毅、冷遹等人陆续回国，成为资产阶级革命派派往西南武装倒袁的策动者和联络人。1915 年 12 月中旬，正当袁世凯复辟帝制进入高潮时，李烈钧奉孙中山之命，偕熊克武等离开日本，乘船到越南，电告唐继尧来滇的目的。唐继尧派邓泰中到越南老街迎李入昆。

这时，程潜从东京方面得到确实消息，蔡锷能于 12 月 20 日以前抵达昆明，李烈钧、熊克武、方声涛等在此之前必定到达，云南方面大约一星期之内即可举事发难。此时袁世凯的帝制运动，虽遇到国内外的同声反对，袁氏集团内部也意志行动不一，但筹安会和各省劝进团的猴子戏还是在积极串演，计划改民国五年为洪宪元年，于1月1日登基。程潜考虑到袁世凯帝制自为势在必行，因与李根源转赴香港，以便对广西作进一步的策动。

12月21日，寒凝大地，北风怒吼。程潜与李根源乘邮轮离开上海，23日抵香港，寄住跑马地。是夜，月光如洗，银河里的星辰闪着清辉，似乎睁大眼睛，默默地为旅居异地的游子祝福。程潜与李根源突然获悉一条振奋人心的消息：蔡锷"定策于恶网四布之中，冒险于海天万里之外"，历尽险恶，备尝艰辛，终于12月19日回到阔别两年的昆明，拉开了护国战争的序幕。

原来，蔡锷抵达昆明后，即与唐继尧倾心交谈，共同策划反袁大计。21日，他们已集反袁志士，在都督府举行秘密会议。23日，以云南都督唐继尧、巡抚使任可澄的名义，致电袁世凯，敦促袁世凯取消帝制，并责令袁世凯于24日上午10时答复。同一天，唐继尧、蔡锷、刘显世、李烈钧、戴戡等照录此电，联名电告各省。接着又多次发表讨袁通电，向全国人民宣告护国军出师讨袁的目的。袁世凯顽固地坚持复辟帝制的立场，蔡锷、唐继尧、李烈钧等人，即于1915年12月25日，向全国发出通电，宣布云南独立，反对帝制，武力讨袁。护国军分为3个军，蔡锷为第一军总司令，李烈钧为第二军总司令，唐继尧为第三军总司令，另组织一支挺进军，以黄毓成为司令。第一军进军四川，第二军进军广西，第三军留守云南。

1916年元旦，原是袁世凯准备登上皇帝宝座的日子。就在这一天，护国军在昆明举行声势浩大的誓师大会，发布讨袁檄文，历数袁世凯19条罪状。新年伊始，昆明各界人民人心大快，喜气洋洋，家家户户都撰贴新联，以示志庆：

"眼看金马腾空日，坐待黄龙痛饮时。"

"立马华山，推翻帝制；挥戈燕地，重建共和。"

新联贴满大街小巷，充分表达了人民群众对袁世凯复辟的强烈愤慨和对蔡锷举兵反袁的衷心拥护。

袁世凯对云南一隅发难，虽想采取迅速手段予以扑灭，但毕竟路远阻隔，鞭长莫及，力不从心，且五国曾对袁氏提出缓行帝制的警告，现在云南生变，五国的警告更加振振有词。在此情况下，袁氏对外只好仍称"中华民国"，对内则改称"洪宪帝国"。手忙脚乱地于元旦日登上了独夫皇帝的宝座。袁氏称帝后，就派曹锟率第三师，辅以张敬尧率之第七师，李长泰所率之第八师一部，会合陈宦所率之伍祥祯、冯玉祥、李炳之 3 个混成旅，作为第一路，由四川进攻云南。由马继增所率之第六师与第二十师、安武军各一部，作为第二路。再派龙觐光率粤军一部，企图由广西进入滇南。

面对这一严重局势，程潜和李根源商量，一致认为，无论在军事上或政治上，广西这时都处于举足轻重的地位。护国大业既由云南首义，多数省份势必响应，只要广西起来，取得广东，就有组织革命政府、统一政令的必要。至于这个政府究竟采取什么形式，什么制度，则须事先和唐、蔡协商，因为这次发难，军事上比较单纯统一，但政治上渗有进步党的力量在内，异常复杂，如果不事先协商一致，将来必然惹起纷争。另外，广西陆荣廷，对护国军的军事发展，关系也至为重要。李烈钧率护国军第二军出师广东，如果陆氏不表明态度，李部就无法通过桂省。因此，对于广西方面的策动，现在必须抓紧时间，积极进行。

这时恰好是新年，岑春煊由南洋归国过香港，李根源便介绍程潜和岑春煊见面。岑身着热带短装，举止潇洒，说话态度颇为爽直。程潜向他介绍敌我双方的形势和策动广西的计划。岑春煊系广东人，和陆荣廷、龙济光（龙觐光之弟，广东将军）旧日关系较深，他说："陆干卿（陆荣廷字）有正义感，反袁护国，他一定欣然响应。龙济光不知正义为何物，就利害而言，他陷袁氏的牢笼太深，未必肯听我的话。如果干卿响应，大势所趋，也许可以把龙济光拉过来。目下还只能信使往来，看情势发展再定。"他表示拟回沪一行，再来港共同策进。李根源又说了些怂恿的话，岑都点头接受。

据此，程潜分析广西的策动工作，今后可能比较顺利，便决定到云南去进行湘事。1 月 13 日，程潜和陈惟诚、林修梅、李仲麟、王祺、钟宪民等 12 人从香港出发，经海防、开远，于 27 日抵达昆明。恰在这一天，贵州省宣告独立。程潜认为，"贵州独立，稳定了云南侧翼的安全，增加了反袁的声势，振奋了护国军前线部队的士气。"

原来，唐继尧以护国为口号，宣布讨伐袁世凯时，要求贵州护军使刘显世采取一致行动。刘显世贪恋子孙万代的爵位，无意反袁，但又感到过去得到蔡锷的庇护，特别看到护国军近在咫尺，经不起滇军攻击，首鼠两端，迟迟不敢表态。直到1916年春天，由于贵州宪政党人戴戡、任可澄以及张彭年等人的怂恿，贵州军民，包括他的外甥、陆军第一团团长王文华，一致要求讨袁的时候，刘显世才被迫参加护国运动；宣布贵州独立，刘显世任都督；宣布"反对帝制，永护共和"，发表讨袁檄文："呜呼！天祸中国，实生妖孽，袁氏以子孙帝王之私，致亿兆生灵之祸，怙终不返，慁谏无亲，既自绝于民国，义不同其履戴，敢声其罪，与众讨之。"檄文最后号召全国各界人士一致奋起，抒发民愤，共讨国贼。随后组织护国军，将黔军一、二、三团，组成护国军东路支队，王文华任司令，出兵湘西；黔军五、六团组成混成旅，由五团团长熊其勋任旅长，与戴戡率的滇军编成护国军后翼军，以戴戡任司令，出松坎、攻綦江，配合蔡锷在四川与北洋军曹锟作战。贵州起义后，刘显世还拨款5万元，援助蔡锷在川作战部队。蔡锷非常感动地说："如舟（刘显世字）竟推食食我，此情实可感激。"

　　程潜一行到达昆明以后，住在迎宾馆，次日便与云南都督唐继尧会晤，畅叙旧情，意隆情笃。程潜热情赞扬云南再造共和之功和领导反帝之力。

　　唐继尧兴奋地说："这次发难起义，以云南一省，对抗袁氏偌大力量，都是松坡前辈回滇提携之功。"

　　程潜对他说："师出有名，得道多助。斗争的胜负，不单纯取决于军队力量的对比，更重要的是人心向背。"

　　唐继尧回答说："言之成理，颂云是经验之谈。"接着他问到孙中山、黄兴的情况，程潜告诉他，孙先生仍在日本指导革命工作，黄兴仍在美国，不久均当回国，共策进行。

　　他俩还谈到上海郑汝成被暗杀和肇和兵舰起义的事情，程潜表示自己的看法：刺杀郑汝成是恐怖行动，肇和兵舰起义则是正当的革命斗争手段，不能以一时的得失来作出评价。唐继尧深以为然，便留程潜等人午宴，表示要继续深谈，交换意见。

　　云南的深冬，虽不如北方寒气袭人，即使四季如春，此时也是春寒料峭。由于主人唐继尧热情款待，程潜油然而生宾至如归之感。室内的确温暖如春。

　　宴席上，洁白的桌布，精美的佳肴，醇芳的名酒，讲究的餐具，使人垂涎欲滴。

　　程潜一行远方归来的游子，见主人盛情难却，也只好饕餮大吃了。

　　几杯酒下肚，唐继尧的话也多了，他说："贵州省刘如舟（显世）本来相约同时起义，但是因为云南发动太快，贵州准备不及，加上袁氏曾答应给贵州一批军械，需待到手之后再行发动，所以耽搁了将近一个月。现在贵州省已宣布独立，刘存厚（任川军第一军军长，肇庆军务院抚军，后依附北洋军阀，由北洋政府任命为四川督军，未就职）也可以加入，虽然内部还有一些问题，但前后的军事行动还算顺利。"

　　程潜高兴地回答："这是形势发展很好的标志，我听说孙中山先生多次谈过，革命必须首立政府，树起义旗，才有力量和声威来号召全国。因为，立新政府，正是对旧政府的沉重打击。如果广西响应独立，因势取得广东，组织护国政府，就是不可以须臾延缓的任务了。"

酒过三巡，席间气氛热烈，唐继尧敬了一块肥鸡放在程潜的碗里，酒意醺醺地说："现在还只有云南、贵州两省，势甚单薄，待到多有数省响应，就好着手组织政府。如你所说，人心向背决定一切，这个意思非常中肯。辛亥年杨荩诚在贵州依恃洪帮，士绅反对，纷纷到云南来请愿。我率滇军一营入滇，得到各界人士的帮助，很快就赶走了杨荩诚。要是杨荩诚真的没有丧尽人心，那么，我这一营滇军无论如何是敌不过他的。我想人心向背，关系革命成败，我们必须恪遵这条原则。"说到这里，他容光焕发的脸上，掠过满意的微笑，显出胜利者自居的神态，两眼瞟了一下程潜，只见程潜连连点头。唐继尧问及湖南的情况，程潜借着酒兴，对唐继尧声音激昂地说："汤芗铭残酷屠杀人民，民怨沸腾，民变时起，湖南民党与汤誓不俱立，间有暴动。但是缺乏主力，发动起来不易久撑，更难扩大。"

唐继尧停下筷子，酒杯端在手上插话说："湖南地处要冲，是中原和西南边陲之间的交通要道，对两广和滇黔来讲，军事战略意义极大。我们正应抓紧经营，以便减轻侧面的压力。"

程潜接着说："正因为湖南重要，袁世凯已令马继增的第六师和范国璋的二十师进兵湘西，想先占一着。"

唐继尧诡秘地"嘿嘿"一笑，就汤下面地说："如果你能回湖南，在政治和军事两方面都能发挥作用，对大局很有影响，我们一定竭力协助你。"

将军所见略同，不谋而合。但程潜还是谦让地回答："承蒙都督器重，惟恐本人难负重任。"

翌日，护国军第二军总司令李烈钧就跑来和程潜商量，他说："现在云南的军队已调拨殆尽，湖南地位重要，唐继尧非常关心，想请你担任湖南招抚使派兵一营作为卫队，让你到湖南发展，唐继尧特地要我征求你的同意。"程潜当即激动地表示："护国讨袁，人人有责，无论大小任务，我都一定全力以赴，请你转达其庚。"

第二天，唐继尧又约程潜谈话，他先从广西的形势谈起，说："袁世凯想夹击滇军，监视广西，已命令龙觐光取道广西进攻滇南，1月间已有部分滇军进驻南宁。龙觐光仗着和陆干卿的儿女亲家关系，长驱入桂。但陆干卿岂能让龙觐光平安通过，自取灭亡呢？他一定是诓龙部入桂，企图一举解决，然后响应独立，推动大局。"接着，唐又把话题转到湖南的形势，说："现在军队不敷分配，但经营湖南又是当务之急，我想请你担任湖南招抚使，已由协和（李烈钧字）征得你的同意。你回湘召集旧部，从侧翼牵制敌人，一定能够成功。"

程潜无比激动地说："马继增率部进逼湘西已是事实，湖南人民反对帝制情绪日增，你派我回湘工作，我一定竭力以赴，共襄护国大业。陈惟诚同学熟习湘西情况，请您委派他为副使。"

唐继尧当即允诺，并称一切公文和卫队调拨，还拨军费5000元，要参谋厅速办好，好让他们早日启行。程潜还请唐继尧委派林修梅为参谋长，李仲麟为总务处长，王祺为秘书长。唐继尧悉准所请，以护国军政府名义正式发表委任状，命令他们配合入湘黔军开展讨袁护国战争。

程潜受命后，欣然赋诗曰："义旗举天南，我行越万里，受命抚一方，扬旌返桑梓。"

2月1日晚，唐继尧在五华山都督府设盛宴替程潜一行饯行。程潜与林修梅、李仲麟、王祺一同赴宴。席间觥筹交错，宾主频频举杯，互相祝酒，气氛极为热烈。

程潜一仰脖，一饮而尽，他觉得，唐都督对他的热诚、期望，似乎全溶在这杯火辣辣的名酒之中。喝光了杯里的酒，程潜爽朗地说："谢谢唐都督的信赖，一定为护国大业立功！"

唐继尧回答得很干脆："好！如在中途遇到困难，已电刘如舟协助。"

2月3日，程潜一行离开昆明，唐继尧派其弟唐继虞率卫队送到郊外，互道珍重话语而别。

从昆明到贵阳，计有20站的路程，按例需20天才能到达。程潜一行一出昆明，只见人烟稀少，田野荒芜，呈现一片萧条景象。人们衣着褴褛不堪，连十五六岁的少女，仅仅用一块布条遮蔽下体。及至进入贵州地境，程潜发现民众的生活比云南更为贫苦。有的人家没有被子盖，就在室内挖一炭炉取暖，小孩子则用稻草编结的"被子"覆盖。目睹这些触目惊心的凄凉景象，程潜感慨万端，心情沉重，他对同行者陈惟诚等人说："民不聊生，是政治腐败、经济凋敝的结果，要改变这个悲惨现状，惟有革命一条道路。"

经过10多天的旅途，跨过著名的打铁关，他们到达了安顺地带。安顺是贵州省人口较多、商业较盛的市镇。这里风景如画，苗汉杂居，定期为市，熙攘热闹。苗族男女都从事辛勤的劳动，过着自给自足的生活。苗族的女子一般都穿着布绣长裙，赤足草鞋，情绪饱满，体态丰盈，风姿绰约，睿智聪颖。苗族人民多操汉语，大概杂居时间较长，言语的隔阂久已打破之故。

由安顺前行，数天之后，程潜一行到了距离贵阳不远的阳明洞。阳明洞的大道旁边，是一个天然的石窟，洞顶有很多种钟乳石，奇形异状，引人入胜。

王守仁当年贬黜龙场驿的时候，曾经在这个洞里住过，因而得名。

刘显世得知程潜驾到，便派了参谋长、程潜的同学韩凤楼先期来阳明洞迎接他们。故友相见，甚为欢喜。

2月23日到贵阳后，程潜即赴都督府和刘显世见面。刘其时40余岁，身材伟岸，浓眉大眼，满嘴短须，透出英武之气，谈吐风趣。见到程潜，历述袁世凯称帝的百般丑态。他向程潜问及上海的情况。程潜即把郑汝成被杀、肇和兵舰起义、南北各省激烈反袁的情况告诉了他。程潜因势利导，晓以大义："护国起义，滇黔合谋，再造共和，人心归往。如今众志成城、士气昂扬，胜利之期，指日可望。"

刘显世谦逊再三，胸有成竹地说："贵州地瘠民贫，力量单薄，所恃人心一致，军队用命，得以宣告独立，响应护国义军。现在贵州的军队，已分作两部：一部由戴戡率领，出松坎，协助滇军作战；一部由王文华率领，出湘西，现正在湘黔边境与袁军对峙。"

程潜告诉他："湘西地势险要，民情强悍，只要组织和领导得宜，就能够发挥重大的潜力，可为义军之助。"

刘显世越说越兴奋，一身彪彪生气，凝望着程潜说："湖南为革命策源地，人才济济，这次护国反袁，全省人民当然同声奋起。你去登高一呼，必能发生重大作用。我们湘黔一起，应该团结一致，战胜敌人。"

程潜自信地回答："老兄（刘比程大11岁）所言极是。从表面的兵力来看，是彼众我寡，但从实际的人心来看，则是彼弱我强。全国人心在我们这边。你主张湘黔团结，我极端拥护。"

当晚，刘显世用贵州特酿茅台酒替程潜接风。

第二天，又正式设宴招待一行同人。程潜和陈惟诚、林修梅、李仲麟、王祺等赴宴。刘显世一一热情祝酒，谈笑自若。

席间，刘问起湖南革命党的情况。程潜说："癸丑之役后，袁世凯派汤芗铭督湘，屠杀了杨德邻、易宗羲、文经纬、伍任钧等同志；去年帝制发生后，汤芗铭极力附和，遥跪称臣，更为人民所切齿。革命同志情绪激昂，但是没有中心力量做骨干，所以屡起屡败，但他们出生入死的精神，实在是值得称许的。"

刘显世赞叹之余，又问及程潜回湘后预备执行的招抚计划，程潜满怀信心地回答："回湖南以后，以一个月为期，统一湘西。以湘西作为根据地，一面改编地方守备部队和编练地方团队，使它能够确实具有牵制敌人的力量；一面组织和训练民众，反抗袁军，使敌军处处感到困难，我军处处得到便利。湘西统一之后，准备进一步占领宝庆，整理财政，改善交通。那时广西肯定已经独立，我们就可以依靠湖南民众的力量，西与黔合，南和桂联，把汤芗铭驱逐出湘。"

程潜滔滔不绝，口若悬河，言之有据，使刘显世赞叹不已，忙说："我非常赞成你这个办法。你和韩参谋长所说的话，我都同意，一定尽力支援。"程潜顺水推舟，兴奋地说："我们随行人员颇多，开支较大，请你支援2万元，不知可否。"刘显世满口承诺，并嘱军需局立刻送交行营备用。

宴毕归来，已是月光如洗，繁星闪耀，山城一片宁静。程潜和陈惟诚、林修梅、李仲麟、王祺商订招抚计划大纲和招抚宣传大纲。

招抚计划大纲的内容是：一、以发动湖南民众拥护共和、诛讨袁世凯为目的，摧毁袁氏的反动行政机构，改为护国行动机构；二、策动起义之县，由该县民众选择素孚众望的公正人士担任县长，受招抚使之指导；三、起义县得组织保卫地方的团队；四、起义县的民众必须宣誓拥护护国军，反对袁家军。誓词如下：不为袁军做向导；不为袁军做侦探；不为袁军做运夫；不供给袁军需要物资；不供给袁军米油蔬菜；破坏道路桥梁；夜间虚设疑兵；隘路设路障；污浊饮水井；对敌谎报军情；如违背誓词，愿受公众的严厉制裁。

招抚宣传大纲，列举了袁世凯10项滔天罪行：一、擅变国体，逆谋大帝；二、独裁专制，蹂躏民权；三、出卖祖国，出卖主权；四、扶持武力，荼毒人民；五、滥借外债，扩充私军；六、奖掖奸贪，阻碍民生；七、制造恐怖，屠杀民党；八、滥发公债，流毒社会；九、摧残教育，做法愚民；十、横征暴敛，殃民祸国。

当他们反复修改好两个大纲时，但闻雄鸡喔喔，只见晨曦微微，东方欲晓。

程潜一行由昆明前往贵阳的征途中，正是护国军和袁军作战紧张的阶段。蔡锷所部之护国军第一军第一梯团，在四川叙府与袁军伍祥祯旅接触。伍是云南人，没有进行顽强抵抗就往后撤。第一梯团于1月21日攻克叙府，取得首战的胜利。

2月中旬，曹锟率第三师和第七师集中重庆。下旬，在泸州附近集结的袁军有：张敬尧第七师，吴佩孚一旅，伍祥祯、冯玉祥、李炳之三旅，川军周骏一师。护国军和袁军的战斗，至此开始转激。鏖战两旬的结果，张敬尧的第七师伤亡枕藉，吴佩孚的军队尸横遍野。此时，袁军第八师的王汝贤旅驰赴增援。护国军方面的援军未到。3月7日刘存厚的川军溃败，蔡锷乃下令护国军从纳溪后退一程。冯玉祥率部最先进驻纳溪，受到袁世凯"忠勇奋发"的嘉奖，得封三等男爵。蔡部即从纳溪后撤，戴戡所率的黔军也从綦江退出，以便同时整顿，准备再攻。

　　程潜一行2月27日离贵阳向镇远进发，3月7日到达镇远。过3日，遇龙启缙、彭关和从长沙动身急行而来，去云南请愿，要求云南派军队支援湖南。程潜问：“长沙情况究竟如何？”彭关和如实以告：“汤芗铭杀人如麻，民党在平江、浏阳、衡阳起义，都被汤芗铭屠杀镇压。长沙的陆军监狱关满了‘嫌疑犯’，浏阳门外杀人刑场上日夜听见枪声。杨王鹏等忍无可忍，纠合一些同志图谋逐汤。2月20日、21日，杨王鹏、殷之辂、龚铁铮等晓得露了风声，就带领100多人进攻将军府，结果被卫队阻击，没有成功。杨王鹏等为首的9个人和100多同去的人全部被擒。杨王鹏等9个被挖心割首，悬街示众，其余100多人都被汤芗铭斩尽杀绝了。”程潜听到杨王鹏等壮烈牺牲的消息，万分哀痛，感慨地说：“烈士们为了革命，为了反对帝制，保卫共和，赤胆忠心，奋斗到底，贡献出宝贵的生命。我们只有继承先烈的遗志，继续奋斗。你们两位如果愿意随我一起回湖南工作，就不必再到云南请愿了。”龙启缙、彭关和两人欣然应允，便随程潜一行一道前进。

　　在镇远，程潜先派部分工作人员回湘布置。3月11日由镇远启程，又行数日，到了湘黔交界处的新晃县，护国军东路支队司令王文华的指挥部就设在这里。程潜便和陈惟诚一起去拜访王文华。此人是刘显世的外甥，性格活泼，应对敏捷，勇敢顽强。他向程潜介绍了前方的军事情况：袁军一部于几天前占驻麻阳，随即停止前进，两方处于按兵不动的对峙状态。在东路黔军主力进攻沅州时，护国军黔军指挥的游击队统带王华裔，联合湖南步兵统领周则范，于2月12日进攻靖县的敌军两个营，敌仓皇奔逃，退守武冈县城。这样，湖南西南角的靖县、通道、绥宁等县，都被护国军或起义部队占领。护国军东路黔军，经警两周的进攻，连胜11仗，先后攻克晃州、黔阳、洪江、沅州、麻阳、靖县、通道、绥宁等县城，击溃敌军3个混成团，杀伤甚众，长江下游诸省震动。袁世凯“征滇”第一路军在湘西遭到失败后，袁氏集团上下不安，第一路军司令马继增于2月26日突然自杀，现在继任司令的是周文炳，北军军心惶恐，处境狼狈。

　　王文华如数家珍，对情况十分明了，程潜对此非常钦佩，高兴地对王文华说：“你是一位勇敢有为的青年将领。现在形势于尊有利，敌军临阵丧失主将，继任者表现行动迟滞，这是常情，我们必须乘胜追击。”接着，他们又谈到军事部署等问题，程潜向王文华建议：“贵州军队习惯山地战。湘西山势起伏，正好利用地形，多设疑兵，以分敌势，然后设险置阻，集中精锐力量截击敌军，一定能给敌军以重大杀伤。湖南地处要冲，我们必须倾全力进行工作。从积极方面讲，我们应该立刻着手编练地方军队和地方团队，明目张胆地对抗袁军；

从消极方面来讲，我们应该向民众宣传，不替袁军服务，反而要给袁军制造各种困难。"

王文华对程潜的建议表示赞成，说："你的这套办法，由地方组织民众来办比较容易，由军队直接办就有许多困难。我率领的只不过是少数黔军，要取得胜利，还需黔、湘两省人士精诚团结，一致对敌。现在湖南已有一部分军队暗地里和我接洽，我建议你早点招抚他们，改编为护国军，以归划一。"

程潜回答："现在应该以前线作战为主。这些军队如果归我招抚改编，正名定分之后，我只担负薪饷和军用物资的责任，至于作战，还是要由你统一指挥为好。"

王文华说："军队管理自有定规，指挥作战，不过是暂时权宜的事。"

程潜说："军队统一之后，都是护国军，就不应该再有省界之分。我想两三天后到靖县去开辟工作，希望你多联系指教。"王文华热情谦让，对比他大5岁的程潜极为钦佩。

告辞归寓后，程潜与陈惟诚商量下步行动。陈惟诚表示愿意到凤凰县，策动田应诏，并到永顺一带组织民团，牵制袁军。程潜同意了他的行动计划，并决定自己移驻靖县，招抚长、沅、靖、邵各县守备部队，整顿民团。

送别了陈惟诚，程潜即率本部人员和卫队，继续山地行军。当程潜一行由镇远至新晃县筹划期间，随着护国战争的胜利发展，日本政府的倒袁政策也进入一个以一定的实力支持各派反袁势力的新阶段。自1916年3月以来，先后与中国各派反袁势力达成借款协议的有大仓喜八郎、竹内维彦和久原房之助等人。大仓贷给前清肃清王宗社党头目善耆100万银元；久原接济孙中山60万元，黄兴、陈其美各10万银元；竹内与云南军政府代表岑春煊、张跃曾签订了100万银元的借款契约。此外，日本还不断派员对各派反袁势力进行具体协助，在西南，它加派崛之和太田分任驻滇、驻肇庆领事，嘉悦大佐和今井嘉幸分任护国军军事、法律顾问。

袁世凯在这内外交困、走投无路的情势下，不得不采纳冯国璋等五将军和政治顾问莫理循的建议，"立刻取消帝制"，以应危急。他先令天津造币厂所铸帝国纪念新币暂缓启用；接着批准停发大典筹备处经费，悄悄摘下了臭名远扬的大典筹备处招牌。22日，正式发表由徐世昌副署的申令："着将上年12月11日承认帝位之案即行撤销，由政事堂将各省区推戴书一律发还参政院代行立法院转发销毁。所有筹备事宜，立即停止。"次外，告令"洪宪年号应即废止，仍以本年为中华民国五年"。至此袁世凯的皇帝梦已宣告破灭。这是护国军、中华革命党、欧事研究会及全国人民共同奋斗的结果，是护国战争所取得的重大胜利。从袁世凯 1916 年元旦洪宪改元起，到 3 月 23 日颁布废止洪宪年号止，总共不过 83 天。"83 天皇帝梦"，自然受到历史的嘲笑。

就在 3 月 23 日这天，程潜一行怀着胜利的喜悦，由新晃县出发，向靖县行进，经天柱县于 25 日抵达靖县。

靖县，西通贵州的镇远，南达广西的柳州，东边靠近宝庆，北边邻接辰沅，地理位置极为重要。利用靖县作为立足据点，不但利于经营湘西一隅，而且便于规划湖南全局。程潜考虑，招抚工作的第一着棋，就是摧毁敌人的政权，建立护国政权。于是，决定招抚使署加设民政处，以秘书长王祺兼任处长，专门办理民政事宜。程潜所率部队驻营于武圣殿（今火车站后坡）。

程潜到靖县后，一方面积极开展招抚工作，另一方面着手筹建护国军，及时出了安民告示，张贴招抚安民大纲。这时靖县知事苏兆奎早已闻风逃遁。程潜征得该县人民团体的同意，委任靖县赤朱人黄履安为知事（县长）。本县人做本县的知事，在历史上实属罕见，一时传为美谈。

在程潜等人的共同努力下，招抚工作进行得很顺利，不少县纷纷派人前来联系，许多县的守备部队都愿意受编。不几日，新化县的陈光斗，邵阳县的胡兆鹏，武冈县的谢宝贤，凤凰县的刘光莹，溆浦县的舒绍亮，靖县的申建藩，麻阳县的米子和，芷江县的杨玉生等人，都先后前来联系。程潜对这些人，都以礼相待，和他们推心置腹地交谈意见，分析形势，并且都给他们分配了具体任务，使招抚工作一步一步地开展。这时，代理守备司令周则范来靖，表示诚心受编。周所率的守备部队 5 个营，编制比一般陆军小，程潜便将卫队一营，与之合编为一旅，任命周则范为旅长，朱泽黄、苏邦杰分任第一、第二团团长，部队编制的缺额，另募新兵训练，陆续补充。守备营改为正式陆军，官兵都很兴奋，士气高涨。派赴各县进行招抚工作的人员，此时纷纷呈报各地响应护国义军、树立革命旗帜的情况。湘西镇守使田应诏，也来电表示拥护护国军。到 4 月 10 日止，湘西地区除常德、桃源、沅陵、辰溪、古丈、麻阳 6 县因驻有袁军未能响应外，其余 21 县都已宣布独立，反帝反袁。盘踞湘西的袁军，受到各县人民的紧密包围，陷于进退维谷的困境，军心大为恐慌。程潜将上述情况及时向云南都督唐继尧作了报告并通报于川、黔、桂各友军。

程潜在湘西高举反袁义旗，深入开展招抚工作，已经收到很大成效，随着全国反袁形势的发展，湘西地区有组织的群众和地方民团力量也不断壮大。讨袁护国运动在三湘四水兴起，不到两个月，除各民团外，护国军发展到 3 个旅。

湖南人民在汤芗铭的压迫下，反袁情绪越来越高，议论纷纷。有人说：反对袁氏暴动，是深明大义的湖南人应有之举，不需招抚。有人说：程潜回湖南组织护国军，我们积极拥护，如果畏首畏尾，坐失良机，前途就未可乐观。有人说："招抚是对敌方的说法，如汤芗铭这样的人，招之未必肯来，即令肯来，他又要做都督，我们老百姓还是要长久遭殃。"

程潜听到这些来自群众的舆论，五中震动，思潮翻滚，愈益感到责任的重大，便和参谋长林修梅商议。林修梅说："万事齐备，只欠东风。"程潜充满信心地说："我倒是不愁兵力过少，依我计算，至少可以有1万军队归我们掌握了。现在的问题是用什么名义，这个名义如何产生。"经过再三考虑，决定于4月26日在靖县召开护国军湖南人民讨袁大会，在会上宣布湖南独立，推举护国军湖南总司令。新化陈光斗、长沙李仲麟、邵阳胡兆鹏、黔阳胡学藩、衡阳王祺、靖县申建藩、常德龙启缙、溆浦舒绍亮、芷江杨玉生、武冈谢宝贤等，作为大会候选人，李仲麟为大会筹备处长。此时，长沙、衡阳、宝庆等县来靖县的已有30人，于是通知没有代表在靖县的各县，请他们速派代表一人于25日来靖县报到。到25日止，全省有48个县的代表到达靖县。

26日，春风习习，阳光明媚，鸟语花香。护国军湖南人民讨袁大会在靖县公署举行，推举陈公斗为大会主席，李仲麟为副主席，王祺为秘书长，并通过大会议程：上午讨论袁氏叛国、湖南响应云南首义、宣布独立案；下午讨论推举护国军湖南总司令案。上午陈公斗致开幕词后，各县代表作了激昂慷慨的发言，历数袁世凯称帝卖国、荼毒人民的滔天罪行，并表示湖南独立反袁的坚定意志。大会作出决议，略谓：自袁世凯专政以来，我省地当要冲，人含痛苦，三湘四水，久已不见天日。上年日本乘欧战勃起，攘夺胶州，无端提出亡国条件，独裁政府束手无策，惟知出卖主权。凡有血气之人，莫不义愤填膺，愿与独夫偕亡。外交失败之余，不思痛改前非，公然卖国筹安，妄图变更国体，以遂其祸国殃民之私。是以去冬云南护国兴师，今春黔、桂响应。袁世凯驱北洋虎狼之众，三面进攻云南，终于剥隘全军被俘，纳溪师徒挠败，始知崩溃在即，自愿撤销帝制，逆诈求和，企图保持名位，喘息时间，以为卷土重来的张本。此等奸谋，肺肝如见。我湖南人民，忠诚卫国，义不后人，决议同心同德，响应云南，自即日起宣布独立。凡袁世凯所任官吏，一律视为逆党，立予摈弃，为维护共和、殄除国贼奋斗。

下午，李仲麟说明推举总司令案，与上午决议湖南宣布独立、维护共和案是相联的：欲维护共和，就必须独立；欲殄除国贼，就必须组织军队。要指挥这些军队，就必须推举一位总司令。李仲麟建议：程潜招抚使是老同盟会员，众望所归，我们推举他总理全省军务，请大会讨论。这时全省代表一致赞成，决议公推程潜为护国军总司令，授予讨逆职权，务希统率湖南所有军队，殄除逆贼，以竟全功。大会最后还通过了致云南、贵州、广西各省都督、总司令的电文。

这次会议，在形式上虽然只有 48 个县的代表参加，但实际上可以代表湖南全省人民的意志。

4 月 28 日，程潜受湖南全省人民的推举，在靖县就任护国军湖南总司令职，宣布湖南自即日起独立，誓师讨袁，凡袁世凯所任命之湖南官吏，立予摈弃。

程潜在靖县惨淡经营整整 40 天（1916 年 3 月 23 日至 5 月 3 日），成绩卓著，不仅建立了根据地，收编了矿警和一部分民军，编为第二旅，令驻新化县加紧训练，同时又着力整顿民政，革除积弊，废止袁世凯政府所颁布的反动法令，使湘西人民能够吞吐民主空气。

不久，从日本返湘的林伯渠，被任命为湖南护国军总司令部参议，与程潜通力合作。

5 月 3 日，程潜离开靖县，路经绥宁、城步两县，他每县花两天的时间进行观察，从而得知这两个县田瘦山多，人烟稀少，群众的生活很苦，大部分贫苦农民的境遇更加悲惨。这里，少数民族和汉族错杂而居，分地而种，大体上都能按历史的传统习惯相处。他们终日生产劳动，见闻闭塞，很少过问政治。及到武冈，则见人烟渐次稠密，物产也很丰富。程潜曾听武冈人李钟奇称赞刘泽霖为人公正，又有才干，他便请刘泽霖出来，担任武冈县的知事。程潜在武冈住了 3 天，继续前行，于 5 月 22 日到达湘西南重镇邵阳。邵阳是蔡锷的故乡，人文蔚起。他请友人岳森出来担任知事，岳森欣然应允。次日，岳森告诉他："得到长沙消息，汤芗铭封了刀子，不杀人了。有人传说汤芗铭也想宣布独立。"程潜听了感到诧异，沉思片刻，风趣地对岳森说："据你所谈材料，我集成了一副对联。上联是：总统退位，将军独立；下联是：国民革命，屠夫封刀。你可以把这副对联写了赠给汤芗铭。"程潜话音刚落，引起了哄堂大笑。

到邵阳不久，李根源从肇庆打电报给程潜，内容是：袁世凯执迷不悟，不肯退位，和议不得要领，陆荣廷准备北伐，并已电促汤芗铭早日宣布独立，颇有就范希望，云云。程潜复电表示：陆荣廷如果来湖南，我当前往衡阳迎接；我收编新旧部队有众 3 旅，加强训练，可以参加北伐战斗；汤芗铭因全湘反袁，局面无法维护，迟早必投护国怀抱。

按照程潜原来拟定的西与黔合、南和桂联的行动计划，其时机已大体成熟：久驻湘西的北洋军队，各派军阀一定会把他们调回原防，以求自保。桂军虽然是旧式部队，但也可以作为新生力量与之结合，借其声势，正可一举恢复全湘。但要办到这一点，必须程潜亲自与已到衡阳的广西都督陆荣廷面商，取得他的全力赞助才行。

当此之时，由袁世凯提携的湖南都督汤芗铭，外面得到梁启超、蔡松坡、陆荣廷的确实保证，内面得到谭延闿及其党徒的有力保镖，于 5 月 29 日宣布湖南"独立"，促袁退位。

其时，湖南各地纷纷独立。到 5 月下旬，程潜领导的护国军发展到 3 个旅，活动于长沙以南和以西的广大地区。加上湘乡刘重平、平江彭泽鸿、益阳邹永成、宁乡廖湘芸等领导的武装力量，长沙实际上已为民军所包围。与此同时，广西护国军进至衡阳一带。5 月 24 日，湘西镇守使田应诏也宣布独立。汤芗铭面临这种绝境，不得不宣布"独立"。程潜并不因汤的假"独立"而气绥，他"不相信跳梁小丑苟求自全的'独立'把戏，能够骗得过群众的眼睛"。

但是，汤芗铭毕竟长期受到袁世凯的"特别超擢"和"异常信用"，因而他宣布"独立"，对袁精神上的打击也格外沉重。据索宗仁回忆说，汤芗铭宣布独立之电到达北京时，他恰进谒袁世凯，"仰望神气，大失常态，面带愁容矣。"不几天，袁就病死。时人有"扶运六君子（杨度、孙毓筠、严复、刘师培、李燮和、胡瑛），催命二陈汤（陈宦、陈树藩、汤芗铭）"之说。这话不无道理。汤芗铭宣布"独立"后，袁氏深感"人心大变，事无可为"，陷入无限痛苦与绝望之中，病势日益严重，终于不能视事，再也爬不起了。他料定自己不久人世，忙把徐世昌、段祺瑞、王士珍等人找来，安排后事。但等徐、段、王诸人赶到，他已处于弥留之际，昏迷不省人事，眼神翻白，几不能言语。医生打着强心针，他才勉强挣扎着吐出几个既不清晰连贯，又使人捉摸不透的字来："约法……他……整了……我。"之后再不能言语。6 月 6 日，这个曾经猖獗一时、不可一世的窃国大盗，一命呜呼，结束了罪恶的一生。

6 月 3 日，程潜离开邵阳，5 日抵达湘乡。他见湘乡四处暮气沉沉，毫无生机，便惊诧地询问当地人士，他们回答说："汤芗铭投机'独立'，已着先鞭，取得主动，民众饮恨吞声，敢怒而不敢言，所以有暮气沉沉的现象。"程潜感慨万端地回答他们："救国讨袁，匹夫有责。汤芗铭为虎作伥，罪恶滔天。现在袁氏虎既不存，汤贼伥又将何有？"

翌日晚，电报员在湘乡邮局截得北京电讯，袁世凯于是日暴死。程潜欣喜欲狂，立即集合大家报告这个振奋人心的消息。这时有人以为程潜是为了安定人心，故作谵语。当他将电报稿当众宣读，一时人心大快，欢声雷动。

江南初夏之夜，特别迷人，天空繁星闪耀，四周蛙声阵阵。南风轻拂，送来沁人肺腑的芳香。程潜的心情无比激动，如骏马奔腾，似波涛汹涌。他再也按捺不住满腔激情，笔走龙蛇，写下如下苍劲有力、掷地有声的判词：

> 袁世凯凶残暴虐，桀黠恣肆，挟谋诈术，鞭笞天下，猖獗一时。举其滔天罪行：曰窃国专政，曰叛国称帝，曰卖国求荣，曰祸国殃民。是以举国上下，罹其荼毒，莫不愤懑填膺，同声公讨，佥谓当执而置诸典刑。今天夺其魄，得保首领以死，致使法无所施，恨无所泄，孰不引为遗憾！袁世凯以满清一介官僚，值武昌起义、满清颠覆之际，夤缘时会，假借武力，翻云覆雨，挟北制南，窃踞民国总统。嗣复凭借封建余尊，群丑遄衅，人欲横流，造成黑暗统治，阴谋变更国体。适欧战突起，日寇侵华，贪图帝位，卖国求荣，遂使举国骚然。云贵兴师问罪，袁氏统率百万狼兵，不戢自焚，掩旗败北，犹复不知进退，逆诈求和，希图保持名位，以遂其奸。终于土崩瓦解，投北不受，不死何待？是知历史如车轮前进，不可扭而背驰：时也。文化似江水东流，不能挽而西泽：势也。袁氏恃有群丑麇集，用以扬其末焰余晖：因也。群丑赖有袁氏总持，故能促其回光返照：果也。封建将亡，妖孽同烬，按之规律，有由然矣！而举其倒行逆施，可得而成定论。法服祀天，论文不及王莽，谬依周官复古，而诈伪加多。军旅未闻，论武不如朱温，尚能战阵亲临，而矜夸过甚。称孤道寡，暴厉比于袁公路而增高；卖国荣身，罪恶浮于张邦昌而加等。衡以古来败类，实居下流。有痈必溃，无疽不流。毒且延于亦世，灾必逮于己身。凡为国民，不可不戒！

程潜撰写的判词，如激越的战斗檄文，似催征的连营号角，在将士们和人民群众中传开以后，引起强烈的共鸣和反响。

6月10日，程潜驰赴宁乡，即令第二旅旅长周伟前来接受训示，并令该旅于6月20日全部开到宁乡道林之线，听候命令。

这时，汤芗铭居然将部队改编为所谓"护国湖南第一军"，委曾继梧为军长，成立4个梯团，以赵恒惕、陈复初、刘建藩、陈嘉祐为梯团长，与程对抗。陈复初由长沙来宁乡，程潜便主动与他交谈，晓以大义，经再三说服，他很受感动，表示要为护国军出力。15日，程潜移驻湘潭布置防线，得知陆荣廷也抵永州。

这时，护国军捕获汤芗铭派到湘潭来暗杀程潜的密探杨让。通过杨让供认的线索，又捕获了汤所派遣刺杀陆荣廷的恶探沈康益、夏有才、手枪队长江元望、李桂森4人。程潜无比气愤地说："汤芗铭已宣布'独立'，对护国将领尚采取这种鬼蜮勾当，其用心之险，不言而喻。"

6月20日，程乘汽船赴衡阳，这时陆荣廷已经莅衡，程即去拜访他。陆荣廷比程潜大23岁。"二次革命"时，袁世凯授予耀武大将军称号，后因袁世凯重用龙济光，遂对袁不满，故响应护国军。1916年肇庆军务院成立，他为九抚军之一。袁死后，乘机派兵入粤，赶走龙济光，自任广东督军，旋又派兵入湘。他与程潜相见，态度安详，俨然是一个磊落的长者。谈话时，他那诙谐豪放的气度，睿智风趣的谈锋，使程潜极为钦佩。他们从谈广东军务院的情形，把话题转到了广东的现状。

程潜问："龙济光盘踞广州，对护国事业的前途，究竟有没有障碍？"

陆荣廷说："障碍是有的，要铲除这个障碍也不怎么难，我们的顾虑是怕战火毁坏了广州名城，想伺机设法把龙济光调开。"

程潜说："这是老成谋国之见，我很赞成。但广东是一个重要省份，军队派系十分复杂，龙济光人心丧尽，若令他长此盘踞省垣，群众反对，迟早会发生意外事变的。"

陆荣廷忙解释说："岑云老、梁任公（梁启超号）正在竭力进行调护工作，目的绝不是偏袒支持龙济光，而是想兵不血刃，减少广东人民的痛苦，希望各方面不要误会。"

陆荣廷随即又征求程潜对整个大局的意见，程表示谦让，陆执意要他谈谈。程正想向陆面陈迅速驱汤，安定湘粤的利害，于是把他对整个大局的看法发表了一通宏论。他说："袁世凯暴死，黎元洪依法继任，和议的主要问题既已大体解决，此外就是恢复国会问题，可能引起一些争论。现在最严重最困难的事情，倒是北洋军队如何处理。袁世凯掌政以来，背叛共和，图谋帝位，不顾利害，不择手段，以北洋军队作爪牙，压制百姓。他以为凭借权谋诈术，对自己所豢养的爪牙工具，都能够任意指使，随收随发。实际上他早已看到了尾大不掉之势，曾经采取过改都督为将军的措施。但利专于上，权自下移，祸生有胎，实在不是权术所能感格的。明明把自身放在火药库上面，又怎么能幻想它不爆发而毁灭呢？袁世凯播下了这个遗毒，段祺瑞走上了这条罪恶的老路。段祺瑞冥顽不灵，刚愎自用，他以为只要掌握了北洋军队的实力，任何国家大事都能逞其私意而获得解决。其实，北洋军队毫无民族意识，纯粹是个人野心家猎权攫利的工具。段祺瑞服袁之服，行袁之行，以北洋军队为支柱，穷兵黩武，轻举妄动，局势发展的危殆结局，是不难预料的。袁世凯以地盘为饵，使国土尽化为侯王分领，任其贪婪残暴、鱼肉人民。这批侯王在袁世凯没有死的时候，就已落地生根，不服袁世凯的调度；现在袁世凯死了，段祺瑞又怎么能够任意指挥他们呢？段祺瑞看到了这点，所以他现在竭尽全力，号召北洋派整齐步伐，团结统一。因此，在这两个月以内，我们只有用迅雷不及掩耳的手段，恢复湘粤，安定人心，使段祺瑞在既成事实面前无能为力。如果稽延时日，坐待段祺瑞施展手腕，撮合了北洋派力量，他就会毫不客气地挟中央之势，以统一为名，对各省事事干预过问，步袁世凯的后尘，因势因地因人，运用铁棒手段，打击革命势力。这也是局势发展的可能结局，不能不预为计及。另一方面，现在世界大战正进入紧张阶段，苏、俄、法、德等列强，对中国内政无暇过问，日本趁此时机想独占中国，美国又倡言'利益均沾'，企图插手。这两个国家，都想利用北洋军首领，通过贷款等办法，进一步搜取在华的利益，加深中国人民的负担。这是国际局势发展的十分危险的趋势，不容我们稍微忽略。内忧外患，交相煎逼，我们不能不抓紧时机，进行护国统一大业。"程潜滔滔不绝，说得入木三分。陆荣廷都凝神静听，且频频点头，表示同意。

程潜提高声调，越说越有劲："中国受到列强侵略和袁世凯的蹂躏，已经弄得经济破产，财政空虚，人民贫困，没有一线生机。袁世凯死了，北洋各派军阀因势出笼，群魔乱舞，国无宁日，真正令人寒心！我们西南兵力比较单薄，地域比较狭窄，但我们的目的，是要求中国奋发图强，民主统一。所谓统一，当然是统一于合法的中央政府，而不是统一于北洋军阀的淫威之下以求自全。既然一时无法统一，我建议提出共存的口号。至于军队，他们提议要我们先裁，他们后裁。但谁都知道北洋军队只是那些野心家猎取权位的工具，因此我建议提出平裁的口号。现在陈宦已被川军驱逐，四川谁属，取决于滇黔军的处理如何。两广地区现在也还没有得到真正的统一，从政略和战略两方面来说，光有两广也还是站不住脚的，必须取得湖南，作为屏障，两广才能安稳。我建议迅速安定湘粤，作为目下军务院的首要任务。先站住脚，积蓄力量，平时牵制监视敌人，遇到意外风险，可以有恃无恐，相机对付。只有这样，才真正符合于起义护国的方针。"

陆荣廷觉得程潜说理透彻，令人心悦诚服，但又有些迷惑不解的地方，便激动地插话说："谭延闿和汤芗铭早有结合，谭推荐了一些军官回湖南训练军队，汤芗铭又宣布了独立，本来可以相安无事的。但如你所说，则又必须把汤芗铭除掉，而后湖南才得安定，这不是平地又起一桩是非、一场风波吗？"

程潜当即解释道："这场是非风波是历史注定了的，是逃不掉躲不脱的。谭组庵所荐军官，在5月中旬回湘，只可说是作为一种保镖，推动汤芗铭宣布'独立'。这种'独立'，绝不能代表湖南民众的意志。陈宦在川，用虚伪的谦和手段对付川人，尚且不容于川；作恶多端、杀人如麻的汤芗铭，又怎么见容于湖南呢？汤芗铭现在迫于时势，宣布'独立'，实际上，一有机会，他又会趋炎附势，投靠权贵，翻过脸来拆西南护国政府的台。他这种反复无常的惯性，是很难改变的。汤芗铭在湖南犯了骇人听闻的罪行，如果不严肃法办，让他逍遥自在，继续在政治上投机取巧，这是很难平服湖南民众的满腔怨愤的。"

陆荣廷又提出一个新的问题："汤芗铭的确不得人心，我来湖南后也听到湖南人数说他的罪状。我赞成你的主张。但你准备多少兵力和他作战呢？"

程潜回答："汤芗铭的军队只有车震一个旅，能够派出来作战的顶多不过一个团。我准备的兵力，只要在数量上比他稍占优势就行了。"

陆荣廷慷慨地说："为慎重起见，我拨六门山炮归你指挥，以壮声势，表示我帮助你的微意。""哈哈哈！"陆荣廷爽朗的笑声，在房间里荡漾。

程潜当即表示感谢，并如实相告："汤芗铭除了派恶探杨让到湘潭企图暗杀我之外，又派了恶探沈康益等4人赴衡，企图对你进行暗杀。现在恶探均已拿获，并且供认不讳。汤芗铭现在还下此毒手，行为鬼蜮，真是江山易改，本性难移。"

陆荣廷怒火中烧，惊叹不已，连忙说："感谢颂云捉拿恶探，汤贼不除，湘无宁日！"

6月23日，程潜到行辕会见陆荣廷。陆见面就说："贲克昭现驻岳麓山，他指挥的炮兵营和兼领步兵四营，统一由你指挥，以便联合作战。你把我的信交给他，他一定会遵照办理的。"

程潜说："得炮兵帮助，很是感激。岳麓山在长沙对河，形势险要，是通湘西的大道。现在北洋军队还有大部集合在常德，长沙孤单单的突出于三角洲上，很受北洋军队的威胁，应该在岳麓山到宁乡一线布置重兵，作为掩护，才能确保长沙的安全。但军队到了宁乡，不必再进，免得惹起误会。至于谭延闿所推荐的军官，虽然招募了一些新兵，但他们是不会为汤芗铭出力卖命的。汤芗铭现在已经完全孤立，陷于进退两难的境地了。"

陆荣廷喜形于色，信心十足地说："广西军的主力，都已经布置在岳麓山到宁乡一线，可以确保长沙安全。我们真是不谋而合，也可谓一拍即合。哈哈哈。"陆荣廷风趣地笑着，声音更加洪亮地说，"你可以迅速放手去做，我另派马济前驻长沙，协助你作战。"

程潜高兴而别，次日清晨，他即由衡阳乘船回到湘潭，和林修梅、李仲麟等晤面。他们根据前秘密组织的汤芗铭祸湘调查委员会所搜集提供的材料，邀请湖南报界、教育界名流傅熊湘、邹代藩、张定、易象、李隆建、刘泽湘和秘书长王祺等为起草委员，着手起草《护国军湖南总司令程潜布告汤芗铭罪状》一文。这篇布告把汤芗铭的罪恶归纳为 10 条。条条罪状都有确凿的证据，无异于在政治上宣布了汤芗铭的死刑。

程潜决心一雪"二次革命"失败的耻辱，于 6 月 3 日发出布告，通电汤芗铭的罪状。

7 月 1 日，程潜率护国军第二旅，由宁乡东南境内的道林进逼长沙。汤芗铭派所部"模范团"两营企图阻止护国军前进，在道林附近遭遇，经过一番激战，汤军两营官兵全体倒戈，归顺护国军。汤芗铭得此败讯，慌忙于 7 月 4 日黄昏时乘坐汽船由长沙逃遁。湖南败类汤荫棠、施文尧等，串通一气，拥曾继梧自称代理都督。

7 月 6 日，程潜率护国军进入长沙，以正义主张，打击曾继梧的轻举妄动，取消了他自称的代理都督之职。讨袁驱汤之役，程潜颇负盛名，被授予中将衔。为了暂时安定湖南政局，经省内各界代表人物协议，于 7 月 7 日推举刘人熙为湖南都督。

汤芗铭逃遁，湖南安定，程潜兴奋不已，夜不能寐，浮想联翩，诗兴大作，乃写《季夏至长沙》（《养复园诗集新编》第 7 页）一首：

> 夷羿席雄势，残毒除异己。作意贼人群，积谋絫国纪。
> 义旗举天南，我行越万里。受命抚一方，扬旌返桑梓。
> 倡率资风声，应和走遝迤。辰沅首归仁，衡永旋同轨。
> 来苏父老欢，箪壶集中垒。偕亡怨昏虐，争取逐奸宄。
> 元凶骤尔亡，彼狂失所恃。挥戈不终朝，雪我三年耻。

恰在这时，黄兴与谭延闿于 7 月 10 日从上海联合致电程潜："中央任命陈宧带两旅督湘。现虽设法阻止，闻铸新未去，北兵在常、岳两处者尚多，必有勾串。湘军力薄，宜借桂军以壮声威。惟有暂戴陆督，留桂军，绝对拒陈。大局所关，请一致主张。已以此意另电凤冈兄矣。此次兄率劲旅，越山逾险，为桑梓肃清余孽，贤劳何如！南望旌旗，不胜翘企。闿、兴。"

程潜接到电报后，百感交集，持着电文的手在微微颤抖。汤芗铭虽已逃遁，可黄兴怎知，程潜赶到省城之后，所部士兵，乏饷缺械，复困驻扎郊外，而北军陶忠恂（曾任湘西副镇守使）尚有部分队伍也留在郊外，并拟扩充为第三师，因而与程潜所部发生龃龉。7月14日，士兵与陶部朱泽黄旅互战，损失甚重，程潜受到排挤，处境艰难，内心极度痛苦。

遵照黄兴的电令，程潜加强了与陆督（荣廷）的联系，与桂军一道，力拒陈宦来湘，故陈宦未能到任。随后，程潜以严明的法纪整饬湖南。他立即给黄兴去电以告。7月18日，黄兴复程潜及湖南各界电称："寒电敬悉。公等爱国爱乡，鼎力维持，使湘省危而复安，感佩殊深。弟德薄能鲜，承省议会与军政绅商学各界推举（公举黄为都督，黄坚辞不就——作者），适增惶愧。艮老（刘人熙字艮生）硕德高望，既由湘推，中央亦有明令，属艮老暂行代理，湘中危急不难安定。盼公等合力维持。桑梓幸甚，大同幸甚。兴、巧。"

原来，7月初，湖南军政各界举行联合会议，一度推举程潜为湖南都督，程潜一再逊让，后暂推地方绅士刘人熙继之。惟刘老迈，至任劳瘁，既又公举黄兴为都督，黄坚辞不就。后来暂由刘人熙代理湖南都督兼省长。不到一月，几经折冲，刘人熙便去职。8月4日，大总统黎元洪命令特任谭延闿仍为湖南省长兼督军。20日，谭即回到长沙正式视事。于是，护国成果落到政客谭延闿手里。

不久，由于各派政治势力的纷争，程潜愤然辞职离湘。离湘前，他怀着满腔悲愤，写下了脍炙人口的《将去湘告同志》的诗篇（《养复园诗集新编》第8页），表现了自己鄙视污浊、不慕势位的高风亮节。诗云：

> 吾湘崇节义，先哲留经纶。迩来习贪偷，正谊渐沉沦。
> 今予诛巨憝，拯溺责在身。治乱典用重，明法救其偏。
> 超俗俗难移，激浊浊愈纷。砥砺平生志，不能清雾芬。
> 国侨严郑治，诸葛厉蜀民。岂其尚严厉，实以止惰顽。
> 世既不解此，吾宁久随人。澉忍凤所鄙，势位何足论。

护国军将士历时7个多月，几经奋战，流血牺牲，在全国人民有力声援和配合下，终于推翻了"洪宪"帝制，埋葬了袁世凯，而且最终迫使段祺瑞宣布恢复《临时约法》和旧国会，维护了辛亥革命的胜利果实。作为护国军湖南总司令的程潜，在护国讨袁运动中，立下了汗马功劳。然而，前门拒虎，后门引狼，

第二章　披肝沥胆

胜利者把胜利果实拱手奉给了北洋军阀段祺瑞，中国仍然处于军阀混战的四分五裂局面之中，广大人民仍然过着苦难深重的日子。

程潜感到无比激愤，连日来，他两目火红，时而撕裂衣襟，时而仰天长叹。突然，犹如晴天霹雳，黄兴于 10 月 31 日在上海病逝。孙中山领衔组成治丧委员会。噩耗传来，程潜悲痛万分，泪如泉涌。他急忙离湘抵沪，吊唁黄兴，并亲写挽联和挽诗寄托哀思。挽联写道："公真不淫不移不屈大丈夫，春申噩耗遥传，把剑几回伤往事；我恧立德立功立言彡先辈，华夏共和再造，执绋两次愧前驱。"其《黄克强先生挽诗》（《养复园诗集新编》第 9 页）云：

> 天地久横溃，明哲回世屯。所志惟胞与，于心绝垢尘。
> 萍浏始发皇，钦廉历苦辛。广州奋威武，阳夏会风云。
> 江表新建国，胡运自滋泯。功成谢轩冕，长揖居海滨。
> 雄奸图篡窃，快意肆凶残。南风偶不竞，百谤一身攒。
> 幽燕集氛愿，劝进饰妖言。义旗扬六诏，景泰终复中。
> 首恶虽自毙，余孽尚逞顽。公从海外归，元元有欢颜。
> 忽然梁木坏，宇内共悲叹。嗟予随雁行，雅范凤相亲。
> 驱虏参谋议，讨逆预阻艰。春怀失楷模，沉痛催肺肝。
> 道行殆由命，形灭付之棺。存殁数所系，天数人无权。
> 德音犹在耳，神理初未捐。作诔聊记哀，投笔泪潺湲。

无独有偶，黄兴逝世后 8 天，即 1916 年 11 月 8 日，护国军主将蔡锷，在日本福冈医科大学医院里安详地闭上了双眼，与世长辞了。这位叱咤风云的年轻将军，时年仅 35 岁。程潜闻耗后，撕心裂肺，哀悼终日。12 月 5 日，梁启超在上海与旅沪人士举行公祭。程潜恰在上海，不胜悲痛，参加了公祭仪式，并写下了伤情至极、悲切动人的《蔡松坡先生挽诗》（《养复园诗集新编》第 9 页）：

> 痼疾不可医，荣华遂长已。我凭故人棺，泪落何能止！
> 念昔革命时，公适在南纪。登坛群彦集，拔帜异军起。
> 滇黔数百城，反正未移晷。俄然腥膻主，闻风解其玺。
> 功成恶施伐，端己绝尘渣。党论徒嚣嚣，片言肯污耳。
> 彼哉篡窃徒，勋业自摧毁。舜禹事如戏，韩彭谬相拟。

99

吾钦智勇人，微行聊用诡。江海万里路，一夕入军垒。

走也同心期，东归先举趾。讨逆独夫惊，首义四方喜。

一呼山可撼，三战魄终褫。秽浊悉荡除，重见天日美。

高明满人口，大事载国史。长歌侑清酒，魂兮倘来只。

◉ 护法前驱

护国战争刚刚结束，北洋军阀业经分裂，形成以段祺瑞为头子的皖系，以冯国璋为头子的直系，以张作霖为头子的奉系。依附他们的，还有张勋、倪嗣冲、阎锡山等较小的军阀。在南方军阀中势力最大的是唐继尧的滇系和陆荣廷的桂系。他们各自依仗帝国主义的支持，互相倾轧，争权夺利，使中国在摆脱了袁世凯的独裁后，又陷入了军阀割据的混乱之中。

张勋复辟失败后，冯国璋由副总统继任大总统。段祺瑞恬不知耻地自称是"再造民国"的"功臣"，入京继续充当国务总理。军政大权仍然操纵在段祺瑞手中。他对内实行独裁统治，重新上台后，就"一手遮天，目无余子"，公开宣布："一不要约法，二不要国会，三不要旧总统。"他勾结研究系首领梁启超，准备另行召集由各省军阀指派的代表组成"临时参议院"，以废弃《临时约法》和国会。

约法和国会，是民主共和的象征，孙中山认为，段祺瑞废弃约法和国会，是对民国的背叛。孙中山强烈谴责段祺瑞，力主恢复《临时约法》和国会。1917 年 7 月，孙中山率两艘军舰从上海抵达广州，首先举起"护法"旗帜。海军总长程璧光率先响应，发出"拥护约法，恢复国会"的通电，率第一舰队起义，南下护法。桂系陆荣廷和滇系唐继尧等西南军阀，为抵制段祺瑞的武力吞并政策，也加入护法行列。8 月，孙中山把到达广州的国会议员 150 多人召集起来，组织"非常国会"，会议决定成立中华民国军政府。9 月 1 日，非常国会选举孙中山为大元帅，成立护法军政府。南方军阀唐继尧和陆荣廷被选举为元帅。孙中山宣布段祺瑞为民国叛逆，出兵北伐。护法战争拉开了序幕。

孙中山积极活动，支持和推动了粤、桂、湘 3 省组成联军，以广西督军谭浩明任总司令，向湖南进发。同时，孙中山于 9 月委派程潜到湖南活动，推动护法战争。

湖南是南北交通的要道，为南北双方必争之地，因而成为护法战争的主要战场。段祺瑞想以武力夺取湖南，为"兵下两广，饮马珠江"打开通道。孙中山反对北洋军阀，并联合西南、东南沿海力量，形成南北对峙局面。程潜奉孙中山之命来到湖南时，正值段祺瑞已将湖南督军谭延闿免职，任傅良佐为湖南督军，并派王汝贤率第二十师入湘，以便进窥西南。

9月9日，傅良佐抵达长沙，随即发布命令：撤销湘军第一师第二旅旅长林修梅的职务，派邹序彬接替；撤销零陵镇守使刘建藩的职务，另委陈璩章接替。军情紧迫，湘军将领人人自危。在这千钧一发之际，程潜奉孙中山命自粤回湘，行至零陵，与老部下林修梅及刘建藩密商策动他们起义护法，反对北洋政府。刘建藩也是醴陵人，与程潜是同乡，为保定陆军学校学生，曾在广西充当学兵营营长，零陵镇守使署所辖军队原有20个营，各中下级军官，多属他的学生。他与驻守衡阳、永州之间的第一师第二旅旅长林修梅早有默契，反抗傅良佐。当他们得知孙中山在广东发出了护法宣言，程潜又来到零陵，面商大计，便高兴万分，如鱼得水，决计争取两广支援，于9月18日宣布衡（阳）、永（州）独立，并于即日封锁湘南24县金融及交通机关。在程潜的授意下，刘建藩、林修梅于18日通电全国云：

> 时局变乱，欧战绵延，我国际此时期，政治革新，时机本善。
>
> 乃前者袁氏执政，以私害公，袁虽败亡，民力已挫。我大总统（指黎元洪）依法正位，方用中执西，以奠邦基。奈自徐州谋乱，段氏以国务总理任内主张，违法横行，破坏国纪。我大总统为保国起见，令免厥职。段随忿不奉令，嗾使蚌埠首先叛乱，辱迫总统，解散国会，国之纲纪，已被扫灭无存矣。然犹以我大总统守正居中，莫遂私愿，阴怂张勋复辟，将总统迫去，民国推翻。阳为讨逆兴兵，占据国家统治机关，集合私人，组设政府，自称总理，为所欲为，以借债备诛锄异己之用，并以元凶执国中当要之权。
>
> 乃两粤宣言护法，则易湘督以为武力征服之图。川中构兵，实其习煽，以便收拾西南之计。凡此种种，举国皆知，为国之痰，较袁为甚。倘承认所组织之政府，方可行使统治权，国之危亡，势可立见。
>
> 是以海军、两广、云南各省早宣言独立自主，誓不肯附私党以存民国之精神。建藩等治军湘南，保国卫民，是为天职。特率湘南军民子弟，宣告自主，与段政府脱离关系。一切军民政务，均与海军、两广、云南各省一致进行，一俟约法有效，国会恢复后，正式政府成立时，即仍谨奉命令。

段政府如平心自反，深悔前非，依法以行，俾建藩等得早释责遂初，自是全国人民之福。若终执迷不悟，视为反抗，一味迫以兵力，则我湖南军民为正当防卫起见，亦惟有抵死以待保持正义，与国存亡。垂涕宣言，统希共鉴。

电报发出后，刘、林立即宣布湖南24县为戒严区域。随后，他们来到衡阳。于25日，刘建藩、赵恒惕（湘军第一师师长）、宋鹤庚、林修梅等推举程潜为护法湘军总司令（湖南护法军总司令），与两广一致行动。段祺瑞操纵下的北洋政府，令王汝贤为湘军总司令，范国璋为副总司令，率两师一旅（陆军第八师、第二十师及山西混成旅）向湘南进攻，于10月占领衡山、宝庆一带。

10月6日起，北伐联军与北洋军鏖战于湖南衡山、宝庆一带。衡山，在衡阳北面，东傍湘水，西倚南岳之麓，在纵横800里的范围内，72峰连绵不断，重峦叠嶂，形势险要，加上又有北去的湘江，直通湘北，西去广西，南下广州，水陆交通极为便利。它不仅是湖南交通的要冲隘口，也是自古以来兵家必争之地。其时，北洋军王汝贤、范国璋部兵分三路：第八师、第二十师两师从正面进攻衡山；从安徽调来的安武军为左翼，进攻攸县，投向北洋军的湘军第二师第四旅朱泽黄部为右翼，进攻宝庆。敌军共计3万余人，压向湖南。此时，程潜尚未部署妥当，护法军力量极为单薄，他指挥的林修梅，刘建藩部仅有5000之众，而且装备较差，全靠将士的勇气和人民的支持，抗拒强敌。程潜一面电告广州军政府及广西陆荣廷请援，一面分兵三路出师应战。

9月底，程潜率湘军与王汝贤、傅良佐统率的北洋军在湘潭、衡阳间展开遭遇战。护法军在衡山战场的正面，西起月牙坳，东至萱州市，战线长达25里。担任左翼战场进攻任务的是林修梅率领的湘军第二旅。

10月6日，林修梅在衡山北面的西倪铺迎战兵力最强的中路第八师、第二十师的正面进攻。由于北洋军重兵压境，护法联军尚未入湘，林修梅为保存实力，于11月退守贺家山一带。当此之时，程潜赶往前线，集合队伍演讲护法要旨，激励官兵奋勇向前，随即于萱州河一带山地布防。

11月下旬，当程潜行至萱州河，遇到第一师一个整团向南退却，程潜便当机立断，严令不许撤退，并收集溃兵五六营之多，在山地构筑壕坑，暂资驻守。当北洋军进占衡山后乘势南进，不意至萱州河突遇程潜、林修梅率部坚强抵抗，双方延翼作战，激战8昼夜，终于击败北洋军，使北洋军不敢再图南进，双方成对峙之局，相持两月。一天，程潜登上衡山南岳之巅，极目远望，抚今追昔，感慨系之。是夜，他欣然命笔，写下了脍炙人口的光辉篇章：

> 大盗何时止？生灵困涂炭。羿死浞养凶，卓亡催汜乱。联军起南纪，相与中国宪。视听秉民意，忠贞催虐慢。尸横祝融麓，血染萱州涧。前军告矢绝，秋霖护天顺。惨淡偏师捷，虎狼中夜遁。飞旅逐窜逃，气类由兹奋。

当萱州河捷报传至桂林、广州，陆荣廷乃一改其观望态度，决定派军援湘。10月20日，谭浩明就任两广护法联军总司令，立即率部北上。段祺瑞现感于事变日亟，电调自江西增援入湘之晋军商震一旅于28日占领邵阳。程潜部得知谭浩明北上的消息后，倍加奋勇，即于30日将商震全旅缴械，一举收复邵阳。傅良佐部因在萱州河受挫，竟自动撤退，程潜率部乘胜出击，傅军大败，北军被俘两万余人，残众败北而去。傅良佐无奈，于11月14日夜逃离长沙。段祺瑞只得任命王汝贤代行督军职务，原想笼络他挽回湖南危局，戴罪立功，可是不到一日，王汝贤又告退出。段祺瑞武力统一政策遭到挫折，备受各方责难，不久，只得再度请辞国务总理本兼各职，改由王士珍继任，皖系军阀势力暂时宣告失败。护法军终于取得了胜利。

11月19日，程潜率部到达长沙。其时，省城及四乡秩序大乱，北军三五成群，公开奸淫掳掠，乘机捣毁讲武堂及大公报等处。程潜一到长沙，采取紧急措施，社会秩序始渐恢复。长沙地方绅商各界，鉴于谭浩明尚滞留衡阳，程潜业经抵省，因而推举程潜为省长，谭浩明为督军。23日，程潜通电就职。绅商各界在程潜的授意下，以原有军民两政办公处名义，于23日发出通电云：

> 湘省自傅（良佐）、周（肇祥）出走，经全省绅民组织维持军民两政办公处，维持秩序，匆匆9日，现由各界公推谭联军总司令浩明为湖南督军，程潜总司令为湖南省长，已请省长即日视事，本处即于是日取消。关防文件，移交清楚，数日以来，备经艰险，幸军民安堵，主持得人。伏望我元首与乡国英彦，力主和平，廓清政局，化除畛域，一秉至公，俾我灾黎，再见天日，不胜叩祷。

可是，此电文发出后，谭延闿在上海闻讯，陆荣廷抗议，反对程潜任省长，并即电告谭浩明。谭浩明声明："督军，省长非中央明令，不便自居，余暂以联军总司令兼摄军民两政，改行三厅之制（军务、民政，财政）。"原来，程潜与谭浩明早有间隙,当桂军入湘纪律不佳时,曾批评指摘。对此,谭浩明大为不满,故利用这一体统作口实来打击程潜。

鉴于北洋大敌当前,程潜顾全大局,只好逆来顺受,电促谭浩明即日来省主事,本人率部出驻湘阴新市,得到谭浩明的同意,程潜改称护法军湘南总司令。程潜一来到新市,便积极从事部队的整理补充,准备进攻被北洋军占领的岳阳。程潜认为,岳阳为我国古代名城,地处要冲,临湖(洞庭湖)带江(长江),攻守两难,但如果岳阳一日不收复,湖南全局即未可乐观,故积极激励所部将士以此为目标,备战迎敌。

可是,当北军退到岳阳一带后,湘、桂两军内部发生分歧。程潜、林修梅、刘建藩等湘军将领,极力主张扩大战果,一举进取岳阳。

孙中山 12 月 24 日在给林修梅的电文中,揭露桂系军阀陆荣廷与北军议和的阴谋,并勉励林修梅"既以护法为宗旨,则无论如何必贯彻始终为止……望兄与湘中及前敌各将领,至以此意相勉,使勿误于缓兵之计,致废一篑之功。"程潜反复研读此电文,受到莫大的鼓舞与激励,攻取岳阳的意志弥坚。可是,联军总司令谭浩明认为,"段祺瑞已奉命免职,根本已得解决,"主张同北京政府妥协议和,实则以保持他在湖南的地盘,当一个督军。对此,程潜、林修梅极力反对,并向谭浩明等桂军将领呈文,阐明夺取岳阳的利害关系:第一,湖南人民驱逐北军的呼声日益高涨,将士士气旺盛,如果继续压制这种正义要求,就会影响桂军在湖南的地位;第二,孙中山的广州军政府认为桂军按兵不动,可能引起粤、桂两军关系破裂;第三,北军在湖北的荆州、襄阳已经得手,主力将回师湖南,我军应先发制人,占领岳阳战略要地。

谭浩明接读电文,深感程潜言之成理,同时认识到湖南人民要求驱逐岳阳北军的情绪日益高涨,如果压制湘军出击,必将影响桂系在湖南的领导地位,且广州护法军政府对桂军按兵不动,深致不满。在无可奈何的情况下,谭浩明为了先发制人,乃下令程潜进攻岳阳。

岳阳为湖南北向门户,自湖南反袁独立失败以来,一直控制在北军手中,地小兵多,民不堪命。此时,段祺瑞部李奎元、卢金山、孙传芳犹踞岳州。自1918 年 1 月 19 日开始,湘军下令向北军出击,双方开始交战。为了鼓舞士气,获取全线,程潜亲自创作几句警语,特令每一官兵将警语写在一块白布上,然后缠于手臂:"夺得岳阳,湖南必生,不夺岳阳,湖南必死,敌人胜我,则中国亡,我胜敌人,则中国存!"同时,程潜积极部署:以桂军任左翼沿平汉铁路向新墙河出击,刘建藩率所部配合粤军一部任右翼,扼守平江,程潜亲率湘军第一师和第二师为中央军。1月22日，程潜下令全线前进，并利用北洋军指挥迟钝、行动迟缓的缺点，率部急速冲锋陷阵。赵恒惕由右翼进取通城，林修梅率队从正面进逼岳阳。北军在岳阳防守严密，工事较多，程潜率部猛烈攻击，速战速决，加上湘桂联军密切配合，经过4昼夜的激战，北军3个师见南军锐不可当，便溃走鄂境，逃窜前，于1月26日火烧岳阳。

27日，程潜带领湘军进入沦陷北洋军手中近5年之久的岳阳城，扑灭了焚烧一天一夜的大火。目击者龙文蔚回忆说："只见岳阳城外滨湖一带，男女尸体枕藉。上岸时，只能由尸体上踩过。行约里许，见岳阳南关外已被烧成一片废墟，被毁的达一千数百户。据说，北军于26日溃退前，到处杀人纵火，比及27日南军赶到，已经燃烧了一昼夜。"

南军夺取岳阳后，程潜兴奋不已，登上名胜岳阳楼，举目四望，但见烟波浩渺，一碧万顷，宠辱皆忘，思潮翻滚，不禁吟诵起范仲淹所作《岳阳楼记》中的名句："先天下之忧而忧，后天下之乐而乐。"顿然诗兴大作，写下了一首《岳阳楼远眺》（《养复园诗集新编》第15页）：

> 衡嶷寺南纪，沅湘汇洞庭。居高临吴楚，从右肆纵横。
> 经涂延水陆，登楼望渟浤。余雾霭汉渚，积雪明江城。
> 汤汤翻逆波，洄洄阻前行。提挈八州卒，发轫万里程。
> 近瞩有深意，远观忘俗情。抚兹周地险，形胜所必争。

北洋军阀不甘心岳阳失陷，不久，北洋军直皖两系，协力调集50万兵力，以曹锟、张敬尧、张怀芝、吴光新、张作霖等军，分五路进发，对付程潜和谭浩明。其时程、谭指挥作战之湘军约23000人，桂军约6000人，粤军约3000人，总计约32000人，不过北洋军的1/12强，而战线左起长江右岸，经羊楼峒及平江边境，伸延到浏阳、醴陵，萍乡边境，绵延1000里，程潜仍尽力部署据守。本来湘、桂军占领岳阳后即可乘胜推进，直取武汉，联合西南各军，进而推翻北洋军阀。但谭浩明与程潜权利之争愈趋激烈，谭以总司令名义严禁联军入鄂，北洋政府趁此机会，集中优势兵力，于3月1日分兵进攻湖南。曹锟为第一路军总司令，由湖北南下，正面进攻岳阳；张怀芝为第二路军进攻总司令，由江西进攻湘东。当曹锟手下的吴佩孚率兵向岳阳逼近的时候，一向主张妥协的谭浩明釜底抽薪，把桂军撤回广西，湘军士气受到影响。当两军开始在湘鄂边境的羊楼峒接触时，程潜所部轮番应战。林修梅、刘建藩率将士英勇奋战，但仍寡不敌众，顶不住北军水、陆两路的攻势，终于1918年3月17日被迫撤离岳阳和平江。湘军退守衡阳、宝庆、攸县、茶陵一带。

18日，北洋军占领岳阳。段祺瑞因此声势东山再起，于22日重任国务总理。25日，北洋军吴佩孚部占领长沙，并继续南进。谭浩明率桂军退回广西。程潜收容湘军，集结于湘潭、衡阳之间继续抵抗，并力图对北洋军较弱方面施行反攻，乃委派赵恒惕为攻攸（县）湘军总指挥，刘建藩为总指挥，因战斗节节失利，赵率部移驻永兴。3月27日，北京政府任命北洋军第七师师长张敬尧为湖南督军兼省长。

4月初，程潜召集赵恒惕、林修梅、刘建藩等将领在衡山举行军事会议，商定确保湘南的部署，经研究决定：由程潜、林修梅居中路，扼守衡阳，正面牵制北军主力吴佩孚的3个师。让赵恒惕、刘建藩率湘军主力向东，扼守攸、醴，抗击张怀芝部队，攻打薄弱环节。4月下旬，程潜、林修梅率部退守耒阳、郴州一带。刘建藩在攸县附近发起进攻，勇克攸县、醴陵、株洲，同北军激战3昼夜，击败北军。前锋大步向前逼近，离长沙仅数十里之遥。张敬尧惊恐万状，速派第七师和奉军一部阻击。刘建藩率先锋营迎战，乘胜追击，雨夜抢渡株洲的白石港，不幸因进军过速，落水牺牲。湘军顿失大将，赵恒惕又畏缩不前，战局突变，湘军转胜为败，退守茶陵。北军在株洲、醴陵一带大肆抢掠烧杀，所到之处，一片焦土，凄惨之状，目不忍睹。程潜见到此情此景，悲愤交集，作诗《纪羊楼峒及攸醴之役》（《养复园诗集新编》第16页）一首，以言其志：

> 朔风吹霰雪，烽火连江湘。凶残不悔祸，旗鼓忽再张。
> 群丑众如林，分路犯我疆。众寡虽殊势，理直气自扬。
> 麾兵事险隘，摧敌先摧强。三旬逼狂寇，死伤略相当。
> 选锐扼攸醴，期然来虎狼。追奔士无前，惜哉殒俊良。
> 前锋遂颠踬，因之弃衡阳。全我仁义师，胜负亦何常。

北军的暴行，激起湖南军民的无比义愤。程潜毫不气馁，与林修梅将军一道，指挥湘军拼命反攻，以5000人之众，敌3万之师。永丰一战，最为残酷激烈，枪炮齐鸣，惊天动地，白刃格斗，惊心动魄。程潜身先士卒，激励官兵，奋勇厮杀，终于击退北军一部分。战斗持续10昼夜，双方伤亡甚重。不久，南军与北军相持在耒阳、永兴之间。北军内部派系倾轧，军无斗志，吴佩孚无奈，只得与湘军划界停战。1918年6月15日，双方代表在耒阳签订停战协定。

久居上海的谭延闿，与桂军一直保持密切的联系，这时他看到湖南战事呈现休止状态，因而从上海潜往广西，与陆荣廷密谈。桂系自在湖南失败后，此时已无囊括湖南地盘的意图，且与程潜之间嫌隙日深，对他极不放心，因而对谭延闿采取热烈欢迎的态度，陆荣廷表示愿意支持他回湖南接收湘军的统帅权。谭延闿善于钻营投机，玩弄手腕，他同时派他的同科兄弟张其煌到衡阳与吴佩孚接洽，两人饮酒作诗，打得火热。吴佩孚也想利用谭延闿联络湘、桂各军。在桂系军阀的支持下，谭延闿于1918年7月进入湖南永州，任西南方面的湖南督军。谭延闿借口湘、桂不和，出面调解，依靠陆荣廷支持，排挤程潜。这时程潜在郴州任湘军总司令。谭延闿仍然不善罢甘休，他在永州每天饮酒做诗，游山玩水，故意表示与世无争，暗中却派人到处活动，除挑拨湖南将校的感情和加紧与吴佩孚勾结外，还在上海组织一个湖南善后协会，发出许多传单和刊物，指名攻击程潜。

北军与湘军处于休战状态，程潜利用这段时间休整部队，经常深入营房与士兵促膝谈心。他平日本来爱好象棋，任湘军总司令时，由于棋艺高超，在军中曾有"棋坛盟主"之称。但因戎马倥偬，旅途劳顿，他很少有闲情逸致"对弈"。如今部队休整，倒也"得闲之处且偷闲"。一日，程潜棋兴顿增，与一位幕僚对弈，两人招招奇诡，步步紧逼，"杀得"难解难分，经过一个多小时的鏖战，乘对方一着不慎，程潜险中取胜。

正当程潜陶醉在胜利之中，围观的官兵中一位小兵"呵呵"笑出声来。这小兵不是别人，正是中国共产党早期领导人之一的李立三。他是醴陵人，比程潜小17岁，年方十八。1918年秋收季节，奉军打到醴陵，大肆烧杀淫掠。他的父亲李昌圭为避兵乱，带领全家逃难到萍乡、宜春交界的太平山，在一个寺庙里住了几晚。一位老和尚很赏识李立三，想收他做徒弟。李立三婉言谢绝了老和尚，提笔写下了这样一首诗：

> 连天烟雾掩黄岗，羁旅怀归百断肠。
> 乳燕呢喃惊客梦，栖乌断楫趁斜阳。
> 袁山到处篁丛绿，庄埠连阡麦正黄。
> 漫道桃源多逸趣，应知故国有流亡。

李立三不顾父亲的反对，满怀悲愤之情，跑到衡山，投奔了程潜的护法军。出走时，他给家里留下了一首述志诗：

浩气横牛斗，如焚痛国仇。

诗书从此别，投笔效班侯。

在护法军里，李立三始当列兵，不久，当上了连队的文书。这天，他到司令部送信，见程司令与一个军官下棋，便停下脚步观战。他看出双方棋艺虽然旗鼓相当，但察觉那位输者在关键时刻稍一闪失，实在可惜，便不禁失声大笑。

程潜打量着这个小伙子，见他举止文雅，气宇不凡，问他为何发笑。面对程总司令的突然发问，李立三毫不惊慌地回答："因为这盘棋下得太妙了。"

程潜又紧追着问道："哼，你也会下棋？妙在何处？"

"这盘棋妙不可言。"小兵爽快地回答，"谈不上会，只略知一二。"

"我俩来较量一下如何？"

程潜见小兵满口乡音，说话文绉绉的，便想试试他的棋艺。初生牛犊不怕虎。李立三捞手捋袖地欣然应允。一位声名显赫的总司令，一位初出茅庐的小兵，便在刻有"楚河汉界"的棋盘上交起手来。

李立三曾在护法军当列兵，不料他与司令下棋，不仅丝毫无畏怯之意，而且不留一点情面，只见他炮立当头，马扣连环，兵过楚河，车横汉界，直"杀"得这位"盟主"只有招架之功，毫无还手之力，以致最后以败北终了棋局。

程潜当了小兵手下的"败将"，不但没有生气，也不感到难堪，反而又惊又喜，忙叫副官加了两个菜，留李立三在司令部里吃饭。

经席间细谈，这小兵不仅是他的醴陵同乡，其父李昌圭还是他清末同场考中秀才的"同年"哩。

"既是书香门第，又为何要来投军？"程潜有些不解地问李立三。

"总司令是名副其实的秀才，不是也'鉴于国家外患内忧，纷至沓来，报国心急，愿弃文学武，以尽匹夫之责'吗！"李立三毫无拘谨地回答着。

"呵！由此说来，我们是志同道合啰！"程潜高兴得笑了起来。"爱国之心，人皆有之。但我哪敢与总司令谈志同道合！"李立三谦逊地说。

"我炎黄子孙，皆负有振兴中华之责。现在虽然我是总司令，你是士兵，但都有一颗爱国之心，共同奋斗，不分军阶的高低，都是志同道合，统称革命同志。你谈谈，你是如何立下这弃文学武之志的呢？"程潜谈兴愈浓地说着。

两人愈谈愈投机，李立三便把自己从小景仰秋瑾烈士，喜爱诗词歌赋，后来在县里因痛骂教育界头目营私舞弊而遭迫害等经历一股脑儿讲给总司令听。程潜更加赏识这位年轻人，似乎找到了作诗填词的知音，便兴趣盎然地问："你能把秋瑾的言志诗背给我听吗？"程潜本来对秋瑾这首言志诗非常熟悉，此时想让李立三背给他听，以窥视这位年轻人的学识。

李立三不假思索地顺口吟道：

> 万里乘风去复来，只身东海挟风雷。
> 忍看图画移颜色，肯使江色付劫灰。
> 浊涛难消忧国泪，救时应仗出群才。
> 拼将十万头颅血，须把乾坤力挽回。

李立三伶俐的口齿、洋溢的激情、抑扬顿挫的音调，使程潜惊叹不已。他满意地点头说："如此看来，你不仅棋艺超群，还会吟诗作词啰！不知你写了些什么诗词，能吟诵几首给我听吗？"

李立三有点羞赧地回答："总司令，我是初学后生，岂敢'班门弄斧'？司令的诗词古朴苍劲，凝重豪迈，纪事抒怀，气魄宏大，许多已在三湘传遍，故乡学子更是倒背如流。年初司令所写《岳阳楼远眺》（《养复园诗集新编》第 15 页），学生也是能倒背如流的呵！"

程潜眉毛一扬，显出兴奋的神采，用浓重的家乡话问道："是吗？那你吟来我听听。"

李立三不紧不慢、抑扬顿挫地背诵起程潜这首得意之作：

> 衡疑峙南纪，沅湘汇洞庭。居高临吴楚，从古肆纵横。
> 经途延水陆，登楼望淳泫。徐雾霭汉渚，积雪明江城。
> 汤汤翻逆波，洄洄阻前行。提挈八州卒，发轫万里程。
> 近瞩有深意，远观忘俗情。抚兹周地险，形胜所必争。

程潜听罢，大喜过望，连忙叫副官拿出珍藏的"君山银针"沏上两杯，亲自端给李立三道："隆郅（李立三别名），你知道这叫什么茶吗？这是清朝乾隆皇帝下江南时最爱喝的茶。你看它甚为特别，茶叶长短大小均匀，白毫显露完整，芽身外似银针，内呈金黄色，茶味醇醇清香，你喝喝看如何？"

李立三久闻"君山银针"其名，但因极其珍贵，不仅未尝其味，连见也未曾见过。今日，见程总司令拿出此茶招待自己，他甚为感动，不无感慨地说："隆郅曾读过清代诗人万年淳的《君山茶歌》：'君山之茶不可得，只在山南与山北。

岩缝石隙露数株，一种香味那易识。春来长在云雾中，造物珍重供玉食。李唐始有四品贡，从此遂为守令职。'总司令拿出'供玉食'的茶招待我，隆郅受之有愧。"

程潜两眼笑成一道缝，夸赞道："你小小年纪，却已见多识广，不负此杯名茶。你好好品尝一下，然后将你作的诗词吟诵几首给我听听。"

"恭敬不如从命，隆郅这就献丑了。"李立三此时也不再推辞，喝了一口茶，吟诵起他投笔从戎时写的抒怀诗："浩气横牛斗，如焚痛国仇。诗书从此别，投笔效班侯。"

程潜听后赞不绝口，深感此兵志向不凡，才华横溢，来日定将大有作为。从此，程潜对李立三格外关照，后人把"司令识英才"传为佳话。

时隔不久，程潜愈益觉得南军内部矛盾重重，尔虞我诈，一时难成大事。他觉得像李立三这样的英才，应另谋施展才能之处。于是，他把李立三找来，情意深长地说："你在此当兵，会埋没了才华。我给你一笔钱，给你父亲一封信，你去北京大学深造，或者去出国留学吧。"

后来，李立三拿着程潜资助的这笔钱和程潜写给父亲的信，回到了家里。在父亲的支持下，他于1919年春去到北京，进了法文专修馆的留法勤工俭学预备班。这年秋天，他便踏上了赴法勤工俭学的旅程，从此开始了他的革命生涯。

常言道：一山不能容两虎。惯于政治投机的谭延闿，对驻守郴州的湘军总司令程潜，视为政敌，意欲除之而后快，两个统帅互不相容。当此之时，北京政府认为有隙可乘，乃派与程潜关系较深的湘籍人士陆鸿逵和章士夒（章士钊之弟）携款10万元及委任状、密函等件到湘南来拉拢程潜。程潜不知内情，派人去衡州迎接。章士夒到汉口后因故折返，陆鸿逵便以密使身份，却独自招摇入境。恰被谭延闿侦悉，密嘱桂军马济从中拦截。马济将陆鸿逵和程潜派来之人杀死于赴郴途中的栖凤渡，劫其巨款，而将委任状等件缴交谭延闿。谭延闿如获至宝，欣喜欲狂，乃宣称程潜"通敌有据"，程潜被迫出走广东。

程潜受到北洋军阀和谭延闿的诬害，悲愤已极，他觉得这班官僚政客，历来无所谓信义和诚实，左右他们行踪的只是权势、地位和利害。他受此暗害，深感有苦难言，有口难辩，即使浑身是嘴，也无处申诉，他心头惟有气恼和怨恨，愤然挥笔写道："西邻妒厌感，道旁纵谗口。众犬同吠声，纷来掣吾肘。我行自有道，安得丧我守。"尽管林修梅等心腹时常来安慰他，他只是喟然长叹、两眼喷火，犹如一头震怒的雄狮，那两道浓重的剑眉，隐含着一股凛凛英气，愤懑地说："我不求见谅于人,惟求无愧于心呵!"

初夏之夜,满天的乌云,像凝重的铅块,遮蔽了星星和月亮,天气十分闷热,使人感到无比的压抑和窒息,他的心好似积满了沉重的铅块,郁闷而又烦躁,郁积在心头的冤情,更是骨鲠在喉,不吐不快。于是,他奋笔作诗,挥就一首五言律诗《去郴州作》:

> 膏肓尔无疾,二竖在其中。药物力不逮,和缓术终穷。
> 伊予起衡阳,群俊欣景从。勚业倏三载,劳怨丛一躬。
> 疑云东北来,毒雾西南零。能鲜惧事偾,德薄惭内讧。
> 浩然谢重负,匪曰藏良弓。寄言后来者,慎勿隳前功。

1919年6月29日,程潜愤然离开郴州。他临行前发出通电:我和段氏素无来往,也素无渊源。他要给我来信,我无法预为阻止。以此向我进攻,不知其罪。至于总领师干,无法进攻,岳阳退却,伏处3年,此则我之大罪,早应退避贤路,以安军心,云云。发电以后,程潜即赴粤,来到广东韶关滇军将领李根源部。李是程潜在日本士官学校同学,感情甚笃。程潜成为他的座上宾。第二年,李根源卸职去沪,程潜也同去上海。

1918年5月20日,广州非常国会不顾孙中山的警告,在西南军阀的收买操纵下,改组护法军政府,取消大元帅制,改为七总裁制。孙中山虽被选为总裁之一,但实际权力已被剥夺,他看到护法终成泡影,在广州也无法立足,便向非常国会提出辞去大元帅职,并发通电说:"……顾吾国之大患,莫大于武人之争雄,南与北如一丘之貉。"孙中山领导的第一次护法运动,在滇桂系军阀的破坏下,以毫无结果而告终。次日,便愤然离开广州前往上海。

在上海,程潜经常与孙中山聚会,过从甚密,共商国是,回顾共同战斗的历程,总结失败的经验教训,摸索革命的谋略,真是"路漫漫其修远兮,吾将上下而求索。"

第三章
东征北伐

◉ 血性男儿

1920 年 11 月 28 日，孙中山回到广州，重组中华民国政府。12 月 8 日，孙中山任命程潜为陆军部次长。程潜不胜欣喜，随即赴广州受命。他登上羊城越秀峰，感慨万端，挥就五言诗《越王台怀古》一首：

> 楚汉逐秦鹿，腾踔争中原。龙川一县尉，抚辑番禺民。
> 凭险建雄都，划地聊称尊。其右控桂象，于左扼瓯闽。
> 高皇不敢问，吕后空自嗔。势难以力服，情或可德亲。
> 汉文逮谦光，从此安屏藩。慨想创业难，登高怀昔人。

其时，因陆军部长陈炯明全力关注自己的军队，广东军务繁重，实际陆军部务由程潜代理。他尽职尽责，襄理戎机，协助孙中山先生组织北伐，统一两广。由于程潜个性倔强，不苟言笑，不善交际，加上当时政治环境复杂，各派势力纷争，不仅滇、桂、粤的一部分将领不尊重他这位手无寸铁的代理部长，就是纯正的革命党人中也有人不满意程潜的言行，常在孙中山面前论长道短，对程潜进行非难。好在孙中山了解程的为人，便代其辩护，严肃地对拨弄是非的人说："颂云是血性男子，不贪污，负责任。这样的革命同志，哪里去找呵！"

1921 年 4 月 7 日，国会参众两院议员在广州举行非常会议，国会投票结果，孙中山被选为大总统。

5 月 5 日上午 8 时，孙中山宣誓就职，发表对内、对外宣言，提出了地方自治、和平统一、发展实业和开放门户四大政治主张，号召各界人民"各尽所能，协力合作"，促进国家的繁荣富强，希望各国承认"广东政府为中华民国惟一之政府"。中华民国总统府设在广州观音山南麓。

程潜聆听孙中山的就职演说，激动不已，逢人便说："孙中山先生终于第二次在广东建立了革命政权，这是他和战友们呕心沥血换来的成果，是中华民国革命史上一个新的里程碑呵！"

广州的初夏，微风习习，夜空如洗，玉兔如勾，大地一片静谧。程潜仰望夜空那苍莽的银河，抚今追昔，感慨系之，于是欣然命笔，写下了脍炙人口的光辉篇章《五月五日，总理就非常总统职》（《养复园诗集新编》第 28 页）：

> 海宇中横溃，神州忧陆沉。济世协孔怀，峻德明尧心。
> 道以神理超，事为胞与任。询谋同众庶，思虑备睿深。
> 循郊崇大典，登坛发清音。上下共监察，日月咸照临。
> 无私克一己，有作伏群阴。至人岂撄物？精意照古今。

孙中山就任非常总统后，着手组织北伐，6 月 27 日，命令讨伐桂系陆荣延，统一了两广。10 月 8 日，提请非常国会通过北伐案。15 日由广州赴梧州巡视，继赴桂林，组织大本营，筹备北伐，任命程潜为大本营陆军总长。程潜踌躇满志，为筹备北伐日夜操劳，当孙中山赴桂林整军北伐时，他顿生诗兴，挥笔写下了一首《总理赴桂林整军北伐恭送纪盛》（《养复园诗集新编》第 29 页）：

> 燕京乱无象，豺虎昼横行。秽浊扬清霄，水火厄生灵。
> 睿心隆拯溺，帷幄集群英。讲道析微妙，论理启精诚。
> 安攘凤具略，荡涤宜有营。整军选上游，伐暴备长征。
> 采纳及下怀，师出先正名。仁者自无敌，群丑安足平。

正当程潜随孙中山出巡桂林，襄理戎机，整军大有进展之时，突闻护国、护法挚友，现任代理总统府参军长林修梅于 10 月 15 日病逝广州。噩耗传来，与林修梅甘苦与共的程潜，顿时心如刀割、泪如泉涌，一股悲戚的感情向他周身袭来。他四肢微微颤抖，低沉地对孙中山说："大总统，我党失去了国家栋梁，我失去了同甘共苦的好友，这是中华民族的莫大损失啊！"

孙中山热泪奔涌，如雨似泉，从清癯的脸庞上滚落下来。半晌，才如泣如诉地回答程潜："修梅首举义旗于衡阳，西南诸省，相继响应，国家命脉，赖以不绝，本大总统就任后，令其代理参军长，方翼长资倚畀，其济幽艰，不图遽以疾殒，其首义殊勋，理宜崇极。自应依国葬典礼，以昭崇德报功之意。"沉默片刻，孙中山用泪眼凝视着程潜，声音仍有些颤抖："我命令追赠林修梅为陆军上将，举行国葬，并在首义地区铸立铜像建祠纪念，并请你代表我宣读祭文。""好，一定遵照总理的意旨，寄托我们的哀思。"程潜连连点头，愁容满面，那悲痛的泪水沿着双颊落下。12月18日，在广东省议会礼堂举行林修梅追悼大会，孙中山派总统府陆军部次长程潜代表大总统宣读祭文。他一字一顿地读着，声泪俱下，听者无不掩面而泣。然后，他便向与会者每人分发《林修梅遗著》一册。程潜为该书写序，序云：

> 吾友林浴凡（修梅字），于死前数月，作《精神讲话一斑》、《社会主义的我见》、《社会主义与军队》。三文者，实吾友以其精神界与社会所生之新关系为初次概略之表露也。

> 世人大都只以护法首义诸事，目吾友为政治革命之巨子耳。吾友鉴于中国十年来纷乱之状况，知政治革命不能与吾人所祈向者以满意。因是引起经验上种种觉悟与现世之经济思潮相凑合，而马克思学说乃为其思想之主干。其志愿在改造军队之精神，而后以之为改造国家、社会之武器。中言之，即欲使中国军队与中国显出一种最新式最合理而为现世国家所尚未有之局面，且欲借以引起世界人类之同情，以达其改造之目的。其近年来所学所志，盖全在于是矣。

> 予与吾友相知20年，同患难者亦10余年。其平生最强于直觉，平居所得，往往与当世哲人之言暗相吻合。轻死生，尚意气，不知一己之安乐。其艰苦卓绝之点，无在不可以为吾人之模范，吾于师友中实为仅见。盖实负有最超越之天才，最优美之特质，使假之以年，其勇往卓越之气，岂不足以使其所怀抱有特殊之表现者。今乃仅能使人借此遗文窥探其宏富深远之思想之裂隙，悲夫。

> 中华民国十年十二月一日　　程潜

程潜与林修梅情同手足，谊如兄弟，他的逝世，使他悲痛不已，心碎欲绝。不几日，程潜怎么也抑制不住哀思的奔涌，手握狼毫，挥就《林参军长修梅挽诗并序》（《养复园诗集新编》第29页）：

君字浴凡，籍临澧，毕业湖南武备学堂。尝充川省某协营长，驻西藏。民元返湖任军职，讨袁事败走日本，入中华革命党。5年，任予部参谋长。事定，改第一师第二旅旅长。6年，与刘镇守使建藩倡义护法，率部转战衡、湘间，最著奇绩。迨予去湘，愤而弃职。今年夏季任公府参军长，于10月9日（应为15日——作者）以微疾殒。君性刚正，善谋断。总理倚畀甚深，事闻震悼，咨国会赐以国葬。予与君同学，谊如兄弟，故作诗哭之。

忠信每自将，道义实予辅。情由久要深，事从一德树。
奋起振衡湘，功烈世推许。辩奸挟其微，疾恶耻与伍。
得失不在心，进退期合矩。神谋叶睿衷，高勋待重睹。
大木一朝摧，此恨无时补。同心臭如兰，结交重自古。
安乐甘朋共，患难偕友御。况我双飞凤，云间各修羽。
相携抟扶摇，志在万里举。游翔途未半，如何殒二竖。
凭棺呼不起，痛极泪成雨。念维平生亲，岂徒见肺腑。

革命道路艰难曲折，广州政局风云突变。身任广东省省长、粤军总司令、总统府陆军部长的陈炯明，阴谋叛乱，阻止北伐。他以胜利者姿态由梧州凯旋广州，趾高气扬，拒绝接济北伐军饷械，公开反对北伐："南之北伐，未有饷有械，焉能出师对抗……仍当暂留军于广西。"他勾结唐继尧，与他在广州面晤，答应援助唐继尧回滇复辟，双方达成了反对孙中山的密约。他又暗中与吴佩孚狼狈为奸，以反对张作霖的名义，共同掣肘北伐军。他还与湖南军阀赵恒惕结成联盟，由赵恒惕从正面阻止北伐军取道湖南，陈炯明则从后方加以掣肘。1922年3月，他竟丧心病狂地暗杀了积极支持孙中山北伐的粤军参谋长兼第一师师长邓铿，迫使孙中山不得不回师韶关，改道北伐，并下令免去陈炯明广东省省长、粤军总司令、内务部长职务，但仍留其陆军部长职务，希冀其改过自新。

可是陈炯明早已不把孙中山放在眼里，而且妄图取而代之，他假戏真做，于4月21日晚，在省署召开紧急会议，宣布下野，带领随从退居惠州西湖百花洲，却又命令广州的陈家军赶紧在石龙、虎门一带布防，密电粤军参谋处长叶举带领陈家军主力50个营火速赶回广州。

孙中山宽宏大量，襟怀豁达，至此仍把陈炯明看做是个反对北伐而又固执己见的同志，同时，孙中山也觉得，广东的军事、财政实力，实际上还掌握在陈炯明的手上。因此，孙中山还想尽力争取他。当陈炯明对孙中山的反叛逐渐表面化时，孙大总统于5月17日，派担任大本营陆军总长的程潜，以及内政总长居正（字觉生），前往惠州百花洲劝谕陈炯明。孙总统庄重、严肃地对程潜说："颂云，你到惠州劝告陈炯明，只要他不阻挠北伐，当界以两广巡阅使。"

"大总统有令，在所不辞，我即日启程。"程潜那明澈的眼睛里闪射出过人的英气和胆识的目光，嘴里虽是铿铿地回答，但心里却似珠江的波浪在翻腾着：这个顽固不化的陈炯明，会听我的开谕吗？他随机应变，善于钻营，1916年袁世凯死后，表示拥护孙中山，任援闽、粤军总司令，进军福建。1920年底回师广东，孙中山非常器重他，把他视为民国元年前的黄兴和民国二年后的陈其美一样的重要助手，赞扬他是"可资依靠"的"革命将领"，把粤军誉为"真正的爱国的陆军"。陈炯明在福建时孙中山任命他为粤军总司令兼第一军军长，回广州后又任命他为广东省省长、总统府陆军部长和内政部长，使他身兼四个要职，成为广东军政大权的实际控制者。平定广西后，他贪天之功为己有，更加专横跋扈，目空一切。他企图利用手中的权势，实现其成为"两广王"的美梦。他借口"保境息民"，大谈"联省自治"，并勾结滇、湘和北洋军阀吴佩孚来反对孙中山的北伐，处心积虑地破坏孙中山的革命活动。孙中山辛辛苦苦创建的粤军，由他把持，被人称为"陈家军"。如今，我受命说服陈炯明，这无异于要恶魔放下屠刀，立地成佛，谈何容易！想到这里，程潜不禁打了个寒战。但既然受大总统之命，即使龙潭虎穴也要去闯一闯，"中夜受新命，前驱返粤京"。当日，程潜驱车前往惠州，来到陈炯明住处——百花洲。

百花洲，在广东惠州城西南隅，为风景秀丽的西湖所环绕。在清道光年间，当地一位在南洋经商的华侨巨商，用巨款买下这块地盘，筑楼建亭，植树栽花，使百花洲蔚为壮观。辛亥革命那年，陈炯明参与策划了惠州起义，光复后，他收编了数营湘军，一跃而成为惠州10县的统治者。于是，他依仗权势，把西湖百花洲辟为公馆，供己享用。时值初夏，百花洲更是别有一番情趣：溪水萦回，波光潋滟，岸柳重重，修竹翳翳，繁花似锦，芳香扑鼻，令人如醉如痴。

连日来，陈炯明心烦意乱，坐卧不安，时而闭目沉思，时而长吁短叹，那双没精打采的眼睛，似闭非闭，眼圈发黑，布满血丝的眼眶里，透着阴森莫测的凶光。副官向他报告："程潜和居正求见。"

"叫他们进来！"陈炯明睁着惊恐的眼睛，趾高气扬的神态似乎消失了许多，向副官挥了挥手，有气无力地说着。程潜来到陈炯明的会客室，一见面，不卑不亢地寒暄几句之后，朗声说道："竞存，我们都是老同盟会员了，你又是辛亥革命的战将，不能辜负孙大总统的期望呀！"

短暂的沉默。陈炯明听到"同盟会员"、"战将"这几个词，心中顿生矜持之感。他于 1909 年参加同盟会，辛亥革命后任广东副都督、都督等职。每当回顾这段发迹史，他就有一种飘飘然之感。而今程潜对他的历史了如指掌，而且话题从这里开始，他觉得与程潜有共同的语言，圆睁双目射出的恼怒的寒光倏然收敛，换上难猜测的幽光，眼珠子滴溜溜地转了几下，"嘿嘿"几声之后，语气低沉地说："颂云兄，你的讲话对了一半，后面一句令人费解。不是我辜负了孙大总统，而是他对不起我。"

程潜听陈炯明出言不逊，大为恼火，但还是强忍下去了，不急不慢地说："陈司令，话不能这么说呗，孙大总统的为人，世人皆知，有目共睹，对你是百般重用，寄予厚望。"接着，程潜历数孙中山对陈炯明的栽培、擢升、重用的种种事实，希望他不要忘记孙中山对他的苦心培养，不要忘记当年孙中山为了接济陈炯明率粤军由闽返粤，把华侨送给他的那幢房屋也典押了，将所得之钱，派廖仲恺亲自送到漳州交给了陈炯明，后来委任他担任了那么多的要职。最后程苦口婆心地劝告陈炯明切莫辜负孙大总统对他的瞩望，应以北伐大局为重，服从孙大总统的指挥，率兵北伐，千万不能在后方广州干出忘恩负义、亲痛仇快、伤天害理的事情。程潜对陈炯明晓之以理，动之以情，接连说了两天两夜。精诚所至，金石为开。陈炯明内心也觉得程潜的话，句句在理，桩桩是实，终于答应程潜的要求，表示服从孙中山的调遣，并致电孙中山，电称："我愿竭能力，以副委任；已催叶举等部迅速回防。叶等必无不轨行动，愿以生命、人格担保。"

但是，给野心家谈顾全大局，热爱中华，无异于对牛弹琴。陈炯明阳奉阴违，表面表示服从孙中山的指挥，背后却加紧筹划政变，暗中指使陈家军在广州北郊布防，致电孙中山，再次要求恢复陈炯明原职，免除胡汉民、廖仲恺诸人的职务。

18 日叶举擅自率部进驻广州白云山。

29 日，直系军阀曹锟、吴佩孚和奉系军阀张作霖在京、津附近打起了第一次直奉战争，到 5 月 6 日以直系战胜而告终。

6 月 13 日，北京政府的总统换上了曹锟、吴佩孚的傀儡黎元洪。陈炯明与吴佩孚早有勾结，吴曾许陈以两广巡阅使的职位诱其叛变革命。这时陈炯明见直系战胜了奉系，取得了操纵北京政府的主子地位，认为自己发动政变的时机已到，便密令擅自开进广州的 50 个营粤军发动武装叛乱，并致电要挟孙大总统。

程潜获悉陈炯明的谋叛行为，义愤填膺，挥笔作诗，纪赋此事。《偕居觉生赴惠州谕陈炯明并序》（《养复园诗集新编》第 32 页）云：

> 陈炯明部暗杀其参谋长邓铿，总理遂免其陆军总长（应为内政部长
> ——作者注）、粤军总司令、广东省长各职，陈因匿惠州唆部谋叛。总理
> 命予往谕，并畀以两广巡阅使职，使无挠北伐。予 5 月 17 日偕居觉生往
> 晤开谕，终两日夜陈始允奉命。乃旬日间，忽食前言，悖犯之情如见。
>
> 回风无休时，重阳遂弥昙。吾偕同德友，虎穴试一探。
> 顾彼反测子，蜂目视眈眈。负隅莫敢撄，蔓草畴能芟？
> 爰陈宽大命，愍谬许并含。中孚格豚鱼，隐谋折立谈。
> 返报拜嘉旨，群情乐湛湛。何期终凶者，其德本二三。
> 违义不足惮，食言讵知惭？小人甘悖犯，使我心焉惔！

陈家军蠢蠢欲动。6 月 6 日，程潜正气浩然，不畏险阻，径往白云山郑仙祠叶举驻地，劝谕叶举等人。经探察，见陈部将领咸集，甲兵满堂，杀机毕露，"设辞叩彼渠，数语露肺腑，"反情昭然，"势发殆难御"。他急归报孙中山先生，劝请其速离广州，返回韶关。但孙中山不许，回答说："无论如何，我现在不离开广州总统府，我只知为国家为民族，从来不为个人谋利禄，这是人所共知的，陈炯明何至要谋反？"

孙中山一面坐镇指挥北伐，一面观察陈家军的动静。北伐诸军继续捷报频传："屈指师期，克赣州后进取吉安，拔南昌，至九江不逾一月。"孙中山在前线胜利形势的鼓舞下，决定尔后率警卫部队离开广州，前往韶关大本营，"亲率海军舰队至上海，入长江，与陆军会于九江，以北定中原。"

然而，羊城上空，乌云密布，山雨欲来。就在北伐军克服赣州的那天起，陈炯明对孙中山的总攻击密令由忠实爪牙钟景棠带往广州，谋叛一触即发。6 月 15 日夜，程潜等人再次劝孙中山迅速离开总统府，孙中山仍然慷慨激昂地回答："我已将警卫团调往韶关，即是表明我对陈炯明信任。他对我虽有不利的阴谋，亦何须用兵？如果竟存胆敢称兵作乱，甘为叛徒，则人人都可以杀他。我身为大总统，负全体国民之托，有平叛责任。如果力量不足，被叛逆所害，正是我为国牺牲的机会，岂能临难苟免，贻笑中外，玷辱国家？"

苦苦的哀求、忠诚的劝告，均无济于事，程潜只得暗自叹息：孙大总统呵，你为国为民，肝胆涂地，在所不辞，实为世人楷模，但万难临头，也得顾全性命呀！

次日凌晨 2 时，陈部 4000 人围攻总统府，并用大炮轰炸孙中山在观音山的住所越秀楼。孙中山在叛军向越秀楼包围时，于深夜冒枪林弹雨穿出叛军包围，化装成中医师逃上停泊在长堤天字码头的永翔舰避难，17 日转登永丰舰（孙中山逝世后改名为"中山"号），召集舰队官兵，号召讨伐叛逆，决定"由舰队先发炮，攻击叛军。"然后电召北伐诸军回师广州，"水陆并进，以歼叛军。"而孙中山本人，表示要"坚守待援，以图海陆夹攻，务灭叛逆，以彰法典。"北伐军将领立即复电孙中山，表示即行回师，南下靖乱。

程潜为孙中山脱险而庆幸，也为陈炯明大逆不道而愤恨，他挥笔作诗，记录了当日的情况和自己的心境。《六月十六日观音山纪变》（《养复园诗集新编》第 33 页）：

> 重阴霭层云，流火蒸亭午。比户闭门阖，九衢绝商贾。
>
> 讹言日数起，吾宁畏强御。誓秉忠贞心，一死酬盟主。
>
> 入夜势益急，四面喧笳鼓。街术步伐声，汹汹失伦序。
>
> 祸起肘腋间，志在倾幕府。燕雀处堂坳，蛟龙悲失所。
>
> 求全全已毁，殉义义不许。平旦好音来，搴云凤高举。

孙中山在军舰上率部与叛军展开激战。7 月 9 日，他命令各舰集中新造村，准备进攻车歪炮台。次日，与叛军炮战于该地，孙中山所乘之永丰舰尾中弹，遂率"永翔"、"宝壁"等 7 舰冲越叛军炮火封锁，从黄埔往省河至白鹅潭（在广州市西南），沿途向大沙头等叛军据地开炮射击。在组织海、陆军队平叛时，程潜率 1000 余人，抗击叛军，在沙基、韶关等地同叛军激战。一日，孙中山正在吃午餐，忽闻一声巨响，全舰震动得十分厉害，后来查获是叛军企图用鱼雷爆炸永丰舰，但因鱼雷距离永丰舰好几米，故安然无恙。事隔数日，拿获一名叫徐直的叛军供称，他曾用鱼雷爆炸永丰舰，叛军派陈永善到江门装备了几十只小火轮，用来分途向各兵舰袭击。在此危急时刻，程潜于 8 月 8 日自沙面来到永丰舰，向孙中山报告："粤军第一师梁鸿楷、陈修爵部突然投降叛军，北伐军失利，南雄已失守。同时，叛军拟定计划，用小火轮一两艘来袭击永丰舰，已贿买永丰舰官兵不抵抗，并贿买得楚豫官兵同意，假意开炮轰击，表示抵抗，实则向沙面发炮，以引起外国人对舰队的干涉，嫁祸于总统。"据此，程潜奉劝孙中山迅速离舰，以防不测，另谋进取。

孙中山虽然感激程潜对他的劝告，在危难之时能甘苦与共，同心同德，但他认为，"这些消息我们不能深信，仍要照原订计划，严密防御敌人的诡谋偷袭。等到接获前方确实报告后，我们再作其他布置，以免打乱了步骤。"

孙中山先生从可靠方面得到北伐军回师靖乱失败的确切消息，才与左右高级人员商议，决定离舰赴港转沪。程潜追随孙中山登上永丰舰的日子里，另一国民党元老居正亦随侍左右，遂一时有"文有居正，武有程潜"之谓。8月9日，孙中山在程潜等人的陪从下，怀着无可奈何的心情，乘英舰"摩轩号"赴香港。他对程潜等人说："一息尚存，此志不懈。"10日，改乘俄国"皇后号"由香港去上海。程潜站在甲板上，伫立于孙中山身旁，默默地凝望水天一色的海景，只见海鸥低翔，波浪滔滔，不禁悲愤交集，感慨万千，脑海像巨浪似的翻腾着：孙大总统呵，为民国奋斗了30余年，经受了多少风险，历尽了多少艰辛！如今败于相从自己10余年的部属，祸患生于肘腋，干戈起于肺腑，以致北伐大计功败垂成，多少惨痛的教训呵！在艰难旅程的日日夜夜，程潜始终守护在孙中山身旁，计议应变之策，商谈日后之行。因此，孙中山常对人说："我说颂云是血性男儿，他毕竟是可共患难的呵。"程潜陪同孙中山安全抵达上海后，无比振奋，百感交集，作诗《白鹅潭》（《养复园诗集新编》第34页）一首，以记其志。诗云：

绕林鸦并集，寒云凤高翔。予怀满忧愤，追步黄埔冈。
睿心欣镇定，颜色如平常。有卒千余人，受命寄一匡。
飞书征援军，声势渐能张。晨攻沙基塞，水陆畴敢当。
汤汤白鹅潭，两月遏跳梁。仲尼阨陈蔡，未遇此披猖。
俄闻曲江讯，前锋猝沮伤。促驾趋海滨，艰屯期再康。

在上海，程潜与孙中山策谋恢复广东大计。不久，滇军杨希闵、桂军刘震寰、沈鸿英派人见孙中山，请求收编。孙中山命令他们讨伐陈逆，并任命程潜为讨逆军总司令，同李烈钧等抚慰粤、桂、滇军，并指挥粤、滇、湘、桂各军，于1923年1月合力讨伐陈炯明。由于陈不得人心，军民离心，终被驱出广州，败退东江。时隔不久，沈鸿英又图谋据粤，在江防署会议时突然劫持广东省长胡汉民。这时，程潜正举命抚慰粤军，见事变，遂移第一、三两师进驻江门，声势壮大。2月3日，孙中山设江门办事处，程潜受命在江门抚军。程潜尽心竭力，积极组织和指挥平叛力量，军威大振。孙中山闻讯，非常振奋，乃于2月24日给程潜发布训令：

大元帅训令第五号

令驻江办事处程潜

　　粤军将士自随从护法以来，转战闽海，返旆粤中，戡定桂疆，勋劳著于天下。本大元帅久视为干城腹心之寄。去夏陈炯明负义作乱，几使百战之健儿，蒙万劫之奇耻，至深痛愤，各该将士隐忍待时，志存匡复，及西路讨贼诸军举兵东下，第一、三、四师首先响应，以振军威，各战将士翕然从风，共扶大义，遂使元恶成瓦解之势，士民慰来苏之望，令名克保，可为嘉尚。尤望各该将士念前功之难，继国难之未已。益加奋发，共矢真诚，俾建国之乐，臻于完成，上不负先烈，下以示来者，其共勉之。此令。

　　程潜捧读训令，激动不已，即令杨希闵等部，共同奋战，驱逐沈鸿英出广州，迎接孙中山返粤，从而平定了叛乱。

　　在乱云飞渡的日子里，程潜辅佐孙中山历尽艰辛，尽管陈炯明负隅顽抗，但历史巨人的步伐终究踏着蒺藜向前迈进，局势转危为安。程潜兴奋不已，本来有些憔悴的面孔上，堆满了可掬的笑容，那双深邃的眼睛，闪烁着稳操胜券、志得意满的神采。江门之夜，西江两岸神奇般地出现了辉煌的灯火，飘落在河面士，似流金淌银，光彩绚丽。程潜触景生情，欣然命笔，挥就了《抚军江门作·并序》（《养复园诗集新编》第 35 页）一首：

　　　　予去秋奉命至自沈阳，适滇军杨希闵等因内争退据桂境，派员请与收编，同时桂军刘震寰、沈鸿英亦请向义。总理并与优接，令讨陈逆。逮诸军入粤，陈逆军民离贰，败退东江。总理令胡汉民长粤，沈鸿英忽于江防署会议时劫胡，图据粤。予时奉命抚慰粤军，因移一、三两师于南路进驻江门，声势复振，乃令杨希闵等迫沈鸿英出广州，恭迎总理由沪回粤，大局始定。诗以纪之。

　　　　游猎纵鹰犬，犬贪鹰更残。指使诚不易，发纵良为难。
　　　　我行承密命，持节入江门。人心思效顺，大义炳天云。
　　　　仓皇集散卒，造次抚孤军。不期旬日内，声势乃再振。
　　　　扫尘清禁闼，披荆迎共尊。暴仁岂并立，顺逆终然分。

◉ 军政部长

1923 年 1 月，孙中山开始决定采取"联俄、联共、扶助农工"的革命政策，由廖仲恺从中努力，著名的"孙越宣言"一发表，政治局势为之一振。2 月 21 日，孙中山应广东及西南各将领之迭电邀请，乃由上海乘邮船抵达广州。当日，孙中山就在广州东郊农林试验场设立大元帅府，复任大元帅职。

3 月 2 日，陆海军大元帅大本营正式组成，孙中山任命程潜为军政部长，伍朝枢为外交部长，谭延闿为内政部长，廖仲恺为财政部长，邓泽如为建设部长，汤延光任海军部长，李烈钧为参谋总长，赵士北任大理院长，胡汉民任总参议，朱培德任参军长。这是孙中山第三次在广东建立的革命政权。

为开创革命新局面，孙中山特别要求国民党人要做到"人格高尚、行为正大。不可居心发财，想做大官；要立志牺牲，想做大事"。而他本人，则以"天下为公"，身体力行，成了国民党人的楷模。程潜跟随孙中山，受到潜移默化的影响，悉心学习孙中山的高尚品德。一日，他对内政部长谭延闿说："祖庵，孙总统对我们委以重任，我们应该对他忠贞不渝，为国为民鞠躬尽瘁，死而后已。"程潜的话给谭延闿深刻的启迪，他激动地回答："颂云，我过去骂过孙中山为'孙大炮'，他不咎既往，还如此重任我，我一定服从孙中山的领导，不负重托。"他为了表达对孙中山的爱戴，特意把家里珍藏已久的两方汉玉古印送给孙中山。这两方古印，恰巧分别镌有"鞠躬尽瘁"、"死而后已"各四字，是稀世珍宝。孙中山收到这对汉玉古印，只留下"鞠躬尽瘁"的一方，而把另一方送还谭延闿，并陈上一封言词恳切的信："'鞠躬尽瘁，死而后已'，是诸葛孔明对后主刘禅表明心迹的话。我们革命党人对革命、对人民鞠躬尽瘁，是应有的志趣；但前人未完成的革命任务，后死者应该不屈不挠，继续实行。我们应当以'死而后已'的精神，再接再厉，贯彻始终。"

孙中山回到广州后，清醒地认识到，广东革命政府能否巩固，关键在于能不能肃清陈炯明叛军。其时，陈炯明部龟缩惠州，将士仍有三四万人。他以叶举为各路总指挥，带领东江嫡系部队驻守惠州、海陆丰一带，以林虎为东路总指挥，带领投靠陈炯明的部分桂军驻守河源一带；以洪兆麟为东路副总指挥，带领部分湘军驻守潮汕一带，陈炯明则住在香港，遥控指挥。

1923 年 5 月 8 日，叶举乘沈鸿英公开叛乱之机，分兵三路进攻广州；洪兆麟部也在潮汕地区响应。东江前线告急。

当此危急之时，孙中山于 5 月 20 日将西、北江两路军队调集石龙（在广东东莞县境内），任命程潜为东江讨贼军总指挥，统率滇、粤、桂联军分路直捣叛军巢穴——惠州。

惠州府城，踞东、西两江之交，东北临大江，西南傍西湖，江湖环抱全城，只有几条平坦的小道可通，城墙高及二丈余，且坚固异常，素有"铁链锁孤舟，浮鹅水面游，任凭天下乱，此地永不忧"之称，是历代兵家必争之地。叛军深沟高垒，死守顽抗。

程潜受命于危难之中，竭尽精诚，协助孙中山先生，陪同他巡视，深入要塞、营垒，运筹帷幄，巧妙布防。在从巡黄埔要塞后，于夜阑人静之时，挥就《从巡黄埔要塞》（《养复园诗集新编》第36页）一首，以表赞襄讨逆之志：

> 飞盖临黄埔，神心眷粤疆。巡览遍营垒，咨询尽周详。
> 年深器窳朽，弊积士羸尪。形已等附疣，势难系苞桑。
> 睿智弘奥略，明虑恢大纲。内以固唇齿，外以奠海洋。
> 狼贪未可依，鱼烂宜预防。恭闻根本计，黾勉思赞襄。

程潜驰往前线，指挥讨贼军夺取了城外飞鹅岭制高点，集中火力猛轰惠州府城南门一角，掩护步兵架竹梯爬墙攻城，未能奏效；用挖掘坑道、爆塌城墙的办法，也没有达到预期的结果。讨贼军从虎门长洲炮台搬来大炮，由孙中山亲自指挥炮兵轰击，一连发了10炮，声如山崩地裂，惊天动地，惠州城墙顿时烟火弥漫。但叛军毫无动静，龟缩在坚固的工事之中。

9月下旬，陈炯明得到吴佩孚大批饷械的接济，从香港窜回东江，策划全面反扑，企图恢复广东地盘。由林虎率领刘志陆部、黄任寰和黄业兴师、王定华独立旅以及李易标军会同陈修爵师为右路，沿河源、龙门、博罗、增城向广州攻进；由洪兆麟率领尹骥军和李云复师等为左路，沿海丰、淡水出樟木头，向广九铁路沿线直迫广州；由叶举率领熊略、杨坤如等部为中路，以策应左、右两路，当洪兆麟进抵惠州时，困守惠州的杨坤如部乘机出击，并加入洪部。

情势危急。程潜急电孙中山。孙中山得知战讯，即调李济深率陈济棠旅及滇军杨希闵、赣军朱培德部向博罗、河源增援，并分电滇军范石生部、桂军刘震寰部，分兵沿广九路截击叛军。中国共产党人也发动广州近郊的工农群众，协助讨贼军保卫广州。恰在这时，归附孙中山的豫军樊钟秀由韶关乘火车赶到黄沙车站，立即跑步赶到前线。谭延闿率领的湘军也赶到了广州，加入了战斗。程潜指挥各部讨贼军屡败屡战，毫不气馁。经过18至19日两天激战，击溃了叛军主力。20 日，讨贼军分途出击，滇、桂军沿广九路追击敌军至石滩，豫军樊钟秀追至石牌之东而止；许崇智部、李福林部、杨希闵部在龙眼洞附近大败林虎叛军，追击至增城以东始行停止。由于程潜率各路讨贼军乘胜追击，终于收复石滩，攻克石龙，叛军退回惠州，广州转危为安。

程潜竭诚拥护和追随孙中山，在任军政部长和东江讨贼军总指挥期间，深受孙中山赞赏。程潜经常向孙中山呈文请示，孙中山及时向程潜发布训令，两人配合默契，以 1923 年 3 月、4 月、5 月为例，每月给程潜的训令，指令都有 10 多份之多。要么是给程潜呈文的及时回复，要么是指令程潜当机立断，处置各种军政、军机大事，程都一一照办不误。

程潜从切身的临战中，深感提高革命军人素质的重要性，为此，他向孙中山建议，举办中央陆军教导团，以培养军事骨干。1923 年 10 月 17 日，程潜亲自起草，就成立陆军教导团及有关条例向孙中山呈文：

> 呈为呈请事：窃维军队精神关系于军队之教育至为重要，而在革命时期，关系于革命精神之养成，尤为重大。盖未有驱无教育、无主义之军队，而能期以伟大之精神，冀收革命与主义之成功者。民国建立十有一年，除推翻满清一事而外，政治及社会之腐败，盖与清季不殊，而纷扰且又过之，并统一之局而不能企及，革命之成功反若日趋日远者。虽其原因不止一端，而军队之关系实为至巨，故有假革命之名，以阴为国家社会之蠹者；有方为革命健儿，忽焉又为革命叛徒者。良以军官军队无有中坚镇定之教育、确固不移之主义存于其间，譬犹乱草丛麻，随风偃仰，以是革命而冀获成功，抑何可得？潜以为补救之方，非从军队教育入手不可。拟先办中央陆军教导团一所，冀养成军队之骨干，以树立军队确定不移之精神，由此亦可以就已有之军队，而力求改善，一可以造成革命之人才，而益加精，进行之间，月必有成效可观。谨拟具《中央陆军教导团条例》及《军官候补生考验章程》各一份，呈奉钧座俯赐察核，准予施行。是否有当，伏祈训示祗遵。谨呈大元帅孙
>
> 计附《中央陆军教导团条例》及《中央陆军教导团军官候补生考验章程》各一份。
>
> 军政部长 程潜（印）

程潜向孙中山呈请仅 4 天，就收到孙中山给程潜的指令：

令大本营军政部长程潜

呈请开办中央陆军教导团，并拟具条例及军官候补生入团考试章程，请核示由。

呈及条例、章程均悉。军队教育于军政前途关系至重。该部长所请举办中央陆军教导团一所，冀养成军队之骨干，以徐图教育之普及，诚属切要之举，应准照办。着该部长即拟具详细办法，并开列预算呈核。此令。

中华民国 十二年十月二十一日

程潜的呈请获准，并被孙中山大元帅称赞为"诚属切要之举"，其兴奋之情实难以言状，他积极筹办中央陆军教导团，为尔后的东征、北伐培养了一批军事人才，深得孙中山的赞扬。

1924年1月20日，中国国民党第一次全国代表大会在广州国立高等师范学校礼堂隆重开幕。程潜作为198名大会代表之一，出席了这次会议。孙中山任大会主席，指定胡汉民、汪精卫、林森、谢持、李大钊为主席团成员。大会选举产生了中央执行委员和候补执行委员共42人，其中中共党员被选为中央执行委员的有李大钊、谭平山、于树德，候补中央执行委员有毛泽东、张国焘、瞿秋白、林伯渠、韩麟符、沈定一、于方舟，共10人。程潜是由孙中山指派参加这次会议的，他同毛泽东、林伯渠、李立三、李维汉等湖南代表都是老相识，而且程潜当湘军和护法军总司令时，毛泽东和李立三分别在他部下当兵，加上是同乡，代表会上相见，互吐衷曲，谈笑风生，感到格外亲切。

在一片热烈的掌声中，孙中山身着一套笔挺的灰色中山装，红光满面，英姿勃勃地走上主席台。程潜聆听着孙中

程潜参加国民党第一次全国代表大会
（1924年1月，广州高师）

山致开幕词时那种深沉的语调，凝视着孙中山那庄严、稳重的神态，不禁油然而生敬意，殊感一股暖流流遍全身。他只觉得，孙总理那双炯炯有神的眼睛，闪烁着胆识过人的光芒，恰似屹立在云黑雾浓、风骤浪高的革命航道上的一座闪闪发光的灯塔，给革命党人倍增奋进的勇气和力量；他那严峻的情态，那激动人心的语言，给与会代表增添了对国民革命必将成功的坚定信念。

这次大会提出了革命的政策（即"联俄、联共、扶助农工"的三大政策）原则，标志着国共合作革命统一战线的正式形成，程潜表示衷心拥护。

程潜追随孙中山数十年，无论是辛亥革命的激烈战斗，还是与南北军阀的斗争中，差不多都是利用民军打仗，利用一个军阀打另一个军阀，由于没有自己军校培养的部队，结果是连吃败仗，往往碰得焦头烂额。程潜从亲身经历中，深切感到，要取得国民革命的彻底胜利，非要建立自己的革命军队不可。为此，创建自己的军校是当务之急。当时，广东各派系军队，各有其培训干部的机构，如滇军有干部学校，粤军有西江讲武堂，其他各军也有随营学校、军官讲习所之类的机构。而作为最高统帅部的大元帅大本营，却没有训练军事干部的学校。担任军政部长的程潜，殊觉建立军校责无旁贷，乃于1924年4月中旬，亲拟了一份关于建立军校的呈文，递交大元帅孙中山。

　　呈为呈请事：窃部长鉴于历次革命迄无圆满成功之事实，尝推求其故，虽其中直接间接之原因不一，而真正服膺革命之军事干部人才过于缺乏，以致不能组成纯粹革命军之干部军队，实为至大原因。部长为补救前项缺点起见，曾呈请组设中央陆军教导团，以为培养军事干部人才，备他日效命国家之用。业奉钧令，准予照办，并经部长遵照招选合格员生于上年10月间开办，并经呈报各在案。嗣因本党创办陆军军官学校，奉令填出（应为腾出——作者）黄埔陆军学校地址，因此感于种种困难，遂改计划缩小范围，将陆军教导名义取消，改为陆军讲武学校，就原招之学生中挑选优等生约200名及由滇、粤、桂、湘各军挑选考取者约百余名（在教导团时期内，各军送请收录者甚多，因额限未收）合组一校，即原中央陆军医院为校址。其教职各员，大半由东西洋留学及本国军官学校毕业就中优秀者，于帅座三民主义、五权宪法，尤能绝对服从，充分了解。部长并拟将该校课程于军事上应有学科外，兼授以较浅之政治、经济、社会诸学科，以其能得充分之常识。又于每星期日，请各名人讲演本党主义。此讲演虽不拘题，而于现代思潮，本国情势及钧座提倡革命之原理，与夫三民五权之主张，尤当特别注重。此部长前后办理教导团及陆军讲武学校之经过情形，及其主张之大概也。惟查自奉令准办理教导团以来，一切招募设备、枪支、伙食等费用，皆苦无着，除由部长设法垫借外，仅就邹前财政厅长任以拨归职部之土丝台炮经费项下，每月平均约9000元，一款稍资挹注（此款原系拨充军政部经费），实在不敷甚巨。现在战事未息，国储奇绌，筹款自属不易。拟恳钧座暂将上项土丝台炮经费，俯赐明令，指定作为该校经费。其不足者，仍由部长另行筹补。似此办法于政府收入所关甚微，而培养人才之效益，亦不可计量。部长实已筹之再三，非敢冒昧渎听也。除造具预算，另文赍呈外，所有职部前后办理陆军教导团及陆军讲武学校，并恳指定土丝台炮经费，月计9000元为学校经费各缘由。理合呈请钧座俯赐察核，指令祗遵，不胜惶恐待命之至。

孙中山接读程潜呈文，深感言词恳切，有理有据，令人信服。当时，在大元帅麾下，名义上虽有杨希闵的滇军、刘震寰的桂军、谭延闿的湘军、许崇智的粤军、李福林的福军、樊钟秀的豫军、路孝忱的山陕军、李明扬的赣军等部队，但孙中山鉴于以往没有自己直接掌握军队的教训，加上苏使马林关于创办军官学校的建议，便任命军政部长程潜兼校长，负责"大本营陆军讲武学校"的筹建，乃于4月24日签发《大元帅准将陆军教导团改为陆军讲武学校训令》，令财政委员会，"为令饬事：案据大本营军政部长程潜呈称：（略）据此。当经指令：呈悉。该校经费，准予由广东土丝台炮经费下，每月拨9000元，至该校归并军官学校之日为止。候即令行财政委员会转行广东财厅遵照办理可也。此令。"

程潜遵照孙中山的训令，对建校工作极为重视，精心筹划，使大本营陆军讲武学校得以迅速建成。该校设校长一人，由程潜兼任，张振武、胡兆鹏任副校长。校长之下设监督一人，调军政部军需局长周贯虹充任（原系江西南昌人，江西陆军讲武堂毕业，后留日习政治经济。1918年任湘南护法军总司令部参议）。实际担任教育责任的是教育长李明灏（醴陵人，日本士官学校毕业，后任国民党中央军校成都分校、武汉分校主任、九十七军军长等职，解放后任湖北省副省长）。

讲武学校开办时，处境极为艰难，程潜克服了许多难以想象的困难。在穗的粤、滇、桂系部队，各霸一方，把持财政税收，致使大本营元帅府经济万分拮据，一筹莫展。大本营财政部长兼军需总长廖仲恺四处奔波，多方筹拨。程潜更是竭力压缩军政部开支，甚至变卖个人的金银首饰，维持学生的伙食。他还把军政部职员的伙食费节省一部分，作为学校的经费，以勉强维持办学的需要。

讲武学校酝酿开办时，程潜即派李明灏、柳漱凤等到湖南招生。当时湖南省长兼湘军总司令赵恒惕，政治上归附北洋军阀，极力反对孙中山的革命政府。因此，讲武学校来长沙招生，采取秘密的办法进行。考场设在倾向革命的育才中学，考生大都是共产党人介绍来的。考试这天，分头悄悄地来到育才中学的考生，共有100多人。考试科目分国文、数学、历史、地理。除笔试外，还有口试。考试完毕，招生人员叮嘱大家回家静候通知，因为不能公开发榜，一律采取口头通知的办法。结果，参加考试的考生，绝大多数被录取了，其中有左权、陈赓、袁仲贤、宋希濂、李默庵、邓文仪等，他们后来成为国共两军的高级将领。被录取的考生到齐之后，李明灏操着醴陵口音对大家说："广州现在是革命根据地，由孙中山先生领导，我奉程潜部长之命来湘招生，诸君抱着爱国热忱，愿意远道去粤，我代表讲武学校表示欢迎。但是，眼下大元帅府还很穷困，赴粤之路费尚需诸位自行筹措。你们可以自由组合，分批出发，争取半月之内抵达！"

可是，当陈赓、宋希濂一行长途跋涉，到达广州，住在收费低廉的华宁里路客栈，在焦急彷徨中等待了月余，眼见所带之有限旅费几将告罄，仍无人前来问津。经过协商，一致公推陈赓、李默庵等为代表去军政部晋谒程潜。程潜满腔热情地接待了家乡的热血青年，当得知他们的困难、处境和要求，深表同情。因当时校舍尚在修葺，正式开学仍要等些时日，考虑到大家的困难，程潜满口答应自即日起由军政部负责报销在客栈的食宿费用。大家听了，方才定下心来，高兴得一蹦三跳。

讲武学校共招收400多名新生，一部分是从长沙、汉口、上海等地招收的，编为第一、二队，学、术科并重，以大教程（战术、筑城、兵器、地形、交通）为主，学期一年；另一部分学生是从广州政府所属军队中调来的优秀班长，编为第三、四队，以术科为重，以小教程（典范令）为主，学习时间为6个月。由于军事教官都是旧军事学校出身，学的是一套旧的军事知识，教的也是这一套。他们对学生要求相当严格，讲解也很透彻。

讲武学校开学典礼由程潜主持。学员入场非常庄严，全穿新发的绿色卡其布军服，头戴无边军帽（当时有人开玩笑说，讲武学校的学生朽得帽子没有边）。程潜戎装佩刀，十分威严。他讲话时，激昂慷慨，无比振奋，讲到沉重处，不

1923年冬，程潜在广州主持创办大本营军政部陆军讲武学校，图为学校旧址。

时以军刀顿地，铿锵有声，给人留下难忘的印象。

孙中山和廖仲恺对讲武学校非常关注，常到校巡视学生的生活及战斗演习，并给予热情的鼓励。1924年夏天，孙中山身着白咔叽布中山装，脚穿麂皮鞋，头戴拿破仑帽，在程潜的陪同下来校检阅，当看到学生在炎天热暑中战斗演习，非常满意。他在讲话中对程潜校长治校有方和学员勤学苦练进行嘉许以后，勉励学生发挥以一当十、以十当百的革命军人精神，担当起打倒帝国主义、打倒军阀的神圣任务。

与此同时，孙中山已经判定：陆军讲武学校虽已设立，但中国迄辛亥革命始之13年国民革命中，尚"没有一种军队是革命军"。为了"仿效俄国"革命成功的经验，"来挽救中国的危亡"，1923年8月16日，他派出了由蒋介石、张太雷等组成的"孙逸仙博士代表团"赴苏考察党务和苏联红军及其院校的建设，以便尽快实现改组国民党、"成立革命军"之宏愿。在列宁、斯大林的支持和中国共产党的帮助下，尤其是国民党第一次全国代表大会的召开、国共合作的实现，使建校工作顺利进行。苏联以鲍罗廷、加仑为首的政治、军事顾问团和以毛泽东、周恩来为代表的中国共产党人对筹建工作的参与，不仅加快了军校创建的步伐，而且拨正了它的方向。

谁来担任黄埔军校校长？当黄埔军校酝酿成立时，最初的建校规划，是程

参加俄军事顾问葬礼（1924年8月4日），左一手持军帽者为程潜。

潜拟定的，作为军政部长，他的资望在蒋介石之上，以军政部长兼任军校校长，也是名正言顺的。孙中山原来打算任命程潜兼任黄埔军校校长，以蒋介石为副校长，而李烈钧向孙推荐蒋介石为校长。蒋介石认为，以他和孙中山的关系和他曾到苏俄考察军事的条件，校长理应是他，不是程潜。他不愿屈居程潜之下，就离开了广州，要挟于孙。张静江为此事跑到广州找孙中山汇报事情原委。孙中山考虑程潜军政重任在肩，自己与蒋介石情谊甚笃，加上其他因素，最后决定由蒋介石担任校长，程潜只是校务委员之一。程潜开始有些不悦，但转念一想，既然总理已作出决定，自己只能顾全大局，竭诚拥护孙中山这一决定，因此毫无怨言。他很能理解孙中山的心情，觉得孙中山这样做也是顺理成章的。

这时，蒋介石追随孙中山的举动，反倒一幕幕地在程潜脑海中浮现：在护法战争中，蒋介石曾先后为孙中山拟定过"对北军作战计划"和"滇、粤军对于闽、浙单独作战之计划"。在军阀内讧加剧的时刻，他紧随孙中山，并发出过"战必胜、攻必克，统一中华，平定全亚……完成革命伟大之盛业"以及"明月当空，晚潮汹汹，国事蒙混，忧思忡忡，安得乘宗悫之长风，破万里浪以斩蛟龙"等豪言壮语和爱国忧民的心绪，使孙中山逐渐将他视为军事方面的助手。特别是1921年6月14日蒋母王氏病故，6月23日，这位奔丧中之有名的孝子，一旦接到孙中山"速来相助"的电报，立即"墨经从戎"。1922年6月18日，孙中山避难于永丰舰，蒋介石得"事紧急，盼速来"之呼唤，于25日从上海启程赶赴广州，登上永丰舰，孙中山授他以海上指挥全权。孙中山在军舰上与叛军艰苦作战 55 天，蒋介石在孙中山身边参与筹划作战。这时孙中山觉得蒋介石不仅是个孝子，也是个忠臣，夸赞道："陈逆之变，介石赴难来粤，入舰日侍余侧，而筹划多中，乐与余之海军将士共生死。"从此，把他当做国民党"最重要的干部"。黄埔军校筹建时，尽管这时的蒋介石，已在访俄报告书上暴露出他对苏联友好的不信任，受到了廖仲恺等人的批评，孙中山也指出他"未免顾虑过甚"，但孙中山毕竟把蒋介石视为生死与共的得力助手，在对校长一职的人选上，孙中山仍力排众议，坚持非蒋莫属。程潜想到这些，也就心悦诚服了。诚然，程潜觉得蒋介石之所以能作为一个军事人才，受到孙中山的赏识，还有一个重要原因：就是他善于施展权术，很有军事谋略。在他的政治、军事生活中，从《曾文正公家书》《王阳明全集》《资治通鉴》等书中吸取了封建统治阶级治国、治家、治人的道理与权术。

后来，孙中山根据程潜的建议，决定将讲武学校合并于黄埔，程潜以大局为重，积极支持孙中山这一决策，以一事权，为孙中山嘉许。讲武学校编入黄埔军校的 146 个学生，均入一期肄业，属六队由童锡坤任队长。这 100 余人中，随着时代的变迁，各人经历的殊异，发生了很大的变化，有的继续坚持革命方向，成为杰出的新民主主义高级将领和新中国的高级干部，如左权（任八路军副参谋长）、陈赓（任中国人民解放军副总参谋长等职，授予大将军衔）、蔡申熙（任中国工农红军军团长）、袁仲贤（解放后任驻印度大使、外交部副部长）、陈启科、李光韶、张际春等；而有的人步入歧途，成为蒋介石独裁统治的忠实支柱，如李铁军（集团军总司令）、李文（集团军总司令）、丁德隆（集团军总司令）、刘戡（集团军总司令）、陈大庆（集团军总司令）、张镇（宪兵司令）、刘嘉树（兵团司令）、袁朴（军长）、张际鹏（军长）、陈烈（军长）等；也有的人先为蒋介石卖命，后来投向人民，率部起义，如李默庵（绥靖区司令官）、陈明仁（兵团司令）等高级将领。跟随程、陈两将军起义的军、师、旅长中，不少人是出身于讲武学校，如前教育长李明灏由解放区秘密来到长沙，凭借旧日师生之谊，展开联络活动，为和平解放湖南做出了杰出的贡献。

为协助孙中山、蒋介石办好军校，培养自己的军队，作为军政部长的程潜，呕心沥血，日夜操劳。他从追随孙中山几十年的革命经历中，一桩桩血的教训，使他感到掌握自己的军队和增强军人革命精神的重要性，他觉得，如不建设一支坚强的军队，就有愧于孙中山先生之重托，有负于 4 万万同胞之期望，更对不起那些为国为民捐躯的革命先烈。他清晰地记得，早在大本营在桂林整训军队时，孙中山曾给驻桂林的部队中团长以上的军官作过题为《军人精神教育》

的讲话，要求军人要做到"智、仁、勇"，要"长技能，明生死"，要"立定决心，从事革命"。是呵，每一个革命军人都应抱着一个坚定的信念，誓死为国效劳，我何不起草制定军人誓词，让全军躬身实践呢？

经过深思熟虑、字斟句酌，程潜终于在黄埔军校开学典礼后的第八日，就军人宣誓词及军人宣誓条例向孙中山郑重呈文。

孙中山接到程潜的呈请，认真审阅后，深感程潜的呈文缜密周到，"均尚妥当"，切实可行。乃于 28 日发出指令，批准军政部公开施行军人宣誓词及军人宣誓条例。

自此以后，程潜遵照孙中山的指令，认真贯彻施行，对提高革命军人的政治素质大有裨益。

◉ 东征讨逆

1924 年 9 月 3 日，江浙军阀战争爆发。孙中山以为这是北伐的大好时机，乃于翌日，在广州大本营召开筹备北伐会议，决定乘江浙战争之机，督师北伐，湘、赣、豫军全军全部投入北伐，滇、粤军抽调部分队伍随行，分路入江西、湖南，迁大本营于韶关，命胡汉民留守广州，代行大元帅职权兼广东省长，廖仲恺为军需总监兼财政部长，谭延闿为北伐军总司令。

18 日，孙中山发表《北伐宣言》，声明"北伐之目的，不仅推倒曹、吴，尤在推翻军阀所赖以生存之帝国主义"。

20 日，举行北伐誓师典礼，孙中山下令各军分两路向湘、赣出发。程潜随从出征，力主北伐。

当此之时，风云突变。

10 月 23 日，北京传来了振奋人心的消息：冯玉祥、胡景翼、孙岳联合发动北京政变，迫曹锟下野。

25 日，冯、胡、孙召开军事政治会议，决定组织国民军，并请孙中山北上主持大计，请段祺瑞出山。

11 月 5 日，冯玉祥将清废帝溥仪驱逐出宫。孙中山致电冯玉祥，祝贺政变成功。并表示："建业大计，亟须决定，拟即日北上，与诸兄晤商。"

12 日，孙中山自广州启程，各界举行欢送会。孙中山北上后，程潜驻守韶关大本营，任军政部长、军法裁判官等职。欢送孙中山北上时，程潜目睹壮观场面，甚为激动，挥就《恭送总理北行》（《养复园诗集新编》第 39 页）五言诗一首：

> 朝乾明峻德，夕惕厉悲心。至人握灵枢，大地扬妙音。
> 如日炳维络，其光首东南。炎炎暨中外，赫赫照古今。
> 荣名非所宝，博爱为己任。万殊原一本，冤亲与共函。
> 物类竞争夺，海宇弥云昙。斯民竟何辜，久困将不堪。
> 谁谓河朔远，巫恩雨露沾。兹行体天意，万国新观瞻。

不久，程潜被孙中山任命为建国攻鄂军总司令（著名共产党员林伯渠任政治部主任），还设有一所攻鄂军讲武堂，以培训干部。在广东革命政府肃清地方军阀势力邓本殷武装的南征作战中，攻鄂军配合行动。对广东的统一和革命政权巩固起到积极作用。后来，攻鄂军经略湘鄂，为配合北伐军攻打江西，进图湘南。1925年1月12日，程潜率师长驱直入，进驻马坝，兴奋不已，欣然命笔，赋《驻军马坝作》（《养复园诗集新编》第42页）：

> 指途向鄂渚，假道经湘川。疾驰蔚岭关，雨雪何纷纷。
> 猿狐啸我后，豺虎横我前。衢路长荆棘，城郭生烽烟。
> 企予望衡峤，何时抵汉滨？顿辔修我矛，秣马励其军。
> 天时未可失，人事毋乃烦。自古逢屯蹇，厉志在贞坚。
> 任重道弥远，岁暮时复春。张幕蔽风日，枕戈思昔贤。

1925年3月12日，孙中山因患肝癌不幸病逝于北京。噩耗传来，程潜悲痛不已，顿时如刀绞心，似雷轰顶，热泪奔涌而出。是夜，春寒料峭，冷月挂在黑黝黝的天幕上，发出迷迷蒙蒙的清光。从不作七言诗的程潜，悲感交集，挥毫写就了一首七绝《孙中山先生挽诗》（《养复园诗集新编》第157页），以寄托哀思：

> 一弯冷月照寒窗，巨星陨落我哀伤。
> 主义炳天感遇厚，回首望前意茫茫。

同时，胡汉民发出通电，宣布广州组织孙中山哀典筹备委员会，胡汉民、程潜等11人为委员。在北京，程潜组织并参加了对孙中山的隆重祭奠活动。

他亲自从北京铁狮子胡同行辕送灵至西山碧云寺。他目睹参加送灵到西直门的群众达30万人，步行送灵到西山的达两万人，程潜深为感动，从而更增加了对这位国民党领袖、民主革命的伟大先行者的敬仰，决心遵循他的遗嘱，继续拥护革命的"三大政策"，完成他的未竟事业。

1925年国民政府部分委员悼念孙中山
前排左起：谭延闿、许崇智、胡汉民、孙科、廖仲恺、林森；
后排左起：古应芬、程潜、伍朝枢、朱培德

孙中山逝世后，西南军阀唐继尧以广东大元帅府的副元帅之名，由云南进军广西，企图推翻广东革命政府；而广东境内的滇、桂军阀杨希闵、刘震寰则西联滇军唐继尧，北结段祺瑞，谋据广州，妄图颠覆革命政府。滇军胡思舜部于惠州、河源一带布防，盘马弯弓，情势日亟。至是廖仲恺、程潜等人，力持旋师之议，一方面运动各工团罢工，商界罢市，以便钳制逆军运输之给养；一方面令湘军及朱培德部在北江者扼要布防，断杨、刘与北军之联络，逆军遂成坐困。刘震寰以北伐军旋师知难抵抗，将所部调驻新街。滇军之在东江方面的部队，亦后撤回，集中广州东北郊及龙眼洞一带，企图抵抗。

6月4日，滇军军阀杨希闵与桂军军阀刘震寰，率部两万余人在广州叛乱，占领省长公署等机关。程潜、谭延闿、许崇智、朱培德等联衔通电声讨杨、刘。程潜等率各路联军回师广州，实行讨伐，经几昼夜激战，终于于12日击败杨、刘逆军，平息叛乱，收复广州。杨希闵逃往香港，刘震寰潜逃上海。正如报载："数万逆军，三年虎踞，雄视一切，至是一扫而荡除之矣。"

杨、刘叛乱平定后，铲除了大元帅府的心腹大患，使革命政权得到了一定的巩固。7月1日，国民党中央决定将广东大元帅府改组为国民政府。是日，中华民国国民政府在广州正式成立，宣布新政纲，采取合议制。程潜、汪精卫、胡汉民、谭延闿、朱培德等16人为国民政府委员。国民政府于8日决定将所属各军统一改称为国民革命军，并在国民革命军各军中设立党代表和政治部（党代表和政治部主任多由共产党人担任）。8月1日，粤军、湘军、滇军及鄂军、各军总司令许崇智、谭延闿、朱培德、程潜通告遵照国民党中央执行委员会统一军政计划，即日解除总司令职务，将所有军队交由国民政府军事委员会统率。随后，将革命军编成为第一、二、三、四、五等军（军长分别为蒋介石、谭延闿、朱培德、李济深、李福林）。之后成立第六军，程潜任六军军长，林伯渠任党代表。不久又将广西李宗仁、黄绍竑部队改编为第七军，湖南唐生智部队改编为第八军。

还在广东革命政府平定杨、刘叛乱时，盘踞东江的陈炯明残部，就乘机占领了河源、博罗、河婆、老隆、紫金等潮、梅、惠州整个东江地区，勾结广东北江熊克武部和南路邓本殷部，企图侵扰广州，于是广东国民党中央和国民政府为统一两广，巩固后方，出师北伐，遂决定举行第二次东征，讨伐盘踞在东江的陈炯明、林虎等部。东征军以蒋介石为总指挥，汪精卫为党代表，周恩来为总政治部主任。于10月5日发表东征布告，决定出兵东江，肃清余逆。广东革命军第二次东征从此开始。

东征军辖有3个纵队，由何应钦、李济深、程潜分别担任第一、二、三纵队长。蒋介石于10月中旬率东征军出发，初步以攻占惠州城消灭杨坤如、熊略等部为目标，然后分路进攻潮、梅，肃清叛军全部，以绝北伐后患。攻惠州之役，蒋集中主力攻击，前仆后继，死伤甚众，遂攻下惠州城，随即分路前进。由程潜任左翼军指挥，率三纵队由东江攻占龙川、兴宁、梅县，扫荡盘踞梅属各县之敌。何应钦任右翼军指挥，率部经淡水、稔山攻取海丰、惠来、潮阳，相机进占汕头；蒋介石自兼中路军总指挥，率粤军大部及党军一部由平山、三多祝，攻占普宁、揭阳进占潮安，并肃清盘踞潮属各县之敌。三纵队是以建国鄂军3个步兵团及豫军600余人为主组成，作战地区在河源、老隆、五华、兴宁、梅县·大埔直至福建之边境。惠州克复后，东征军总指挥蒋介石于10月16日颁发向潮州、梅县进军命令：以第一纵队出海丰，以第二纵队出三多祝，以第三纵队出河源，限各纵队22日前占领海丰、紫金、河源之线，26日前占领河婆、老隆之线。11月3日前第一、第二两纵队占领潮州、汕头，第三纵队出五华、兴宁、梅县、大埔追击。

10月21日午后，程潜在石公神，探报高望一带，尚有敌人马雄韬部，但兵力不详。后得知陈炯明残部李易标、陈修爵部约三四千人在灯塔，以一部千余人守河源。河源位于东江北岸，新丰江东岸，新丰江之水流入东江，河源夹在两江汇合之中，三面是水，形成自然屏障。江面很宽，春天江面约五六百米，冬天约300多米宽。敌人以为有河源这样一个天然外壕，没有船只无法渡江进攻，所以便高枕无忧，未做充分作战准备。

程潜为完成占领河源之任务，拟先肃清高望之敌，便下达了攻击命令，作了如下攻击部署：第三师第九团卫团长任右翼指挥，率领所部，于22日拂晓由邓村经麻庄前进，向高望攻击；攻鄂军第二团王团长任左翼指挥，率领所部，于22日拂晓由四方围、乐田前进，向高望攻击；攻鄂军第三团、第四团为总预备队，明日拂晓，第三团跟随第九团，第四团跟随第二团，取1000米远之距离跟进；攻鄂军第一团位于石公神通河源东岸大道，对河源方向严密警戒；余（指程潜自己）率督战队，于明日午前7时30分赴乐田东北端高地。

程潜率部进至距河源还有五六公里之森林地带隐蔽起来，不进老百姓的村庄宿营，而是露宿在山下树林里，封锁了消息。22日，程潜在途中搜得敌人信件，得知敌人在河源无十分准备，决心先取河源，遂令攻鄂军第三团改道向河源前进。午后3时，程潜已抵石下。此刻第三团已在石下占领阵地，与新丰江北岸及河源城之敌接触，战至一小时，无甚进展，程潜即令第三团迅速在石下徒涉渡河。当时官兵虽在敌火猛烈之下，仍勇往迈进，不稍畏退，约15分钟，第三团遂完全渡河，向城内之敌攻击。敌见东征军猛进不已，势渐不支，分向城西北角溃退。东征军迅速占领河源城。

新丰江对岸之敌被击后，向南湖方向退却，程潜便命令第二师第九团卫团长派兵追击，并令攻鄂军第四团王团长率领所部，由本京开往河源，担负回龙方面之警戒，随时策应第三师第九团。依照原订计划，第三纵队应于26日占领老隆，河源既已克服，程潜为达占领老隆之目的，亲率各部于24日由河源沿东江向老隆前进。

23 日午后 3 时 50 分，第九团即与向南湖退却之敌接触于马蹄附近，敌约 3000 人，占据大道两侧高山。程潜当即令第三营由敌左翼攻击，第一营由敌右翼攻击，其余为预备队，战斗两小时，亦无进展，天已黄昏，遂在原阵地据守彻夜。

24 日午后 2 时半，敌复以千人由左翼高山向密石寨而来，截击第九团、第四团之后路，取包围形势。第四、第九两团以子弹缺乏向南坑方向冲出，及南坑，将到黄沙，适豫军因是日向老隆前进，与攻鄂军第二团失掉联系，在即冈附近，与敌遭遇激战。因敌众我寡，攻鄂军伤亡甚众，遂向山羌水铺前进。恰潮梅留守河源之第一团第一营，在双下、阿婆庙占领高地，掩护各军渡河。同时回龙对河揽子坝之敌，亦有渡河进逼之势，因无后援，亦退古岭。此时，豫军师长陈青云，攻鄂军第四团团长王茂泉，第三师第九团团长卫立煌建议，因给养无接济，子弹无补充，不如就观音阁水道之便，俾收迅速接济之便。程潜采纳大家的意见，令各部退守观音阁，再图反攻，河源城于是又落敌人之手。

河源失守后，程潜命攻鄂军第三团从老隆一天赶到五华。老隆到五华有 60 公里山路，全团部队于 25 日上午 5 时由老隆出发，当日下午 5 时到达五华，官兵殊感疲劳。次日，程潜命令第一团继续向兴宁前进，攻击兴宁之敌，占领兴宁；第二团占领五华以西几个高地并挖掘工事，严阵以待后面追来之敌。其时，敌军李易标、陈修爵部约三四千人击败第九团占领河源之后，跟踪东征军前进路线追击而来，企图歼灭东征军。敌人果然在 27 日下午 6 时许赶到五华，向第二团几个山头进攻。第二团集中猛烈炮火杀伤来攻之敌。激战两三个小时，敌人伤亡甚众，攻击受挫，退到第二团对面几个山头相持战斗。程潜亲自到第一线指挥督战，乘敌占领几个山头立脚未稳之际，命令第三团第一、二营向右边山头进攻，第二团向左边山头进攻，战斗更加激烈。程潜站在桥头上指挥作战。霎时，枪炮齐鸣，杀声震天，两军短兵相接，刀枪相对，勇猛厮杀，双方血战，呈胶着状态。突然，站在程潜身旁的参谋唐逸被敌人子弹打穿了左腿，大家劝程潜迅速掩蔽，但他还是屹立不动，继续指挥战斗。当他看到三团三营七连连长何元恺率部增援，他兴奋地命令道："何元恺，带着你这个连把敌人右边这个山头攻下来！"何元恺当即率全连向指定目标攻击前进，经过一番激战，终于占领这个山头，然后，向敌人侧射。第二团、第三团密切配合，反复向敌人冲杀，战斗到晚上 12 时，敌人全部崩溃。

经过激烈战斗的深夜，河星朗然，月光如洗，流水哗哗，江涛拍岸。程潜遥望那苍苍莽莽的银河，兴致勃勃地提起狼毫，饱蘸浓墨，运笔神挥，写下了气势磅礴的诗篇《五华道中作·并序》（《养复园诗集新编》第 43 页）：

陈部久据东江，大军进讨，予总左翼军克河源，抵五华。逆众乘夜来袭，回师破之，是夜月明如昼。

讨逆复河源，挥军过老龙。蓝关周地险，缓峦越蟠崇。

环览群嶂间，树木犹青葱。乘胜捣其巢，悬知寇势穷。

凶徒席余烬，间道蹑我趴。回师及良夜，华月耀当中。

追逐依声威，搜索历榛茂。苦矣二三子，奋勇克成功。

次日，程潜率部队从五华出发，向兴宁、梅县前进，敌人残部闻风而逃。此时，敌军数千人集结于永定县东北胡雷地区。程潜命令第一、二、三团进驻三河坝集结待命。部队到达三河坝后，白天隐蔽，夜间行动。程潜令三团于拂晓前攻击永定汀江南岸小高地之敌，将敌歼灭后，全团即向永定县城进攻，第一、第二两团进攻永定县东北胡雷地区残敌，一举歼灭之。

28日拂晓，程潜率领第三纵队由观音阁出发，乘胜向河源前进。河源之敌，闻第三纵队向老隆突进，恐被截击，大部业已退去。是日正午12时，东征军遂复入河源城。至11月4日，第三纵队先后克服五华、兴宁、梅县，并已追至大埔一带。是时，程潜即赴汕头，与蒋介石面商筹划追击事宜。

筹划结果，共同认为，敌人虽然两次受挫，但为祸之心未死，且尚有数千之众，难免不图死灰复燃，不如乘势追击，以收歼灭之效。遂着第三纵队及冯指挥所部第二纵队之左翼队，编为左翼追击队，归程潜指挥，并与福建第三师取联络，向该敌施行追击。程潜亲自拟定追击计划，以追击刘志陆、三黄等逆残部，拟向高头、泰溪附近前进。

13日，程潜得各方情报：下洋、泰溪之敌，约五六千人已完全退至永定附近。他依情况判断，不宜迟延，恐该敌远遁，于是决定令冯指挥所部于14日务必到达下洋，取监视姿态。第三纵队于13日午后7时，由大埔出发，以夜行军向永定前进，于是追击部队渐入闽境，在永定之北15公里，将陈炯明残部一举击破。程潜入闽3日，即班师回粤。后来国民政府军委会在总统报告中写道："第二次东征目的，在扫清叛逆，巩固革命策源地。计分三纵队，兵力总计约23000余人。敌人之众，约数倍于我。不出一月攻破惠州，克服潮汕，驱逐残逆，肃清边境。……我第三纵队，亦努力次第克复河源、老隆、直达五华、兴宁，使一、二纵队，无左侧之顾虑，专心致力于当面之敌，诚不愧为国民政府下之革命军人也。"东征和南征的胜利，不仅基本上扫除了广东境内的反动军阀，统一了广东，并且为两广统一和准备北伐奠定了基础。

东征胜利后，第三纵队奉命进驻惠州，至 1926 年 1 月 20 日，正式改编为国民革命军第六军，程潜任军长，林伯渠任党代表兼政治部主任，杨杰为总参议，唐蟒为参谋长。六军辖第十七、第十八、第十九共 3 个师。第十七师师长吴铁成，因被免去广州市公安局长及被逮捕，由欧阳驹代理，不久改为杨杰任师长；第十八师师长胡谦；十九师师长王懋功，未到差，由张祖武代理。各师团党代表都是共产党员，营、连指导员绝大多数是共产党员。团、营、连长的共产党员占三分之一，各师政治部是共产党领导的，因而六军的政治思想工作做得很好。

1926 年 1 月 1 日至 19 日，国民党第二次全国代表大会在广州召开，出席大会实到代表 253 人，程潜以 234 票（有效全票 249 张）当选为中国国民党第二届中央执行委员，其票数之多，居 36 名中执委中的第 10 位。同时，程潜被选为中央执行委员会军事委员会委员和中执委军事委员会主席团成员。任六军党代表的林伯渠也同时被选为中央执行委员。在 36 个中执委中，共产党员占 9 人（谭平山、李大钊、林伯渠、吴玉章、恽代英、杨匏安、于树德、彭泽民、朱季恂），在 24 个候补中执委中，共产党员占 8 人（毛泽东、邓颖超、董必武、夏曦、许苏魂、韩麟符、屈武、詹大悲）。程潜任中央执委后，继续执行孙中山先生确定的"三大政策"，忠诚地同林伯渠等共产党人合作，抵制破坏国共合作的言行，不准国民党右派查问将士的政治身份。六军是由攻鄂军、吴铁成的独立师、广东潮梅军以及收编的陈炯明残部翁腾晖部等杂牌军组成的，为改编这支部队，程潜与林伯渠密切配合，调整了师、团干部，建立起系统的政治工作制度，在军内整顿和发展了国民党组织，建立了中共党团组织。他还公开下令，禁止在他的部队中建立右派组织"孙文主义学会"，而准许成立左派组织"青年军人联合会"。正由于程潜与林伯渠及苏联顾问的共同努力，在六军中进行了大量的政治军事工作，迅速提高了部队的政治觉悟和军事素质，调整和改善了军队内部关系以及军队与民众的关系，才使这支杂牌队伍很快成长为北伐战争中的一支劲旅。

◉　转战北伐

北伐伊始，面临的敌人数倍于北伐军。正面的敌人是吴佩孚，所部驻于京、汉沿线，号称 20 万。长江下游的敌人为孙传芳，他拥有 5 省地盘，自称苏、浙、皖、闽、赣 5 省联军总司令，兵力也号称 20 万。至于奉军张作霖所部，较吴、孙的部队更为精锐。1926 年春，张作霖击溃冯玉祥入关，占领天津、北京，俨然中国之主，其兵力合奉、吉、黑、直、鲁、热、察，号称35万人。战将如云，声势极为煊赫。综计此时和北伐革命军为敌的全国大小军阀，实力约在100万人以上。而北伐军只有10余万人的基本队伍，若欲扫荡军阀，统一全国，则必须出奇制胜，掌握有利时机，对敌人各个击破。

1926年6月20日，国民革命军第六军军事高等班开学时合影。前排右六为程潜、右七为党代表林伯渠、右八为林组涵、右三为总参议杨杰

北伐军第一期作战计划是出师湖南、湖北，以消灭吴佩孚为目标。准备在两湖取胜后，再向长江中下游发展，消灭孙传芳的部队。尔后伺机向长江以北发展，消灭张作霖，统一全国。具体部署是：以四军、七军、八军担任湖南战场的正面主攻；二军、三军为右翼，策应正面，监视江西的敌人；以六军和一军的一、二两师为总预备队，随中央军推进。

1926年7月9日，国民革命军在广州举行北伐誓师典礼，国民革命军总司令蒋介石发表就职宣言。国民革命军正式出师北伐。

15日，程潜军长率六军第十七师、第十九师从惠州出发（十八师留守惠州），步行至广州乘火车到韶关下车，然后徒步行军，经乐昌、湖南九峰、郴州、安仁、醴陵、浏阳，于8月28日到达湖北咸宁，全程40余天，酷暑行军，官兵无一掉队的。各团政治指导员从士兵中挑选优秀者组织宣传队，每天随同前站人员，走在部队先头，沿途贴标语并向群众宣传。群众相望于道，箪食壶浆以迎，送信带路，倾力相助。军队每到一个城市或乡镇，即由政治指导员召开军民联欢大会，讲解打倒军阀、打倒帝国主义的革命道理。在广大人民群众的热烈支持下，北伐军进展异常迅速，不到两个月，即平定全湘，连取汀泗桥和贺胜桥，进至武昌城下。就在北伐军开始围攻武汉，第六军到达汀泗桥时，正值第四军同吴佩孚在浴血搏斗之中，第六军官兵摩拳擦掌，跃跃欲试。适盘踞江西的孙传芳，为五省联防自治之首，为了策应武汉的吴佩孚，派谢鸿勋师及杨振东混成旅，进至修水、铜鼓一带，威胁第四军侧背。程潜奉命率第六军自咸宁南下入赣，并任中路总指挥，指挥第六军和第一军第一师，驱逐谢、杨两部，打击孙传芳，遂由汀泗桥进入江西，进攻铜鼓、修水，直捣德安，截断南浔路。

正当程潜率六军于 8 月 30 日由湖北汀泗桥经崇阳、溪口、三都等地，向修水的谢鸿勋师攻击前进时，六军经理处党代表贺澍，将李某寄公款给程潜在上海的家属一事，报告了六军党代表林伯渠。9 月 1 日，程潜在林伯渠处发现贺的报告，大为嗔怒，当即要将贺澍撤职，并谓贺"唆使人毁坏其名誉"，遂与林伯渠发生了"语言冲突"。程潜拍案而起，脸红脖粗，青筋直跳，两眼喷火，愤怒地说："祖涵（林伯渠字），贺澍的报告简直是对我的诬蔑！何人汇款给我的家属，我不得而知，即使有此事实，为何不当面向我报告？我最恨在背后搞小动作的小人！"

林伯渠毫不示弱，据理力争："颂云，你是一军之长，部下向党代表报告情况，何罪之有？你在我面前发怒，难道是对我的尊重吗？"

两人你来我往，言词激烈。林伯渠与程潜"意见相悖"，次日，便给程潜留一便笺，出走长沙。

林伯渠走后，程潜心烦意乱。初秋之夜，显得特别闷热，他尽管静坐临时卧室，却汗流浃背。此刻，他瞪起茫然失措的双眼，凝视着天花板发呆，仿佛他的船队驶入了礁石密布的急流，正在漩涡里打转转，急需高明的舵手把握航向，有待水手们全心协力，否则，随时有触礁沉没的危险。而今党代表已去，与他同舟共济的朋友已经分手，他悔恨交加，后悔不该当着祖涵的面发怒。此"怒"发得不是时候，更没有考虑场合，想着想着，蓦地，他记起了苏东坡在《留侯论》中的几句名言："古之所谓豪杰之士，必有过人之节。人情有所不能忍者，匹夫见辱，拔剑而起，挺身而斗，此不足为勇也。天下有大勇者，猝然临之而不惊，无故加之而不怒。此其所挟者甚大，而其志甚远也。"他自言自语地说："我在祖涵面前发怒，既不算'大勇'，又不称'志远'，纯属意气而已，痛哉痛哉！今日神州，军阀兵乱，列强宰割，举步艰难，生灵涂炭，我岂能意气用事？"

9 月 7 日，林伯渠抵达长沙，将此事报告了李维汉、颜昌颐、夏曦等中共湖南区委负责人，并同他们共同研究决定：为顾全大局，暂以请病假为名，等待程潜态度的变化，如程潜诚恳地请林伯渠回去，则再回六军。当日，中共湖南区委将此意见报告中共中央，林伯渠也以"染疾到长沙医治"为由，给总政治部主任邓演达发了请假电报。不久，中共中央回电同意湖南区委的意见，并嘱一方面应就此事向程潜提出警告，同时也不要对程"操之过急"。邓演达亦回电准假，邀林伯渠"到武昌一叙"。

与此同时，程潜为与林伯渠发生口角而深为内疚，但仍以北伐大局为重，亲率六军将士按原军事部署向修水、铜鼓进攻。命令第十七师由马市、杭口攻击修水正面之敌。当时，谢鸿勋部主力在修水东郊九宫山一带，据险要地形，在修水城内各街道上都构筑有工事，以坚固房屋作据地，似有准备固守待援模样。程潜率第十七师、第十九师各团官兵，轮流反复冲击，进行肉搏，逐一攻克敌人占领的各个据点。9月8日午后5时，完全占领修水。接着，程潜率部乘胜前进，向铜鼓攻击。连日来，十九师各团由澧溪附近开动，日行百余里。十七师各团由修水出发，日行八九十里，虽全属山路，大敌当前，但士气尤为旺盛，毫不感到疲劳。9月13日拂晓，第一师即向铜鼓之敌开始攻击，历战四五小时之久，敌不支且探知后方大坂附近已为北伐军截阻，敌主力即取道黄岗口、棠铺、潭山、同安、张坊、奉新，狼狈退却，不下4000人。程潜据敌情分析认为，敌人既未受到何等损害，全师退至相当距离之后，必设法阻止我军，或与邓逆如琢合一，或奔回南浔路与其主力会合，皆属可虑，应乘其狼狈恐慌之际，一举而歼灭之，庶可尽此夹击之功。若仅以第一师跟踪追击，或以一部截击，亦可收相当之效果，惟不能达到捕捉歼灭之目的。故决心以强有力之部，取与敌平行道路，溢出敌之退路，前方而兜击之，且敌之退却之路与我军进击之路中间，有一山脉梗阻，若猛烈果敢追击前进，敌人更难察觉，似此则在同安或村前当可收兜围截击之效果。据此分析，程潜当机立断，命令第十九师即时取道旱桥、甘坊、奉新，追击前进，并派军官侦探三组侦察棠铺、潭山、同安、张坊敌之退却情形；第十七师在第十九师后方跟进；第一师除以一部跟踪追击外，主力向大坂前进。由于知己知彼，指挥得当，全军合力围攻截击，连克铜鼓、高安数城，势如破竹，歼灭敌人的有生力量，捷报频传。

在林伯渠赴长沙的途中，北伐军相继占领了汉阳、汉口，六军也节节取胜。由于战局变化及六军广大政治工作人员强烈要求林伯渠回六军，程潜也深感军内政治工作的重要，往后战事日紧，亟待林伯渠并肩配合，加之中共军委王一飞通过各种关系做了程潜的工作，9月14日，程潜便要六军政治部秘书李世璋、

第十七师政治部主任李隆建、第十九师政治部主任张振武等，联名致电林伯渠：

> 我军出发江西，战事节节胜利，修水、铜鼓等县次第克复，现向南昌进击。奉军座（程潜）手谕，请兄即日命驾，取道浏阳、铜鼓，赶上前方，回军襄助一切，是为至盼。李隆建、张振武、李世璋同叩，寒。

17日，林收到这封电报后，当即回电：

> 寒电奉悉。我军进攻赣境节节胜利，遥听之下，不胜鼓舞。弟病渐痊，本拟克日前来襄助一切，适奉总政治部电召赴汉，本亦有此必要，准事峻即赶赴前线，并希转呈军座，藉纾廑念，至为感荷。弟林祖涵叩，筱。

当时蒋介石入赣督师，路经长沙，邀林伯渠同行，故他未能赴汉，于9月20日即由长沙径直入赣。其时，蒋介石因他的嫡系第一军自出师以来，仗一直未能打好，两湖的地盘大部落入前敌总指挥唐生智之手，他很想在江西战场上大干一场，以显示一下他的声威。程潜亦不甘心作预备队，也很想在江西战场显示一下他的拳脚，在江西连克修水、铜鼓、高安数城之后，探知敌军主力已自南昌南下，在樟树、丰成一带，正与北伐军第二军、第三军在樟树以南激战，南昌城内无正规军，仅有宪兵两个连、省署警察部队两个连和邓如琢部的一个骑兵团，守军人数不多，防务十分空虚。程潜邀功心切，遂不顾苏联顾问康奇茨的劝阻，擅改加伦参与制定的直取德安、涂家埠，截断南浔铁路的计划，意图兼程暗袭南昌，以期夺取攻克江西省会的首功。当时程潜率军部制订作战计划时，认为进攻南昌有如下"理由"："杨逆谢逆既被我军根本击破，据报九江附近孙逆所部之军队既未完全赶到，在南浔路涂家埠、牛行车站者仅三四千人，彼欲向我作战，须另立计划集结二师以上之兵力，方有胜算，以时日计之，孙军集结两个师以上之兵力，非两周时间不可，而邓逆亦因应付右翼军之境遇，亦难分兵拒我，此时实为攻略南昌惟一之好机会，故决心攻取南昌城，是策之上者也；若不迅速袭取南昌，捣破敌人政治根本重地，则孙逆之第二、三、五方面各军，必渐次集合于南浔铁道及赣北一带，或援武汉，或据南浔铁道，而我军兵力薄弱，右翼军主力又远在新喻，附近敌拥有我数倍之兵力，不难予我以各个击破之不利。故攻取南昌，纵令遭任何之困难及任何之牺牲，而我于政治上军事上皆可收惟一之好果，虽有牺牲，非所顾也：克复南昌，不惟使邓逆失却根本重地，且为截断孙、邓两军之联络，我则可主宰战场，或夹击邓逆，或向南浔路席卷直捣九江，均属自由自在。"

程潜攻打南昌的决心既定，便于9月17日于高安军司令部下达向南昌进军的命令，令六军第十九师星夜兼程向南昌疾驰，并相机占领之。同时，令一军王柏龄师向牛行车站疾驰，先行肃清该处之敌，并阻击南下增援之敌。又令该军第十七师向生米街疾驰，由此渡赣江，向南昌城以南地区集结，随时阻击北上增援之敌。程潜于9月19日亲率六军和王柏龄指挥的第一军第一师，自奉新直取南昌，入据省垣。次日午后4时，程潜受南昌民众之请，入城镇抚，人民欢呼雀跃，一睹革命军之军容。各界代表到军部致欢迎词。程潜一一交酢，并解释三民主义、完成国民革命之旨趣。当即命令将在吉安俘虏的苏俄飞行师维礼哥、比可夫两人从南昌军法处拘禁所中放出。

程潜率部占领南昌后，敌军前线总司令闻报，即由丰城回师反攻，南浔路的敌军郑俊彦部也驰赴增援夹击。孙传芳急谋反攻，于21日乘"江新"轮，由南京到九江亲自督战。他制定了一个从三路对北伐军反攻的计划：北路，由武穴渡江进攻阳新。中路，由赣西北的武宁前进，夺取湖北的通山。南路，反攻南昌，得手后向高安前进。为此，孙传芳令卢香亭部和郑俊彦部南下增援。令邓如琢部回师北上，限期夺回南昌。孙传芳的目的，不仅在于夺回南昌，而且要攻入湘鄂截断武长路，解吴军武昌之围，将北伐军赶出湘、鄂、赣各省。孙传芳听到南昌失守，大为震惊，立即命精锐部队第一、第二、第十3个方面军从南北反攻南昌。其时，在牛行车站附近尚有卢香亭、郑俊彦的两个师及被我击溃的谢、杨残部。在丰城、樟树一带尚有邓如琢的一个师及两个混成旅。在进贤一带尚有唐复三、岳思寅3个新编师。在九江尚有陈仪所部。他们一齐向南昌反攻。进攻南昌的程潜军只有1万余人，蒋介石的嫡系第一军第一师师长王柏龄又不听程潜调遣（蒋介石电令王柏龄"抗命后退"）。22日双方在南昌展开激烈争夺战，王柏龄第一师与敌刚一接触，即全军覆没。原来，一师随程潜的第六军攻进南昌后，王柏龄因性好渔色，得意忘形，以为天下大事定矣，夜宿妓馆寻欢作乐，致使敌军骤然来攻，第一师军中无主，被敌人冲得七零八落，狼狈不堪，仓皇逃窜。王柏龄脱险后，自知军法难容，匿迹后方，不敢露面，遂被宣告"失踪"。直至北伐军克定南京，王柏龄才又在上海露面。但蒋介石不但没有惩罚王柏龄，反而继续重用。蒋介石对于黄埔军校出身、忠于他个人的军官犯了法，只要去向他报告，他不但不加处罚，还认为诚实可信，给予嘉许。例如某人将军饷赌输了，主动向蒋介石报告说："报告校长，我一时行动失检，把军饷输了。"蒋把来人骂个狗血淋头，但臭骂之后，照例要写一张便条，叫他拿去向军需处领钱。当时黄埔出身的军官，如王柏龄之类，都知道蒋的这一套作风，因而都喜欢单独求见"蒋校长"。

程潜率六军进占南昌后，按理在右翼的第二、第三两军，应该星夜兼程向南昌疾驰，前后夹击敌人，把敌主力消灭在南昌附近。但蒋介石对第六军占南昌并不满意，其中有三个主要原因：第一，第六军是由共产党林伯渠参加领导的，共产党员在各级军官中的领导力量甚强；第二，程潜在国民党里的资历比蒋介石要老得多，颇有声望，蒋介石嫉妒程潜在北伐军中能邀头功；第三，蒋介石早已默许朱培德任江西省政府主席，程若固守南昌，蒋担心难以遂其许诺。有此三者，故蒋介石有意迟缓第二、第三军的行动，使第六军陷于孤军深入的境地。孙传芳看到革命军这个破绽，遂集结在南昌附近的兵力，乘虚反攻南昌。程潜虽察知敌情，但并不明白友军情况，更无法了解蒋介石阴谋陷害第六军的用心，于是会商决定固守南昌，以待友军的来到。谁知友军按兵不动，程潜孤立无援。在此情况下，程潜无奈，只得孤军奋战，命令第十九师第五十七团占领东门外的邓家铺，以阻击进贤方面来犯之敌。令五十六团除守城外，还率两连去破坏南浔铁路，截断牛行车站敌人的退路。牛行车站攻击失利之后，南昌四面受围，在邓家铺及守城的官兵不过千余人，而敌人足过十倍。但守城将士睥睨群酜，奋勇杀敌，卒将邓家铺之战线突破，并冲至万舍，致敌后方大为动摇，当与生米街之六军主力会合，敌人再次反扑，终因敌众我寡，北伐军死亡惨重。扼守邓家铺的五十七团于9月20日正午遭到由丰城、樟树方面开来之敌的猛烈进攻，激战一昼夜，至9月21日10时，被迫向南昌撤退。军部及十九师师部人员正由南昌向邓家铺集中，不料邓家铺已失守，遂与五十七团一同转向生米街撤退。这里湖河交错，地形复杂，军部、师部均被冲散。程潜化装而逃幸免于难。第五十七团残部及军师部人员，辗转逃到生米街的赣江北岸，麇集在一片沙洲上，无法渡江。敌邓如琢的追击部队已先头赶到北岸上，用步、机枪对北伐军进行疯狂扫射，死者甚众。渡过赣江者仅有七八百人，其中五十七团即有300余人。五十五团在与五十六团失去联络后，即以连为单位，分别隐蔽于各山林地带，昼伏夜行，绕过敌后，在赣江上游渡江。程潜于一星期后，才由军部指派部队暗中搜索，迎接回到奉新，化险为夷。

这次南昌战斗，程虽率部与敌血战3昼夜，终因敌军反扑，友军第三军朱培德部虽距南昌仅50公里路程，但蒋介石嫉恶程潜，想趁此消灭第六军，乃密令朱培德部不予支援。故不但第一师损失过半，第六军亦有将近半数覆没，被迫退出南昌。程潜痛定思痛，悲愤之余，作五言古诗《南昌纪阨》（《养复园诗集新编》第 48 页）一首，以志其事。诗云：

> 修水荡凶寇，高安驱恶首。既成破竹势，乘胜下洪州。
> 枝叶已剪除，捣穴扼其喉。奈何媚嫉者，纵敌自优柔。
> 逆众得所便，麏集来为仇。困斗阨万沙，几死溺章流。
> 宵深脱险艰，济渡赖野舟。固知蛮有毒，吾谋亦未周。

诗中的"吾谋亦未周"，是程潜的自责之词。的确如此，就用人而论，程潜能用人惟才，不分城域，心甚感之，这是他的长处。但他过于相信杨杰，委他为六军总参议。杨杰向学员讲课时，坐在一把太师椅上，手挥大蒲扇，谈笑风生，讲得天花乱坠、头头是道。程潜常亲自参加听讲，对杨的军事学问，大为赞赏。在北伐战役中，第六军各次作战计划的拟定，皆由程潜会同苏联顾问并召集军、师高级参谋人员共同研究，计划方针和部署，多出自杨杰的意见。但杨杰长于纸上作业，限于经历，他短于实际用兵。此次南昌之役，其计划当然是"不周"的，致使前锋与主力脱节，程几乎全军覆没。此其一。再则，程潜本身也铸成大错，难免有"贪夺攻克南昌的头功"之嫌。苏联顾问加仑将军于 9 月 30 日赶到高安，在总结第一次攻打南昌失败的教训时指出，由于程潜对南昌的袭击，北伐军损失了在攻江西方面 7 个师中 3 个师的大部分兵力，最主要的原因是程潜同朱培德缺乏协调一致。这次失败有可能导致北伐军在江西前线的失败。

程潜从这次进攻南昌的战役中，吸取了血的教训，认真检讨了"吾谋亦未周"诸方面。他在总结南昌战败诸因素中写道："通信机关缺乏或协同动作之精神不充溢，决难收克敌之效。赣中各军因通信机关缺乏之关系，彼此情况毫无知悉，致使敌军能败而复胜，失而复得，诚遗憾矣。当第六军于 9 月 19 日攻入南昌之时，邓逆如琢已在新喻仰天岗附近新败，南昌又为我军所得，若果通信机关发达，友军互相联络，则第二、第三两军以乘胜之威而压迫之，则邓逆可捕捉、可歼灭矣。卒因通信不可能，第二军在樟树监视敌人，第三军绕道清江、高安，协同动作之效全失，故邓逆乘机而回兵南昌，竟使其收各个击破之利。嗣后我军作战务设法联络，遵守协同一致之原则，庶不致为敌所乘。……高级指挥官之位置过于推进，易为敌人所制。南昌占领后，牛行车站之克复与否尚未确知之间，高级指挥官应在生米街占据地形之位置，以待全局战斗之胜利完竣后，再行进入南昌似较稳健。卒因南昌克复，勉副都会，人民之希望急切进省镇抚地方之关系，致陷于战役不利之地位，为指挥不便所困。故高级指挥官之行动，在战斗未终之间，应着眼于支配战斗全局之地势，不可应民众政治之关系稍有轻举也。此次南昌之教训可为殷鉴。"

南昌战役失败后，程潜率部在奉新一带集中整训。在各战场上失败的官兵，均陆续归来，无一人投敌或缴械的。10月3日，林伯渠来到奉新，重归六军。此时恰部队思想混乱，湖南派不满意广东派，广东派也不满意湖南派，而湖南派中的醴陵派（程潜的同乡）与浏阳派（参谋长唐蟒的同乡）之间的暗斗也相当厉害。十七师代师长、广东派的邓彦华，在战斗中表现不好，程潜想撤掉他，任命醴陵派的杨杰为师长，浏阳派则加以反对，想让唐蟒兼任第十七师师长。林伯渠来到军中，程潜喜之不胜，便与他如切如磋、如琢如磨，共同商量将部队整顿好，首先在调整组织、任命干部、整顿财政、重新配备政治工作人员、巩固内部团结方面下工夫，做了许多艰苦深入的工作。在北伐军最后总攻南昌后，程潜与林伯渠共同研究，为六军制定了政治工作计划，拟定了既通俗又能鼓舞士气的具体政治口号，如"为已死同志报仇"，"为南昌人民报仇"，"必须雪前次退出南昌的奇耻大辱"，"不收复南昌，不算革命军人"等等。程潜还支持林伯渠领导六军政治部动员奉新百余民众，组成前敌工作团，准备随军出征，担负输送子弹、抬送伤兵的任务。由于做了这样一系列的工作，六军很快又恢复了战斗力。

10月15日，蒋介石制定了《肃清江西计划》，将进入江西的北伐军编为左、中、右三路，蒋亲任"肃清江西"总指挥。左路指挥官为李宗仁，指挥第四军、第七军和独立第二师。右路指挥官为第三军军长朱培德，指挥第二军、第三军、第十四军和第五军之第四十六团。中路指挥官为程潜，指挥第六军。11月2日，北伐军第三次进攻南昌。在攻击准备前，蒋介石曾到奉新检阅第六军，军长程潜裹着绑腿，跑步向蒋介石立正报告，他认为军人对上级应绝对服从，在礼节上更不能违抗，但全军官兵暗暗为他抱屈。这次进攻南昌的部队，除原有的第一军第一师及二、三、六军外，又由武汉增调第四、第七军。当时的作战部署是以第二、第三军攻打牛行车站，第六军（附第一军第一师）攻打乐化，得手后与右翼军夹攻涂家埠。第四、第七军攻打德安、涂家埠。另调独立第二师进攻九江。在第六军攻打乐化时，以五十六团（张轸任团长）为预备队。此次战役十分激烈，遭到敌人两个旅约6000余人的顽强抵抗，经连续5天5夜的拉锯战斗，六军官兵伤亡1000余人，终于占领乐化车站，并消灭了涂家埠的守敌，与第一军第一师和第七军在此会师。朱培德的右路军肃清南昌外围敌军，5日攻克九江，孙传芳逃回南京。随后，左、中、右3路北伐军会攻南昌，11月8日占领南昌。经过这次激战，孙传芳在江西的10万主力部队几乎全被北伐军歼灭。这次取得江西战场的胜利，不仅粉碎了孙传芳夺取两湖、进窥两广企图，捍卫了北伐成果，而且从根本上动摇了孙传芳在东南5省的统治，为北伐军进克闽、浙、皖、苏诸省开辟了道路，奠定了胜利的基础。

江西战役胜利结束后，程潜率部移驻高安、奉新、萍乡一带休整。12月7日，蒋介石在庐山召开了抵南昌的各委员参加的中央会议，程潜参加了这次会议。会议期间，他游兴大作，重登庐山，凭栏远眺，但见近处古木参天，遮荫蔽日；远处山峦起伏，白云出没。目睹这一派壮观景象，他心旷神怡，感慨良端，乃作五言诗《登庐山》（《养复园诗集新编》第49页）一首：

> 名山依江湖，朝夕烟雾吐。挂席八来过，真面一未视。
> 晨兴发幽情，梦寐凤所许。登陟宁辞劳，风雪犹我阻。
> 皓皓层巘明，皑皑群峰竖。兹游乐静观，灵境谁为主？

◉ 首克南京

南昌战役结束后，程潜即与林伯渠一道，参加建立江西省政权的工作。当时，在南昌成立江西省临时政治委员会，以朱培德、程潜、鲁涤平、李宗仁、李富春、朱克靖、林祖涵、张国焘、李仲公等为委员，随后又成立了省的政务和财务委员会，这3个委员会均作为省的临时政权机关。不久，六军开赴九江，进行整顿训练。主持召开了六军国民党代表大会和政治工作人员会议，成立了六军的国民党特别党部，进一步改进和加强了部队的政治工作。并调整了人事，以总参议杨杰为第十七师师长，以工兵指挥马崇文为第十七师第五十一团团长，以第十九师参谋长胡文斗为第五十七团团长，其余营长以下干部均有调升或补充。同时培养初级干部，在军之下，设立1个学生总队，以王学林为总队长，下设1个军官大队，3个学生大队，以汤恩伯、陈锡麟、秦文瀚等分任大队长，招收中等以上学校学生人军官大队，高小学生入学生大队，分别进行培养教育。为提高部队素质，以班的基本战斗教练及刺枪、射击为重点，自1926年10月1日至次年2月底止，训练部队，每日从早至晚，不是军事训练，就是政治教育，程潜经常深入课堂、操场，亲自示范和授课，从而不仅提高官兵的军事技术水平，而且培养了革命精神。

其时，孙传芳南昌失败，他所属的陈仪、陈调元、周凤岐等师都先后投降革命军，所谓5省联军已土崩瓦解。山东督军张宗昌拥有10万兵力，认为有机可乘，遂联络直隶督军褚玉璞，共同出兵，合共20万人，号称直鲁联军，进驻南京。孙传芳势弱力竭，依附于张宗昌，退守江北，企图凭借直鲁军作最后挣扎。据此情况，蒋介石于1927年1月中旬在庐山召开一次军事会议，决定继续北伐，进军安徽、江苏，肃清长江下游之敌，攻取南京。

北伐军当时作战行动的指导思想是：对河南之敌暂取守势，对浙江、江苏、安徽之敌取攻势，消灭孙传芳的势力。为此，北伐军总司令决定继续东征，直取南京，将北伐军分为东路军、中路军和西路军。东路军总指挥为何应钦，前敌总指挥为白崇禧，下辖6个纵队，内含第一军、第十四军、第十七军、第十九军和第二十六军。中路军总指挥蒋介石（兼），下分为江右军和江左军。程潜任江右军总指挥，下辖3个纵队，内含第二军、第六军和独立第二师。第一纵队指挥官程潜兼，统帅第六军；第二纵队指挥官鲁涤平，统帅第二军，第三纵队指挥官贺耀祖，统帅独立第二师。江左军总指挥为李宗仁，下辖3个纵队，内含第七军、第十军、第十五军。西路军总指挥唐生智，下辖4个纵队，内含第四军、第八军、第九军、第十一军、第十八军、第三十五军、第三十六军和鄂军独立第一师。总预备队指挥官朱培德，下辖第三军。

这时敌军也在通盘调整，重新部署。孙传芳自江西败退后，便已感到独立难支，不得已乃决定向奉方输诚乞援，并亲往天津谒见张作霖，且行跪拜之礼，更和张学良结八拜之交，认张作霖为义父。张也捐弃孙氏昔日反奉之前嫌，予孙军以补充接济，使孙氏又决定联合组织"安国军"，张作霖任总司令，以孙传芳和直鲁军总司令张宗昌分任副总司令。且拟疏通败往河南的吴佩孚，作为北洋军阀的大联合，以与革命军相对抗。孙传芳南旋后，遂将苏、皖北部让予直鲁军驻防。自率其精锐在沪、杭一带，和我东路军的主力相鏖战。奉军和直鲁军则仆仆于津浦线上，准备渡过长江，南下增援。

1927年2月，白崇禧亲率东路军第一、第二、第三纵队东攻淞沪；何应钦则率第四、第五、第六纵队北上长兴，进攻镇江；程潜则统率第六军及第二军等，以湖口、景德镇为根据地，向皖南方面之敌威胁，使何应钦率之东路军进攻浙江容易奏效。18日，由何应钦、白崇禧指挥的东路军占领杭州。2月下旬，中路军同时东进，程潜率江右军自江西循彭泽、马当之线东进，第六军自九江顺流而下，至彭泽舍舟登岸，尽管雨雪纷飞，朔风凛冽，然将士斗志旺盛，不畏艰辛，奋勇进军。其他各军也集结湖口、彭泽地区。程潜率部行军，满怀胜利信心，于2月28日进抵秋浦。是夜，雪花飞舞，寒凝大地，窗外呼呼作响的北风，恰似猛虎长啸，又像战鼓催征。程潜按捺不住激动的心情，挥就了一首《彭泽至秋浦雨雪载途军行甚苦》（《养复园诗集新编》第50页），以志其事：

> 整军趋金陵，舍舟登彭泽。荆棘沿路除，浊秽随地涤。
> 春雨载途飞，朔风吹浙浙。嗟我前锋士，苦寒困行役。
> 念彼文物邦，久成豺虎宅。义师本为民，匹夫各有责。
> 正以仁伐暴，况乃顺临逆。胜算已可操，一篑宜努力。

当程潜率部分别前进至东流、大通、祁门、石棣等处时，皖境北洋军先后反正归顺，革命军遂不血刃而克复安庆。敌安徽省长陈调元便秘密向北伐军输诚，他所部2万人分驻安庆、芜湖一带，北伐军一旦东下，陈部立刻反正，于3月4日在芜湖正式宣布附义，并就任国民革命军第三十七军军长之职。皖军王普部也受编为二十七军，王受委为军长。安徽革命元勋柏文蔚收集北伐残部于鄂、皖边境的奠山、霍山一带，成立国民革命军第三十三军，柏任军长。皖军马祥斌部则受编为独立第五师，占领合肥。3月6日，程潜令主力直取芜湖后，又兵分3路取当涂。15日，程潜、贺耀祖部会攻当涂，经两日激战，击溃直鲁联军第四军、第五军及孙殿英部，进驻当涂。这时，江右军总指挥程潜打电报给总司令蒋介石，电告向南京进攻的计划和盘踞南京的敌人的情况以及准备开始进攻的时间，请补发子弹800万发。但蒋介石回电要程潜暂不向南京进攻，俟东路军何应钦部攻克上海、镇江后，与东路军协同进攻南京。程潜根据情况分析，认为江右军攻克南京条件已经成熟，稳操胜券，就不买蒋介石的账，向陈调元那里借了60万发子弹，做好向南京进攻的准备。

3月19日，张宗昌从徐州亲抵南京督战，限令褚玉璞3天内将丢失的地方全部夺回来。为给其士兵壮胆，这天下午还派飞机到秣陵关一带助战。同时，张宗昌还令直鲁联军第六军徐沅泉约3个混成旅，粤军谢文炳一个混战旅，白俄兵一个团，在正午时分，向江右军发起反攻。程潜率江右军英勇还击。江右军第十九师师长张振武，根据程潜的命令，亲率五十五、五十六团，由小丹阳向横溪桥、陶吴镇攻击。经过激烈战斗，终于击溃敌徐沅泉、王栋部4个旅（内有白俄一个团）。这时，在右侧方向发现敌兵约一个旅，张振武令预备队第五十七团攻击，血战 3 小时，打败了敌人。20 日晚，第十九师占领陶吴镇。二军光复溧水之后，又占领秣陵关。与此同时，贺耀祖在朱门、濮塘等地，亦重创敌人。张宗昌 3 日内收复失地的命令，完全成为泡影。

当此之时，国民党中央于 3 月 10 日至 17 日去汉口召开二届三中全会，到会委员 33 人。此三中全会实系一个不折不扣的反蒋会议，在中国共产党人吴玉章、恽代英、毛泽东、董必武和国民党左派宋庆龄、邓演达等共同努力下，通过了《统一党的领导机关案》《军事委员会组织大纲》《统一革命势力案》《国民革命军总司令条例》《撤销中央军人部案》等重要决议。这些决议旨在限制独裁，提高民主，实际上取消了蒋介石国民党中常委主席、军人部长等职务，限制了蒋介石个人的党政军权力，只保留了他的总司令职务。会议改选了国民党中央党委和各中央机关。选汪精卫、谭延闿、蒋介石、顾孟余、孙科、谭平山、陈公博、徐谦、吴玉章 9 人为中央常委。蒋介石、程潜等 15 人为军事委员会委员。程潜、汪精卫、唐生智、谭延闿、邓演达、蒋介石、徐谦 7 人为军事委员会主席团。程潜还被武汉国民政府选为 28 名国民政府委员之一，参加了在武昌举行的就职典礼。

程潜于就职典礼后，21 日率江右军向南京发起总攻。程潜亲临江东门前线指挥，将士向江宁镇、秣陵关进发，22 日即推进到淳化一带。其时，孙传芳已退守江北，驻扎在南京一带的主要敌人是张宗昌的直鲁军一、四、六、七军，白俄军队涅洽耶夫的步兵师，几个混成旅和孙传芳的残部，共约五六万人，人数及装备大大超过江右军（江右军只有 1.5 万人）。但江右军士气旺盛，斗志高昂，于 23 日出其不意地袭击牛首山及将军山。此

1927 年 3 月北伐军光复南京。北伐军江右总指挥、第六军军长程潜。

两处距南京不到 20 公里。地形险要，为南京东南的屏障。直鲁联军褚玉璞亲守此山，企图在此与北伐军决战。程潜考虑经过几天激战，伤亡甚众，士气虽然高昂，但兵力似嫌不足，便调动了总预备队——独立第二师参加作战。以第十九师在右，攻击将军山之敌；以第二师在左，攻击牛首山之敌。十九师又以第五十五、五十六团为主攻部队，归张轸指挥。北伐军猛打猛攻，敌阵全线崩溃，退入南京城。

23 日上午 11 时，江右军将敌人重重包围。程潜决定分路追击，攻取南京：一路为江右军第十七、第十九两师，第二十七军军长王普调拨 3 个团，共约 3 万人，在第二军六师的配合下，主攻雨花台、聚宝门（今中华门）。为进攻聚宝门，首先必须猛攻雨花台要塞。江右军在攻打雨花台的战斗中，一边高唱雄壮的国民革命军歌，一边奋勇杀敌。歌声、枪声交织在一起，响彻云霄。经过两次冲锋，约 3 时许，攻克了雨花台要塞。

攻下雨花台之后，程潜命令三军同时攻打聚宝门、洪武门、通济门。北伐军乘胜向聚宝门猛攻。下午 5 时，聚宝门遂被北伐军占领。

另一路，由独立二师师长兼四十军副军长贺耀祖，指挥其部队 2 万余人，于下午 2 时以极其猛烈之炮火，攻打通济门。首先选派敢死队 20 人，由大教场冲锋而至。把守该门之敌，见北伐军来势甚猛，遂纷纷逃窜，城内人民将城门大开，通济门立即落入江右军之手。

第二路由第二军副军长鲁涤平担任指挥，进攻洪武门，兵力 1 万人。经过一番厮杀，洪武门亦被攻破。至此，南京遂为北伐军光复。光复南京一役，江右军以 6 万人的兵力，打败了 10 万直鲁大军。这是国民革命军继攻克武昌后的又一伟大胜利。它标志着北伐军不仅打败了直系两大军阀——吴佩孚、孙传芳，也狠狠打击了奉系军阀的嚣张气焰，光复了长江以南的中华大地，严重地动摇了帝国主义和封建军阀在中国的反动统治。作为江右军总指挥的程潜，他的历史功勋，将永载史册。

3 月 24 日拂晓，约 4 时半起，江右军大队人马陆续开进城内。下午 5 时，程潜由聚宝门入城，南京数万人出城欢迎，沿途锣鼓喧天，鞭炮齐鸣。程潜骑在马上笑逐颜开，频频向群众挥手致意。

正当他们豪情满怀，进入南京时，忽闻炮声隆隆，不绝入耳。程潜问并马而行的张轸："这个炮声是从哪里来的？"张轸不假思索地回答："大概是我右纵队向敌人作追击射击吧。"行至城内，即判明炮声来自敌方。到达临时设置的总指挥部，即有各级政工人员及幕僚前来欢迎，并陈述美、英、法、日 4

国兵舰集中下关附近，炮击南京，并向北伐军提出哀的美敦书，限时答复。原来，当北伐军迫近上海、南京时，帝国主义积极部署兵力，声言全力"保护"上海。加紧了干涉和镇压中国革命的步伐。当时纠集在上海的帝国主义军队达 2.3 万多人，纠集在上海、南京一带江中的各国军舰达 90 多艘。当北伐军于 3 月 24 日进占南京时，南京城内发生抢劫，加之独立第二师攻占德安门、进入南京城内后，即到处焚烧外国教堂及医院，并将金陵大学美国教授杀死。英、美帝国主义者便以此为借口，声言侨民和领事馆受到"暴民侵害"，下令停泊在下关江面上的军舰联合起来炮轰南京城，造成死伤中国军民 2000 多人的巨大血案，史称"南京事件"。国民革命军当即开炮还击。程潜还立即下令逮捕参加抢劫的人犯，就地枪决，以资镇压，南京局势才免于继续恶化。

"南京事件"发生后，程潜一面派员向外国驻南京使团交涉，并研究对策；一面指派张轸为南京城防司令，维持秩序，安定人心。然蒋介石对帝国主义的暴行不仅不予揭露，反而卑躬屈膝地向他们"以极诚恳之态度……深表歉意"，污蔑"南京事件"是共产党人林祖涵、李富春欲使列强干涉中国革命，故意煽动少数士兵及暴徒恣意抢劫造成的。其实，当天林伯渠还在武汉，不在南京。并责怪第六军的行动影响了对外关系，嗣后竟下令包围第六军，勒令第六军缴械编遣。

第二、六军攻入南京的当天，林伯渠与吴玉章在国民党中央政治委员会中提出，应组织江苏政务委员会。会议根据他们的建议，当即指定程潜、何应钦、鲁涤平、钮永建、柳亚子、李富春、侯绍裘、张曙时、李隆建、江董琴、顾顺章等 11 人为江苏省政务委员。25 日政治委员会又指定程潜为江苏省政务委员会主席。程潜严格要求官兵进城之后，纪律严明，不住民房，不住学校，以革命军的面貌出现在南京人民面前，从而受到南京人民的拥护。六军政治部秘书李世璋、二军六师党代表萧劲光进城之后，及时与中共南京地委书记谢文锦、国民党南京市党部常务委员刘少猷等取得联系，得到地方党组织的积极支持。江右军进城之后，程潜一面派部队直奔下关，追击溃退之敌；一面派二军六师师长戴岳、党代表萧劲光等率部维持军纪，约法三章，张贴布告。他们向各部队宣传说："奉总指挥命令，凡抢劫财物者斩，无故放枪者斩，借故滋事者斩……"各军、师、团等宣传机构，沿街张贴标语，散发传单。同时还派部队巡查街道，保护人民生命财产，维持地方治安，打击国家主义派的首要分子。

程潜率部进入南京后，以直鲁联军司令部住房为军部。时值暮春三月，江南莺飞草长，杨柳吐绿，古老的金陵城，春意盎然，繁花似锦，一派生机勃勃。

入夜，大街小巷，华灯初上，宽阔的马路上车水马龙，行人熙攘，人们沉浸在北伐军入城的欢乐之中。程潜触景生情，感慨万端，诗兴顿生，挥笔写下了《由芜湖趋金陵》（《养复园诗集新编》第51页）一首：

> 江平波浪阔，山尽原野开。昔人论形胜，斯地控宣徽。
> 春风畅万物，春雨洒四维。浦岸涨黄流，堤杨荣绿滋。
> 顾此腴沃野，奈何戎马驰。凭高增慨叹，触目抚疮痍。
> 感愤令前军，疾趋雨花台。扬旌牛首山，振旆采石矶。
> 夷兵悉歼灭，余众咸依归。七日克金陵，昭苏怨来迟。

当北伐军节节胜利之时，蒋介石同武汉国民政府分裂迹象已日益明显。先是，蒋介石反对国民政府定都武汉，决定中央党部和国民政府驻南昌。正当南京人民欢庆南京光复，革命运动迅猛发展之时，蒋介石背叛了中国革命。他为了在南京建立反动统治中心，一面派心腹恢复江右军已封闭的右派市党部，建立劳工总会；另一方面企图将坚决支持南京人民革命斗争的第二、第六军调走，把其嫡系部队——驻上海的第一军第一、二师调驻南京。就在程潜率江右军攻占南京的次日（3月25日），蒋介石乘兵舰到达南京下关江心，邀程潜到兵舰上见面。此时蒋介石同武汉政府的矛盾已很尖锐。蒋介石想拉拢程潜，先试探程的意向。程潜直言不讳，认为北伐尚未完成，不主张分裂，遂自告奋勇，愿去武汉一趟，居中调停。恰在这时，林伯渠直接参与了武汉方面打算逮捕蒋介石的谋划，并亲往南京与程潜进行接洽。由于蒋介石的反革命活动愈来愈猖獗，亟欲取武汉国民党中央和国民政府而代之。1927年3月下旬，武汉国民党中央军事委员会便制定了一个俟机逮捕蒋介石的计划。关于此事，张国焘在《我的回忆》中曾这样写道："三中全会结束后的一两天，林祖涵告诉我，国民政府已有一个俟机逮捕蒋介石的秘密命令，交给程潜执行。他向我说明连日少数要人集议的结果，决定责成第二、第六两军控制南京地区，不使蒋在南京另建中心的阴谋得逞。如蒋氏违抗，江右军总指挥程潜便可根据国民政府的密令，将蒋氏逮捕起来。"

"林祖涵还说到这个重要措施，似是罗廷所授意，为各主要人物所一致同意的。"

程潜率江右军占领南京后的次日，便将情况电告武汉国民政府。没几天，林伯渠便带着密令赶往南京。此项密令系武汉国民政府主席谭延闿亲笔写在绸料上，林伯渠将它缝在衣缝内。他到达南京，即悄悄地撕开衣缝，取出密信，交给程潜。程潜当即展开绸料，只见几行字迹赫然跳入眼帘："蒋介石不日自安庆乘军舰东下，到达南京之日，请即将其扣押。"

程潜持着密令的手在微微颤抖，两只聪慧的眼睛闪着疑惑而深沉的光芒，似乎有一股凉气从脊骨里直往脑门上蹿。他半晌无语，面壁沉思。一会儿，程潜突然打开话匣子，滔滔不绝地向林伯渠倾诉起来。

当时武汉国民政府，不耻蒋之所为，其荦荦大者，约有下列数端：

早在广州政朝中，若驱许（崇智）、若驱胡（汉民）、若驱汪（精卫），无不有蒋的纵横捭阖，以其阴谋策划操纵其间。尤其国民党左派对蒋制造的中山舰事件，耿耿于怀。上面各事，时日一久，揭去面纱，内幕实情便逐渐暴露，使他们对蒋更加深恶痛绝。

蒋自任国民革命军总司令以后，大权在握，集党政军大权于一身，擅权独裁。借口将在外，军令有所不受，不服从国民政府与中央党部的领导，时非一日，事非一端，不早剪除，势将养痈贻祸。

北伐军攻克武汉、南昌后，为了有利北伐，扩大政治影响，巩固军事胜利，决定将国府与中央党部自广州迁至武汉。1926 年 12 月国府委员宋庆龄、徐谦、陈友仁、吴玉章、王法勤及顾问鲍罗廷等一行 10 余人，取道江西，于 12 月 7 日在庐山开会。蒋怕国民政府设在武汉，无法操纵，不能收到以军控党和以军命政的目的，主张将国府迁至南昌，置党政于蒋氏权力之下。宋庆龄等洞察其奸，未予置理，至赴武汉约集在汉中委开联席会议，决议在政府未迁来武汉以前，联席会议执行最高职权。出席联席会议的计有孙科、徐谦、蒋作宾、柏文蔚、吴玉章、宋庆龄、陈友仁、王法勤等人。在汉军人唐生智、邓演达、张发奎等表示服从联席会议。蒋对此不服，勾结中央执行委员会主席张静江，阴谋在南昌另组国民政府，以与武汉联席会议对抗。北伐之功尚没有完成，而蒋分裂的阴谋蓄机待发。以此观之，不早裁抑，后患无穷。

北伐之前，在粤各军各就驻地筹款。驻地肥瘠不一，各军待遇悬殊，民亦不堪，讨伐陈炯明、杨希闵、刘震寰后，将在粤各军取消以省命名番号，统编为国民革命军，财政税收统由国民政府收支，各军费用也就统筹统发。在粤各军从此无分主客，不有厚薄，待遇一律，同心同德，共图北伐大业。可是蒋任总司令后，私心自用，利用职权，使第一军处于特殊地位，补给供应优于各军，扩大部队先于各军，枪械子弹丰于各军，建立蒋家军的意图逐渐明显。所谓统一改编，是以偷梁换柱手法改变革命军队性质，以利于个人实行独裁。

政学系政客黄郛、张群等出入门庭，为蒋出谋划策。洋奴买办虞洽卿等，奔前走后，为蒋拉拢各方，此所谓"亲小人，远贤臣"，将危害国家。

程潜越说越激昂，洋洋洒洒，铿锵有声，像一枚重磅炸弹轰然作响，使人振聋发聩。林伯渠听着听着，深有同感，对程潜入情入理、入木三分的分析，甚为敬佩。但他此刻最关心的是程潜对这份密令的态度，是立即执行，还是拒不办理？

沉默，短暂的沉默。程潜觉得事关重大，且力不胜任，不便贸然行事。突然，他双眉一挑，眼里闪着异样的光彩，坚定地对林伯渠说："祖涵，形势毕竟错综复杂，良好的愿望不可能支配一切。"说到这里，他又重新将密令端详一遍，当即焚毁。林伯渠见状，惊愕不已，迷惑不解地问："颂云，你……"

"祖涵，你听我讲完好吗？"程潜表情严峻，炯炯有神的眼睛直盯着林伯渠。林伯渠只得洗耳恭听。

程潜一五一十地向林伯渠讲开了：扣蒋一事，有三不可行：

南京初下，江南甫定，军政各方，百端待举。奉系张作霖重兵麇集江北，日夜图谋，窥我之隙。蒋军劣迹多端，但面纱未去，原形未露，而国人尚未觉察。此时扣蒋，有重蹈太平天国大业未就，内讧先起的覆辙，是则国人将谓我何？历史将谓我何？国人不同情此举，我将自陷被动，予人以口实。此之所以一不可行也。

第六军自粤兴师出发，跋涉千里，转战经年，主其大者，一战南昌，二战南浔，三战孙（传芳）、张（宗昌）联军于南京，小战数十尚未计及，喘息未定，疮痍未复，士老师疲，亟待大力休补。而第一军自粤出发，乘孙军主力集结南昌、南京，后防空虚之际，不战而定闽浙，进驻苏常，士正饱，马正腾，气正旺，且与南京相距咫尺。此时扣蒋，第一军起而责难，何以善后？战事一起，我以久战之师挡彼愤激之卒，第六军纵能再战，亦难久持，胜不可必。此之所以二不可行也。

蒋现正任国民革命军总司令，我等虽不耻其所为，然而仍是他的部下，昔人以千乘之国，杀其君者必百乘之穴，尚有不夺不厌之诫。来日方长，我的下属不将一遇借口起而效尤，以犯我乎？以下犯上，日后何统率部属？本为革命，本为共同对敌，一反而为内部仇杀，史绩斑斑，千古所痛。此之所以三不可行也。

听到这里，林伯渠有些近视的眼睛越睁越圆，虽是暮春三月，额上却沁出涔涔汗珠，他也顾不得去擦拭一下，只是一字一顿地问道："颂云，你言之成理，但这密令不执行，如何交代？"

"我已把话说在前头，只能如此了。凡事三思而策，见机行事，谁都体谅我的处境！"话语掷地有声，一言九鼎，字字千钧！

在此之前，为达到分散、限制蒋介石北伐军总司令职权之目的，武汉国民政府明令蒋介石、冯玉祥为第一、二集团军总司令；第一集团军下属四个方面军，分别以何应钦、程潜、李宗仁、唐生智为总指挥。冯玉祥虽实力强大，威胁亦大，但其远在北方，蒋介石无可奈何，一则鞭长莫及，二则顾忌一手难按几只跳蚤，故权衡得失，惟恐顾此失彼，便决定暂将其放下不管，集中兵力，向程潜、唐生智、李宗仁等报昔日分权之仇，首先向程潜开刀，欲置之死地而后快。

其时，武汉国民政府与蒋介石关系极为紧张，程潜为北伐前途担忧，便以国民党元老身份，来往于宁汉之间，进行调解。

在武汉，吴玉章（同盟会会员，曾参加辛亥革命）问程潜："北伐革命之目标何在？蒋介石现在的目的又何在？你希望国民政府放弃北伐的革命，向他屈服吗？"

这时对蒋介石存有幻想的程潜，不假思索地回答："北伐的目的，当然是要打倒北洋军阀，统一全中国，至于蒋介石，他毕竟是北伐军总司令，我们是他的下级呀！"他调解不成，无功再返南京。

林伯渠亦由武汉追至南京，先找到第六军第十八师师长李世璋，拿出武汉国民政府讨伐蒋介石之命令。他们商量一番，决定由李世璋出面找程潜，晓以利害，请他逮捕蒋介石。那天晚上 11 点，李世璋去见程潜，程潜听完李世璋的陈述，紧锁双眉，一字一顿地说："那不行吧，蒋介石是孙先生的信徒，国民党员，我是他的下级，下级要服从上级，我怎能做分裂国民党的罪魁祸首？照你们的主张去做，对不起孙中山总理。"

李世璋仍然婉言相劝："请军长想想，何应钦是蒋介石的心腹，他进驻南京，又占领各处高地，恐怕是善者不来，来者不善。"

程潜仍然以宽厚仁义之心，推置他人亦然，毫不介意地说："第一，我是国民党元老，他不得不尊重我；第二，我有第六军做后盾，何应钦不敢轻举妄动。不要怕他们。"

"那人家蒋介石……"

未等李世璋说完，程潜右手一指，显出不耐烦的样子，提高嗓音："不要说了！他不会那样做的。"

程潜对蒋介石毫无警惕，继续说服他与武汉方面合作。一向自食其言的蒋介石，连声回答他说："这个这个，好，好，合作嘛，在我这方面毫无问题。"

当程潜问起何应钦部进占南京各高地之事，蒋介石"哈哈"大笑，叫程潜不必多心，那完全是为了防备武汉方面的讨伐。最后，蒋介石拍拍程潜的肩头说："谁要害你，就是害我。我若害你，万箭穿心。"

可是，程潜前脚出门，蒋介石就迫不及待地召见戴笠，写好条子，让他找宋子文领一大笔"特别费"，运动程潜部属杨杰、贺耀祖。待戴笠乐滋滋地报告一切准备就绪，蒋介石便下令何应钦"解决程潜"。程潜刚到武汉，便接到来电；何应钦已对第六军用兵。程潜未及拿定主意，又报杨杰、贺耀祖倒戈。

其实，此时逮捕蒋介石，依照当时的客观情况也是不可能的。当武汉政府决定逮捕蒋介石的当天，谭延闿却要陈果夫给蒋带口信，表示一定追随蒋介石，同蒋进行暗中勾结。

陈果夫曾在他的《十五年至十七年间从事党务工作的回忆》中即说到此事。他说："全会闭幕后，共党正式攻击蒋先生和我……某日，蒋先生派人到汉口，命我赶快离汉，并嘱于离去之前，应与谭先生接洽一次。这一天，正是我军克服上海之日。谭先生很忙，到晚上一点钟才回来，和我见面。他对我说：'我的见解不及蒋先生，我初以为此间情形不严重，到此一看，才知严重性远出我理想之外。现在我已不能和你一样的自由了，要想离去亦不可能。但将来必定回南京随蒋先生，并且今后一切必须听蒋先生的话，请告蒋先生，不久必定可在南京会面。'说时，几至泪下。当晚向谭先生告别，二时下船。这时已经没有检查员在码头上了。"

陈果夫离汉时，蒋尚在安庆，很可能在蒋去南京之前，他就将谭说的这一席话告诉了蒋介石，因而更加引起了蒋的警觉。

3月25日，蒋介石已经由芜湖乘舰驶抵南京江面，并于次日，驶向上海，途中与程潜在下关江心军舰上见过面。也就是说，在林伯渠离开武汉时，蒋已经去上海。

在林伯渠离开武汉时，蒋介石已电召程潜至沪，委任程潜为南京卫戍司令，并将帝国主义和上海买办资产阶级给他的两千万元反共经费调拨一部分给程潜。程通过参加蒋介石召开的军事会议，及与李济深、黄绍竑、何应钦、李宗仁、白崇禧的接触中，已经了解到蒋介石等人将要"清党"，同武汉决裂。3月28日，蒋介石指使吴稚晖、蔡元培、张静江、李石曾、古应芬等在上海召开所谓国民党中监委常委会议，通过吴在会上提出的《纠察共产党谋叛党国案》，并称此行动为"护党救国运动"。程潜当时不赞成蒋介石、吴稚晖、李石曾等人的主张，虽李济深、黄绍竑再三电约程潜赴上海参加会议，程均置之不理。乃借调停之名，急行回南京，下令除已渡江之部队外，其余概行集结南京。

既然客观情况如此，程潜又作了全面的分析，逮蒋已不可为，林伯渠也只好作罢。程潜要林伯渠同他即刻回武汉"劝合"，于当晚一道赴汉。

程潜于4月4日同林伯渠到达武汉，极力宣传与蒋商谋妥协。程潜离开南京后，第二军和第六军相继发表通电拥护武汉国民政府，要求惩办杀害工会领袖之凶手。因此，蒋欲剪除第六军，并图加害于程，即令第二、第六军离开南京，限4月6日前全部渡江北上。第二、六军急电汉口请示程潜，他回电不许渡江，并潜赴采石矶，欲调第六军赴汉。不料，程潜的复电被蒋介石扣留，部队停待数日未得回电。蒋又借口江北敌人进攻甚猛，急催渡江。待程潜返宁时，第二军已全部渡江，第六军亦被分别调据长江南上新河、大胜关、板桥镇、江宁镇一带。程潜只得望江兴叹。

◉ 虎口脱险

程潜走后，蒋介石速命何应钦的东路军开赴南京。

4月9日，蒋介石由上海进驻南京。

18日，南京国民政府正式宣布定都南京，发表《建都南京宣言》。南京国民政府的第一号命令就是"清党"。蒋乘程潜不在南京之机，对江右军进行分化瓦解，首先被拉过去的是贺耀祖。蒋把贺的独立第二师扩编为第四十军，升贺耀祖为军长，脱离程潜的掌握。贺正中下怀，受宠若惊，感激涕零。原来，贺耀祖的独立第二师是一个动荡不定的部队。这支部队在南昌战役中攻占九江的时候，焚外国教堂，捣外国医院。这虽出自部队官兵对帝国主义的义愤，但却是无组织、无纪律的行动。当时第四、第八军对它毫不满意，有解散这个部队的想法。贺耀祖的旅长正伦，见此情况，便同张轸商量，想将独立第二师正式编入第六军建制之内，并希望编两个师。一天，贺耀祖请张轸吃饭，酒过三巡，觥筹交错，谈兴正浓之时，贺耀祖托张轸向程潜转达他们要求改编的意愿。此时蒋介石正召集各军长在庐山开军事会议，张轸以兴奋的心情赴庐山谒见程潜，提出改编独立第二师的建议，并陈述以贺耀祖为第六军副军长兼第十八师师长等关于人选的意见。不料程潜固执己见，始终坚持只准编为一个师，没有达成协议。到南京后，蒋介石得知内情，以为是拉拢贺耀祖的好机会，便将独立第二师扩编为军，升贺耀祖为军长，贺耀祖自然就心满意足地跟随蒋介石了。至于蒋介石收买杨杰，解散第十九师，以杨杰取代程潜，也有内中原委。

在成立第六军，张轸向程潜推荐杨杰（云南人）时，就曾说过，只可让他当幕僚，不能让他带兵。在九江整编时，程潜拟定要保委杨杰为第十七师师长，全军中以唐蟒为首的湖南军官固然反对，即使士官同学也不同意，曾推张轸为代表向程潜陈述下情，不要委杨为师长。但程潜坚决地回答张轸："就是你们都反对，我也非委他当师长不可。"从杨杰的才干来说，确有使人折服之处，例如，在进攻南京之前，程潜召集各级指挥官商讨攻略南京的作战计划，各人都说了意见，并经过讨论，由程潜作最后决定，即席命杨杰起草。杨在不到30分钟的时间内，边看地图边写，写满了8张纸，作成整个作战计划的草案。程潜看了，甚为满意，一字不改，就付诸实施。但杨杰之才，只限于纸上谈兵，实际指挥就相形见绌。在攻取南京的战斗中，杨杰的第十七师为左纵队，任务是沿江东进截击下关敌人退路。结果南京已完全被北伐军占领，而该师尚未到达下关。杨杰与蒋介石一拍即合，背叛程潜的原因有三：一是当时杨杰的思想较顽固，他常说："中国不能实现共产主义。"他同苏联顾问不合作，还讨厌他们。二是第六军上下都对他不满意。攻克南京后，全军都指责他打仗不行。最使他恼火的是程潜当着别人的面严厉地批评了他，痛斥他是"纸上谈兵的将军"，他觉得脸上无光，心怀不满。三是正在此时，蒋介石乘隙拉拢他，许以军长之职，正遂其愿，便投入蒋介石的怀抱。杨杰背叛程潜，李明灏、马崇六两个团长及其他不少军官，都逃回到武汉。

蒋介石许杨杰为第六军军长之后，惟恐第十九师及其他官兵不服，便命白崇禧以总司令部参谋长名义，于4月4日集合第六军第十九师全体官兵训话。训话时，均命架枪，由早已预备好的何应钦第一军突然包围十九师将其缴械。宣布的"罪名"是美、英、法、日4国兵舰炮击南京事件是由第六军第十九师挑起来的，应予解散。并下令通缉第六军军长程潜及党代表林伯渠。程潜突闻此变，决定离开南京，潜去武汉与谭延闿等人共商大局。杨杰将程离开南京去武汉一事密告蒋介石。程当机立断，便叫江右军总指挥部副官罗友松、秘书唐菊庵、第二军参谋长岳森以及肖家吉等4个卫士，一行8人，乘一只小火轮，急向武汉方向驶去。当火轮启航时，唐菊庵惊慌地问："颂云，我们有何任务？"程非常严肃而气愤地回答："蒋介石要造反了，我们往汉口去！"

唐菊庵接着问："我们第六军的部队会怎样呢？"

程潜双眉紧蹙，若有所思，深沉地说："这很难说，不知道能不能逃出南京。如果逃不出来，将会有被蒋介石消灭的危险。"

小火轮在长江急驶，掀起滔滔波浪。程潜的脑海像激浪似的翻腾着，想当年在孙中山大元帅府时，陈炯明叛变，祸患生于肘腋，干戈起于肺腑，革命招致损失；如今，蒋介石作乱，以致北伐大计功败垂成。此刻，程潜悲愤交集，陷入苦苦思索之中。

"停船！停船！"阵阵吆喝，打断了程潜的沉思。原来，当小火轮上驶到大通江面时，突然有一艘兵舰在后面破浪猛追，眼见就要逼近小火轮了。

程潜听到喊声，察觉兵舰来意不善，便迅速换上便服，化装隐匿火轮舱中，其余几人仍站在船舷上。兵舰越靠越近，有人又在高喊："程总指挥在不在船上？"唐菊庵、罗友松等齐声回答："程总指挥没——有——在——船——上！"随即，兵舰靠拢了小火轮，蒋介石的亲信徐培根（浙江人，保定军官学校三期炮科生）登上火轮，气势汹汹地说："蒋总司令请程总指挥回南京去，有紧急事和他磋商。"当时，第二军参谋长岳森挺身而出，回答说："程总指挥不在这船上，只我一个人在这里，有什么事找我好了。"徐培根怒容满面，左顾右盼，问这问那，与岳森纠缠了约半个小时，但不敢在船上进行搜查。徐培根因怕对蒋介石交不了差，便将岳森带到南京复命。

岳森被带走，徐培根的兵舰转回下驶后，小火轮便继续上驶，程潜也如释重负。船至秋浦，程潜对唐菊庵说："蒋介石定会再派兵舰来追的，我们即刻上岸去，否则，会有危险的。"随即令船靠岸，大家舍舟登陆。这时，程潜吩咐大家把行李和现钞都丢掉，他说："'匹夫无罪，怀璧其罪。'现在是逃难的时候，带这么多钱在身边，很危险！"唐菊庵觉得这笔巨款弃之可惜，因此，只叫大家把行李丢掉，而将一万多元钞票分给同行的6个人捆在身上。他们一行7人，沿着一条崎岖小路步行，走了10多里，时近黄昏，便借宿于秋浦附近的一个农民家里。当晚，程潜命唐菊庵到秋浦打电话给九江的第六军参谋长唐蟒（兼九江训练处长），告知脱险情况。次日清晨，他们继续徒步前进，到了湖口。这时，唐蟒派了队伍及轿马来接，当天傍晚，才平安抵达九江。

他们在九江停留两日，程潜听取唐蟒汇报了部队训练情况后，继而又乘轮船赴汉口。到达汉口后，程潜住在武汉国民政府主席谭延闿家里，谭延闿接待甚殷，国民党中央要人，如孙科、徐谦、林伯渠等，日夜来往谭公馆，密商大计。其时，已经出现宁汉分裂的局面：武汉国民政府继续执行"联俄、联共、扶助农工"的三大政策；蒋介石等则背叛了大革命，继"四·一二"大屠杀后，于4月18日在南京另组国民政府，与武汉方面分庭抗礼。蒋介石叫嚣要以武力统一全国，而武汉方面提出的口号是："打倒蒋介石军事独裁！"

与此同时，蒋介石密令第一、第七、第十、第三十七、第四十各军及独立第二师担负解散第六军和第二军的任务。他借口扬州失陷，以巩固南京为名，先命令第六军随同第二军渡江，追击孙、褚部队。当第六军渡江完毕，又命令第十九师回师南岸。蒋已先就南岸预伏部队，等该师进入其包围圈内，致使第六军陷入重围，粮秣断绝。蒋复令该师各团分割驻扎，乃于 4 月 28 日，借口驱逐共产党，解除了第六军武装，然后遣散改编。但因第十九师是由北伐前程潜在广东率领的攻鄂军编成的，是第六军的基本部队，所以蒋介石要予以彻底消灭，另以陈仪的第十九军缩编为第十九师，以王泽民为师长。至于第十七师，由于师长杨杰亲自将信给蒋，部队得以保留，仅改派文鸿恩为师长，而以杨杰代理第六军军长。后来，蒋介石得知程潜在武汉重新编组第六军，军、师的番号雷同，遂将南京的第六军改名为第十八军，并正式任命杨杰为军长。

在南京的第六军被蒋介石解散以后，程潜率领留守九江的学生总队及其他后方部队来到武汉，在南京被蒋介石缴械的第六军官兵，也先后来到汉口。武汉国民政府命程潜于 5 月底恢复第六军。在林伯渠等人的协助下，程潜重新编组第六军，除完全恢复原有 3 个师的建制外，还新增加一个教导师。以李明灏为第十七师师长，张轸为第十八师师长，胡文斗为第十九师师长，彭子国为教导师师长，唐蟒为参谋长，马崇六为参谋处长。另有教导总队，总队长为李国良，副总队长为汤恩伯。所需武器，全由汉阳兵工厂拨充。其时，南京的第十八军（即老六军）分驻在扬州、靖江卫一带。程潜考虑到该军与自己的历史关系很深，尚有可能争取过来，遂以军委会命令派谢慕韩（十七师副师长）赴扬州改编。当谢到达扬州时，杨杰已于先一日带侍从副官肖道钦携军饷 21 万余元逸去。当杨杰尚未离去时，六军旧人马崇六等力主将杨诱杀，以为背信弃义者戒。程潜不同意此举，仍念旧情，劝阻曰："宁可人负我，我决不负人。"谢慕韩秉承程意，对杨未加追捕，并对其留军亲近，择优安插。此举为以后杨杰再次亲程铺平了道路。1937 年杨杰任参谋次长时，力主程潜任参谋总长，虽系自谋，亦含有报答之意。杨为此事，曾专赴江阴和谢磋商，并表明当时的心迹。此系后话，暂不赘述。收编后，原被蒋介石编并的老六军又回到程潜的统驭之下。

1927 年 7 月 15 日，武汉国民政府汪精卫集团发动"七·一五"反革命政变，武汉国民党召开中央常务委员会扩大会议讨论"分共"。武汉国民党政府背叛革命后，同以蒋介石为首的南京政府对于反共虽已一致，但宁、汉之间的矛盾仍然尖锐。南京方面以蒋、桂之间的矛盾最为突出。以李宗仁、黄绍竑、白崇禧为首的桂系拥有足以与蒋介石争雄的武力，对于倒蒋，与武汉方面又是一致的。

　　先是，武汉国民党中央执行委员、国民政府委员、军事委员会委员联名通电讨蒋。8月初，武汉国民政府正式下令东征讨蒋，特派程潜任东征军江右军总指挥。程奉令后，即率第六、第三十六军，誓师东征。蒋介石为了对付武汉，乃中止北伐，把布置在津浦路与北洋军阀对峙的部队转移到江南来。而李宗仁、白崇禧知道蒋介石的阴谋后，遂联络各方反蒋势力，准备把蒋赶下台。李宗仁借西讨武汉之名，将第七军部署在南京以西地区，又联络浙江周凤歧的二十六军将部队开到南京周围，对南京形成包围之势。蒋介石为了抵抗程潜的东征军，将主力部队全部调来防御，造成徐州空虚，直鲁军趁机进攻，以致徐州失守。蒋介石无端指责何应钦指挥无能，他亲自到徐州前线督战，并扬言此次不夺回徐州，便不回南京。结果，失败更惨。8月8日，蒋介石慌忙逃回南京，张宗昌和孙传芳的大军直逼长江。前线总指挥、第十军军长王天培从前线到南京向蒋报告战况，请示机宜。蒋介石不问情由，不经审判，也不宣布罪名，将王天培予以处决。徐州战败，完全出自蒋介石的估计错误，他这种诿过于人，把他人当替罪羊的作风，引起各部将领的极大恐慌。尤王天培是黔军将领、何应钦的同乡，何对此颇有兔死狐悲之感。李宗仁、白崇禧也受到很大震动，都担心怕做王天培第二。当程潜率东征军到达芜湖以西时，李宗仁与程潜取得联系，相约互不敌视。那时蒋的总参谋长李济深在粤，由副总参谋长白崇禧负责。白崇禧公开顶撞蒋介石，拒绝执行对武汉作战的命令。蒋曾以他对付武汉方面的军事部署的腹案就商于白。白忽然以第三者的姿态说："北洋军阀是我们一定要打倒的敌人，武汉方面是兄弟间的意气之争，总有一天会得到解决。放弃一定要打倒的敌人，从事兄弟阋墙之斗，恐怕国人不会谅解吧。"蒋听了白的这番话之后，黯然而去。次日，蒋复到白处，再以试探性的口吻说："我想趁此时休息休息。"白崇禧顺水推舟："总司令如果真需要休息一下，我也赞成；否则，徒然在政治上掀起一个大风浪，那就大可不必了。"接着，何应钦支持白崇禧的意见，李烈钧也同意蒋介石可以暂时"休息"。李宗仁表示"请总司令自决出处。"至是，蒋介石确认桂系是在"逼宫"，加之北伐失利和武汉方面的压力，蒋介石被迫辞总司令职，于8月13日在上海发表下野宣言。宣言述说其"反共"经过，并望实行三事：宁汉合作；并力北伐；彻底"清共"。14日，蒋回奉化原籍。同时，胡汉民、张静江、蔡元培、吴雅晖、李石曾等到上海挽留蒋介石。蒋已返奉化，胡等亦继蒋辞职。蒋介石在政治舞台上惨淡经营近20年，用尽纵横捭阖之手段，登上了国民党最高统治者的宝座。他怎么会在一夜之间，就甘心下野，遁迹故乡？其实，蒋介石下野乃是一策，玩弄的仍是"以退为进"的政治手腕。

这时，程潜率东征军已推进芜湖、宣城一带，闻蒋已下野，即停止前进。8 月 20 日，宁汉双方在庐山谈判，程潜为武汉方面代表之一。实现宁汉合流后，9 月 11 日，程潜赴上海参加国民党召开的宁、汉、沪三方中央要员谈话会，商谈三个中央统一党务及宁汉政府合并改组办法。9 月 16 日，三方在南京组成"中央特别委员会"，代行国民党中央执行委员会、监察委员会职权，程潜由武汉方面推为特别委员会委员，并被大会推为国民党中央特别委员会 14 位主席团成员之一，还被任命为军委会委员和常委。根据宁汉合作后成立的南京国民政府决议，国民政府主席与军事委员会主席均采用常委轮任制，取代过去的一人专任制，新组成的军事委员会常委会（由程潜、何应钦、白崇禧组成）推程潜任首届主席。

◉ 西征讨唐

宁汉合流后，汪精卫、顾孟余、唐生智因不满于中央特委会的权力分配，乃于 9 月 21 日返汉，成立中央政治委员会武汉分会，与南京中央特别委员会分庭抗礼。29 日通电指责设特别委员会亦无党章根据。这时，唐生智受汪精卫的指使，拥有第八军、第三十军、第三十五军、第三十六军、第十八军、第十九军、暂编第五军等，势力雄厚，总计有兵力 10 余万人，以武汉为中心，据有两湖和安徽地盘，与南京方面抗衡。尽管程潜、谭延闿因蒋介石既然下野，都劝唐生智与南京合作，免招桂系之忌，但唐生智不理。由于桂系的根据地是广西，此时桂系的部队已伸到京、沪一带，唐部横阻于广西与京、沪之间，成为桂系把持中枢和它的前后方联系的巨大障碍，因而驱唐企图至为迫切。桂系想利用谭、程的宿望及其所部军事力量，遂与谭、程共谋倒唐。

当汪精卫返汉组织"武汉政治分会"，唐生智更是野心勃勃，如虎添翼，并假借"护党"之名，通电反对特别委员会，否认南部军事力量，拥兵自重，妄图取而代之。他一面派代表杨丙至奉天与张作霖商谈合作，因张学良也曾在蚌埠会晤张宗昌、褚玉璞，准备会攻南京，阎锡山与冯玉祥则由奉军监视，所以唐生智敢自豫东撤下第八、第三十五、第三十六等军东犯长江下游。另一面唐派蒋百里至徐州会见孙传芳。孙也派代表至汉口与唐会谈。龙潭战役（1927年 9 月上旬，张宗昌、孙传芳偷渡长江与北伐军激战于龙潭）爆发时，唐生智派何键（三十五军军长）率三十五军主力盘踞安庆，一部分驻合肥、合县；

三十六军军长刘兴率主力盘踞芜湖附近，一部分进至大通。唐军每至一地，则撤当地之行政首长，安置自己的心腹。当时唐任命何键为安徽省主席，刘兴为江苏省主席。原来，唐生智与孙传芳勾结，意图夹攻北伐友军于京、沪、杭三角地带，俟友军为孙传芳、张宗昌所败时，他即可收编友军残部，然后再一举而灭孙传芳，北上统一中国。

恰此之时，蒋已下野，颇有些迷信思想的唐生智，回想起一年前蒋介石在长沙阅兵坠马的预兆及"顾巫师"的预言，更萌发了取代蒋介石当北伐军总司令的妄想。

所谓阅兵坠马，倒有一段有趣的故事：那是1926年8月14日，北伐军待命出发，蒋介石召集第七、第八军在长沙的部队举行检阅。是日，天朗气清，骄阳灿烂。参加检阅的两万余人，均属战胜之师，人强马壮，在阳光普照下，更显得旌旗鲜明，器械整齐，军威无比。当蒋介石一行分乘10余匹骏马，在检阅场出现时，全场军乐大作。蒋总司令骑一匹高大的枣红色战马，缓缓进入主帅位置。三军主帅，春秋正富，马上英姿，更显得气宇非凡，威仪万千。当蒋介石的坐骑刚走近军乐队的行列，号兵队长一声口令，10余号兵立即举号吹奏。号兵动作十分整齐，但见金光一闪，耀眼欲盲，接着号声大作，尖锐刺耳。蒋介石的座马受此一惊，忽然大嘶一声，前蹄高举，立即向场中心狂奔而去。大约蒋总司令骑马技术不甚高明，故招架不住，瞬息之间便失掉重心，只见手足朝天，顿时翻鞍坠地。但是他的右脚仍套在脚踏镫里，被倒拖于地下。幸蒋介石穿的是马靴，且很松动，经马一拖，便从脚上脱落下来。蒋介石被拖了两丈远，才和马脱离，卧在地上。顿时只见他惊魂未定，脸色惨白，气喘吁吁，一身哔叽军服上沾满泥污，袜脱鞋落，狼狈不堪。蒋介石强忍坠马之苦，一颠一跛，徒步勉强将阅兵式举行完毕。但毕竟大煞风景，令人啼笑皆非。

本来，蒋介石阅兵坠马系一插曲，用不着大惊小怪。谁知唐生智想入非非，不禁暗喜。原来，他迷信较深，常持斋礼佛，相信阴阳谶语之学，幕中雇请了一位顾姓巫师，唐氏以为他能知过去未来，十分灵验，称他为"活佛"。顾巫师密告唐生智，蒋氏此次阅兵坠马，是一凶兆，北伐定会凶多吉少，难以渡过第八军这一关，将来必为第八军所克服。唐君应好自为之，将来蒋氏失败，继起的或是你唐孟潇（唐生智字）吧。如今唐氏企图异动，可能与坠马事件的影响不无关系。

当时，唐生智的蛮横举动，已引起公愤，南京中央特别委员会决定西征讨唐，史称"宁汉战争"。

10月20日，南京国民政府下令讨伐唐生智，并免唐本兼各职，密令委员会组织"西征军"，命程潜为西征军总指挥，李宗仁为副总指挥。第三路总指挥李宗仁兼，下辖第七、第十九、第三十、第三十七等军，分布在长江北岸；第四路军总指挥程潜兼，下辖第六、第十三（军长陈嘉祐）、第四十四军（军长叶开鑫），分布在长江南岸；第五路军总指挥朱培德，下辖第三、第九军等，分布在赣西北之修水、铜鼓、萍乡等地。由此3路组成"西征军"。另外，第八路军总指挥李济深，下辖方鼎英、李福林、黄绍竑、范石生诸军，在广东之韶关、广西之全州一带；鄂西有九方面军鲁涤平之第二军，李燊之新编四十三军，方振武第九方面军总指挥则驻在襄阳；豫南有豫军总司令樊钟秀统率豫军各部队；海军第一舰队（江防舰队）司令陈绍宽率领大小各型舰艇，空军司令张静愚统领航空第一队、航空第二队、水上飞机队，皆参加西征之战斗序列。

程潜以当时的处境，南京国民政府军委会为什么会任命他任西征军总指挥呢？当时任军事委员会常委的白崇禧有如下一段回忆："以程潜一向立场何以委他为西征军总指挥？龙潭战役爆发前，程潜第六军之共党分子的阴谋，确曾脱离革命军投向武汉方面。但是清党后，程察觉国内革命之趋势，加以龙潭之胜利，程于是又重回革命军之阵营。程是三湘人士，而唐生智之根据地又在两湖，所以军事委员会任命程为西征军总指挥。"

程潜对讨伐唐生智也非常坚决。宁汉合作后组成的南京国民政府，理应整军经武，兴师北伐，完成统一中国大业，为什么要先行西征讨伐唐生智呢？对此，程潜有独特的见解、精辟的分析，他多次对他的亲侄儿、曾任他的少将高参程博能说：

西征讨唐的内幕我以为有如下三点：

第一，孙先生开府广州，累次北伐，目的有二：一曰内除军阀，二曰打倒列强。广东出师北伐之前，各军长之间，密议多次。鉴于太平天国北征，军事上虽然节节胜利，而政治上则着着失败，主要原因在于没有在军事胜利的基础上，巩固地方政权，太平天国的弃地不守，实一大失策，以致苦战取得之地，转瞬之间，又沦敌手，敌之兵源粮源财源永无枯竭，而太平天国的"三源"，积日已久，反而捉襟见肘，最后剩下南京孤城一座，坐困多年，终至灭国。从而认为这次北伐，内忧既除，外多呼应，势在必胜。吸取太平天国失败的教训，应在军事胜利声中建立各级地方政权，在建立各级地方政权的基础上，源源供应大军的兵源粮源财源。为了鼓舞士气，巩固战果，支援大军，当时有一个互相默契的君子协定，即哪一个军攻下那一省时即由该军主持该省军政，既可以防止军阀势力的死灰复燃，又可以保障军事胜利继续发展。可是北伐军事进展之神速，出人意料，北伐大军攻下南京之前，前项默契，无暇考虑，迄少执行。可是唐生智因利乘便，先踞湖南，再占湖北，现又进军安徽，擅委所属三十五军军长何键主持皖政，一人独据三省，而战功卓著的第四、六、七、二等军，反无尺寸之地，不啻前门打虎，后门进狼，打倒了一批旧军阀，又产生了唐生智这个新军阀。不趁它羽翼未丰、根基未固之时，及时剪除，北伐胡为哉？反蒋胡为哉？打倒北洋军阀胡为哉？

第二，汪唐合作，志不在小，汪与武汉国民政府大员联袂东下，到达南京之日，出现反汪标语一事，如果以大局为重，和解为先，大事且可化小，此等小事何必扩大。然而汪出以一怒而去上海，二怒拒绝出席宁汉合作会议，三怒赴武汉与唐生智、张发奎另组政治分会，各方苦心撮合的合作，几毁于一旦。汪、唐居心叵测，昭然在目。但南京方面仍以大局为重，希望汪、唐不为己甚，适可而止，由李宗仁赴汉调停，希望唐军止于安庆后与南京共商大局。唐因与孙传芳暗中有约，由孙军在南京下游渡江，配合唐军夹击南京。如此则大江以南，全是汪、唐天下。因此坚持不到芜湖其军不止，到了芜湖，是否不饮马金陵呢？南京国民政府处在这样形势下，不西征讨唐，即将无以自存。

第三，汪、唐大军东进，实质目的何在？1927年9月的唐生智已不是1926年7月被吴佩孚击败退走衡阳，哭求桂、粤以谋自保的"申包胥"了。由于形势的发展，他由赵恒惕下面的一个师长，转瞬之间，一跃而为国民革命军第八军军长，再跃为前敌总指挥。他抓住大军忙于追奔逐北的机会，一举囊括了两湖，后又利用蒋介石已经先行扩大了第一军的空子，向蒋请求扩编。蒋因私自用，正与国民政府不睦，遂下一颗定时炸弹于武汉国民政府内部，以等待时机，作不时之用。因此，先其他各军，独批准将唐生智的第八军扩编为3个军。论资格，唐参加国民政府为时不过一年，论战功，既不如第四、七军打败吴佩孚大军的卓越，也不如老牌第二、六军打败孙传芳大军的战果辉煌。唐虽然拥有3个军，但实际有兵无望，声望一时无法超过其他老将元老之上。因此，在武汉国民政府中自然无法一言九鼎，但唐水涨船高，忘乎所以，方面之任，难填欲壑，总揽全军之心，与日俱增，虽然一时无法猎取，但觊觎国民革命军总司令一职，已非一日。

送上门来的国民革命军总司令，舍我（唐）其谁？唐喜出望外，决心不接受调停，意图进军南京，兵发安庆，箭头直指芜湖。

汪精卫呢？反蒋是手段，主宰国民政府的党政军全部大权是他的目的。蒋既下野，蒋过去拥有的大权，自认舍我（汪）其谁？但汪系一文人，征战之年，有望无兵，屈居蒋下，唱起调子来不免有气无力，忍气吞声已非一日。蒋既下台，汪自以武汉国府首领来宁，志在取代蒋介石本兼各职。

汪、唐各抱野心，在蒋下野之后，宁汉合作组府声中，汪只身到武汉，与唐一唱一和，一拍即合，相互为用，以为从此两虎生翼，另组汪、唐合记国民政府的时机已经来临。

唐部虽然号称3个军，但成立不久，战斗力华而不实，以与第一、第二、第三、第六、第七军等久经征战之军对阵，虽心有余而力却嫌不足，必须借助外力，使南京首尾不能相顾，方足颠覆南京。是时，孙传芳已得张作霖之助，组织部队，重整旗鼓，乘蒋北伐失败之后，陈兵江北，窥窃南京。孙、唐密使往返，约期孙军在南京下游自江北南渡，进攻栖霞山后，挥兵西上。唐军自芜湖向采石矶、秣陵关方向，以王濬（西晋人，公元206—286年在世，灭吴国，官至抚军大将军）楼船之势，突击南京。孙怕唐军乘顺流之势，先据南京，失掉先唐抢占南京的机会，乃违约先期发兵，企图先唐进据南京，达到制唐而不为唐所制的目的。不意龙潭一战，孙部全军覆没，何（应钦）、李（宗仁）两部亦损失严重。唐虽然失掉了孙部的呼应，但利令智昏，黄粱之梦一时无法清醒，以为南京政府刚刚成立，何、李两部苦战之后，难复旧观，进军南京正是两虎斗后的一死一伤之时，故跃跃欲试，决一雌雄。

基于上述情况，宁汉合作组成的国民政府故决心讨唐。

西征讨唐方针已定，首次轮任南京国民政府主席的谭延闿，特走访军委会轮任主席的程潜，商量讨伐唐生智事宜。程潜即向谭延闿提出："大军西出，蒋如乘虚复职，又将如之何？"谭深以为然，因事关重大，乃约集李宗仁、白崇禧、朱培德等6人在程潜官邸开会集议。经过反复商议，大家均认为当务之急，首在讨唐，讨唐之后再行北伐。6人一致表示，坚决反对蒋介石复职。李、白二人还指天誓旦，以示无贰。

西征计划已定，3路大军乃于10月中旬发动。李宗仁奉命率第三路军沿长江北岸西进，扫荡盘踞西梁山、巢县、合肥、舒城一带之敌，进攻安庆。程潜率四路军沿长江南岸，扫荡芜湖、湾址、大通、贵池一带之敌，进占东流、秋浦。西征军第三、四路沿长江两岸齐头并进，海军则溯江而上，所向势如破竹。唐生智部队士气沮丧，不堪一击。10月25日第三路军克安庆，唐部第三十五、三十六军狼狈西窜，十九军则被俘缴殆尽。西征军到达安庆后，程潜与李宗仁拟定第二期进攻武汉计划。决定以第三路的第十九、第七、第四十四等军，分途自太湖、潜山、安庆、舒城、望江等据点向西追击。第四路则自秋浦、东流一带乘轮往九江，自赣北向湘赣边境截断武长路，再北上攻武昌。在西征军的逼进下，唐军军心涣散，士无斗志，纷纷与程、桂挂勾，各寻出路。加上程潜采取"兵马未动，策反先行"的方针，加速了唐军的内部分化。如第八军第一师是唐部的精锐，该师师长张国威是醴陵人，程潜便于11月初，派谢逸如携委张国威为第八军军长的委任状，潜行返湘。张系醴陵北乡人士，程的小同乡，民国初年，程出任湖南军事厅长时，张在军事厅内任文书，以字迹清秀、文理通顺，为程赏识，由程保送保定军校，毕业后回醴陵，适逢程潜次兄昭如在乡组织游击队，袭击北军，因急事赴沪，便将所部悉数交张。张以此起家，累官以至师长，是以张与程一家交情甚笃。张经谢动以厉害，晓以大义，立即应允。张以为事属至密，无人知晓，时逢唐在武汉召集军事会议，商讨对付合击之军，张若无其事，仍然赴会。惟张与程交情甚笃，唐对张的暧昧言行，更加猜忌，加倍防范。唐曾拟调张国威师死守汉口外围，以掩护大军撤退。惟张师长见大势已去，死守无益，加上接到程潜的委任状，故反劝唐氏迅速撤退，唐颇为不怿，顿生杀心。当会议结束后，各将领正纷纷下楼，唐生智忽对张国威说："张师长你留一下，我有话跟你说！"张氏遂遵命留下。待其他将领均已走出大门不远时，唐又告诉张说："没有什么事了，你走吧。"张便一人单独走向楼梯，刚到楼梯口，唐生智的弟弟唐生明忽率士兵数人，拿了一根麻绳，突然冲到张国威身边，不由分说、将绳子向他颈上一套。张国威知情不妙，乃拼死挣扎，然终被按倒在地，他大声呼救："唐总司令饶命呀！"不一会儿，便一命呜呼。

西征军节节胜利，唐生智见士无斗志，武汉已成四面楚歌之势，乃在汉口召集师长以上将领开会，商讨善后方针，表示决心下野，基本部队则退守湘境，徐图再举。遂于1927年11月11日通电下野，并以巨金收买日本军舰出国；所部由李品仙指挥，分水、陆两路向鄂西、岳州撤退。西征军的第七、第十九军也于15日先后到达汉口，第四路的第四十四军则进克武昌，第六军也克咸宁，第十三军克通山、崇阳。至此，盘踞武汉之唐生智部全被肃清。12月2日，湘鄂临时政务委员会成立，程潜宣誓就主席职。

程潜戎马倥偬，重来武汉，回首17年前武昌起义，感慨万端，及作《登龟山追怀昔游》（《养复园诗集新编》第54页）一首，抒发豪情壮志。其诗云：

结徒寻旧踪，策马登高邱。四望寒风厉，汤汤江汉流。

昔我从元戎，于此建旌斾。义声被方夏，终焉安九州。

迄来十七载，行役犹未休。山陬问旧径，一一尚可由。

冈峦形自昔，郭郭人益稠。同心久不见，谁知我烦忧。

慎怆古今事，寂寞贤圣俦。回首望衡疑，瑶草谁与求？

这时，国民党中央正筹备二届四中全会，唐生智的残部均退回湖南。程潜派西征军参谋长张华辅入湘接洽收编。但唐残部予以拒绝，反竭力招兵买马，与各方勾结，企图扩大叛乱。

1928 年 1 月初，国民政府乃电令程潜、白崇禧（为第三路前敌总指挥）自武汉督师南下，继续讨伐。程、白奉命后，即分两路入湘。程潜率第六、第四十四等军，自武长路南下；白崇禧则指挥第七、第十九军，由通城向平江会攻长沙。李宗仁率部于 1 月 15 日发动，17 日占领岳州，程潜也随即进驻岳州。1 月 21 日，西征军发动全线总攻，希冀一举而下长沙。此时，唐军也背城借一，拼死抵抗。双方在汨罗江两岸鏖战正酣时，西征军右翼第四十四军军长叶开鑫忽然叛变，乘午夜由黄沙街向左翼第六军和十三军的侧背猛袭。两军猝不及防，损失很大，正面之唐军复乘机出击。程潜急调第三、四两路军包围叶部，激战两日，将叶部解决。同时，在李宗仁的倡议下，采取"围魏救赵"的战略，急令白崇禧前敌总指挥不顾一切，猛攻长沙。白氏在前线奉到电令后，乃挥军出击，连战皆捷。第七、第十九军于 1 月 25 日攻入长沙。程潜急命十七师师长李明灏、十九师师长胡文斗组织反攻，迫使叶琪、刘兴、何键、李品仙等匆率残部逃往湘南、宝庆一带。西征军衔尾追击，占领衡州。2 月初西征军连克衡阳、宝庆、津市、澧县等地，唐军将领何键、叶琪、李品仙、刘兴等相继向程潜、白崇禧通电表示输诚，听候改编。未几，唐军被全部接收改编。唐部改编后，湖南省政府亦改组，由湘鄂政务委员会主席程潜兼任湖南省主席。

程潜领兵入湘后，2 月 2 日至 7 日，国民党二届四中全会在南京召开，会议通过《集中革命势力限期完成北伐案》《制止共党阴谋案》等案，并推定蒋介石（蒋于 1 月 4 日由沪抵宁，正式复任总司令职）、于右任、戴季陶、丁惟汾、谭延闿 5 人为国民党中央常务委员，程潜被推定为国民政府委员、军事委员会常委。但程潜忙于湖南的部队整编和地方善后事宜，湘鄂临时政务委员会实权已属桂系所掌握。3 月 11 日，程潜、白崇禧等将领联衔通电宣布西征任务已毕，克日移师北伐。联名通电云：

衔略，溯自宁汉合作之初，中央毅然决策整饬全军，一致北伐完成统一之功以竟总理之志。潜率所部，待命先驱，不意唐逆生智，包藏祸心，谋危党国，屯兵两湖，勾结孙传芳，进迫首都，牵制北伐之师，威胁根本之地。中央为贯彻北伐计，不惜多方调解，冀其悔过自新，乃唐逆始终不悟，至陷中央忍痛兴师西征，而以北伐任务，授之何总指挥（应钦）；而以西征任务，责令潜等效命。潜等仰体中央期早完成北伐之旨，师抵武汉，唐逆逃亡。比即竭诚忠告唐部将领，弃战言和，一致北进。乃权奸政客，极尽掉阊，致兴长岳之师，更有衡宝常澧之役，稽延时日，惜何可言。假令唐氏效顺，潜等与何总指挥（应钦）同时并进，则我津浦之师……

今幸两湖军事，已告结束。全体武装同志，互以肝胆相照，始终护党，而叶逆开鑫，全军已覆，西征任务，幸已藏事，北伐大业，岂敢后人，业令各军，克日由湘南湘西次第向京汉路线南段集中，随我豫晋友军之后，直捣幽燕，以遂潜等初愿。谨电奉闻，伏维亮鉴。

国民革命军四路军总指挥程潜等

1927年4月12日蒋介石在上海发动"四·一二"反革命政变，并在南京成立国民政府。

8月20日，于庐山同武汉国民政府谈判。程潜为武汉方面代表之一。会上，他极力主张宁汉合作，共同完成北伐大业。然而，各派势力争雄，分裂趋势愈益明显，矛盾不可调和，他茫然不知所措。会议期间，他登庐山游览，抒发感慨之情，写下《夏登庐山》（《养复园诗集新编》第53页）诗云：

前游阻风雪，探幽与愿违。今行盛炎热，辟暑惬心期。
毒闷涸江城，朝夕望云霓。挥汗离市肆，顿辔陟崔嵬。
入谷境殊迥，升峤天渐低。响涧激清音，凉飔散昏埃。
石室依山启，天池泄水来。鸟鸣烟雾壑，猿啸萝薜崖。
伊谁辟灵境，使我尘襟恢。缅寻羽化迹，怅望空徘徊。

◉ 无端受辱

"西征军"入湘后，主持湘政之湘鄂临时政务委员会大权握于桂系军阀李宗仁、白崇禧之手，他们在将唐部收编之后，便残酷镇压两湖工农革命运动，屠杀共产党人。至 3 月中旬，湘省军事基本结束，程潜热衷于发起两湖善后会议，商讨所谓移师北伐和两湖善后事宜。

政治风云突变，白色恐怖笼罩全湘。3 月 10 日，湘鄂政务委员会颁布"共党自首条例"，并设"惩共法院"，加强"反共"。为了更有组织地大规模屠杀共产党人和革命群众，5 月 4 日，成立了"湖南全省清乡督办署"，程潜兼督办，何键为会办，分区域全面向革命势力进行镇压。在搞所谓"清党"运动中，程潜也下令杀过共产党人，铸成终身悔恨。但只有一个多月时间，由于他本人被扣，第六军自身难保，不遑及他，"反共"活动随之中止，程潜也因祸得福。程潜即使在兼湖南"清乡"督办时，也保护了一些共产党人。例如，少将副师长、共产党员奚绍黄（后改名周保中，曾任国民革命军第六军营长、团长、副师长，抗日战争胜利后，曾任东北人民自治军总司令等职。解放后任云南省副主席、中共第八届候补中央委员等），于 1928 年 1 月，率三个步兵团、一个炮兵团及湘东各军队及地方保安队，驻防湘东重镇醴陵，他与中共长江局和省委派来的史志明、韩志伟取得联系，密谋在长沙开展暴动。事发后，暴动委员会受到了破坏，奚绍黄一时与党组织失去联系，随时有招杀身之祸的危险。在这紧急关头，奚绍黄分析了程潜的为人和品格之后，便毅然决然地去求助程潜，设法脱身。是夜，奚绍黄对共产党员、副官杨光环说："老弟，我决定去找程潜，程潜如果不念南昌城头的救命之恩，对我下了手，望你设法去找史、韩二位请求指示。"

原来，1926 年 9 月 19 日，程潜率部攻克南昌，事隔一日，孙传芳调集后备队，分三路向南昌反扑。敌人像潮水般涌来，六军顿时陷入重兵包围之中。程潜向三军呼救，朱培德按兵不动；程企望七军驰援，李宗仁又相距甚远，难救燃眉之急，加之内部王柏龄师又不服从调动，临阵脱逃，突然"失踪"。在此危急的严重时刻，程潜当机立断，冒死撤出南昌。程潜剃须脱袍，化装混入奚绍黄所在的十九师五十六团二营。身任营长的奚绍黄，规定了被冲散后出城的集合地，随即与士兵左右冲击，保护了程潜，使之安全脱险。

光阴荏苒，时过境迁，程潜还会记起旧情吗？是夜，奚绍黄怀着试探的心情，来到程潜官邸，侍卫人员通报后，程潜立即唤他晋见。一进门，程潜脸色忧郁地告诉他："你来得正好，我正要发电报召你回来。现在因战事平息，你所率部队调长沙改编。你调任两湖政务委员会少将军事参议，以当尽职。目前，你先用些时间将驻守醴陵的军事防务情况，写个书面材料报我。"于是，奚绍黄被一个勤务兵带到一个非常僻静的小院。这是软禁的地方，他决定设法逃出去。

过了几天，杨杰突然出现在他的住处。他俩刚一见面，杨杰便从内衣口袋里掏出一张印有蒋介石签发的通缉第六军共产党人奚绍黄等人的名单，然后告诉奚绍黄："这是程潜让我送给你看的。程潜念你在北伐战争中出生入死的赫赫战功，又有救他性命之恩，对你不忍下手。他让你借出席南昌国民革命北伐阵亡将士善后会议之时，寻机逃个活路！"

奚绍黄按程潜授意的方向，刚到南昌，蒋介石通缉捉拿他及其他人的手令也已发出。奚绍黄在江边，巧遇一船夫，躲进船舱。在船夫的帮助下，他化装出了南昌，乘船转上海，找到周恩来，开始走上了新的征程，后来成为一名杰出的中共高级将领。

在一片白色恐怖中，许多革命志士遭受残酷屠杀。程潜的部属文心珏的一个亲戚叫汤正尧，曾于"马日事变"前后领导醴陵乡下的农民运动，被湖南省"清乡"会办悬赏300元、由"清乡"部队捕获，准备枪杀。文心珏要求程潜设法营救。程潜满口答应："那好办，你去找李仲庄，打一个电报给王学龄，就说我同意的，从宽处理。"文心珏立即找到程的秘书长李仲庄，李即电告主持醴陵"清乡"的第六军五十三团团长王学龄，叫他将汤正尧释放回家。就这样，程潜保护了一批共产党员和革命志士。

程潜处处以大局为重，对于湘、桂合作，桂系联程倒蒋，桂系联谭、程倒唐，他都积极配合，推诚相见，毫无二心。一天晚上，国民政府主席谭延闿给程潜写了一封长信，大意云：程的部队实力不如蒋，党的势力不及汪，反蒋反汪为非计，恐徒以虚名招实祸。建议对唐部不宜穷追猛打，为渊驱鱼，而要安心收抚，备为己用，犹如"家鸡打起团团转，野鸡打起满天飞"。唐生智的部队毕竟是湘军，桂系部队不可靠，联桂终不可恃……并叫谢慕韩于次日将信送长沙给程潜一阅。当时，程、桂正在长沙开会。程阅信后，双眉紧锁，两眼闪着严肃的光芒，语意深沉地说："组庵坐在南京，完全不知道外面的情形。"说完，他猛吸了一口雪茄，吞云吐雾，显出不以为然的样子。

停了片刻，谢慕韩进一步说："谭主席在中枢，接触面广，可以盱衡全局；你处于一隅，因而和他的看法不同，在所难免，现在可以交换一些意见。"程潜仍猛抽雪茄，缄默不言。这时，谢慕韩想起总参谋长何应钦对他说过的一席话："请你转告程先生不要上别人的当。他们3个人（指程、李、白）联衔打的反蒋电报，已有两个人出来否认，将来程先生一个人吃苦头，犯不着。"便恳切地对程潜说："对桂系一方面要争取团结，另一方面也要提防。"程潜沉思片刻，他想起当日与谭、桂商议倒唐的经过：在南京商谈倒唐时，李宗仁、白崇禧曾先后两次访问他，并且在石板桥私宅设宴，议论此事，赴宴者仅李、白、程3人。席间，李宗仁赌咒发誓：倒唐之后，如果拥蒋，将为天地神明所不容，云云。便断然回答："德邻、键生对我都很好，不必多疑。"长沙会议时，有人曾建议派兵包围会场，捕杀李、白，程潜闻知，顿时大骂："我们不能丧失天良，害人之心不可有！"

然而，程潜忘记"防人之心不可无"。他对桂系推心置腹，而李宗仁、白崇禧企图将两湖据为桂系势力范围，进而争霸全国。他们西征的目的是要把湖南置于他们的绝对控制之下。西征之役，他们仅是利用湘军实力，特别是利用谭、程的宿望。程、桂之间的根本矛盾是不可能调和的。因此，在驱唐的目的达到之后，桂、程联合便随之破裂，接着便是桂系联蒋倒程。

1928年春，蒋介石由日本返国后，与汪精卫合作，此时，南京特别委员会内部发生分裂，冯玉祥、阎锡山、李宗仁等对蒋表示欢迎，转眼间，拥蒋空气甚浓，惟独程潜一人不表示态度。这时，谭延闿用八行宣纸写了一封亲笔信给程潜，长达6页，言词恳切，婉言相劝，大意云：此次蒋介石东山再起，群情拥护，吾兄既不表示态度，万勿提出反对。如能做到这一点，则两湖政务委员会主席及第四集团军总司令两职，保证由吾兄担任。程潜接信后，不为所动，仍然坚持反蒋，他的幕僚劝他："谭延闿的这个意见，值得我们慎重考虑。"程潜斩钉截铁地说："反蒋我是不能动摇的。"十八师师长张轸看信后，更是对他动之以情，劝道："军长，谭延闿同我们的关系比较密切，他把鲁涤平、陈嘉祐两军拨归你指挥，在军事上加强了我们的力量，在政治上提高了你的地位，我们应该同意他的意见，支持他在中央的地位。"程潜严肃地回答："反蒋是我的一贯主张，不能因私人关系和个人利害有所变更。"张轸继续劝他："反蒋要看情况是否可能，现在大家都拥蒋，独你一人反蒋，能有何用？"程潜不假思索地回答说："桂系不是同我一起反蒋吗？并且白键生（白崇禧字）是绝对可靠的。"张轸辩驳道："李宗仁有电报，已表明态度，拥蒋既成事实，白崇禧会不跟他跑而单独反蒋吗？"程遂不作回答，陷入深深的沉思。

在蒋介石的心目中，桂系和程潜率领的第六军，都是他的异己，都在铲除之列。程潜充当了桂系倒唐的急先锋，得到了湖南，实现了湘军治湘的夙愿。但蒋介石看到，桂、程联合倒唐只是互相利用，桂系本想独占两湖，因此，当程潜回到湖南，桂、程矛盾随之尖锐。当时以两湖的兵力，势必要成立第四集团军，总司令由谁来当？按资历，程潜1922年就任孙中山非常大总统府的陆军部长，李宗仁是无法相比的。论兵力，程潜与桂系又无法相比。蒋介石看到这个矛盾，加之蒋得知程潜反对自己，他复职时程潜连一个电报也不拍来祝贺。更有甚者，蒋介石复职前，与宋美龄结婚，各高级将领、得意门生、部下幕僚，以及阿谀拍马逢迎者流，纷至沓来，都赠送了很多珍贵的礼品，向蒋介石讨好，惟恐取宠不及。程潜的驻南京办事处处长潘培敏（醴陵人）打电报请示程，极力主张送礼贺喜，程潜却在电报上批示云：“蒋、宋结婚无耻，别人送礼，也是无耻，我们若送礼，更是无耻之尤。”写毕，叫随从参谋张本仁立即将批示电告潘培敏。潘培敏接到电报，不禁喟然长叹：“我算是摸透了颂云的脾气，但他对待这件事，如此硬到底，却出乎我的意料之外，给我碰了一个大钉子，可见他反蒋真是不折不扣。”蒋介石得知程潜的举动后，便怀恨在心，欲想利用桂系搞掉程潜。

加之这时程潜的部属对他也有一些不满情绪。1928年4月间，陈嘉祐军（第十四军）三十九师师长岳森参加中校营长文心珏的婚礼，亲笔写了一副对联祝贺：“会有良朋，结成肝胆；宜于此日，整顿乾坤。”写罢，与各将士闲聊，谈兴愈来愈浓，话题自然扯到对程潜的不满方面。岳森先借别人的话，散布对程的不满言论：“李任潮（李济深别名）在宁公开表示，程颂云反对中央（指蒋介石），我主张送他出洋休息一下。”停了片刻，岳森呷了一口茶，高谈阔论起来：“程颂云接收汉阳兵工厂的大批武器，都已补充了第六军，我们一点分不到，也欠公平。”他环视一下满座的高朋，越说越起劲：“何键得到颂云支持，当上了‘清乡’会办，掌握地方团队武力，实力越来越大了，湖南变成醴陵人的天下。”他见大家津津有味地听着，便提高嗓门说：“我们要服从谭畏公（指谭延闿），又不能不受程颂云的指挥，这是无可奈何的。八仙过海，各显神通，我们要好好地训练队伍，莫做太平官，才能保存实力。”

事后，文心珏将岳森的牢骚话汇报给程潜，程潜只是淡然一笑，不以为然。文便向程建议：“桂系高唱反蒋调子，是有条件地讨价还价，特别是在你反蒋的掩护下高喊反蒋，桂系是有阴谋的，绝不能让他们坐收渔人之利。”听到这里，程潜阴沉、肃穆的脸上，掠过一丝笑意。他听着部属这火热的话语，心里滚动着难以言状的热流，兴奋地回答：“你说得对，凡事预则立，不预则废，当然要做到防患于未然的好。不过，政治风云变化莫测，很多事情是难以预料的。”

沉吟片刻，程潜对文心珏说："我调你到第六军当主任秘书，替我办事。"文要求做部队长，程回答说："打仗不过是匹夫之勇，我要培植你干政治，比带兵要好。现在林伯渠已离开六军，由张振武代理政治部主任，你当主任秘书，多负点责好了。"

其时，蒋介石无力对桂系用兵，为了暂时缓和内部矛盾，又重新进行政治分赃，便成立了国民党中央政治分会，蒋介石任主席，并任李济深、李宗仁、冯玉祥、阎锡山4人分任广州、武汉、开封、太原政治分会主席，同时宣布撤销程潜的湘鄂政务委员会主席职务。

当时国民党中央原订计划是要谭延闿统率鲁涤平第二军、程潜第六军、陈嘉祐第十四军、吴尚第八军、何键第三十五军，组成为第四集团军，由谭延闿任总司令。谭以担任国民政府主席职务，不能分身，便推让由程潜充当总司令，认为极为适宜。但是，当酝酿总司令人选时，逐鹿者大有人在，尤桂系李、白亟待登上这一宝座。于是，新的统一军权的计划，导致蒋、桂与程、桂之间的矛盾更加尖锐。因为当时的政治分会职权所划，可以在其辖区内任免省主席及其他行政大员。集团军总司令职权，可以任免所属的总指挥、军长、师长各高级将领，南京中央只能在事后予以追认。

李宗仁对第四集团军总司令一职，馋涎欲滴，力求推翻程潜，企图控制两湖地盘，与蒋介石争天下。李宗仁毕竟是老于世故、善于玩弄政治手腕的政客，他首先讨好蒋介石，联蒋压程，然后再与蒋介石分庭抗礼。

1928年2月28日，蒋介石以军委会名义任命李宗仁为第四集团军总司令。3月7日，又任命李宗仁为武汉政治分会主席。蒋介石担任国民党中央政治会议主席。程潜对此项任命大为不满，致使李宗仁迟迟不敢就职。

程潜深知，蒋复职之后，采取了抬李压程、分化程、李合作，有意排挤打击他。但是，面对这一局面，程潜仍取委曲求全的态度。3月30日，李宗仁来湘与程潜协商军政大计，李来湘离湘，程潜组织乐队迎送，在总部设宴款待，双方签订有关协定。同年5月7日，程潜接到李宗仁由武汉发来的电报，邀请他参加武汉政治分会成立大会。程潜原以湘局初定，不欲前往，但想到此次会议与北伐大计有关，便决心如期赴会。程潜殊不知，武汉政治分会曾数度开会密议欲将程潜扣留撤职。酝酿倒程时，其内部曾经有人提出湘军在数量上占绝对优势，应慎重考虑，白崇禧断然地说："湖南人没有3个人以上结合紧密的团体，可以大胆地干！"

张轸出于关心程潜的安全，劝他不必去武汉参加会议，并陈述两点理由："其一，过去李宗仁归你指挥，现在你反受他的领导，在面子上过不去。其二，你坚持反蒋，他却拥蒋，有何合作可言？"在座的李明灏、胡文斗、唐蟒及李仲庄等将领，都不主张程潜去武汉开会，并以"鸿门宴"的故事相劝。但程潜坚持要去，他苦笑一声，语气深沉地说："如果我不去武汉，湖南的政府没有办法。我就是为解决这个问题而去的。"胡文斗见劝告程潜无效，便提醒说："你这次去武汉，凶多吉少，恐怕于我们不利。"程潜坦然回答说："白键生反蒋，他是同我们一致的，用不着有什么顾虑。"

是夜，月亮钻进云层，苍穹像是被浓墨似的黑纱笼罩着，阵阵南风吹来，显得格外阴凉。湘江两岸，点点灯火，忽明忽灭，更增添了几分阴森气氛。程潜同白崇禧共乘一条小火轮离湘。张轸等一行官员将他们送到轮船上。倏地，只见白崇禧的脸色变化莫测，令人感到程潜的前途危险多凶，但木已成舟，既无可挽回，送行者只有内心难过而已。

成立武汉政治分会的决议是 4 月 11 日由国民党中央政治会议作出的，任程潜、白崇禧、张知本、严重、张华辅、刘岳峙、陈绍宽、李隆建为委员。5 月 18 日，武汉政治分会正式成立，李宗仁就任主席。20 日，李宗仁召开军政会议，在会上首先宣布蒋介石任命李宗仁为湘鄂政务委员会主席兼第四集团军总司令，程潜为第四集团军副总司令。当时程潜力辞不就。李宗仁盛气逼人，用手往桌子上一拍，大发雷霆，吼叫道："你敢反抗中央，不服从命令吗？"21 日，武汉政治分会开第一次会议，程潜出席，李宗仁主持会议，他首先发言，在历数程潜的不法之处时提出："程潜无论在军中、党中，均属老资格，自出任湖南主席之后，更倚老卖老，目无余子，根本忘记武汉政治分会还是他的上级机关。按制度，省政府只征收地方税，至于烟、酒、盐等国家税收，应由政治分会财政处直接征收。然程氏主湘后，竟将所有税收完全归省库，致政治分会虚拥其名。湘省军队有限，税款支用不尽，而武汉政治分会所辖部队甚多，开支浩繁，各军索饷，均无法发放。我一再口头或派人向程潜疏通，他一概置之不理……"李宗仁声色俱厉。他说到这里，便叫程潜到四楼休息室暂时休息，随即宣布免程本兼各职，并将其拘禁的提案付表决。桂系出席的人自然兴高采烈，一致赞成；湘系出席的人则如晴天霹雳，阵容纷乱。表决时，鲁涤平举了手，陈嘉祐弃权，非法的议案遂以绝大多数票通过，桂系联蒋倒程的阴谋从而得以实现。

会上，程潜"没有做软骨头"，当即提出严正声明：李宗仁历数的罪名纯系"莫须有"。诸如财政问题，程与李宗仁双方曾有协议，按商定的协议办事，何罪之有？但李宗仁凭借手中的权势，不由分说，即将程勒令退席，将他监视起来。

会后，李宗仁即专电南京国民政府谓："程潜素行暴戾，好乱成性，西征后便跋扈飞扬，把持湘政，本日特别会议议决将程潜暂时监视，请即明令免其本兼各职。"南京对此事亦无可如何，仅复电李宗仁"从轻处理"。23日，中央政治会议议决，程潜免职听候查办，将湘鄂临时政务委员会撤销。正如台湾《传记文学丛刊》登载的《民国百人传》第三册中所云："利害结合，悲剧一幕。于是程与李在半年前一时利害结合，至此以悲剧告终。"程潜被撤职监视是李宗仁统一两湘计划的一个重要步骤，程潜既去，李宗仁如释重负，即于5月22日正式就其久不敢就任的第四集团军总司令之职，节制两湖军队。

程潜被拘留，引起许多将领的不满，即使有的高级将领过去对程潜有意见，现在也为此事抱不平，认为李宗仁欺人太甚，丧失天良。第十四军军长陈嘉祐愤愤不平地说："颂云参加革命，功勋卓著，为本党屈指可数的军事家。虽然个性刚强，不肯苟同，但与李、白也无私怨。尽管政见不同，这样对付，也未免太毒辣了。"师长岳森也愤怒而幽默地说："李德邻向中央送了一份厚礼（指扣留程潜），换到了军政大权。凭良心讲，程颂公还是作风正派，与谭畏公是并驾齐驱的元老。这样的委屈下场，也太没有公道了。"

程潜被拘禁后，谢慕韩（任总司令部参议）即日到南京找谭延闿，向他报告事变的经过。谭也把蒋介石和他谈话的情况告诉了谢慕韩。谭延闿深为感触地说："当颂云被扣的那天，蒋介石即来我处，喜形于色，幸灾乐祸地对我说：'程颂云倒了！'我问其故，他把桂系对程潜拘禁的前因后果说了一遍。我明知他们是狼狈为奸，蓄谋倒程，只好说：'中华民国的人起来了便不会倒的。'他听出我说话的弦外之音，讨个没趣后，便快快不乐而去。"谭延闿说完，默然良久，又感叹道："这样的勾心斗角，殊非我始料所及。你去找李协和（李烈钧字，当时任军委会常委）、杨幼鲸（杨树庄字，当时任军委会委员兼海军总司令），看看他们能否从中斡旋，早日恢复颂云的自由。"

谢慕韩根据谭延闿的吩咐，分别找了李烈钧和杨树庄。李烈钧显出无可奈何的样子，将手一摊，模棱两可地说："此时颂云能保存生命就是万幸，马上恢复自由是不可能的，叫我向哪个去说呢？"

杨树庄的回答也是含糊其词："大家都来想办法吧！请代达畏公（谭延闿号畏三），我一定要尽到朋友的责任。"

谢慕韩将交涉的结果向谭汇报，并要求谭直接电告李宗仁、白崇禧，要他们尊重国家法纪，将程潜释放。谭延闿果断地说："那是与虎谋皮。他不遵，第二步怎么办？我料他们还不敢置程于死地。此时最重要的是第六军不要乱动，免得他们有所借口。"然后，谭延闿写了一封言词恳切的信给鲁涤平，信中有"谨慎不要推卸责任，放胆不要疏于戒备"等语，交谢慕韩送给鲁涤平。

鲁涤平看到信后，完全接受谭延闿的意见，并表示：只要六军不乱动，愿与共存亡；军饷按月由省库开支。此时第六军部队分驻平、浏、醴一带，军部驻醴陵。军的人事已大变动：第十七师师长李明灏已辞职，仍随军行，由副师长彭亚尧代行师长职务；第十八师师长张轸升任副军长；第十九师师长胡文斗代军长；军参谋长唐蟒已离职。随即张轸率部撤到江西。蒋介石则密令江西省主席朱培德消灭第六军，并调金汉鼎第九军入赣助战。第六军在朱培德、王均、金汉鼎等军分进合击下，损失惨重，突围到闽境后，仅存残部一个营，为卢兴邦收编。至此，程潜十余年艰辛组创的第六军再度被蒋介石彻底消灭了。从此，程潜在中国的政治舞台上，再也没有可资凭依的实力了。

1928 年 6 月 23 日，国民党中央常委会通过决定：程潜先行停止中央执行委员职权。8 月 8 日至 15 日，国民党二届五中全会在南京召开，追认中央常委会对程潜的决定。这时，程潜的自由已经完全丧失。他无端受辱，经此一折，退出国民政府政治舞台达 6 年之久。1928 年 11 月 28 日，国民党中央政治会议通过《行政院各部会组织法》，虽议决程潜解除监视，免予查办，但行动的自由仍被控制。

6 月 11 日，国民政府根据武汉政治分会所任命的湖南省政府正式成立，由鲁涤平任主席。程潜所部在湖驻防的第六军，闻主帅在汉被扣，乃自动向江西撤退，后全部被蒋介石遣散或改编。程潜一直被李宗仁关了 8 个月，所部中将领左权去了江西，李隆光去了广西，奚绍黄（周保中）去了东北，后来他们都成为了中共重要的军事将领。鲁涤平在中央明令发表后，率其第二军入湘，接任主席。湘局既定，武汉政治分会乃拨巨额川资，送程东下，寓居上海。

到 1929 年 3 月，蒋、李反目，桂系孤立无援，被蒋介石逐回广西老巢。两广事变中，程潜仍以大局为重，从民族存亡出发，以德报怨，奔走其间，力主对桂和平解决。后来，李宗仁在他晚年的回忆录中写道："此次拘押程潜，虽系程氏咎由自取，然事后，我对武汉政治分会此一孟浪行为深觉过分。颂老受一时之屈，事后对我未尝有片言的抱怨，其胸怀的豁达，实属可钦，而我本人则引为终身之疚，至今悔之。"

◉ "寓公"生涯

程潜本兼各职被撤销，惨淡经营的第六军被吃掉，他怀着忧愤不平的心情，寓居上海。他作为国民党的元老，孙中山大元帅府的军政部长、国民革命军第六军军长、曾东征、北伐，战功显赫，权势斐然，如今失去了这一切，过着寄人篱下的生活，其苦恼、愤懑之情，实难以言状。他在内心充满苦闷忧伤之时，常借诗词发泄，消磨时日。

古老的十里洋场，在帝国列强的宰割下，满目疮痍，连天上的浮云也显得灰暗极了。时值寒冬，朔风凛冽，尘沙弥漫。程潜伫立窗前，遥望外国人建筑的各式洋楼，犹似一枚枚钢针刺着他的瞳仁，感到头昏目眩；又似咽下一颗颗苦果，嘴里苦涩，心间酸楚。黄浦江上，偶尔传来低沉的汽笛声，令人心肺欲裂。程潜触景生情，悲痛不已，一口气写下了《杂诗四首》（《养复园诗集新编》第 58 页）：

其一

辗转苦夜长，披衣坐前庭。忧来谁当见，明月照我楹。
北风中夜号，戍角时一鸣。忉怛不自已，翘首望天明。

其二

六龙何可系？暑往寒来早。光阴坐销铄，忽忽人已老。
鲲鹏翔天池，扶摇出尘表。蜩鸠笑其劳，未若蓬蒿好。

其三

鸾凤宿射干，鸱鸦止恶木。方类若无聚，好丑谁能觉？
缮性日知亡，纵欲日不足。小人自奔竞，君子宁幽独。

其四

修修南山松，青青西涧柏。上有嘤嘤鸟，下有茕茕客。
四时何葱蔚，独不畏霜雪。盘桓贞干下，幽人自怡悦。

在寓居上海的岁月里，程潜"闭户思避嚣，寒风从隙扰。出游以写忧，予怀复如搅"。他在写诗抒泄内心忧愤的同时，也常常研读宋明陆王的理学以及儒家著作。有时也练练书法，他写的字，于朴素凝重中见俊美，于苍劲潇洒中显功夫。他还喜碑帖，经常练习魏碑。好在他的住所坐落在原法租界马斯南路123 号，是一栋清幽雅洁、上下 20 间的别墅，楼下有一个大花园，园内绿草如

当年的上海法租界马斯南路123号。1928—1934年程潜在上海的居所

茵，繁花似锦，倒是一个读书的幽静环境，他戏称为"伏庐"。每日，他黎明即起，打几路太极拳之后，便捧读"四书"、"五经"和陆王理学、儒家著作。他读书的范围极广，孔孟之道，佛家学说，报刊杂志，包罗万象，有的信手拈来，随意游览；有的潜心研读，爱不释手。连关于看风水方面的书籍，也不放过，且津津乐道，还信它几分哩。

　　1930年夏，程潜的慈母病逝。噩耗似晴天霹雳，程潜倏地被震惊了，悲痛的感情猛地冲击着他的心房。霎那间，整个别墅大楼似乎在晃动，太师椅等古朴的家具在旋转。程潜的热泪顿时夺眶而出，顺着清癯的脸庞在流淌。半晌无言，此时无声胜有声。他恨不得立即飞回醴陵家乡，向生身慈母倾诉满腹衷肠，让恸哭的泪水洗刷心头的悲痛，表达一片赤子之心。

　　当时，正值中国工农红军在平江、浏阳、醴陵一带组织围攻长沙，战事紧张，程潜不便启程，直至是年秋，他才带着家眷，由上海返回故里，重新安葬母亲。正因他平日看了风水典籍，迷信风水，为使母亲能安葬一块好地，他特意从江西请来风水先生周玉书为葬母看地。

　　周先生对于风水龙脉很有研究，满腹经纶，看地很灵，程潜早有所闻。这天，他与周玉书、副官傅正凯、侄儿程博陶等人，分乘四张大轿，来到长连冲的一个苍松翠柏映掩的山坡上，他试探地问道："周先生，请问何谓风水龙脉之宝地？"

周先生环顾一下连绵挺拔的山峰，指指点点，若有所思地答道："龙之耸拔活动，砂之秀丽，水之有情，才算好地。"

程潜怀着悲痛的心情，想为葬母找块真龙宝地，不假思索地问道："请问周先生，何谓真龙？何谓假龙？真假之龙，如何分辨？"

周先生略微沉思，摆弄着手中的罗盘，摇头晃脑地说："有顿跌，有曲折，一脉之清一星之正，乃谓之真龙也。"

程潜作寓公时，好在看过《人地眠图说》之类的书，对于风水地理龙脉的知识，已略知一二，故能提出有关问题："有顿跌曲折脉清星正而不结者，又作何说呢？"

周先生见程潜寻根究底，问得得体，便滔滔不绝地说开了："有顿跌曲折脉清星正，自然结一大好地……要识地理龙脉，必要得窍，方能辨龙之真假美恶，辨富之大小，贵之轻重，生死福祸吉凶。"

程潜听完周先生的话，忙又问道："那么，如何才能得窍？"

"识得登山教之，不识得古冢上察之。此关一破，则地之有无大小，了然在心目间矣。龙既得，还要懂得穴法，砂法，水法，葬法，向法，此五法配合方能发福。五者不明，吉地葬凶，祸不旋踵。"周先生侃侃而谈，使程潜五体投地，连连点头称是。

他们来到一个挺拔高峻的山岗，放眼望去，左右苍松翠竹，郁郁苍苍，前面一条溪水绕过，流水潺潺，"叮咚"有声，好一派江南秀丽景色，气派非凡。只见周先生手舞罗盘，左右端详，近看远望，煞有介事，口里念念有词："莫到高山方知龙，却来平地失真迹，平地从龙高顶发，高起星峰低落脉。高山既认好星峰，祖宗父母数程遥，灰线草竑寻脉脊，隐隐隆隆须细认，蛛丝马迹要分明，如发如珠是真峡，一断一续莫离迹，忽然人穴口钳开，两水夹护是真匆。"念罢，放眼远望，一本正经地说："此处虽然环境优美，但不是理想之地，还是继续找吧。"

一连几天，他们分乘大轿，找遍了周围各个山峦，终于在离长连冲十多公里的枫林市乡癞子山，找到了一块宝地。这块山地，虽是悬岩峭壁，既无青松，也无翠柏，但惟独葬坟之处，左右各矗立着一块天然巨石，似骏马飞奔，像龙盘虎踞。这里前临平川，后拥青嶂，视野开阔，气势雄伟。周先生怀揣罗盘，比比划划，喜出望外，连声赞道："宝地，宝地，难得的宝地！"

程潜跟着左顾右盼，前望后看，随声说："周先生果然名不虚传，很有眼力，此处的确风水不错。"

程潜钦佩周先生看风水的本领，乃至1948年他任湖南省主席时，特意请周先生看风水，在长沙水风井建牌楼，在居室门前建壁照，在长沙北门建玄帝宫。新中国成立后，还推荐周玉书先生当了江西省政协委员。

全国解放后，程潜当上了湖南省长、全国人大常委会副委员长等要职，重任在身，日理万机。但对慈母思念之情有增无减，直至1961年清明时节，在母亲逝世30年之后，特为母亲撰写了情深意切的墓志铭，亲笔谨书，托人刻在坟前的一块墓碑上，至今清晰可辨：

母钟太君慈恩颂世愚侄湖南省政治协商委员会委员萧仲祁拜撰

男潜　谨书

太君系出醴陵潭塘钟氏，以1852年农历十月十四日诞生，幼承家训，孝和慈祥，年十九得配程门若凤公，孝敬翁姑，和睦族鄙，（即邻），慈爱人群，勤劳纺织，咸止于善，人无间言，聿在当时，群仰典型，揆之今日，允称模范。生男衣庆衣斯女得贞细贞及季子潜。在清政统治下，凤公朝勤夕作，大（即太）君茹苦含辛，鞠育子女，义方是训，备历艰辛，使潜留学日本参加中国同盟会，致力国民革命，凡倒满、讨袁、护国、护法诸役，莫不为民前驱，或庆之。太君则曰：男儿以身许国，除暴安民，分内事耳，何以庆为，绩而不辍，或劝止之，则又曰：人贵自食其力耳，吾不欲以口腹累人，故乐为之。1927年夏，潜领军北伐，间关回里，觐谒慈颜，子女重绕膝下，太君乐甚，谓潜曰："儿自幼出言无伪，今尚如故，吾无虑矣。"祗领慈训，倥偬赴鄂，转战江西，扫荡逆氛。翌年春，攻克南京，肃清巨憝，蒋逆包藏祸心，毁灭总理手订三大政策，疯狂反共，肆行屠杀。潜于其时，奔驰宁汉，力图匡救，反为所噬，囚身夏（即汉）口，以贻太君之忧，斯为慨己。罗织未成，逼迫赴沪，太君留养长沙旅寓，于1930年农历六月十八日卒，年七十有八。子女号泣，孙曾悲伤，礼葬于菜于山麓，值抗日军兴，未由封树，潜合悲累岁，于解放后参与社会革命暨建设事业，在多快好省、大跃进、人民公社三面红旗光辉照耀下，翊赞鸿猷，爰镌斯石，以纪亲恩，祁与潜友善，垂六十年，久稔慈徽，谨缀碑辞，系以颂曰，量量母仪，清明在躬，舍和博爱，积德有终，手泽劬勤，有典有则，夙夜匪懈，至诚无息，卫国安民，本立道生，各食其力，遐尔化成，煌煌懿训，诏儿无伪，藏之中心，永保弗坠，莱山苍苍，慈恩回翔，贞珉炳焕，亦世弥光。

1961 年 5 月吉日立

在上海当"寓公"时，程潜"得闲之处且偷闲"，闲情逸致颇浓，他喜爱花木，不惜花重金在"伏庐"庭院里种植丹桂、铁树、牡丹、海棠、杜鹃、蜜橘等花木数十种，精心培育，其乐无穷。他还爱好古董，收藏各种古物、字画好几大箱，曾运香港保存，后又运回长沙珍藏。他将自己平日写的诗词编纂成《养复园诗集》出版，由溥仪的太傅（老师）赵熙作序，因赵的毛笔字写得特别好，深受程潜的赏识，他把赵熙作序的墨迹一直珍藏着。

然而，政治风云变化莫测，政治家的心境总是被时代风雷所扰乱的。1931年秋，日本帝国主义看到英、美等国正忙于对付国内的经济危机，无暇与它争夺中国；看到蒋介石政府正忙于进行内战，对外实行卖国投降政策，便决定首先侵占中国的东北，以实现其吞并中国的计划。9月18日，日本驻在中国东北的"关东军"，开始袭击沈阳，次日占领了沈阳城。这时，中国驻沈阳及各地的东北军，在蒋介石"绝对不能抵抗"的命令下，撤退到山海关以南，1932年1月2日，日本侵占锦州。在短短3个月的时间内，日军占领了整个东北三省，使3000万同胞，沦为亡国奴，过着家破人亡、妻离子散的悲惨生活。

程潜面对"九一八"这个严重的民族危机，深感奇耻大辱，内心充满无比的忧愤，恨不能登高一呼，指挥千军万马，驰骋沙场，将日本侵略者赶出中国领土。可他如今是一名手无寸铁的"寓公"，哪有回天之力？他处于彷徨、苦闷之中。初冬的伏庐，树叶飘零，残花满径，程潜的心绪，恰似枯枝败叶，暗淡萎黄了。何以解愁，惟有杜康。平日本来滴酒不沾的他，也穷瓶把盏，独饮独斟。可是，抽刀断水水更流，借酒浇愁愁更愁。他只得寄情于诗。先年夏，母丧丁忧，时值蒋介石与阎锡山、冯玉祥发动中原大战，国家元气损耗殆尽，又逢长江中游洪水为灾，产粮基地顿成泽国。内忧纷至，外患乘之。于是有1931年九一八东北沦亡之变。程潜身逢国难，又值家艰，乃赋忧时之诗五首（请见《养复园诗集新编》第62页）。

辛未冬感诗五首并序

去年夏，予罹家艰，苦块之中，久废吟咏。今年九月十八日，日本忽以兵力据我东三省。推其召侮之由，不能无感，因辍哀而成此诗。十二月十八日记。

其一

燕雀争巢居，火焰燎堂宅。　蚌鹬持沙渚，渔人伺岸侧。

嗟彼挟弹儿，少小昵邪慝。　累恶已慢藏，妄意更丰殖。

邻家务兼并，由来非一夕。　高台曲未终，奄忽倾其国。

藩篱寄童昏，本以资羽翼。　器重非所乘，东望悲难塞。

其二

风回黑霄起，雾凝白日薄。　清灏忽然汩，灾害时并作。

人有二三心，同方聚众恶。　亲交判胡越，肢体自束缚。

既背宗盟训，遑恤国土削。　狂走若瘈犬，干戈成戏谑。

夸者甘死权，佥壬复从虐。　蜉蝣振采衣，聊趁朝曦乐。

其三

天步何艰难，斯民陋穷困。　我闻富实区，频年有遗殣。

若人工两端，大邦久作镇。　仓庾自丰盈，黎庶自饥馑。

无端务远略，群权偶相趁。　狡童睨其傍，势位几同殉。

析辨岂不密，毫厘谬失算。　古训讵可违，动则生悔吝。

其四

外侮久莫御，兄弟犹阋墙。　一朝逞私忿，连兵徒自戕。

黠者尔何意，乘时溃大防。　文献千古遗，弃掷同秕糠。

宗主偶假借，辩饰何张皇。　岂知背中道，人鬼惧其殃。

不义终自崩，作伪安可常。　独怪茫昧者，相附共披猖。

其五

鸱鸮恶高飞，荆榛便止托。　每凭风雨夕，腐鼠快一攫。

爰爰谁家子，举动何轻薄。　权势偶相假，风浪卒然作。

他人各有心，谬谓可忖度。　利害须史判，谁能重然诺。

本意求槿荣，终焉葬狐貉。　反覆自贻戚，中心宁不怍。

　　祸不单行。1932 年 1 月 28 日，日本又在上海发动进攻。蔡廷锴、蒋光鼐将军领导的十九路军，在全国人民抗日运动的推动和共产党"枪口一致对外"的号召影响下，进行了英勇抗战。上海的工人、学生积极参加抗日斗争，上海各界民众反日救国会也积极支援抗战。蒋介石政府不仅不支持十九路军抗战，而且限制其他军队和群众的支援，迫使十九路军退出上海。

在民族危亡的严重时刻，寓居上海的程潜，耳闻目睹"一·二八"事变的幕幕场景，再也按捺不住激愤的心情，再也不能彷徨、观望了，他毅然决定创办《南针》杂志社，把它作为抗日、反蒋、反汪的舆论工具，鼓舞民众抗日热情，揭露日本侵华罪行和蒋、汪卖国投降的罪恶勾当。1932年1月底，《南针》杂志终于问世了。

这是一个16开的半月刊，程潜和秘书唐菊庵等人参加编纂工作。程潜既是主编，又是撰稿人，常以"养伏"、"针人"、"颉华"、"爱华"等笔名撰写各类文章。"发刊词"就是他亲笔写的，以"程潜"署名刊出。文章的开头，开宗明义地指出："凡一种革命运动之进行，必其主义，能能适合当时社会之需要，方能发生伟大之力量，革命政党乃能应运而生。否则社会不需要其主义，或其主义已成历史的遗迹，则虽由少数人组织一政党，必不能发生何种力量，或延展其生命，不仅此也，苟社会上需要其主义，即纵令无明显的政党组织，其主义亦足以为革命之原动力，征之史实然也。如卢梭之自然主义影响于法国革命，马克思主义之影响于社会革命，甘地主义之影响于印度革命，三民主义之影响于中国国民革命是也。"

发刊词还强调："实现三民主义之道有二：党内同志，各自痛改前非，去其私欲，秉至公至诚，一致团结，在同一意志同一行动之下，严格防止党的官僚化、派系化，以求党之健全完整，建设民主政治，实行自治改革体制，以与日本作持久战之准备，以期收复国土，保持国家之独立，而求中华民族之解放，国家际此危急存亡之秋，须确切认定三民主义，即救国主义，宜摒除意气，以民族国家为前提，一致团结，为党政府后盾，并促其将政纲政策，分别缓急轻重，次第施行，以为国家争生存，为民族争生存，不必徘徊失望而有所疑虑也。"

他在发刊词中阐明了办杂志的宗旨："因此同人等有南针社之创设，其主旨在阐扬三民主义，并力求其实现，吾人确认要实现三民主义，国家与民族方有所归宿，实现三民主义，方能达到世界和平极乐之彼岸，譬诸航行大海中，纵遇狂风骇浪，迷雾漫天，虽颠簸晦冥，而依此针路，仍不失其原定之方向，爰取兹义，匪敢自夸，勉之而已。"

1932年3月12日，值此孙中山逝世7周年之际，程潜以《孙中山先生逝世七周年纪念感言》为题写了一篇纪念文章，在歌颂孙中山"丰功伟烈、炳焕人间"之后，深刻揭露国民党独裁者，可谓一针见血，入木三分。文章指出：

纵言之，自国民政府以至于地方政府，皆无所事事，其所事事者，诈伪而已！何以证之，彼之所大欲存者，独裁耳。为欲独裁，则不得不排斥同志，于是昔之从先生致力革命者，皆被其陷构成狱，或停止党权开除党籍矣，为欲独裁，则不得不任用私人，以便其指挥运用，于是其左右亲信，悉据要津矣。为欲独裁，则不得不对于资望较隆者，或乘隙离间，使之互相疑贰，或破坏其信用，使之陷于废逐，于民国十四年九月二十日至十五年三月二十日之祸作矣。为欲独裁，则不得不终身校长，诱惑学生，作其工具，于是羽翼丰满，为所欲为矣。为欲独裁，则不得不暗使死党，成立某某学生会 AB 团 CC 团大同盟等，于是获之者众，毁灭主义矣。为欲独裁，则不得不暴戾恣睢妒贤嫉能，一切目为反动，或加以纽械枷锁之刑，或舆以幽囚囹圄之辱，无所不用其极矣。为欲独裁，则不得不以军政党三权，集于一身，于是大权独揽，朕即国家矣。为欲独裁，则不得不积武穷兵诛锄异己，上年挑动桂系以及阎、冯之战，致国家元气损伤无余矣。为欲独裁，则不得不苛征暴赋，扩大一切恶税，增加一切间接税，聚天下膏血，以供其一掷百万金乃至千万金，收买军队，使之服从一己，于是化国作家之计成矣。为欲独裁，则不得不分藩置牧，宰割山河，试观今日之域中，竟是谁家之天下，事实俱在，无须赘言。以上所举，不过就其显著者而言，至黑幕中之阴谋，无论对人对事对国家对人民对党员对主义，莫不掩蔽其真相，而别著其效能，以求一己之成功，或其派系之利益，他非所计也。是以今日之国民党，实为军阀官僚集团所把持，久已非三民主义之革命国民党矣。主义如此，党员如彼，欲求主义实现，是犹缘木而求鱼也。缘木求鱼，虽不得鱼无后灾，国民党而军阀官僚化，则将来之祸必有甚于今日十倍百倍千万亿倍，乃至算数譬喻所不能及者！

是故，今日内忧外患之现象，无一不由于专制独裁之造因……以言民族，先生所示革命的目的，在求中国之自由平等，彼帝国主义者之侵略，实无与之谋妥协之可言，非彻底之奋斗，不能完成民族革命之伟功，东三省既以不抵抗拱手让之于敌矣。而此次日本在上海挑衅之战，第十九路军英勇奋斗，与之相持一月有余，卒以无一援军而背进，致使暴寇深入内地，人民坐受其残（践），臣妾，奴隶，惨杀，烧焚，一切侮辱，而政府置若罔闻，且复迁都洛阳以避炮火，如此而谓不与民族主义相反得乎？主义如此，政府反动如彼，欲求不结成今日内忧外患之恶果，岂可得哉？向也军阀官僚立于党外，国民党尚有可为；今也军阀官僚，集中于党内，国民党之本身，尚有存在之余地乎？此吾人所以于先生逝世七周年纪念之今日，引起无量无边不可思议极惨痛极激愤之哀感，而不能自已者也！余岂好辩哉？三民主义信徒乎，全国民众乎，盍认识革命对象之所在乎？

由于蒋介石政府对日本侵略首先采取不抵抗政策，迫使十九路军于3月1日退出上海。5月，国民党政府外交部和日本签订了《淞沪停战协定》，《协定》承认日本军队可以留驻上海，而中国军队却不能在上海周围驻守设防。还规定要取缔抗日活动。这是一个丧权辱国的出卖上海抗战的协定。程潜惊悉这一消息，义愤填膺，挥笔疾书，写就了一篇以《反对南京政府签订中日停战协定》为题的战斗檄文。文章开头指出："溯自上海一·二八事变继东三省事件发生以来，我民众感日寇之恣横愈甚，国族之危难日深，群情悲愤，佥欲拼其全力与贼争生死。以势论、以时言，亦惟有掀起此广大之民族战争，庶免覆亡之祸；苟有人心，宁甘屈辱？乃南京政府，挟其统治之权威，对内则恣意压抑民气，对外则坚持不抵抗主义，图苟全其割据实力，置民族国家于罔顾，匪特不作规复失地之谋，最近5月5日竟且以与暴日签订丧权辱国之停战协定闻矣。此而可忍，则我全国民众惟束手受宰割于人，将永无解放之一日！"

文章强调指出："综观全文，无一非丧权辱国之条件，与袁世凯之二十一条，大同小异。我全国民众与抗日将士，自东三省事变迄今七月间，牺牲无数头颅，牺牲多量财富，牺牲职业，牺牲精神，希冀挽回民族国家之厄运者，今则换得此一纸丧权辱国之条文。请为为之，孰令致之？南京政府之卖国阴谋，至是已全部显露于我民众之眼前矣。贻民族以千古不磨

程潜20世纪30年代初留影

之羞，置国家于万劫不复之境！"

文章最后大声疾呼："同胞乎！处此生死关头，吾人岂能再坐视民族国家为彼辈卖国者所断送？为今之计，除誓死反对此丧权辱国之停战协定外，吾人惟有对内掀起反政府之民主革命之高潮，对外矢志于反帝国主义之民族革命之战争，民族国家，庶几可救。"

当此民族灾难深重之时，程潜写了一篇"时论"，以《第十九路军之战绩与中华民族前途》为题，发表在《南针》杂志上，文章在讴歌十九路军战绩的同时，论述了不抵抗主义的危害，指出："去年9月18日，日本以一旅之众，入我沈阳，当时我驻沈之东北边防军，不下10万，日本之所以敢于入寇者，盖其心目中，已无我东北边防军，且亦深知我军之不敢与敌也。果也我东北边防军，一闻日本入寇之讯，已奉其长官张学良不抵抗之命令而退却矣，顾此不抵抗之命令，非单纯基于惧外之心理，而其他原因，在内受奸权之唆使，为维持其华北之势力范围，恐顾此失彼，故持不抵抗主义，以保存其实力，今无论其基于何种心理，总之，以四千数百方里之国土，三千数百万之同胞，拱手以让诸敌人，任其宰戮蹂躏，其对于民族与国家所犯之罪，虽万死不足以蔽其辜。且不仅此也，不抵抗之结果，更足以隳民族之志气，长敌人之侵侮，而速召亡国灭种之惨祸，其与卖国何异乎？"

程潜深刻认识到抗日战争的重大意义，他在《抗日战争之意义》一文中指出："……根据以上人见解，孙中山之言，莫不一一见之于今日之事实，亦将一一见之于将来之事实。所以吾人认定此次抗日战争，不仅为中华民族存亡之所系，同时已包含伟大之世界意义。吾人可以将孙先生对于战争之说明，包括于一概念之下，即是未来世界上之战争，乃为革命之战争，革命战争，乃为推翻强权拥护公理之一种手段。"

"平凡之和平主义者，仅观察战争之一面，彼以为战争者惟有造成罪恶造成凄惨之景象，殊不知革命战争者，虽不免显示流血之惨状，然欲达到公理之申张，与和平之实现，苟向彼横暴者摇尾乞怜其可得乎？必须用暴烈之手段，坚强之抵抗以对待之，始能收得实际之效果。以中国革命历史言之，推翻清朝，如果不有武昌起义，用武力之爆发，清帝对于请愿立宪，尚且不许，又何能迫其退位？而此共和政体，当然亦无由建立。所以革命战争，为免除矛盾而战，为求生存而战，为求真正之和平而战者。人不可以其有流血之惨，而加之以反对也。吾人所反对者，乃强暴者与强暴者之利益矛盾之战争，强暴者压迫弱小者之战争。必须具如此之见解以理解战争之意义，而后始可称为健全之和平主义者。而后始可称为健全之革命家。"

文章最后充满信心地指出："日本帝国主义者确已濒于内忧外患极严者极危险之时代，实不足畏也！当此时机，我中华民族，苟能民众动员，共抱必死之决心，以与日本帝国主义奋斗，为整个之抵抗，为坚强之抵抗，为长期之抵抗，不驱逐其暴力不止，夫如是最后之胜利乃归之我，故曰抗日战争为中华民族之出路。"

"吾人口号为：坚持抗日战争到底！中华民族解放万岁！"

反蒋必须反汪。卖国贼汪精卫向日本侵略者屈膝投降，不惜出卖民族利益。程潜对此恨之入骨，他在《中国革命之危机及其转变中之挽救》一文中，对汪氏的卖国行径，进行了无情的鞭挞和揭露，他写道："问华林园蛙鸣为公为私之汪精卫，其心似不甘于昏庸，重新树立倒蒋之灰色旗帜，加之几年来煞费苦工，在天津北平太原上海香港广州等地，到处招展，口中念念有词'倒蒋必铲共，铲共必倒蒋'，'分共有先后，倒蒋有迟早'，'以均权求共治，以建设求统一'，'抗日必先剿共，剿共必先倒蒋'，如此慷慨激昂，迎合社会心理之言论，孰不闻之奋与？迄至革命同志之血，流成汪氏红运之河，同志之骨，砌成汪氏大功之塔，彼复放党争什么领导权，我们不要凭一时不想办法来救国。"程潜还在《雪蝶离婚和汪蒋合作》等杂文中，以生动的比喻，痛快淋漓地揭露蒋、汪互相勾结，出卖民族利益的丑恶嘴脸，为反蒋反汪制造舆论。他常发誓："蒋介石不下台，我不出山。"

程潜创办《南针》杂志，倡导抗日、反蒋、反汪的同时，也对共产党有过一些不实之词的诬蔑和攻击。他在发刊词中赤裸裸地写道："五年以来，'共匪'乘连年内战之机会，已深植其种子于赣东闽西，试问三民主义之种子所播植之地，除紫金山岳麓山及黄花岗之墓地外，尚有寸土尺地乎？申言之，即三民主义尚未能实行，而以少数党员叛党祸国之罪行，归咎于党，揆诸情理，岂得谓平？此国人应该深刻认识，而郑重加以考虑者也。"

"……加之自共党分子混入本党后，即采分化政策，阴谋篡窃本党，对本党党员，挑拨离间，残害中伤，喊出拥护所谓左派，打倒右派之口号，而党员中之意志薄弱者，力事投机，惟恐其不左，曲解三民主义，凭借共党势力，而为权利之争，无形中已形成所谓左右派……"

国家内忧外患，程潜内心矛盾重重。自东北沦陷后，山河破碎，国将不国，民不聊生，蛰居"伏庐"的程潜，忧愤更甚，悲痛难塞，却又无可奈何。创办仅一年的《南针》杂志社，也终于被迫停办。他望着"伏庐"的天花板发愣，回想起当年东征北伐，挥戈斩戟，屡立战功，颇负盛名，而今做了数年的"寓公"，无人问津，他愧悔壮志未酬，抱负灰飞烟灭。1931 年 12 月 15 日，国民党中常会临时会议决议："批准蒋介石辞去国民政府主席、行政院长及海、陆、空总司令本兼各职，并推选林森代理国民政府主席。"不久，在国民党四届一中全会上，林森被正式选为国民政府主席，程潜受老同盟会会员林森之邀，出任国民政府委员，并被国民党四大选为中央执行委员，获得重登政坛的机会。

第四章
抗日救国

◉ 出任总长

自从"九一八"日军占领东北后，随之得寸进尺，继而向上海进攻，在民族存亡的危急关头，国民党内部各派系，对日采取不同态度，发生新的分裂。程潜是极力主张全民族抗日的在野派，他在《南针》杂志上连篇累牍地发表文章，制造舆论，反对蒋介石独裁，主张一致抗日，但他毕竟是一个"寓公"，殊感力不从心，眼见外侮日亟，而国民党中央政府和地方势力的矛盾日益尖锐，特别是和两广势力极不相容。他觉得大敌当前，为民族计，不能再甘屈辱当平民。他在和刘斐（国民革命军第四集团军高级参谋、军委会第一部作战组中将组长，醴陵人）等人谈论时局时，曾无限感慨地说："在上海反蒋，每反一次，陈济棠（广东军阀）则发一次财。要抗日救国，在上海反蒋是无济于事的，最好的办法是到南京去扶持蒋介石抗日，向亲日派、投降派作斗争，才能见效。"刘斐对程潜的分析，极表赞同。

恰在此时，原任程潜的老六军师长、现任国民政府参谋本部次长的杨杰，程曾有恩于他，见程潜寓居上海，英雄无用武之地，他恪守"有恩不报是小人"的格言，认为程潜乃能战之将，抗日急需将才，若启用他，可以缓和国民党内部正在激化的矛盾，于是杨杰向蒋介石建议，劝请程潜出任参谋总长。

杨杰，字耿光，云南大理人。幼年在家乡读私塾，聪明过人，尤喜欢研读兵书。16岁考入云南武备学校，因成绩优异保送保定军官学校学习，后由清政府选送日本士官学校深造。与程潜是同学，在六军任职时，程潜对他很赏识，委以重任。在他危难之时，程潜设法保护他。他以自己渊博的知识，卓越的军事才华，博得中外人士的称赞，被誉为当代著名的军事家和军事教育家。这天，杨杰来到蒋介石的官邸，滔滔不绝地对蒋介石说："当今国难当头，我党必须精诚团结，携手同心，御敌于国门之外，像程潜这样有才华的将领，总不能老是让他做'寓公'吧。他的资历、能力比我强，当参谋总长胜任有余。"

兼任参谋总长的蒋介石，觉得杨杰的宏论颇有道理，便接受了他的建议，毅然打电报给程潜："颂云兄钧鉴，在当前内忧外患的复杂情势下，我党必须摒弃前嫌，同心同德，步调一致，共举大事，特请你出任总参谋长。中正。"

程潜接到电报，百感交集，捧着电报的手在颤抖，脸部的肌肉在抽搐，心头激起了难以平息的波涛，炯炯有神的双眼，也渐渐红润了。是啊，他将结束近7年的"寓公"生涯，叫他怎不感慨万端？

1935年12月18日，即北京爆发"一二·九"抗日运动后不几天，国民政府正式任命程潜为参谋总长，免去蒋介石参谋总长兼职。同时，在国民党五届一中全会上，程潜当选为国民党中央最高指导机关政治委员会委员。从此，他走马上任，重新成为一名军界、政界要人。

"一二·九"运动后，在全国掀起一个抗日救亡运动的热潮。在这个高潮中，广西军阀李宗仁、白崇禧，广东军阀陈济棠等，在1936年6月间，借抗日救国的名义，联合反蒋；日本帝国主义又从中挑拨，两广军进兵湖南，蒋介石对两广军准备武力对付，史称"两广事件"。受命于危难之中的程潜，认为在大敌当前、民族危亡的紧急关头，只能以大局为重，蒋、桂宜和，于是他满怀赤诚之心，为宁粤两方的和解尽力做斡旋工作。

当时，蒋介石于7月25日突然以国民政府名义免除李、白原任广西绥靖公署正、副主任之职，另任李宗仁为军事委员会常务委员、白崇禧为浙江省主席。同时，派黄绍竑为广西绥靖公署主任（副主任为李品仙）来收拾广西；并调动50万大军对广西进行包围。

李、白也毫不示弱，以破釜沉舟的决心，作"宁为玉碎"的打算。李宗仁认为，当今中央既可授意广东解决广西，又何尝不可反其道而行之？他反复思考，为之惴惴不安，深觉两广的局面，今后决难维持长久，与其

担任国民政府参谋总长时的程潜。

坐待中央部署妥当，各个击破，何妨不抢先一步，采取主动呢？而当时惟一可以借口，向中枢作兵谏的，便是掮起抗日大纛，要求中央领导抗日。于是李、白举起抗日救国旗帜，一面发动群众，扩充部队，进行军事部署，弓上弦，刀出鞘，准备誓死抵抗；一面邀请全国各地抗日反蒋的党派、团体的代表及有关重要人士如李济深、蔡廷锴和沈钧儒等聚集南宁，谋求倒蒋之策，并进一步动员抗日舆论，同时继续与蒋展开"电战"。

蒋、桂双方虽然调兵遣将，剑拔弩张，同时电信往返，互相责难，锣鼓打得很紧，但双方也并非没有顾虑，所以也互留余地，暗中寻找转圜的办法，因而形成当时一种外张内弛的局势。

程潜主张蒋、桂和解，顺应抗日历史潮流，符合人民的愿望。正当蒋、桂双方冲突如箭在弦一触即发之时，程潜给刘斐拍去电报，电云："中国要抗日，就不应再打内战，而应敦劝蒋、桂双方和解，以免自毁抗日力量。不知吾弟意见如何？广西方面是否有和的可能？"

刘斐与程潜的意见不谋而合，深有同感，便向程潜复电，完全同意他的看法，并望分途进行敦劝。

程潜接到刘斐的电报后，就在南京与何应钦联名电蒋（当时蒋在庐山），建议蒋、桂和解。蒋介石复电表示同意，并要程潜先从海道赴广州，待他不日飞穗详商。程潜在启程之时，便电约刘斐去广州见面。

程潜到达广州不几日，蒋介石也如期赶到，两位恩恩怨怨的老相熟见面，别有一番滋味在心头。"颂云兄，好哇，这个这个，党国命运，民族危亡，要靠你这位元老尽心竭力呵！"还是蒋介石首先拉开了话匣子，江浙口音的调门还挺高。

程潜用锐利的眼光扫视了蒋介石一眼，清癯的脸上未露一丝笑意，不卑不亢地回答说："委员长驾到羊城，我当然听候您的高见。"

"哪里哪里，儒将出山，我先听听参谋总长的宏论。"蒋介石眼里闪着狡黠的光，刀形脸上露出微笑，显出诚恳之状。

程潜双眉紧蹙，陷入了沉思。他觉得，蒋介石对"两广事变"有可能采取和解的态度，因为他的主要兵力若被李、白拖住，矛盾悬而不决，其他问题有可能接踵而至，这将不利于蒋。况且解决了两广问题，还有许多问题亟待解决，尤以西北问题更为严重，若不及时解决广西问题，将来其他问题更难解决，甚至还会出现类似"两广事变"。作为军事委员会委员长的蒋介石，不可能视而不见，虑而不及。想到这里，他便开宗明义地说："委座，依我之见，与李、白言和，是形势所需，人心所向，堪称上策。"

短暂的沉默。不知是盛夏炎热，还是思绪有些紧张，蒋介石那光秃秃的额头上，沁出了涔涔汗珠。他用白手绢轻轻地抹了一下，放连珠炮似地说，"我是主张与李、白和解的，我是一定要抗日的。这个这个，内部不安，怎能抗日？国内不统一，怎能抗日……"

程潜把自己的想法和盘托出，一字一顿地说："委座的考虑不无道理，我们解决问题的出发点，只能着眼于抗日，只能着眼于民族统一这个大局。至于与李、白和解，我与刘斐准备从中斡旋，具体的办法你可与他商议……"

刘斐于8月10日来到广州，蒋介石便急忙与他见面，商讨和解事宜。不几日，刘斐赶回南宁，他把与蒋介石所谈情况和程潜的态度向李、白作了汇报。然后共同商量和解的办法，以蒋接受抗战、收回事变以来调动李、白职务的成命和派大员入桂正式和谈等三点为基础，具体有如下各项：

一、国民党中央承认以中、日现有状态为基础，积极准备抗战，如日军再前进一步，立即实行全面抗战；抗战一开始，广西保证出兵参加作战。

二、国民党中央收回以前调动李、白的成命，重新协调其职务。

三、国民党中央补助广西自事变以来的财政开支及部队复员费用。

四、复员后，广西保存部队的编制员额及经常费用。

五、国民党中央特派大员入桂和谈，公开昭示信守。

六、和谈告成后，李、白通电表示服从国民党中央领导。

程潜对刘斐赴桂斡旋极为关注，除了刘斐启程时向他面授机宜，还当刘斐与李、白商谈和平问题期间，程潜曾给刘斐去电，询问一切。并告知他即派唐星到广西了解情况，协助他处理和解事宜。

刘斐接到程潜的来电，立即复电表示欢迎。唐星于20日到达南京，他秉承程潜意旨，与刘促膝密谈。当唐星知道李、白与刘斐和谈的态度及和平条款的大体内容后，便回广州去了。唐临行前，刘斐托他向程潜了解一下蒋介石能否接受那些条款。唐回广州便询问程潜的意见，程潜有把握地说："这些条款蒋委员长是会同意的，即使有某些分歧意见，我可以做工作嘛，否则，要我这个总参谋长干什么？"

果然，经程潜向蒋介石开诚布公地一说，蒋介石欣然同意，于是程潜电告刘斐："条款可以接受，大致不成问题。"李、白便于26日指派刘斐为代表，赴粤见蒋，表达和平愿望。

程潜陪同刘斐一同来到蒋介石的官邸，只见蒋介石喜形于色，光秃秃的前额上显出异样的光彩，身着戎装，身板挺得笔直，似乎有意增添几分威严。当刘斐向他谈到在南宁与李、白商定的那些条款时，蒋介石"嗯、嗯"着，眼睛似闭非闭，挥手指着程潜，声音平淡地说："他已和我讲了，有言在先，可以的嘛，呃！"

当刘斐接着谈到国民党中央收回事变以来调动李、白的成命时，蒋介石显出一副颇为慷慨的神态，语调高昂地说："嗯，好，叫我吃亏我是愿意的，我的地位可以吃得起亏嘛！就是对国民失点信任，也没有什么，呃！李、白他们是吃不起亏的，为了他们的政治性命，我也不能叫他们吃亏嘛，呃！"

程潜和刘斐聚精会神地听着，听了蒋介石的慷慨陈词，殊觉和谈大有成功的希望，内心不禁一阵高兴。但出乎意料，当刘斐谈到要中央补助广西财政开支和部队复员经费时，蒋突然面带难色，摆出一副恼怒的样子，霍地站了起来，来回在客厅踱步，擦得发亮的皮鞋发出"咯咯"的响声。其实，蒋介石并不是吝惜这点补助经费，他有的是钱，平日，为了笼络和收买他所需要的军政要员，以分化和排除异己，他可以挥金如土，不惜一掷千金，而今他对李、白尚余怒未消，当刘斐谈及要给广西补助经费时，他便怒从心中起，声色俱厉地说道："谁叫他们造反？他们既然造反，还要给他们钱，花钱买造反，岂有此理！那不行！"他将右手一挥，显出不容争辩的架势。

会客室的气氛顿时紧张起来，程潜与刘斐面面相觑，一时语塞。程潜沉思："当此之时，只能三思而定策，相机而行事。"他用眼神向刘斐示意，让他先讲。

刘斐为打破沉闷的僵局，语气诚恳而缓和地劝道："蒋委员长，众所周知，广西地方穷，这次他们动用较多，收不了场。国家要抗日，他们既然拥护'中央'领导，他们的问题就是中央的问题嘛！这就像娶亲讨媳妇一样，你把聘礼送过去，结果还不是连人带礼一起回来了吗？碗里倒在锅里，有什么不好呢？"

程潜顺水推舟，紧接上去说道："委座，为章（刘斐字）言之成理。我们湖南有句俗语：'肉烂在锅里，不碍大局，补助广西财政开支和部队复员经费，一则为抗日做准备，再则可取信于广西军心，一举数得，何乐而不为？"

蒋介石静心地听着，连连点头，终于破嗔为喜，那刀形的长脸上，露出了一丝不易察觉的微笑，诙谐地说："你们两个湖南老乡，一唱一和，双簧演得蛮不错嘛。呃！好吧，多少拿点钱给广西，但不能太多呵！"

程潜、刘斐听蒋介石表了态，顿时心中好不愉快，两人如释重负地吁了一口气。

最后，蒋介石在程潜和刘斐的脸上扫视了一番，板着威严的面孔，以坚定的口吻说道："这个这个，大体就照这样办吧。"他接着把脸转向刘斐，命令道："你回广西去和他们好好谈谈，要他们体会'中央'的苦心！"

刘斐立即答应回桂后向李、白转达，并肯定地说："我认为他们是不会有什么问题的。希望'中央'早派大员赴桂，以便尽快解决问题，达到团结救国的目的。"

"好的。"蒋介石又把刀形脸移向程潜，眼珠子转了两圈，若有所思地说："颂云，你和觉生（居正字）、益之（朱培德字）3 人同去一趟，呃！"

"一定遵令，请委座放心！"程潜兴奋地回答着，丰颐的方脸上露出了飞扬的神采。

刘斐于 29 日回桂后，即向李、白汇报了同蒋介石谈话的详细情形，并告知将有以程潜为代表的中央大员来桂。

白崇禧闻之甚喜，坦率地说："那好，打个电报欢迎他们来吧。"但李宗仁总想在 6 条之外再出点新花样，谈来谈去总不就范。刘斐揣测他可能是在他的地位问题上还想做点什么文章，但又不好意思明说出来，以致到了深夜还未能作出最后决定。刘斐有些不耐烦了，便以夜深为由告辞而别。

是夜，李宗仁辗转反侧，通宵未眠，冥思苦想，到头来也拿不出什么新花招，只好作罢。次日清晨，李宗仁主动来到刘斐卧室，无可奈何地说："算了吧，就这样和了吧。"是日，李、白发电报欢迎程潜等人入桂和谈。

可是，国民党中央主战派的陈诚，妄图把和平的功劳抢到自己手里，便向蒋介石挑拨离间地说："程潜、刘斐这些人搞'和'是靠不住的……"于是他毛遂自荐，建议由他和宋子文出面直接同白崇禧谈判。蒋介石认真听取陈诚这个老乡、老部下的建议，觉得不无道理。

陈诚也是浙江人，一贯善于投机钻营。他的飞黄腾达，倒有一段令人捧腹大笑的戏剧性故事：他青年时代投考河北保定军官学校时，因身材矮小，考试成绩又差，未被录取。后经乡人向主考官疏通，才以备取资格入学。不久，他得遇良机，随邓演达入广州，后又入黄埔军校任特别官佐（即候差军官）。有一次，陈诚晚间访友，待到归来，已近天明，但他毫无睡意，乃索性挑灯夜读孙中山的《三民主义》。恰逢蒋介石查夜，见有人如此勤奋攻读，通宵达旦，便走向身边，欣赏地询问其姓名职务。陈诚毕恭毕敬地做了回答，蒋对陈大加赞赏："我黄埔军校中，人皆如此，何等妙哉！"自此，陈深得蒋的青睐，到第二期，陈诚任炮兵队区队长，到第三期，蒋介石亲自任命他为炮兵队队长。

如今，陈诚建议由他自己和宋子文直接和白崇禧谈判，蒋介石便言听计从，欣然应允。但当陈诚去电南宁约请白崇禧到香港或澳门或广州去与宋子文和他会面谈"和"的时候，却碰了李、白一个软钉子。李、白鉴于程潜和刘斐进行和谈已具成议，对陈诚其人也一清二楚，便对陈诚玩的新花样乃嗤之以鼻，置之不理。这样，陈诚等主战派又造谣生事，扬言李、白讲"和"是骗人的，以致一时武力解决的空气又甚嚣尘上，程潜等只得延缓赴桂之行。

为了探明李、白的动向，程潜速去电询问刘斐："战云高起，是否桂方已改变前议？"

刘斐复电云："只要蒋方不变，仍如前议。"于是，程潜和居正、朱培德一行于9月1日由穗飞邕，因天气突变，至9月2日才到达南宁。程潜将蒋介石致李、白的亲笔信交给对方，向李、白表达了希望和议成功的愿望，程潜甚至说："如果能相见以诚，和衷共济，即使要我磕八个响头，也愿意。"

当天，程潜等人与李、白作了初步商谈。次日晚，李、白与刘斐、黄旭初等在省府合署讨论和战问题，至午夜才决意接受和议。为促成妥协，还作出了"白崇禧决定放洋"的拟议，旋即拟定和议方案，并将方案交给程潜。程潜喜出望外，立即电请蒋介石，蒋复电同意。于是，程潜、居正、朱培德3人于9月4日飞回广州，向蒋介石复命。

羊城的秋天，金风送爽，气候宜人。5日夜晚，皓月当空，繁星闪烁，柔和的清晖洒抹在程潜的寓所里。程潜正向蒋介石汇报与李、白议和实况。在座的有居正、朱培德、陈诚、黄绍竑等人。程潜操着毋庸置疑的口吻，神采飞扬地畅谈了与李、白议和的来龙去脉，他特别强调"大敌当前，没有理由不精诚团结"。言谈中哪些该说，哪些犯忌讳，说话的分寸、节骨眼，他都掌握得恰如其分。蒋介石恰如一只受惊的兔子，竖起两只耳朵，巴不得能听清程潜所说的一切弦外之音。他被程潜侃侃而谈所深深感染，那刀形脸上泛起得意的微笑，"嗯嗯"几声之后，兴奋地说，"颂云，你真行，为解决'两广事变'，你为党国立下汗马功劳，我们不会忘记你的，呃！"

会议经过热烈讨论，最后作出决定：撤兵、新命、谈话，均于6日同时发表。

9月6日，蒋介石以国民政府名义改任李宗仁为广西绥靖公署主任，白崇禧为军事委员会常务委员，黄旭初为广西省主席，黄绍竑仍回任浙江省主席，其他关于复员、补助以及撤兵等也得到圆满解决。李、白等于9月10日电告程潜等，表示接受新命，定于16日宣誓就职，请中央派员监督。

13日，程潜奉国民党中央之命，到邕监督，黄绍竑同行。李、白等乃于预定日期举行宣誓就职典礼，并于就职前（14日）发表和平通电，表明服从中央。

17日，李宗仁偕同程潜、刘斐、黄绍竑、黄旭初径飞广州，当晚下榻于东山陈维周华贵的"继园"。李宗仁本定于翌日即往黄埔见蒋，可是出乎意料之外，当日上午9时，蒋介石却轻车简从，先到"继园"来看李宗仁了。两人相见，

　　抗战前夕，蒋介石任命李宗仁、白崇禧等新职并派参谋总长程潜至广西监督各将领就职宣誓。图为宣誓后合影。（前排右3李宗仁，右4程潜，右5白崇禧）。广西与南京政府自蒋桂战争后对峙近七年，至此结束，准备共同抗日。［本图摘自台湾《良友》画报第127期，民国二十六年四月（1937.4）］

　　彼此寒暄一番，言归于好。蒋、桂对峙之局从此消失，真可谓"相逢一笑泯恩仇"！

　　由于"两广事变"的和平解决，李、白保留下来的一股战斗力量，很快投入了抗日战争的前线。程潜在和平解决"两广事变"中，呕心沥血，运筹帷幄，立下了不可磨灭的功勋。

　　1936年12月12日的"西安事变"，结束了10年内战，开始了国共重新合作的新时期，成为我国现代历史的伟大转折点。程潜虽不是事变的参与者，但他当时作为国民党南京政府的参谋总长，积极投入到解决事变的斗争中来。西安事变爆发的第二天，即1936年12月13日，原北伐时的国民革命军第十一军第二十四师师长叶挺和第十八师党代表李世璋在南京与程潜会商。三人一致认为，蒋介石推行"攘外必先安内"的反动政策，已将中国带到亡国的边沿。现在日寇嚣张，国家危难，抗战救亡才是出路。张学良、杨虎城两将军在中国共产党影响下，毅然扣蒋，要求抗日，是完全正义的、正确的行动。他们分析蒋介石被扣以后，南京国民党政府内部的各种派别的不同态度，一是以代理军政事物的汪精卫、何应钦一伙为首的亲日派，他们心怀叵测，主张以讨伐"叛逆"为借口，轰炸西安，发动内战，置蒋介石于死地，趁机夺取国民党政府的领导权；二是以宋美龄、宋子文为首的江浙财团，他们要救出蒋介石，以保住他们的既得利益；三是主张抗战的爱国将领和军政人员，支持张、杨的正义行动，要求全国抗战。当然也有一些国民党的党棍、军阀、政客们趁机拉帮结派者有之，争权夺利者有之。

根据当时严峻的形式，程潜认识到西安的斗争，绝不仅仅是国民党内部的权利斗争，而更重要的是关于国家前途命运的斗争。参与这一斗争，促使其朝着全国团结抗战的方向发展，已成当前最紧迫的事务。他考虑到叶挺、李世璋在大革命年代都曾是周恩来的旧部，中共方面已派出时任中央副主席的周恩来到西安，参与解决西安事变的问题，叶、李二人去西安能够较好地了解。把握周恩来的意图，并配合他的工作。另外，在1935年国民党"五大"期间，张学良曾两次邀约李世璋暗谈时局，颇为投契，这次去西安，也必能以诚相见，有利于沟通合作。于是程潜与叶挺和李世璋商定，由叶、李速赴西安，面见周恩来副主席和张学良、杨虎城两将军，报告南京方面之情况，表达爱国将领配合中共与张、杨两将军行动，促使事变朝着团结抗战方向发展的决心。同时，他们商议要加强南京城内爱国力量的实力，决定扩大和加强参谋本部警卫团，以备不测。

随后，程潜和叶挺、李世璋一起，由与国名党政府代主席李烈钧磋商，他也完全赞同他们三人商定的方略，程潜即于李烈钧联名决定，立即派叶挺、李世璋到西安，参与协助西安事变之调停。但是，国民党政府军政部长何应钦得知情况，害怕自己的阴谋野心不能得逞，对叶、李之行百般阻挠。当时，南京政权的飞机控制在何应钦、贺衷寒手中，他们不敢公开对抗，便采取拖延手法，使叶、李西安之行受阻。虽然程潜和李烈钧派叶挺、李世璋去西安的计划未能实现，但他们代表国民党高层内部要求团结抗战的爱国力量，他们的斗争起到了对汪精卫、何应钦等亲日派势力的牵制作用，从侧面支持了西安事变的和平解决，表达了国民党统治区广大爱国军民主张两党合作、枪口对外，全民抗战的决心。

"西安事变"不久，程潜奉命组织国民政府参谋本部人员拟订《民国二十六年度国防作战计划》，1937年1月完成"甲案"与"乙案"两份稿本，3月修订完毕。作为参谋总长的程潜，倾注全力和热忱，日夜参与修订工作，经他审定后送往庐山，由陈诚转送蒋介石审阅。这份作战计划之甲乙两案，根据对日采取之消极与积极两种不同作战态势，分别拟定了未来对日作战的具体备战任务与各阶段战斗部署，计划内容全面翔实，反映了国民党政府最高领导集团对于敌情、国力及抗日战略战术的具体构思。如甲案在"作战方针"中指出："国军以捍卫国土确保民族独立之自由，并收复失地之目的，在山东半岛经海州—长江下游亘杭州湾迤南沿海岸，应根本击灭敌军登陆之企图。在黄河迤北地区，应击攘敌人于天津—北平—张家口之线，并乘好机越过长城，采积极之行动，而歼灭敌军。不得已时，应逐次占领预定阵地，作强韧之抗战，随时转移攻势，以求最后之胜利。"

在乙案的"作战方针"中也指出："国军以复兴民族、收复失地之目的，于开战初期，以迅雷不及掩耳之手段，于规定同一时间内，将敌在我国以非法所强占领各根据地之实力扑灭之。并在山东半岛经海州及长江下游亘杭州湾迤南沿海岸，应根本扑灭敌军登陆之企图。在华山一带地区应击攘敌人于长城迤北之线，并乘好机，以主力侵入黑山白水之间，采积极之行动，而将敌陆军主力歼灭之。"

在起草和修订这两个方案时，程潜废寝忘食，字斟句酌，表现了他坚定的抗战态度，但因受党派和立场的局限，此方案不能不暴露出其发动抗战立足点的错误及对抗战前途的悲观情绪。

1937年7月7日夜，驻丰台日军以军事演习为名在卢沟桥附近耀武扬威，并借口一名士兵失踪，要求进入宛平县城内搜查。中国驻军拒绝了日方的无理要求。为此，日军炮击宛平县城和卢沟桥，并攻占我平汉线铁路桥及其附近龙王庙等地。驻守宛平的二十九军吉星文团奋起还击。日本帝国主义制造的这一蓄谋已久的卢沟桥事变，成为日本发动大规模侵华战争的起点。这一事变表明日本对中国的侵略进入了一个新的阶段，侵略的对象已经从进攻部分地区逐步扩大成为全面的侵略战争。中国面临着近百年来空前严重的民族危机，中华民族到了生死存亡的关头。在这种"寇深祸亟"的形势下，一切不愿做亡国奴的中国人团结起来了，为挽救民族危亡而奋斗，掀起了轰轰烈烈的全国抗日高潮。

卢沟桥事变的第二天，中国共产党发表了抗战宣言，指出面对日军的侵略，"只有全民族实行抗战，才是我们的出路。"号召全国军民团结动员起来，要求国民党政府实行国共合作，立即发动全国抗战。这个宣言代表了整个中华民族的利益，反映了饱受日寇侵略和蹂躏的中国人民的迫切愿望，得到了全国各阶层的热烈响应。

国民党政府的态度也随之发生了重大变化。7月17日，蒋介石在庐山发表了关于抗日的著名谈话，指出局势已接近"最后关头"，并首次明确表示："我们知道全国应战以后之局势，就只有牺牲到底，无丝毫侥幸求免之理。如果战端一开，那就地无分南北，人无分老幼，无论何人皆有守土抗战之责任，皆应抱定牺牲一切之决心。"蒋介石的这个谈话表明，在日军大举入侵面前，在全国人民不断高涨的抗日要求推动下，国民党政府终于转变长期以来妥协退让、动摇观望的态度，逐步坚定了抵抗侵略的立场，确立了准备抗战的方针。作为总参谋长的程潜，力主抗日的举动，起到了中坚作用。

在国家危亡的历史关头，国共两党在抗日问题上的立场开始趋向一致，共同主张坚决抗战，反对妥协退让。从7月11日至8月12日，国民党政府军事机关主要长官、幕僚及有关人员在军政部部长何应钦官邸逐日举行会议，共进行了33次。程潜几乎每次必到，对卢沟桥事变爆发后国民党政府的和战方略、军事部署等发表了很好的意见。

7月14日夜，古老的南京城，华灯初上。何应钦部长官邸的大客厅里，灯光闪烁，如同白昼。卢沟桥事变第四次汇报会正在这里举行。国民党政府军事机关的主要首脑，如军政部长何应钦、参谋总长程潜、训练总监唐生智、军委会办公厅主任徐永昌、军政部次长曹浩森等，都聚集在这里，商讨抗日的战略战术等问题。尽管天气闷热，程潜仍身着上将军服，肩上扛着的三颗星，在光怪陆离的壁灯下闪闪发光，显得无比威严。会场充满庄严肃穆的气氛。当讨论谋略与外交方针时，程潜的眼里放出坚定的神采，那种热烈而锐利的目光，只有在长夜中长途跋涉的探求者在认定前进的方向之后才会迸发出来。他环顾四周，用一种毋庸辩驳的口吻说："我们应有'兄弟阋于墙外御其侮'的忠诚觉悟，停止内战，去为抗日的神圣事业而尽心竭力。"会场静极了，连挂在墙上壁钟的滴答声也清晰可闻。停了片刻，他将话题一转，继续说："现在我们希望缓兵，以完成我方准备。所谓完成准备，即对长江防御准备完成，确实控制长江之安全，而保长江之枢纽，则无论实行持久战或歼灭战，乃有把握。但目下之准备与军队之动员，仍不可忽视。"

程潜的话语，发自肺腑，有理有据，入木三分，犹似一股清泉，流入大家的心田，令人倍感亲切，心舒气畅。

不久，日本侵略军以平津为据点，分4路向山西、山东、绥远、河南大举进攻。日本华北方面军第一军以4个师团，约10万人，沿平汉线急速南攻。在此危急关头，在全国抗日怒潮推动下，国民党政府发表《自卫抗战声明书》，宣告："中国决不放弃领土之任何部分，遇有侵略，惟有实行天赋之自卫权以应之。"蒋介石还下达总动员令，自任陆、海军总司令，他将全国划分为4个战区，平汉、津浦两线为第一战区，蒋介石兼任司令长官；晋察绥为第二战区，司令长官阎锡山；江苏、浙江为第三战区，司令长官冯玉祥，后为顾祝同；闽粤为第四战区，司令长官余汉谋。

15日，日本正式组成上海派遣军，以松井石根大将为司令官，率第三、第十一师团等部前往上海，协同海军作战，进一步扩大对中国的侵略战争。

17日，日本政府决定放弃所谓"不扩大"方针，向中国发动全面的军事进攻。

9月24日，日本华北方面军第一军攻陷保定，直逼石家庄。平汉线国民党守军纷纷退避后撤，日军大有长驱直入中原之势。在这形势严峻的关头，10月25日，程潜欣然受命代理第一战区司令长官。当时，一战区辖第一集团军（总司令宋哲元）：第五十九军（军长张自忠）、第六十八军（军长刘汝明）、第七十七军（军长冯治安）。第二十集团军（总司令商震）：第三十二军（军长商震兼）。第二十军团（军团长汤恩伯）、第五十二军（军长关麟征）、第十三军（军长汤恩伯兼）、第五十三军（军长万福麟）。程潜担任平汉线方面指挥，驰赴邢台，坐镇施令。正当他调整部署，日军师团长土肥源率第十四师团、河边旅团及第二十师团一部数万人，向正定军事要地猛扑过来。这时，平汉线卫立煌部3个师已调赴增援晋北，宋哲元部又调往津浦线方面作战，正定仅有商震军的一个师及鲍刚的一个旅防守，抵挡不住日军机械化部队的攻击，正定于10月8日失守，两天后日军又占领石家庄。

石家庄失守，日本复以3个师团继续南进。河北平原，一望无际，无险可守，而这时程潜所指挥的部队仅3个半步兵师和1个骑兵师，兵力悬殊。程潜一边急电请调汤恩伯军团及吴克仁军北上驰援，一边将部队移至安阳、漳河南岸一线布防，严阵以待。他自己预先立下遗嘱，抱着拼死疆场的决心，亲自上前线指挥作战，并鼓励将士说："大敌当前，有进无退。中国虽大，也没有多少地方可退了，战死在阵地上是最光荣的。"他严令将士们坚守阵地。

抗战时期的程潜

10月19日，日军分3路渡漳河进攻，于20日占领保漳一带高地，战局危殆。程潜奋不顾身，亲自指挥关麟征军于21日拂晓发起反攻，夺回了高地，将日军压迫到漳河岸边。渡河的日军不久得到河北增援，再次进攻。程潜指挥所部从拂晓激战至晚上12时，双方不分胜负，形成对峙状态。程潜怀古思今，1936年春，他任军事委员会参谋总长时，曾在这一带巡视国防，目睹因连年内战，造成国弱民贫，国防废弛，心中感慨不已，写下了一系列的诗作，收入《养复园诗集》，从《春训江阴》至《北邙山》，其中有《由安阳至漳河作》一首（《养复园诗集新编》第82页），这次因抗战重回故地，心中呢喃旧作，更增添忧国忧民之情：

> 驰车出邺城，朔风吹不断。尘飞蔽清霄，木落明芳甸。
> 兹帮扼燕赵，曹公昔营建。河漳左右流，形胜古今炫。
> 及今忧颠危，岂尚怀安宴。如何贤哲士，沉冥不可见。
> 千年雄恢地，斯民实疲倦。北望阴霾兴，临河泪如霰。

几天后，日军乘汤恩伯部第十三军调援山西之机，向安阳发起攻击。程潜采用"围魏救赵"之法，令右翼宋哲元部从大名抄敌后方，袭击邢台，以解安阳之危。但安阳守军兵力单薄，未得到增援，退守宝莲寺。日军便乘隙进迫大名。宋哲元为保存实力，于11月11日弃守大名，形势复又危急。程潜赶紧调整部署，在安阳以南汤阴以北宝莲寺一带布兵掘阵，激励官兵奋力抗御，与敌对阵相持达3个月之久，平汉线形势渐趋稳定。

不久，素以骁悍善战著称的矶谷、板垣两个师团的北路日军，东西呼应，向南进逼，情势危急。在这千钧一发的紧急关头，时任五战区副司令长官兼第三集团军总司令韩复榘，负责津浦线北段指挥，他与国民党中央素有隔阂，抗战开始后，对最后胜利毫无信心，所以自始至终想保存实力。敌军占领平、津，沿津浦线南下时，即秘密派遣代表，与敌军华北派遣军总司令小矶国昭和津浦北段指挥官西尾寿造秘密接洽，希图妥协，以达其保存实力的目的。当日军攻下南京，由青城、济阳间渡河，于12月27日侵入济南，韩复榘不战而退，接着放弃大汶口。敌军乃于11月5日攻入济宁，沿津浦路长驱直入。五战区司令长官李宗仁严令韩复榘设险防守，他不听命令，竟率所部第十二军（军长孙桐萱）和第五十五军（军长曹福林），舍弃津浦路，向鲁西撤退，以至津浦路正面大门洞开，大批敌军趁虚而入。

蒋介石闻报，即命令一、五战区师以上军官暂离战地，前往开封参加军事会议。蒋介石首先训话，鼓励大家奋勇作战，然后面嘱一战区司令长官程潜和五战区司令长官李宗仁分别报告战况。

休会后，蒋介石继续讲话。他穿着黄色呢子军常服，照例戴着白手套，那刀形脸上露出异常严肃的表情，声色俱厉地说："刚才我对你们已经讲过，只要你们高级将领能服从我的命令，我就有能力指挥你们战胜敌人，我就不愧作为你们的统帅；只要你们是为了抗战杀敌，不论你们的部队有多么大的伤亡损失，我都替你们补充。这个这个。"蒋介石话锋一转，眼里射出逼人的光芒，"可是，我们有些高级将领，把国家的军队视作个人的私有财产，自从抗战开始以来，一味保存实力，不肯抗击敌人，只顾拥兵自卫，不管国家存亡，不听命令，自由行动，哪里安全就向哪里撤退、逃跑。试问：这样如何了局？我能往、寇亦能往，你们跑到哪里，敌人就会追到哪里，最后无处可跑，无地自容，终至国破家亡……你们都是国之干城，我希望你们都能明白'覆巢之下无完卵'的道理，大家一致，同心同德地抗战御侮……"

会场气氛异常紧张，空气似乎要凝结一样，只有蒋介石那苍老的训话声在单调地回响着。说着说着，他显出一种精神失常、心绪纷乱、神情恍惚的姿态，讲起话来，上句不接下句，讲完上句，久久还想不起下句来。他平日讲话，常用"这个是"作为上下句的连接词，一连使用三四个"这个是"是司空见惯的事。可是这次竟然讲了24个"这个是"，才接上下一句。

当蒋介石讲到有高级将领保存实力、拥兵自卫、不听命令时，程潜瞟了韩复榘一眼，只见他俯首敛容，脑袋耷拉，脸皮几乎要同桌面碰在一块儿了。

散会时，会场内留有蒋介石的便衣卫士四五人。刘峙指着卫士对韩复榘说："韩总司令，请慢点走，委员长有话要同你讲，你可以跟他们去。"顿时，韩复榘脸色惨白，深知大祸临头。

同日下午，蒋介石在其归德行辕召集有李宗仁、程潜、白崇禧共4人参加的谈话会。4人刚坐定，蒋介石词严色厉地说："韩复榘这次不听命令，擅自行动，我要严办他！"

会场沉寂。程潜思绪翻腾：韩复榘为河北霸县人，少时在父亲戒尺下读书，18岁当了省衙贴写。但他不甘于抄抄写写的寂寞生活，便出入茶坊酒肆，贪恋赌场横财，结果越赌越输，不得不逃债离乡，投军冯玉祥麾下，因作战勇猛，由士兵累官升至军长，先任国民党河南省政府主席，后改任山东省政府主席。他统治地方，不买蒋介石中央政府的账，任意扩充军队，几次参加反蒋活动。所以，蒋介石早就对他恨得牙痒，欲除此后患。蒋对他软硬兼施，韩则与南京中央明争暗斗。最不可容忍的是在抗日战争爆发后，他率部一退再退，使蒋介石嫡系大受其创，使祖国河山日日沦丧……想到这里，程潜第一个应声说："韩复榘应该严惩！这种将领不办，我们的仗还能打下去吗？"

坐在一旁的李宗仁和白崇禧，沉默不语，未发一言。蒋介石连声说："好，好，颂公说得好！"

1月25日，蒋介石将韩复榘枪毙于武昌。从此，抗战阵营中精神为之一振。

韩复榘临刑前大呼"冤枉"："我丢掉山东该枪毙，刘峙称'长腿将军'，统率十几万大军，一夜之间失地千里，为何逍遥法外？丢掉上海、南京、武汉，又该枪毙哪个？"蒋介石听见此话，咬牙切齿地说："娘希匹，他是什么东西，也配同刘峙比！"

刘峙是江西吉安人，曾在保定军官学校与蒋介石有同窗之缘，后入黄埔军校作中校战术教官，成为蒋介石的部下。此人待人接物好打"哈哈"，口齿笨拙，不善辞令，不抽烟，不喝酒，步兵操典背得滚瓜烂熟。他眼里只有蒋介石，对蒋介石服从到打了右脸还会递过左脸去，蒋介石说船在陆上行，他不敢说船在水上走。他鲤鱼跳龙门，官阶一升再升，一跃成为军长、第二集团军总司令。抗日战争中，他不战而退，失地丢城，被人骂为"长腿将军"。但不仅未被枪决，反倒任第一战区副司令长官。程潜很看不起他这位无才之辈，但只因他与蒋介石有特殊关系，对他无可奈何。后来，他反倒升为第五战区司令长官。李宗仁对蒋介石派这样一个脓包接任他的指挥权，大惑不解。蒋介石"哈哈"大笑曰："刘峙虽然无才无德，胆小如鼠，可有谁比他更听我的话呢？"

◉ 督师御寇

1938年1月17日，程潜正式出任第一战区司令长官。第一战区是全国对日作战中最先成立的一个战区。程潜统辖30多个师，数十万大军，驻扎郑州。2月上旬，他又兼任河南省主席，统一军政。

自从平津沦陷后，日军以平律为据点，沿平汉、津浦铁路向南推进，广大华北地区很快沦入敌手。地处中原的河南，很快成为华北抗战的后方，华中抗战的前线，保卫武汉的屏障，阻敌西进的门户，南北战场的枢纽。程潜深知，河南战场在全国抗战中具有举足轻重的战略地位。

2月初，日军调集4个精锐师团，两次大举进攻，企图直下新乡平原，再转攻曲沃、临汾，来势异常凶猛。程潜奉命组织豫北、豫东作战，统率豫东兵团（薛岳任司令）、第十七军团（胡宗南任军团长）、第三集团军（孙桐萱任总司令）、第二十集团军（商震任总司令）、第一集团军（宋哲元任总司令）等部队，顽强抵抗日军进攻。他严令各部坚守阵地，挫敌锐气，伺机歼敌。

2月8日，日军第十四师团土肥原部，在飞机掩护下，向宝莲寺程部守军阵地猛攻。程潜亲自指挥守军奋力抗击，激战数日。不料，右翼宋哲元为保存实力，不战而退。日军乘机侵入濮阳、长垣，又急转西进封邱，与沿平汉线南犯的主力相呼应，夹击宋哲元部。宋继而放弃新乡，向西节节退守。程潜布置的防线被破，因此十分恼恨宋哲元，意欲严加惩办。但见宋哲元部渐陷困境，日军指日可渡黄河南下时，于是断然调派部队策应

程潜在抗战时期（夏晓霞摄影）

宋哲元，派骑兵北渡黄河，向道清线以南、平汉线以东地区攻击，重创敌军，结果既解了宋哲元的危，又迫使日军不敢贸然南犯。

3月，程潜指挥第一战区部队作外围策应，在山东临沂、峄县一带牵制打击日军。当程潜驱车来到驻地时，白崇禧兴奋而风趣地说："常言道：马到成功。今天颂公驱车驰援，车到也成功。"

程潜爽朗地笑道："国难当头，抗战不分彼此，只要我们各战区同心协力，同仇敌忾，何愁日寇不亡？"

果然，一战区与五战区紧密配合，在五战区司令长官李宗仁的直接指挥下，取得了台儿庄大捷。

当淮河前线吃紧之时，第三集团军于学忠部兵力不敷，程潜乃将编入一战区序列的五十九军调来五战区增援。五十九军军长是著名战将张自忠。他接到命令后，大喜过望，立即率部开拔。但他去五战区，顿生疑虑。原来，他与五战区三军团军团长庞炳勋有一段私仇：1930年，蒋、冯、阎中原大战时，庞、张都是冯玉祥的健将，彼此亲如兄弟。不意庞氏受蒋介石的暗中收买而倒戈反

冯，且出其不意地袭击张自忠师部，张氏几遭不测。所以张自忠一直认为庞炳勋不仁不义，此仇不报，誓不甘休。张自忠调到五战区增援时，表示任何战场皆可以死相拼，惟独不愿与庞炳勋在同一战场。因庞较张资望为高，如在同一战场，张必然要受庞的指挥，故张不愿。

无巧不成书。恰在此时，淮南敌军主力被迫南撤，庞炳勋在临沂被围请援，而我方除五十九军之外，又无兵可调。张自忠感到左右为难。当程潜得知张自忠的苦衷时，便谆谆开导他："你与庞炳勋的宿怨，纯系私仇。目前民族危亡，我们应抛弃前嫌，共报国仇。为挽救民族于水火，即使牺牲个人生命，也在所不辞，何必计较个人恩怨？我与李宗仁将军也有个人私怨，他于1928年将我无理扣押，对我进行人身攻击，现在我们不也在一起共同指挥抗日吗？"程潜的现身说法，使张自忠顿开茅塞，疑虑皆释，他激动地说："我绝对服从长官命令，及时赴援！"

张自忠乃率部星夜兼程向临沂增援，经浴血奋战，终于打了一个惊天动地的胜仗，使庞炳勋免遭全军覆没之祸。从此，庞、张两人竟成莫逆之交。

临沂之战，粉碎了两支敌军会师的计划，造成了尔后敌人孤军深入，为我围歼的契机。正面矶谷师团沿津浦线南下，进攻滕县。这时，程潜急调第一战区驻河南补充训练尚未完成的汤恩伯军团和孙连仲集团，星夜增援。首先到达徐州的为汤恩伯第二十军团，辖2个军共计5个师。当汤部八十一军先抵徐州，即乘火车北上支援二十二集团军作战，不幸滕县县城已先一日陷敌。因为川军王铭章师不顾兵力单薄，坚守孤城，日军用飞机、大炮轰破城墙，蜂拥而入，全师官兵临危不退，英勇奋战直至最后与县城同归于尽。滕县战斗为我军布置台儿庄保卫战争取了时间。程潜指挥汤恩伯部掩护友军退却，迟滞了敌人的南进。

自此，日军继续南下，倾全力猛扑徐州外围的台儿庄。在飞机、大炮和坦克的掩护下，敌人突破我防线，攻入台儿庄内。孙连仲第二集团军奉命坚守该地，由于缺乏现代化的武器装备，仅以血肉之躯与敌顽强拼搏，在只有两平方公里的台儿庄小镇内与日军展开了犬牙交错的拉锯战，逐巷逐屋，反复争夺，杀声震天，尸横遍野，极为惨烈。战斗最艰苦之时，全庄五分之四陷入敌手，中国守军死伤殆尽，但仍在断壁残垣中拼死据守，并派出敢死队，用大刀、手榴弹夜袭敌阵，夺回了大部分阵地。台儿庄守卫战坚持了14个日日夜夜，敌人主力被牢牢地吸引在台儿庄附近，使外线汤恩伯兵团得以展开大规模的运动战，包围孤军深入之敌，形成内外夹攻的局面。4月14日，蒋介石急电程潜，"程长官……据确报，敌自鲁南惨败后，自晋绥、冀豫、江淮各方抽调兵力增援鲁南，以图挽救，仰各战区本前颁游击计划，严督所属积极行动牵制敌人，使鲁南作战容易，用期彻底歼灭该方面敌军以收最后胜利为要。"

程潜指挥部队奋力作外围策应，牵制敌人力量，与五战区密切配合，终使中国军队取得台儿庄战斗的胜利。此役，消灭敌军1万余人，击毁坦克30余辆，缴获大炮70余门，矶谷师团的主力被彻底消灭。台儿庄一役，不仅是中国抗战以来一个空前的胜利，也是日本新式陆军建立以来第一次大惨败。捷报传开，全国热烈庆祝胜利，抗战精神为之一振，笼罩全国的悲观气氛，至此一扫而空。

日军精锐师团在台儿庄的惨败，使敌大本营极为震惊，恼羞成怒的敌人遂决定抽调华北、华中日军主力，南北夹击，会攻徐州，企图捕捉歼灭我野战大军于徐州地区，并打通津浦线，沟通南北战场，为进攻武汉做准备。4月下旬，敌我双方都增兵鲁南、徐州会战拉开战幕。

5月初，程潜指挥一战区组成薛岳兵团，在豫东鲁西积极配合徐州会战。日军来势凶猛，鲁南、苏北和淮北之敌已从各方面逼近徐州，接着又在徐州以西切断陇海线，徐州已成为孤城。徐州会战失利后，当第五战区部队分别向豫东和皖北撤退时，日军土肥原第十四师团孤军深入，由鲁西猛向陇海线进逼，企图阻断第五战区部队西撤后路。11日，蒋介石电令程潜指挥兰封会战，集中精锐兵团歼灭侵入鲁西之敌。

12日，蒋介石急电程潜："郑州程长官……查日寇自鲁南屡败惊恐万状，竟放弃晋绥江浙既得地位，仅残置小部扼守要点苟延残喘，而调集所有兵力指向陇海东段孤注一掷，以图幸逞，其总兵力合两淮鲁豫至多不过15万，较之我军使用各该战场之兵力约为4倍以上之劣势，且敌之后方处处受我扰袭，补给不便。较之我之后方有良好交通线者，其补给及兵力转用之难易相去甚远。目下敌不顾其兵力之不足及战略态势之不利，竟敢采用外线包围作战，其必遭我军之各个击破而自取败亡殆无疑问。仰我忠勇将士明察彼我熟权利害，鼓舞所部以旺盛企图心各向任务迈进，击灭当面之敌以寒寇胆而扬国威为盼。中正。文辰。令一元。"

程潜急调薛岳兵团和胡宗南军团，组织兰封会战。其时，敌有沿陇海线西进，攻取郑州的企图。日军精锐土肥原师团业已逼近开封。为阻止日军西进，程潜指挥所部猛烈反攻，夺回兰封，使陇海线恢复通车，将被困的40多列火车安全撤回郑州。土肥原师团攻势受阻，锐气大挫。敌人又调两个师团投入战斗，攻陷陇海线重镇归德（今商丘）。我军在开封、兰封连日血战，给敌人以重大杀伤，但未能达到阻止敌人攻势的目的。

23 日夜，日军第十四师团一部乘兰封守军不备，突然袭击，攻陷兰封。蒋介石大为震惊，事实与他给程潜的电文大相径庭，日军长驱西进，大有直取开封、郑州之势。这时，从陕西、武汉增援的部队尚未完全集中，开封情势危急。蒋介石这时来到郑州，闻日寇土肥原率领二个师团向开封进逼，蒋即把第一战区参谋长晏勋甫找来说："我要到开封指挥作战。"参谋长说，"我去告诉程长官吧。"程潜听完晏参谋长的汇报后，回答说："土肥原这个小丑，用不着委员长亲自去对付，我和你上开封去。"征得蒋介石的同意，程潜即速奔赴开封，设立指挥所，调整部署，拟定以优势兵力全歼土肥原部的计划，亲自督战。25 日晨开始总攻。26 日，程潜令宋希濂率七十一军两个师反攻，经过多次对攻激战，27 日收复兰封，恢复了陇海铁路交通，保障了五战区部队的安全撤退。土肥原部在程潜优势兵力围攻下，龟缩在三义砦、罗砦和南北之线，凭借空中优势，固守待援。

程潜急调胡宗南部，协同邱清泉的装甲车队将土肥原部包围，并令朱怀冰等部在黄河南北袭击日军交通运输线，以图将土肥原部围而歼之。但是，由于徐州失守，由安徽北进的日军和由鲁西南南犯的日军会集陇海线，先后攻陷永城、虞城等县，28 日，日军三面强攻归德，国民党第八军黄杰部向开封方向西撤，归德失守。国民党之第十四军、第七十一军继续向京汉路和周口方向撤退，豫东战场的颓势终难挽回。

6 月 1 日，蒋介石在武汉召开最高军事会议，决定部队从豫东战场撤退，命令 10 多万军队即刻解除对土肥原的围攻，分途向陇海、平汉两路沿线"转进"，整顿待命。程潜奉命停止围攻，向平汉以西山地转移。

此时，程潜不胜感慨，作《抗战四十二韵》（《养复园诗集新编》第 90 页）诗一首，以抒发对日寇的满腔愤懑和抗战到底的豪情壮志。诗的最后几句云：

> 几经逢挫折，讵肯让披猖。得道原多助，佳兵本不祥。直词昭内外，浩气贯穹苍。彼早衰而竭，吾仍毅以刚。抗加衰者胜，剥复理之常。大辱安能忍，兹仇永勿忘。廿年吴可诏，九世纪终亡。恶宿看三徙，齐盟待一匡。平倭期旦暮，收泪喜相望。

6 月 5 日，第一战区司令部移至洛阳，程潜再次拟定《作战指导纲要》，调遣各军沿平汉路组成左、右地区兵团，准备乘日军沿平汉路南犯之际，在许昌、确山之间将敌包围歼灭。由于次日日军攻陷开封，兰封会战遂告结束。

纷纭枭兀中　鞅掌戎马间　岂不怀佳节
畏此羽书烦　客迻南阳来　遗我一锦笺
上序九月九　下言赋诗篇　邀我入文会
分韵适得遣　我移洛后此　调久不弹
不弹亦非惰　寸心良无闷　东夷乱华夏
倏忽已经年　兵连匪一地　祸结信多端
振策眺河朔　河朔腥秽羶　愁眼望江南
江南妖氛缰　修修澶渔渝　赤血浊清川
逼迫晋鲁临　空城凝寒烟　冬去春渡来
日月如循环　烽燧连恒岱　弥眸九里山
徐淮惨无象　梁陈苦变迁　涂炭将诉谁
瘡痍谁为怜　浩浩黄河水　中炎忽漫漫
荡漾阻飞车　迥飙始南旋　马当将失津
水陆堕重关　幸有精良师　甘为沟壑填

程潜作《抗战四十二韵》手迹（部分）。

一战区移至洛阳时，程潜百感交集，写了一首咏怀诗，题为《六月五日大营移洛感泳》（《养复园诗集新编》第 95 页）抒发了抗日必胜的信心。诗云：

> 岛夷犯上国，谬肆吞噬计。故冬陷京畿，今夏扰淮泗。
> 烽连吴鲁天，血染徐梁地。元元涂炭苦，毒焰何残厉。
> 寇虐非无因，吾防实未备。玉碎白不移，金销刚岂坠。
> 接厉整六军，众志成坚塞。嵩华以为砺，黄河使如带。
> 奋力勉持危，长蛇终自毙。致治由极乱，积否方开泰。
> 桓桓前驱志，懔懔后车戒。

1938 年 2 月，程潜兼任河南省主席以后，他在统一军政、加强政权建设方面，采取了一系列步骤。当时战区司令部设在郑州，省政府设在开封，都处于战争前线。

2 月 3 日，程潜走马上任，发表了治豫纲领：一、民政以澄清吏治、安定地方为原则；二、财政以厉行节省、蠲除苛杂、剔去中饱为原则；三、建设以适应国防、交通及军事工业为原则；四、教育以启发民族意识、激起牺牲精神为原则。

2月17日，他又发表施政方针：一、铲除贪污；二、肃清土匪；三、免除苛派；四、整理征兵；五、赈济灾民。

2月18日，程潜电示各专区专员和保安副司令，克日出发，巡视各县，协同抗战卫国。程潜身体力行，亲自深入各县巡视。

早春3月，春寒料峭。一战区司令长官部秘书长兼政训处长李世璋通知各县县长到朱集（今商丘市）集合，于次日乘车赴郑州，到陇海花园十六号会客室就座。当各县县长陆续到齐，只见一位身材魁梧、穿着灰绿色线春羊羔皮袍、面孔红润，约莫50开外的长者，从外面走进客厅，他就是程潜将军。

程潜用深沉、锐利的目光扫视了一下全场，声音铿锵地说："为了抗战，军民合作，军政配合。要想取得抗战胜利，必须刷新政治，河南需要100个好县长。我来河南一个人也没有带，这就要你们在发动民众的同时，把各县的好官坏官、好人坏人，统统如实地给我报上来。我相信你们能秉公办事，担当重任……"

散会后，程潜深入各地微服私访，周密调查，综合各县自报的情况，对那些贪赃枉法、鱼肉人民的县长，以及作威作福、不干好事的联保主任，给予了严厉惩办。对那些罪大恶极的县长，还戴上脚镣，押解到开封，予以正法。有些只是为了当官而不为民办事的县长，只好借故辞职。这样一来，广大民众奔走相告，拍手称快，人心大振。

程潜一贯主张军政合一，重视地方政权建设。早在蒋介石惩办韩复榘的会议上，蒋介石提出实施军政合一，认为地方行政机构未能切实配合军事上的要求，影响作战甚大，故提议以战区司令长官兼辖区内的省政府主席，并随即提以程潜兼河南省主席，李宗仁兼安徽省主席。程潜当即附议，认为是"最好的解决办法"，不久，他欣然就职。

程潜还认为在政权机关任职，是锻炼人才的极好渠道。他曾把他的亲侄儿程博能派到澧县当县长，谆谆告诫他"以安民生，休养民力"。1938年除夕之夜，他写诗《除夕咏怀两首》（《养复园诗集新编》第98页）赠予博能，以兹勉励。此处录其中一首：

一夕复一朝，一暑复一寒。夙夜无荒怠，四时厉精勤。
仰参化育机，俯偕万物春。动惟益予智，静与保其真。

将懋日新德，戒惧非一端。兢兢履薄冰，聊以固吾樊。

宴安岂可怀，怵惕以终年。

在日军长驱直入、中国军队节节败退的情况下，为挽回败局，程潜决定设置政训处，开展政治工作。当时国民政府军委会政治部由陈诚任部长，周恩来任副部长。程潜高兴地对政训处长李世璋说："现在国共正式合作，共同抗日，林伯渠已到南京，你马上去联系。"李世璋到南京后，林伯渠和叶剑英叫他帮助程潜做好政治工作。不久，周恩来派共产党员朱瑞前来协助，程潜任命朱瑞担任政训处秘书长。在朱瑞协助程潜的一战区政训处工作期间，在程潜的允许下，正式在一战区长官部建立了第十八集团军联络处，朱瑞任主任。不久，又在濮阳建立了第十八集团军办事处。这对豫北、豫南的抗战救亡活动起了重要的推动作用。

一战区司令长官部撤到郑州时，郑州有一大批平津流亡学生衣食无着，请求参加抗日工作。程潜决定收容爱国青年，编为政治大队，受训一个月，分配到河南各县担任民运指导员，开展救亡工作，并负责检举揭发勾结日寇的汉奸官员和有走私贩毒的官员。各县民运指导员的工作卓有成就，他们宣传抗日救亡，教群众唱抗日歌曲，组织群众救亡团体和联庄队，还查出了与日寇有勾结的县长数人，报告长官部撤职查办。

民运指导员的活动引起了CC和复兴社分子的敌视，被撤职的县长又大多与这些特务分子有勾结。因此，CC、复兴社分子向蒋介石报告，说政训处是共产党组织，撤县长的职是企图夺权。蒋介石便下令撤掉李世璋政训处长之职，以袁守谦接任并叫李离开一战区，速往重庆。李世璋拒不执行，便跑到西安拜见了林伯渠。林伯渠对他说："你今后不一定在一战区，但对程潜的工作不可放松。"

程潜对抗日中的共产党员和爱国人士深表同情，尽力保护。当蒋介石电催李世璋速去重庆，他趁赴重庆开军事会议之机，约李世璋同往，在蒋介石面前为他说情，自担责任。在重庆，蒋介石亲自传讯李世璋，气势汹汹地问："你这几年干些什么？你是共产党还是国民党？"李世璋理直气壮地回答："我干的是抗日工作，我是无党无派人士。"蒋介石拉长了刀形脸，进一步追问："这个这个，你既是无党无派，为何给共产党做工作？你用那么多人，经费从何而来？撤掉我派的县长多人，是不是想把这些地方交给共产党？"蒋介石这些话，是冲着程潜来的，李世璋针锋相对："这些青年爱国心切，从不计较待遇，每人只发大洋20元，都是由程司令特别费万元项下开支，并没有给共产党津贴。

撤掉的县长都是与日寇有勾结的汉奸。新的县长都是由长官部委派。"

蒋介石气得支支吾吾，七窍生烟，最后通知有关机关："李世璋不能离开重庆一步，要对他严密监视。"而对程潜，蒋介石无可奈何。当程潜得知政训处成员王伯评（共产党员）被军法执行部逮捕时，他设法营救他出狱。王伯评感激涕零。

对抗日救亡中的一些进步团体，程潜也是尽力支持的。当时，为使救亡活动更向前发展，开封扶轮小学校决定成立孩子剧团，由红军老战士危拱之（后任河南省委组织部长）担任剧团指导员，排演的节目都由她从红军时代战士剧社的演出节目中改编移植。该剧团得到程潜的认可，并私人捐款 200 元，而且以后每月由省政府津贴 200 元。孩子剧团成立后的两年多时间里，先后到许昌、信阳、确山、南阳、南召等地演出，进行抗日救亡宣传，他们拿起艺术的武器，参加保卫黄河、保卫家乡的抗战。孩子们并不为炮火而退，勇敢地要与家乡共存亡，也时刻准备把自己的热血洒在守土抗敌的战场上。真挚的一颗爱国赤心，救国的一片热忱，感动得人人潸然泪下。开封孩子剧团对提高国统区人民群众的抗日救亡爱国热情，起到了积极作用。经程潜批准，该团荣获"孩子抗战先锋队"的称号。

程潜真挚地坚持了国共合作、共同抗战的旗帜，对贪官污吏、土豪劣绅表示极大愤慨，对统一战线表示赞成，故他在河南任职期内，常与中共河南省委派来的代表取得联系，表示希望共产党帮助他，他不干涉共产党的活动。因此，河南曾一度掀起抗日的热潮。正如中共河南省委在《保卫河南宣言》中指出的："……全国与河南的民众，经过了 6 个月对日抗战的锻炼，已经大大觉醒了：国民政府与河南政府已经开始成为统一的国民政府，这表现在坚决领导抗战，开始采用民主方式动员民众，并在抗战时期开始注意了改善民众生活，如豁免战区田赋，实行优待抗战军人，发布惩治贪污法令与退还过去摊派的救国公债等……"

◉ 毁誉参半

6 月 7 日，自开封失守后，占领开封的日军向中牟附近逼近，郑州形势岌岌可危。若郑州失守，日军不仅直接威胁武汉、西安，将进而窥视我西南大后方。在此紧急关头，蒋介石一改一月之前台儿庄大捷后所说的"首先堵住，再予迎头痛击"的作战方针，采取消极防御战略，决定放弃黄河以北地区，并下令破坏郑州黄河大铁桥和掘开黄河大堤，以阻敌前进。

炸毁黄河铁桥和掘开黄河大堤，均由第一战区三十九军新编第八师师长蒋在珍指挥。6月7日，中国当时最大的铁路桥被彻底炸毁。然后，程潜征得蒋介石同意，指挥所部在黄河花园口掘堤，酿成了我国抗击日本侵略军"以水代兵"的震惊中外的大事件。

第一战区司令部参谋长晏勋甫早在武汉行营任职时，曾经拟过两个腹案：（一）必要时，将郑州完全付之一炬，使敌人到郑后无法利用。（二）挖掘黄河堤。最后认定掘堤有两利：甲、可以将敌人隔绝在豫东；乙、掘堤后，郑州可以保全。于是，他和副参谋长张谓行以此计划向程潜请示。商量结果，认为只有掘堤，才可渡过此种难关。因事关重大，他们商定后，正拟向武汉军委会请示，适蒋介石侍从室主任林蔚来电话问晏勋甫："以后你们预备怎么办？"晏即将刚才商定的计划告诉他。他又问："你们计划在哪里掘？"晏答："预备在郑州北面花园口附近，请你马上报告委员长，如果同意，请你再来电话告诉我。"不到一个钟头，林来电话说："委员长和我们研究了，委员长同意。"于是，他们一面做准备工作，一面以电报建议方式向蒋介石请示。蒋回电批准了这个建议。蒋介石批示："将此议交第一战区司令长官核办。"事实上，就是将这一行动的军事责任、政治责任和社会责任全都推卸给了陈潜，使其面临一生中最大的道德拷问和两难抉择。

5月31日夜间，日军逼近开封郊区，程潜急以电话通知黄河水利委员会修防处主任陈慰儒撤退，并约定次日到郑州第一战区司令长官部见面。陈慰儒同朱镛（黄委会总务处长）等于6月1日下午即往郑州长官部见程潜。程潜说："蒋委员长命令掘开黄河大堤，放出河水阻挡日寇。"陈回答："按照河工经验，5月（旧历）晒河底，说明现在正是河南枯水季节，流量很小，就是掘开黄河大堤，流量小，水流分散，也阻挡不了敌人。但是大堤掘开以后，口门逐渐扩大，难以即堵。汛期洪水到来，将给豫、皖、苏三省人民带来无穷灾难。……既不能阻挡敌人、无助于国家抗战大计，又肯定给千百万人民带来不可避免的巨大灾难，这是很不合算的。"程潜沉思半晌才说："好啦，等转报蒋委员长后再作决定。"次日，程又传见他们，告以蒋介石说，只要敌人知道黄河大堤决了口，就不敢前进。水小也要掘，并立即派河兵动手。陈说："河兵都是沿岸农民，深知黄河决堤的严重性，他们世代守堤，是不会动手掘堤的。"程潜坚定地说："那么，我派军队去掘。请你们去指导。"陈慰儒说："既然一定要掘，请先发迁移费，让堤下居民搬家。"程潜当即批发1万元，交郑州专员罗震发放。后来，该款交由罗震和郑县县长全百慈向所有迁离百姓发放每人5元逃荒费，中牟县也依例办理。两县百姓沿贾鲁河两岸向西迁徙，走了3天才走完。

作出掘堤决定后，程潜的参谋长晏勋甫即约陈慰儒、朱镛面商具体的掘堤之计。当经议定在中牟赵口掘堤。

6月5日，蒋介石亲自用电话督促三十九军军长刘和鼎："这次掘堤，有关国家民族命运，没有小的牺牲，哪有大的成就？在这紧要关头，切戒妇人之仁。必须打破一个顾虑，坚决干下去，克竟全功。"二十集团军总司令商震也偕参谋长魏汝霖赴赵口视察，并令工兵营营长蒋桂楷带大量黄色炸药和地雷，准备爆破河堤。又令三十九军派一个团前往协助。同时，悬赏1000元，期于当夜掘口成功。

但是，决堤并不顺利，赵口两次决堤都失败了。军队从6月5日晚已将大堤掘开。只因掘口太窄，流了两个钟头，又被冲塌的沙土堤身堵住。这时，日军已侵陷开封，大炮弹已射过口门以西，形势极为紧张。堵住的口门经军队日夜清除，6日上午再被掘开。赵口决口后，负责河防的商震又命陈慰儒协同该部参谋长前往花园口新八师蒋在珍部，把赵口掘堤经过告诉蒋在珍。使正在挖掘花园口大堤的部队注意不要再像赵口一样被堤沙堵住。

这样的不顺利，对于下游的百姓们来说，也可算是一种幸运吧。决堤时间拖延几天，即给了百姓们更多的迁移时间，免受决堤洪水泛滥之灾。但对当时军事形势来说，却是兵势如火，时不我待。蒋介石与第一战区长官部以及商震等，得悉赵口第一、第二两道掘口与坑道作业，均告失败，"异常焦灼，日必三四次询问掘口情形"。商震又令刚刚爆破黄河大铁桥，守备黄河南岸杨桥至铁桥河防的新八师，加派步兵一团，前往赵口协助。新八师师长蒋在珍在赵口了解情况后，他认为赵口掘堤的失败是对黄河水流量估计过大，对堤质估计过松，计划掘口的面积过窄，乃向商震建议，拟在该师防区另作第三道掘口。经请示蒋介石与第一战区长官部，得到批准。蒋在珍原拟在马渡口与花园口选择一处掘堤，后因马渡口与赵口相距不远，敌易接近，最后决定于花园口掘堤。6月7日夜12时派出参谋熊先煜、工兵连长马应援、营长黄映清与黄河水利委员会张段长，星夜乘车前往花园口，侦察掘口位置，便选定于关帝庙西掘堤。这个地点是黄河弯曲部，容易放水，又可以流入贾鲁河，使水东南行，经过中牟、尉氏、扶沟、华西、周家口各县境而注入淮河。又确定堤上掘口宽度，扩展到50米。这样斜面徐缓，预计掘至河底，宽度仍有10米左右，不致有颓陷阻塞的顾虑。6月8日，魏汝霖代表商震宣布："如于本夜12时放水，总司令奖法币2000元，如明天午前6时完成，则奖1000元。"蒋在珍调令两个团官兵，分由河堤南北两面同时动土。堤质系小石结成，异常坚硬，复用炸药将堤内斜面石基炸坏。在掘堤时，蒋在珍挑选出800名强健之兵，分5组，每组又分挖、运两个班，每组挖掘两小时轮换，用卡车车灯照明，昼夜不停。

9日上午8时许，缺口底部已掘开至4米，黄河水缓缓流过。蒋在珍立即以电话向薛岳告捷，并请示用平射炮支援。薛岳就派某连长带一排炮兵及平射炮来到工地，连发六七十响，缺口又扩宽了两丈，河水汹涌而过，不断冲塌扩宽。

国民政府军事委员会为此给蒋在珍记了一功，并电薛岳给其发奖金3000元。

黄河掘堤如期完成后，于6月9日午前9时放水。黄河居高临下，最初水势不大，因主流线未南移，至午后1时许，水势骤猛，似万马奔腾，一泻千里。决口亦因水势而溃大，第二天又下了一整天大雨，河水流量增大。"水深丈余，浪高三尺。"赵口掘堤的阻塞处，亦被冲开，远望一片汪洋。豫东、皖北泛区，顿成泽国。日本侵略军辎重弹药损失甚大，如第十四师团的一个支队，附有榴弹炮4门，已进至新郑附近，并一度将平汉路的郑汉之间的交通截断，由于黄河洪水泛滥，后路被截断，全部被消灭。黄河的掘堤，使日本侵略军沿陇海线两侧西进计划，完全被粉碎，不得不改变计划，将主力南移，配合海军，溯长江西犯，豫东战线趋于稳定。

黄河花园口掘堤成功后，程潜于当天（6月9日）深夜12时，给蒋介石密电，报告掘堤成功及成功后应着重对外宣传工作。电文云："顷据郑州商总部电话报称，黄河掘口工作经于齐（8日）夜在花园口以西施行，至今晨9时竣工，掘口宽约4米，截至（9日）20时，掘口处被水冲开已达13米，水深丈余，浪高1米，京水镇一带已成泽国，预料明晨水势可达陇海线。"电文中还称："此间所拟之对外宣传内容大意为：'敌占据开封后，继续西犯，连日在中牟附近血战，因我军誓死抵抗，且阵地坚固，敌终未得逞，遂在中牟以北，将黄河南岸大堤掘口，以图冲毁我阵地，淹毙我大军。如泛滥确已成功，当即披露，并呈鉴核。"蒋介石于6月11日复程潜密电，指令三点：（一）须向民众宣传敌飞机炸毁黄河堤。（二）须详察泛滥景况，依为第一线阵地障碍，并改善我之部署及防线。（三）第一线各部须向民众合作筑堤，导水向东南流入淮河，以确保平汉线交通。按此宣传口径，同日，国民党中央通讯社从郑州发出专电："敌军于9日猛攻中牟附近我军阵地，因我军左翼依据黄河坚强抵抗，敌遂不断以飞机、大炮猛烈轰炸，将该处黄河堤轰毁一段，致成决口，水势泛滥，甚形严重。"12日又发出专电："敌机30余架，12日晨飞黄河南岸赵口一带，大肆轰炸，共投弹数十枚，炸毁村庄数座，死伤难民无数。更在黄河决口处，扩大轰炸，致水猛涨，无法挽救。"13 日又报道："敌机猛烈轰炸我黄河沿岸工事，致将赵口、花园口方面河堤炸毁决口，泛滥成灾。行政院于昨日召集有关系的机关开会，商讨救济办法。"

6 月 3 日，陈诚还在汉口举行了各国记者招待会，对黄河掘口，亲自出现造谣，除重复了中央社的滥调以外，他还煞有介事地说："惯作欺骗宣传的日寇，它不知忏悔，却在广播的消息中，在新闻报纸上，把掘河毁堤的罪行，加在我们身上来，说是我们自己毁决的。"

更为奇怪的是，黄河掘堤后，第一兵团总司令薛岳（原任一战区豫东兵团司令）跟着来电，命将缺口附近的小龙王庙和个别房屋、大树，都用炸药包炸倒一些，并叫蒋在珍发出电报，说大批日寇飞机前来轰炸堤岸，炸垮花园口河堤若干丈宽。各新闻机构大造舆论，以讹传讹。

中央社的消息发出后，果然引起国际上的注意，外国新闻记者要来花园口实地采访、拍摄照片，这又给新八师出了难题。战区司令部传令下来，要编一套日机轰炸的材料，伪造一个被轰炸的现场，还要假做一场军民抢堵缺口的真样子出来，以备外国记者的访问察看。在外国记者确定要来花园口的前几天，郑州专员公署调集了 2000 名左右的民工，新八师也动员全体官兵，按照上级指示的要求，做出像真的样子进行抢堵黄河缺口。有的运来高粱秆，一大捆一大捆地捆起来，里面塞上石头之类的重东西，沉下水去，堵住急流。有的拖来木船，装上石块去堵塞缺口。另外还准备许多麦草，砍了好多根堤上的柳树，作为堵塞缺口的材料。在外国记者要到现场的前一天，还进行了一天抢堵缺口的演习。

当记者们来的那天，他们就更加紧张，像煞有介事一样，许多群众和军队"表演"抢堵缺口给外国记者看。有的在水内把装石头的船拖的拖，推的推；有的把草捆子抛下缺口去堵塞；有的搬运泥巴倾下去。一场假戏真做，乱成一团，以致不少人受到伤害，或是撕破衣服。一群外国记者，都带着不同式样的照相机，由国民党中宣部的人引导而来。他们先到新八师政训处（就在那里接待），举行了座谈会，主要是听取驻军介绍被炸过程。蒋在珍不肯出面，副师长朱振民充当了临时接待人，由团长彭镇珍把事前备好的假情况念了一通。记者们当时未说什么，说要看看现场情况。到现场后，记者和摄影的分散而行。有的记者一路走来一路问，好些提问使他们很难回答。有的问：为什么日本飞机来轰炸距离兰封 100 多公里的花园口（当时日军已陷兰封）？有的问：堤岸约有 20 米厚，而炸弹的弹痕（假弹痕）不过 1 米左右深，即使 6 架轰炸机（介绍的是 6 架敌机）所负载的炸弹都集中投在一点上，是否能炸垮河堤？有的向临时召集来表演抢堵的人问这问那，他们只好装着不懂话，而未答复的居多。那些外国记者似有怀疑，国民党中宣部同来的人怕露马脚，就在现场席地而坐谈了一阵，算是勉强应付过去。

然而，假的就是假的。任何欺骗宣传也无法掩盖事实真相。

当时，由于日军已在广播和报上披露了黄河系由中国方面掘开的消息，加以中央社和国内各报的报道颇有含混之处，国外报纸似已窥知了部分掘口真相。法国《共和报》于评论黄河掘口时，就以法国国王路易十四侵犯荷兰，荷兰掘堤自卫来比喻。文章说："前法国国王路易十四侵入荷兰国时，荷国曾以掘堤为自卫之计，其国人虽患水灾于一时，其领土幸赖以保全。厥后 1812 年冬季，拿破仑一世攻俄时，俄国亦以坚壁清野之法阻止法军前进，并将莫斯科付之一炬，卒致拿破仑一世所统大军为之溃败。似此，某一民族受人攻击，而有灭亡或沦为奴隶之虞，辄利用水患与冬季凛冽气候以却敌，其事又安足怪异？时至此际，中国业已准备放出大龙两条，即黄河与长江以制日军死命。纵使以中国人十人之性命换取一人性命，亦未始非计，此盖中国抗战决心所由表现也。"

千秋功罪，谁人曾与评说？作为当时担任黄河掘堤决策与指挥人之一的高级将领程潜，自有功罪。台湾《传记文学丛刊》（《民国百人传》）中也写道："对日抗战初期定计掘毁黄河堤阻御日军，毁誉参半……"

就其抗日功劳而言，由于黄河掘口，打乱了日军进占郑州、西窥洛阳、南下武汉的战略部署，迫使其在中原战场上收缩兵力，改从长江两侧西上包围武汉，从而延缓了武汉失守的时间，在军事上起到了一定的防御作用。

河南人民出版社出版的《抗战的中国军事》一书上写道："徐州陷落以后，敌人进攻中原与夺取武汉的企图本来是由平汉线、合信线、长江等多方面并进的。这样进兵中原，有了陇海、平汉、津浦与淮南 4 条铁道联系在一起，东、西、北三个战场已经打成一片，在敌人的军事调动上真是可以纵横自如，实在占得便宜的。然而，正当敌军由豫东向陇海线猛烈推进、企图夺取郑州，造成陇海与平汉两线联络的时候，突然……决口的黄水成了一条天然的障壁，把豫东敌军向中原的进路分隔起来。敌人占领了徐州，南北战场固然被打通了，然而可以沟通南、西、北战场的惟一军事干线——陇海路——却终于不能拿到手中，而形成同蒲、平汉与津浦三条纵线依然分立的状态。结果，敌人在南、北、西三个战场，还是分立作战，至多只是津浦与江南线有着一个联络而已。在这样一个意外打击之下，敌军已不得不考虑到改变他的战略。这就是他调集豫东大军南下，集中长江西攻的主要原因。"

日本在《中国事变陆军作战史》一书中有这样的记述：

> 6月12日夜，中国军在三刘寨（中牟西北17公里）及京水镇（郑州北15公里）附近，掘开了黄河南岸的堤防。因此，黄河的浊流向东南奔流，中牟首先进水，逐日扩大，从来仙镇—尉氏—太康一直影响到蚌埠。
>
> 第二军6月13日为援救孤立在中牟的第十四师团的一部，从第五、第十、第一百十四师团、军兵站部抽出工兵各约一个中队及架桥材料一个中队，配属给第十四师团。随后于16日，又从第一军调来独立工兵第二联队主力及渡河材料一个中队。
>
> 6月15日以后，由于泛滥的河水扩大到尉氏附近的第十六师团方面，第二军除调用第十四师团工兵两个中队外，又逐次增加了架桥材料两个中队，折叠船四十，独立工兵第十一联队主力，然后向泛滥地带以外撤退。
>
> 方面军于6月17日命令，临时航空兵团全力以赴，援助第十六师团方面的补给。用运输机、轻重轰炸机在16日至24日之间，给两个师团投下补给粮秣、卫生材料等，合计约61.5吨。……第十四师团在中牟的部队，至6月23日夜，大部已集结在开封附近。
>
> 第十六师团主力于24日在中牟西南地区给接近来的两个师之敌以沉重的打击。25日夜，渡过尉氏东面的大泛滥地带（幅宽600米，流速2.5米），接着通过泛滥的数条水流及湿地带，到7月7日左右，脱离浸水地带的难关，在通许附近集结……
>
> 29日，在徐州举行联合追悼会（第二军有关战死人数为7452名）。

当时，在前线的中国军官熊元煜也有记述："侵至平汉路新郑之敌，曾将新郑附近铁桥破坏一座。又：沿陇海线开封西犯之敌，已攻战（按：应为占字）中牟县城。因我掘堤，纷纷回窜，状极狼狈，淹没者亦不在少数。"

一战区参谋长晏勋甫回忆说："当我们实行掘堤时，敌十四师团派骑兵团的一个支队，附有榴弹炮4门，已进至新郑附近，将平汉路郑汉之间的交通一度截断。黄泛以后，这一支队因后路被截断，全部被我消灭，计掳获400余骑，榴弹炮4门和步、骑兵若干名（大多数逃窜）。"

任泽全在《武汉会战》一文中写道："日机械化部队无法在黄泛区前进，

被迫改变进犯武汉的路线。于是，中国军队对以武汉为中心的防务作了重新部署……日军投入兵力达 40 余万，中国配置兵力 100 余万，历时 4 个多月，攻势凶猛的日军遭到重大消耗。日军虽然占领了武汉，但其速战速决，迫使中国投降的目的并未达到，从此陷入长期的战争而不能自拔。"

但是，黄河掘堤带给人民的深重灾难是触目惊心的。花园口掘堤后，黄河洪水泛滥于豫、皖、苏 3 省，计 44 个县市，受灾人口达 480 万人之多，受灾面积达 15000 平方公里，死亡人数达 40 余万（又说 89 万余）人，逃离故乡，流离失所的灾民达 390 余万。当时的惨况更是目不忍睹：滔滔黄水，瞬即泛滥成灾。村民仓促迁移，谈何容易！故迁徙者寥寥无几，一转瞬间，无情的洪流，滚滚而来，哪里逃避得及？有的爬上屋顶，有的攀登树梢，一时嗥哭呼救之声动人心魄，那一望无际的浪涛中，只见稀疏寥落的树梢在水面荡漾着。起伏的波浪卷流着木料、用具和大小尸体。孩子的摇篮随着河水漂浮，还可以断续地听到撕肝裂胆的啼哭声。全家葬于洪水者不计其数，甚至有全村全族全乡男女老幼无一幸免者。据 1938 年 7 月 4 日上海新闻报所载："黄河决口后，泛滥区域达 10 余县，面积约 400 平方公里，长约 18 公里，决口处宽约 100 余米；中牟水势急增宽约 200 米，深约三四米，尤其中牟为花园口、赵口两个决口构成的泛滥所趋，业已汇流，而水势也较各县特大。余如尉氏、鄢陵、扶沟、西华、淮阳也都遭到不同程度的水灾。总之，黄泛所及，灾难当头，这是肯定的。在其中受害的人，更不可以数计了。"

花园口决堤虽然阻滞了日军进攻，为国民政府撤退武汉争取了大量时间，但是毕竟黄河决堤造成了沿岸人民严重的生命财产损失，并迁延 10 年之久。有历史学家认为，"程潜作为战区司令长官，虽然出于军事考虑忠实执行了上司的命令，但他作为这一事件的重要责任人，对决堤所产生的严重消极后果，也是难辞其咎的。"

诚然，据《三联生活周刊》2005 年的调查，当年的黄河决堤因第一战区司令长官程潜的救援得当，尽可能地降低了由决堤造成的人道灾难。"花园口决堤放水，门口以下四个村庄——邹桥、史家堤、汪家堤和南崔庄，全部冲毁，荡然无存，一直到黄灾结束，这四个村庄再也没能恢复。所幸的是，决堤放水时，这四个村庄居民因事先知道决堤，及时迁避，而无一人伤亡。"

又据当年的《新华日报》报道，在决堤后第三天，程潜又及时向灾民发放了 5 万元赈灾款；一周后，又会同国民政府发放了 200 万元黄泛区持续资金，用以资助灾民异地重建家园。据当年第一战区所辖商震部二十集团军总司令部参谋处长魏汝林回忆，黄泛区的灾民"扶老携幼，均平安逃离平汉路豫西地带，政府分发大量救济金，非但无任何人员伤亡，即猪猴牛鸡，都随人走避，并无损失。"

古今中外，"以水代兵"的战例不胜枚举，据史料记载，仅黄河上有关以水代兵的事例就有 20 次之多。花园口掘堤，有众多国民党高级将领的决策和指挥。且早在程潜同意掘堤方案以前，国民党要员陈果夫，于 1938 年 4 月 13 日给蒋介石的呈文说："黄河南岸千里，颇不易守。大汛时且恐敌以掘堤制我，我如能取得武陟等县死守，则随时皆可以水反攻制敌。盖沁河口附近，黄河北岸地势低下，敌在下游南岸任何地点掘堤，只需将沁河口附近北堤掘开，全部黄水即可北趋漳、卫，则我之大厄可解，而敌反居危地。敌人残酷不仁，似宜预防其出此也。"

黄河决口前，蒋介石还曾直接向驻在杨桥的三十九军军长刘和鼎发过密电："为了阻敌西犯确保武汉，依据冯副委员长（冯玉祥）建议，决于赵口和花园口两处施行黄河决口，构成平汉路东侧地区间的对东泛滥。……赵口之决口，限两日内完成。已另电洛阳第一战区程长官（程潜）负责主持，规划实施。……应即以主力担任郑州之守备，并以有力之一部担任郑、汴间的游击，阻滞敌寇活动。花园口之决口，已电令一零九师（原东北军万福麟部）负责，仍由三十九军统一指挥。并希电报后，即向程长官切取联系，接受指示，认真办理具报。"

由此观之，我们对程潜在黄河掘堤这一重大事件中的功过是非，应有一个适当的评价。毁誉荣辱，让后人评说。

6 月 12 日，黄河决堤后，程潜指挥第六十九军（军长石友三）、第三十九军（军长刘和鼎）、第九十七军（军长朱怀冰）、第九十一军（军长郜子举）、第二十七军（军长范汉杰）、第四十军（军长庞炳勋）等 6 个军的兵力，对敌予以反击，相继收复豫北、豫东、鲁西等地。但是，国民党的水攻战略，暂时迟滞了豫东日军西犯的行动，却不能阻止日军的战略进攻。困留豫东的土肥原师团主力转赴道清路沿线，一一六师团主力则转到安徽方面，南进长江参加武汉会战。在豫东撤回的国民党军队，则在许昌—信阳—固始—麻城—长江一线重新布置了两道防线。会集在河南防线上的国民党军队 10 多万精锐，虽然在各战场都做了一些积极的抵抗，但由于其片面抗战路线所致，终未能挽回败局，信阳、武汉相继失守。在日寇猖狂进攻，国民党正面战场接连失利，国土沦陷，中原危亡的紧急关头，八路军、新四军毅然挺进敌后，开展游击战争，创建抗日根据地，成为抗击日军的主要力量。

◉ 喜娶夫人

1938 年 6 月，黄河花园口掘堤后，造成平汉线以东地区洪水泛滥，顿成泽国，以遏止敌军西进。程潜以"宜将剩勇追穷寇"的精神，指挥一战区全体官兵给敌予以反击，相继收复豫东、豫北、鲁西等地。这时，一战区司令长官部移至古都洛阳。

戎马倥偬的程潜，在军旅生涯劳顿之余，不免产生思亲之幽情。然而，他的结发夫人黄理珍，因患间歇性精神病及心脏病，已回家，她所生的博廉、博寿两女，也远离身边；二太太仲华是他的爱妻，早已夭亡，留下博德、博智、博乾、博信一子三女，已各奔东西；三太太周劫华也在老家，生有博洪、博硕、博雍、博厚三子一女，博雍于 1944 年响应蒋介石提出的"十万青年十万军"的号召，瞒着父亲参加空军，抗日战争中牺牲于印度拉河。其余子女也难得相见，真是"妻室儿女无形影，年近花甲似孤身"。

初夏的夜晚，南风习习，河星朗然，程潜独坐官邸，一面翻阅各种密电，一面一支接一支地抽着雪茄，吞云吐雾，显出几分悠闲之态。突然，战区总务处副处长陈从志走了进来，寒暄一阵之后，冒昧地说了一句："颂公，我想同你说一件事，不知该不该说？"

"尽管说，尽管说。"程潜猛吸了一口雪茄，吐出了一串长长的烟雾。

陈从志慢吞吞地说："我有个广东汕头老乡，叫郭镜心，是武汉一家保险公司的经理，他的资金在抗日战争中被人骗走，现在公司濒于倒闭。"陈从志说到这里，欲言又止。

"啊——"程潜下意识地点了点头，脸上显出怜悯的神情。

停了片刻，陈从志接着说："他为人厚道，很讲信誉，生意越做越兴隆。可惜天有不测风云，人有旦夕祸福，他的妻子早逝，留下三女一子。国难当头，祸不单行，他的血本又被别人骗走……"

"你的意思是想我资助你老乡一把？为人行善总是福嘛，我把我的积蓄拿一部分给他去维持生计，你帮我去办理就是。"程潜说得干脆利落，霍地从椅子上站了起来，两手剪背，来回踱步。

"颂公，还有——"陈从志也跟着站起来，希望他把话听完。

"还有什么？你向我直说吧。"程潜显出不耐烦的样子，但慈祥的表情，使人不吐不快。

"他的老三叫郭翼青，年方18，长得风姿绰约，聪明伶俐，弯弯的柳眉下有双像两泓潭水一样清澈的大眼睛。她文化不高，虽然只小学毕业，但具有一种令人喜爱的风度和气质……"

"好啦好啦，你把她描绘得天仙一般美，你是想——"程潜深沉地问。

"我是想给颂公作介绍，你身边没有一个亲人，紧张的军旅生涯，更需要有亲人照料。"陈从志一字一顿地说着。

"给我作介绍？哈哈哈，我已年近花甲之年，儿女成群，怎能找个年轻小姐？"程潜霎时收敛笑容，严肃地说。

"颂公，我觉得你现在正需要伴侣照顾你的饮食起居，安危冷暖。至于婚姻，是不受男女双方年龄差异的限制，忘年交嘛。您比我懂得更多。"

"真不愧为高参，讲得头头是道。这样吧，既然是你的老乡，就交个朋友吧。"

陈从志善于成人之美，他给郭翼青父女带去了程潜的照片，对程潜的赫赫战功和显要职位，尤其他的人品和高风亮节，大大美言了一番。

郭翼青的父亲郭敬心在得到女儿对这门婚姻的首肯后，就高高兴兴地亲自送女儿到洛阳，与程潜见面。

1938年7月，程潜与郭翼青结为伉俪。从此，两人恩恩爱爱，相敬如宾。平日，郭翼青总是尽量周全地照顾丈夫的饮食起居，问寒问暖，为他分忧解愁，给他以生活的乐趣。当他苦恼的时候，她总是多方体贴，百般抚慰。每遇到一些重大问题，两人有商有量，程潜能虚心倾听

1938年7月，程潜与郭翼青于洛阳结为伉俪

年轻夫人的意见。两人很少吵嘴，当他生气的时候，她总是轻声细语，笑脸相劝；当她不顺心的时候，他总是宽大为怀，一席风趣幽默的话语，使她化嗔为乐。她宽仁大度，贤淑聪慧，朝夕相处，成为他的好内当家。

在程潜的后半生里无论在风雨如晦的逆境中，还是宦海浮沉的艰难岁月里，郭翼青总是与他心心相印，相依为命。1949 年农历 8 月 31 日，当郭翼青 30 寿辰时（程潜为策划湖南和平起义，早于 5 月将郭翼青送往香港寓居），程潜写了一首情真意切的祝寿诗《寄赠翼青三十生日》（《养复园诗集新编》第 185 页）：

> 远道缔良缘，红丝一线牵。迎来丹桂阙，缮想大罗天。
> 爽气包河洛，佳期会涧瀍。仁亲如漆附，义结比金坚。
> 高唱偕行曲，低吟好合篇。鹰扬驱虐寇，虎变渡流年，
> 炙艾曾分痛，猗兰每互怜。虑深心转细，智决勇当先。
> 毓秀看成列，含章许并肩，德随时长进，容像月婵娟。
> 火宅谋同出，华园喜共迁。何言身懔懔，相诚日乾乾。
> 踊跃排陈腐，欢欣解倒悬。江山增美丽，人物庆安全。
> 海阔伤遥别，风平盼早旋。自知筋力瘁，端赖我君贤。

郭翼青在香港捧读寄自内地丈夫之手的颂诗，激动得不能自已，感激的热泪簌簌而下，翌年初春，她带着孩子们从香港归来，投入新中国的怀抱。

郭翼青回归祖国的第一件事，就是主动告诉丈夫："现在全国解放了，我想把南京那栋二层楼房捐献给国家，房产反正是身外之物嘛。"

"那很好，那栋房子反正我已送给你了，只要你愿意捐献出来，我举双手赞成。其实，我早有此意。但要等你回来，才能决定。我俩真是不谋而合呀！"程潜的脸上泛着兴奋的光彩。

南京这栋楼房，是程潜参加副总统竞选时兴建的。竞选结束后，他回湘任长沙绥靖主任，便将房子送给郭翼青，作为她的私产，如今她慷慨捐献给国家，正符合他的心愿。

从 1978 年开始，在周恩来总理生前的提议下，郭翼青和其他几位原国民党将军的夫人都被安排进入全国政协，成为政协委员。其中有傅作义、蔡廷锴、蒋光耀、黄琪翔几位将军的夫人。此后，郭翼青一直是第五届、第六届、第七届全国政协委员。她积极参与管理国家大事，虚心学习，诚恳待人，受到人们的尊重。

◉ 一级上将

1938 年 10 月，广州、武汉相继失守后，抗日战争开始进入战略相持阶段。11 月，蒋介石先后于南岳（湖南）、武功（陕西）召开军事委员会军事会议，会议重申了继续持久作战的战略方针，采取转守为攻、牵制和消耗敌人的战术，粉碎日军"以华制华"的阴谋。会议决定重新划分战区，宣布撤销重庆、广州、西安三行营，另设桂林、天水两行营，以统一督导南北两战场之作战；设战地政务委员会，直属于军委会。程潜被任命为军事委员会天水行营主任，统一指挥北战场。天水行营统辖北方第一（卫立煌）、第二（阎锡山）、第八（朱绍良）、第十（蒋鼎文）等战区及冀察战区（鹿钟麟）、豫鲁战区（于学忠）、晋陕绥宁战区（邓宝珊），辖陕、甘、宁、青（新疆、西藏）等 13 个省。军委会的电令云："为了增加横的组织，第一战区司令长官程潜调天水行营主任。为了办事便利，驻地可设在西安，卫立煌接替第一战区司令长官。"

天水行营于 1939 年 2 月 1 日正式成立。程潜就任时，各省主管人物，在近的如蒋介石嫡系蒋鼎文、胡宗南、董剑等登门拜访道贺；在远的则来电拥戴。均系例行应酬，官样文章。八路军驻西安办事处负责人林祖涵（林伯渠），也登门访问，言辞恳切，互道衷情。程潜风趣地对老友林伯渠说："日军的国旗是太阳旗，我们的行营叫天水，天水可以淹没太阳，抗日战争必然胜利啰！"林伯渠高兴地回答："儒将出语不凡，真是妙语惊人呵！""哈哈哈！"两人会心地大笑起来。

蒋介石的军委会，之所以选调程潜坐镇西北，主要是考虑他资格老，又无私人武装力量，无个人野心，他与西安的八路军办事处负责人林祖涵和朱总司令的关系也好，可以利用他缓和国共矛盾，国共合作时期的天水行营，应当是西北党、政、军最高指挥机关，程潜又有上将头衔（1936 年 9 月 27 日，程潜明令为二级上将，1939 年 5 月 13 日升为一级陆军上将），对于加强国共合作，指导抗战救亡，可以起到推动作用。但实际上，行营主任在很大程度上只是一个虚职，很多事情他鞭长莫及，马家军（马鸿逵、马步芳部）管不到，近在肘腋的胡家军（胡宗南部）管不了，两北区特字号受盖世太保操纵，不服管。西安成为反共前哨的黑暗城，蒋特分子与蒋嫡系旨在反共，无时不在制造摩擦。程潜上任后，始终按照孙中山先生遗教，处理国共两党事务，但举步维艰。正如天水行营高参俞铺所说："即使程潜有文通武达之才，在西北是无法施展其抱负的。"

行营成立时，程潜召集全体军官佐属训话。他偕参谋长晏勋甫登上检阅台，当大家集合以后，他不用讲稿，即席演讲，从容不迫地说："我们从河南战场来到西北，驻进西安古城。这里是古代都会长安，顾况熟视白居易的姓名说：'长安米贵，白居大不易'，哈哈！"程潜引此典故，不禁朗声大笑，接着严肃地说："在战区，我们住过乡村，生活条件差，大家共尝艰苦，由早到晚，努力工作，这是可贵的。现在到西北中心城市，比较繁华了，行营是西北党、政、军最高军事机关，大家要保持简单朴素的生活，勤勉奉公的作风，办公时间仍然同战区一样，军事机关有军纪，要仪容整肃，品行高洁，

1938 年，程潜为陕西黄帝陵大殿题匾"人文初祖"。

不准自由散漫，放浪形骸……"他讲话不是滔滔不绝，而是从从容容地吞吐，使听者深受教益。他讲了约半小时散会，还未下台，下面就一窝蜂地捷足争先，拔腿走散。程潜顿露不悦之色，大声喊道："都转来，我还有话说！"接着他说："我刚才不是讲要有纪律吗？集合听讲要鹄班而立，讲话完毕要鱼贯而退。这不是庙会，唱完戏就一哄而散，虽不必互相礼让，也不应争先恐后，混乱嘈杂。这就是没有秩序。没有秩序，就是没有纪律！"当他再宣布散会时，他仍然站在台上。直到与会者走得差不多了，他才下台。犹如往常一样，无论怎样紧急的事。他总是步履安详，从容不迫，还不停地左右顾盼。

行营设有办公厅、政治部、参谋、总务等8个处，僚属共计800余人。办公厅、机要处、总务处随程潜驻在东厅门高级中学内。自抗战以来，敌机飞经西安上空极少，市内无防空设备，利用旧城墙脚防空。西安从未被轰炸过，每当发出

警报时，市民奔向城墙根避难，有的还待在家里不动，安然无恙。自从行营成立后，敌机经常飞临上空，白天、夜间常放警报。原来，程潜原是国民党极力主张抗日的在野派，他东山再起，任参谋总长，是为抗日图存。对此，日军是知道的，他们要给程潜以威胁，他到哪里，敌机就跟踪而至，在前方亦如此。

为了防止敌机袭击，行营成立伊始，便派防空指挥部指挥官选定地点，日夜加班赶修防空设施，并为高级幕僚修建了钢筋水泥地下室。程潜的办公室旁，还辟有防空洞的进出口。以备不时之需。

3月7日4时许，敌机似乎找到目标，开始向行营轮番轰炸。先是从东北方面飞来6架敌机，排成梯形，尾部放出白烟，到了行营上空，立即对准目标投弹，轰隆声震耳欲聋，大部分炸弹炸中行营。当时浓烟滚滚，烈焰腾空，砖头瓦片四溅。这6架飞机飞走后，紧接着又飞来6架，在行营上空投弹轰炸，行营顿成一片火海，犹如天崩地裂。

自空袭警报发出后，全行营官兵，除少数跑到城墙脚下，其余都下到防空洞内。程潜与参谋长晏勋甫、副参谋长张谓行以及各处室主官都坐在地下室，其余站在防空洞附近的隧道里。

当敌机轰炸过后，行营传令兵急忙向从郊外训练归来的警卫连长程杰报告："行营的防空洞被炸垮了，程主任、晏参谋长等100余人均封闭在洞内出不来，请快去抢救。"

程杰急忙率警卫连奔赴现场，火速行动。警卫团的营长舒自治也率队同时赶到，

程潜与夫人郭翼青1938年7月摄于洛阳

分头抢救。警卫连专门担任抢救程潜所在的西洞的人员。经官兵奋力挖掘，约十多分钟即将洞口挖开，他们克服洞内空气窒人的困难，设法下洞，鱼贯而入，按顺序抬人。这时，程潜已窒息休克，不省人事。经过急救，当他慢慢苏醒过来时，打了个"哈哈"，风趣地说："像做了一场梦一样，不要紧，快去救其他的人。"

程潜很关心晏参谋长及其他伤亡人的情况，侍从副官王太光向他作了简要汇报，接着他问及刚到西安的中将军训处长李国良的情况。程杰回答说："他已在洞中窒息而死。"程潜悲怆地说："他在北伐时期就跟着我，昨天才由重庆飞抵西安，住在旅馆里，刚到行营来见我就遇到警报，想不到他进防空洞竟遭惨祸。这个人很有才，是来接任军训处长的，真是'功业未成身先死，长使英雄泪满襟'。"说着说着，又昏迷过去了。

程潜的夫人郭翼青，年方20岁，新婚不到一年，已到城郊躲警报去了，直至黄昏才回行营。当闻汛行营被炸，她面如土色，一双妩媚动人的大眼睛，黯然失神，充满晶莹的泪珠，急问程杰："颂公现在在哪里？情况怎样？"程杰回答："稍微受惊，医生让他安静休息，不要惊扰，暂时任何人都不能晋见。""我要见，我要见！"她心急如焚，坚持要求去看看，经值班人和医生同意，允许她进去探查。她尽力克制悲痛的心情，悄悄地坐在行军床旁边，凝神注视着心爱的丈夫，

程潜亲书"天水行营殉难将士墓碑"碑文照片

一直坐在程潜身旁。时至午夜，程潜方醒，睁眼看见年轻美貌的夫人坐在旁边，顿时感到无限的慰藉，惊喜地问："我这是住在什么地方，为什么让我睡在这里？"郭翼青也像做了一场噩梦，告诉他行营被炸的情况，程潜沉痛地说："我是不幸中之万幸呵，我不要紧，你叫他们想方设法抢救好遇险的同志……"

翌日中午，晏勋甫来看望程潜，两人相见，感慨万端，各自叙述了洞中受炸的情景。程潜说："我刚下到洞底，上面就中了弹，这时东边洞里的人向北边洞里跑。西洞由于东头的门未开，东洞的人才未能跑过来。一时间洞内秩序非常混乱，只听张副参谋长叫他们镇静、沉着，不要乱跑。随即，里面就有人说闷得受不了，没多久，一个一个地昏倒在地。我幸亏在洞口，过了一会儿，我身边的几个人也相继倒下，搭帮救得快，否则，我们也难保命。"晏勋甫说："我在北洞，气孔尚能进点气，所以躲在北洞的人，都保住了生命。多亏程杰连长抢救及时，使我们死里逃生。"两人又谈到这次轰炸事件，很可能有汉奸指示目标，不然，为何炸弹投得这么准呢？

在这次被炸事件中，共有64人死难，其中有：中将李国良，少将副参谋长张谓行，少将参谋处长赵翔之，其余都是校、尉级军官。死者一律安葬在郊外翠华山，取名"天水行营·三·七殉难烈士公墓"。程潜亲自为牌坊写了横额："为国捐躯"四个苍劲有力的大字，两旁写上对仗工整的对联："六十四人同殒命，三月七日最伤心"。

受伤的人员计43人，经医院抢救，大多数恢复了健康，也有伤势严重的，虽保全了生命，却留下了严重的后遗症，像少将军政处长陈又新，少将军运处长陈广忠，大脑都被震坏，虽经长期治疗，一直没有恢复正常。又如上校机要秘书罗容光，中校秘书郑尔康，少校侍从副官傅振凯等，都变成了白痴。对因被炸而造成精神失常的人，都作了妥善安置。像陈广忠、罗容光、傅振凯等湖南籍军官，就一直由程潜供养。解放后，程潜还把陈广忠、马培荪等安排为省人民政府参事室参事。

程潜经过两周的疗养，身体完全恢复健康，在出席行营被炸后的第一次汇报会上，他听取各处汇报后，深有感触地大谈戏剧观后感，他说："一看到诸葛亮身穿八卦衣，手执鹅毛扇出台时，一副温文尔雅的儒将风度，感触尤深，佩服他深谋远虑，指挥若定，只因他误用马谡失去军事要地街亭，除冒了一次空城计的危险外，他一生是谨慎的。"大家心里明白，他是借用历史典故，批评某些人在修建防空设施时未周密计划，很不谨慎。后来，他将与修建防空设施有直接责任的总务处长陈荣楫、管理科长俞滨东等解职。

当时，不少革命青年、进步知识分子和文艺工作者，为寻求正确的救国道路，纷纷投奔延安。程潜派往八路军的联络参谋到行营也作宣传："共产党真有一套办法，朱总司令在军事上有胆识，他认为沦陷区的日军即便寻找机会长驱直入也并不足虑，不可怕，倒是国内矛盾不易解决。有次见到他说到做到，他去敌占区，骑了敌军的马回来了。"这位联络参谋还把朱德写给他的条幅给大家看。这样一来，行营文职人员屡有投奔延安。这可使行营的政治部主任谷正鼎感到很难堪，他采取一种狡猾手法，把行营未入党的官兵，搞了个集体加入国民党。1939年6月的一天，他向大家训话："人无信不立，吾人必须有个信仰，有个主义，国民党是国父孙总理缔造的，手著《三民主义，建国方略，建国大纲》，建立中华民国，最高纲领是促进世界大同。总裁服膺总理遗教，指导长期抗战，救国救民，吾人在领袖领导之下，参加民族抗日大业，如无党派，无主义信仰，不足以担当重任，现在吾党吸收党员，可以介绍入党，如果没有党籍，不能任职，可以退职。"程潜作为行营主任，自然有他的看法，但他在纪念周上说话，与谷正鼎截然不同，他说："人总要有个信仰，国民党信仰三民主义，共产党信仰马克思主义，不是国民党就是共产党，要有党派。"

是年7月，行营举行集体入党仪式，国民党军事委员会特别党部指派程潜为特派员，国民党中央执行委员张健为宣誓人，由国民党中央执行委员、行营政治部主任谷正鼎主持仪式。宣誓时，程潜照誓词念一句，台下的官佐士兵举着右手随声照念，念到最后宣誓人，程念的是"宣誓人程潜"，台下也照念"程潜"。程斥曰："你们这都不晓得，今天是自己宣誓入党，要念自己的名字吗？重新来！"于是他又大声说："宣誓人——"大家才念了自己的名字。

1939年夏，当日军停止对国民党正面战场的进攻后，蒋介石发动了反共宣传，什么"共产党捣乱"、"八路军游而不击"、"不听指挥"等等，蓄意制造国共摩擦。是年冬，蒋介石发动了第一次反共高潮，企图控制太行山，指挥部队袭击八路军后方，打击抗日游击队。

面对复杂的形势，程潜任天水行营主任期间，仍然执行孙中山先生遗教，坚持国共合作，慎重处理国共两党关系。当时，胡宗南和谷正鼎阴谋破坏国共合作，曾指使陕甘宁边区的绥德专员何绍南制造事端，企图挑起两党纠纷。何绍南专门搞特务工作，破坏陕甘宁边区，在三原设检查所扣押八路军车辆和来往人员，干尽坏事。是年底，何绍南来西安见程潜，并随身带了许多反共传单，准备散发，遭到程潜的劝阻。他对少将参议兼人事科长康问之说："若是何绍南不按我的指示办事，你就说'程主任让你早些回去，传单不要乱发'。"他还告诉康问之："边区政府主席林伯渠已和我洽谈好了，关于他们之间的所谓争论，我与林主席已经研究过，何绍南若再胡说，或从中挑拨，你要及时告诉我，不能让何绍南得逞。现在大敌当前，我们必须两党合作，共同抗战。十八集团军的官兵在前线浴血奋战，我们若在后方闹分裂，那如何得成？"由于程潜坚持国共合作政策，终于使这场将要爆发的事端烟消云散。

是年11月间，八路军副总司令彭德怀，从延安回太行山，路过三原时，检查所两个特务要检查并扣押彭德怀所乘的大卡车。彭总怒火中烧，大声斥责道："是谁的命令要检查和扣押十八集团军副总司令的卡车？是蒋委员长的命令，还是程潜主任的命令？"随即他逮捕了这两个特务，送交程潜，要求惩办。彭德怀对程潜说："上海'四·一二'事变，长沙'马日事变'，把第一次大革命，变为反共反人民的十年内战，反得好吧？结果送掉一个东北，把日本人接到武汉来了。这些顽固分子，是秘密的汪精卫，比公开的汪精卫还坏！"未等程潜回答，他又指着旁边何绍南的鼻子斥责道："你就是这样的汪精卫，在陕北做尽了坏事，破坏八路军的抗日后方。"他又转向程潜，冲着说："今天谁要反共，他先放第一枪，我们立即放第二枪，这就叫做礼尚往来。"程潜若有所思，默默点头。谁知彭总又补充了一句："还要放第三枪！"程潜回答说："放第三枪就不对了吧。"彭德怀火气未消，闪着那双炯炯有神的眼睛，理直气壮地说："干净消灭他，他就不再来摩擦了。"

临别时，彭德怀警告何绍南说："再去绥德当专员，老百姓抓你公审！"经程潜同意，何未再去绥德当专员了，绥德专区从此成为陕甘宁边区的管辖范围。

这次彭德怀去见程潜，是由西安八路军办事处主任林伯渠陪同的。回到办事处，林伯渠问他："你今天为什么发这么大的火？"彭德怀回答："这火是要烧的，不烧打不退反共高潮，也阻拦不了何绍南再去绥德。"

后来彭德怀在回忆录《彭德怀自述》一书中写道："程潜是国民党元老派……他说，放第三枪就不对了，这就等于批准了反摩擦斗争，而且是武装斗争，但是不要过分。"因为彭德怀说"要放第二枪"时，程潜默许了，而彭说"还要放第三枪"时，程潜说："放第三枪就不对了。"意即说武装斗争不能过分。1958年12月，彭德怀元帅到故乡湘潭县乌石冲视察，在谈到执行政策时，他对陪同他的省委书记周小舟说："我们要严格执行政策。……例如，程潜在国民党统治时期当过省长，在浏阳、平江一带和共产党打过仗，但是，他在湖南解放的时候，带头起义，为湖南解放立了一大功，我们就不能打倒他，还要他当省长，继续为国家做贡献。"

程潜任天水行营主任期间，他不仅对国民党顽固分子如胡宗南、何绍南挑起的争端，能够予以合情合理的解决，而且对进步人士和一些共产党员的抗日活动予以掩护。当时被各哨卡扣押的共产党"嫌疑犯" 300 多人，程潜经八路军办事处做工作，都同意予以释放。行营二处科长张毅夫（特务，又叫张严佛）向他反映："少将参议兼人事科长康问之，常到八路军办事处去，不可不防。"

一天，程潜风趣地对康问之说："有人反映你常和八路军办事处处长伍云甫、副处长李华、科长周子健常来常往，感情还不浅嘛！"

康问之回答："我代理交际处长，做交际工作的，各方面都得交际交际，如果程主任认为我去得不对，我今后就再不去了。"

程潜满面笑容，毫不隐讳地说："去得去得，我还不是常去八路军办事处？林伯渠主任不是也常到我这里来吗？你尽管去。那一回，彭总司令来西安和我见面，他回去，我不是让你陪同他回办事处吗？为什么在两党合作抗日的时候，我们不能去人家的办事处呢？"开诚布公的一席话，使康问之疑虑皆释。

在西安任职期间，程潜还做了两件有意义的事情，即参与开办西北游击干部训练班和重修长安护国兴教寺。

举办游击干部训练班是落实国民政府军委会南岳军事会议所提出的方针：第二期抗战要重视游击战和运动战，积小胜为大胜。甚至还提出了"游击战重于正规战"的口号。南岳游干班与 1939 年 2 月就开办起来了，西北游干部晚了几个月，第一期开班的具体时间，已难找到资料，但见一些旁证的资料可以证明，程潜对西北游干班的开办非常关心，曾给游干班亲笔题字"一心一意"，并曾为学员讲课。1940年元旦，西北游干班第二期学员举办开学典礼，程潜亲临发表讲话，

天水行营在西安翠华山举办西北游干班留下的遗迹

鼓励学员们努力学习，以完成抗战的使命。他给游干班学员提出了较高的要求和希望，并为此倾注了一定心血。这在程潜的《养复园诗集》里写于1940年的《初春登翠花山》一诗中可以找到一些历史的踪迹。其诗云：

初春登翠花山

应游击干部训练班讲话

群动感新阳，独静闷曾阴。飘风回寒气，霰雪散清音。

驰车南郭外，遥见南山岑。岩岩屹中天，岩岩凝层林。

夙愿探幽奇，乘兴逐登临。蹊径苦崎岖，青翠叠深沉。

……

而今仅存的游干班遗迹，就在西安郊外翠华山国家地质公园内。在其悬崖峭壁上刻有抗战年间留下的"培养正气""生于理智，长于战斗，成于艰苦，终于道义"的摩崖石刻，还有树枝遮掩的船型巨石一块，石上刻有"同舟共济"四个大字，以及9个人的姓名，大概是镌刻者的署名，看到这些珍贵的历史遗迹，70年后的今天，更使人倍感世事沧桑的悲凉。

长安兴教寺乃唐朝樊川八大寺之一，是世界的佛学大师，也是著名旅行家、翻译家的玄奘大师古塔之所在地，又是慈恩宗的祖庭。程潜在西安任职期间，其时的兴教寺主持释妙阔曾登门拜访，寻求帮助。因抗战军兴，民生艰苦，所以寺院几近荒废，寺僧生活无以为续。程潜知情后，立即应允对该寺是以援助。1939年，他发起重修兴教寺大殿、经楼、山亭及为寺购地的倡议，并电明中

程潜为西安护国兴教寺题匾（1940）

央冠"护国"二字与原寺名之上，改称"护国兴教寺"。程潜主持筹款，共得127006 元，其中蒋介石捐款 2 万元，程潜自捐 1.5 万元，余者包括有阎锡山、李宗仁、白崇禧、傅作义等高层军政委员，以及热心人士 95 人。另有工厂、公司、银行等 11 家参与捐款。还有蒋鼎文施玉佛一尊、水田 12 亩。工程 1942 年始峻。程潜为山门、藏经题额。1940 年 5 月，他还写了玄奘大师的"八识规矩颂"。程潜的作为明示他拥护国家兴振佛教，以正世道人心，权利抗战。

如今护国兴教寺的大雄宝殿右侧，仍存有程潜撰写的"重修护国兴教寺碑"。这块立于 1940 年 5 月的石碑，在"文革"中由时任主持的释常明埋于地下多年，逃过一劫，碑身有断裂处，更加显示出历史的沧桑。碑文详细记载了 1940 年以前，程潜驻西安时倡修护国兴教寺，以及该寺维修、复兴的情由和经过。在其《养复园诗集》里程潜还留有《重修长安护国兴教寺一寺为慈恩大师塔院》诗一首，其诗云：

> 道高魔益长，世浊业愈繁。成坏自有劫，盛衰岂无因。
> 发心宏大愿，颓废期再振。布施多善信，殿阁复奂轮。
> ……
> 栖息于兹适，瞻拜知所循。庶杨般若旨，同皈两足尊。

读其警世之句，如今仍给人有益的启迪和警示。

天水行营于 1939 年 2 月成立到 1940 年 5 月，仅一年多的时间。一日，程

1939—1940 年，天水行营游干班遗迹

潜突然接蒋介石电令，略谓：为了减少横的组织、加强直线领导、撤销行营组织，另设西安办公厅如何，希研究。好像是在征求程潜意见，实际上已经决定撤销。电到后，程潜不免有愤慨的神色，暗忖道：事情如此突然，内中必有缘故。各处室都不愿承办复电，办公厅、秘书处、参谋处都互相推诿，最后移到总务处批到经理科。当时，财经方面的文电多系军需马培荪经办，马明知程的情绪不好，若电稿拟不好要碰钉子，但无法推托，只好硬着头皮拟稿，大意说："某电奉悉，自应遵办，惟行营一旦结束，除将级人员迁移以外，中下级人员自抗战以来，随职转战平汉、陇海各线，来到西北，备尝艰苦，有的携家带眷，不免彷徨，仰望钧重，俯体下情，予以安置或予以资遣，以免流离失所。"参谋长晏勋甫一字未改，只盖了个章后转呈核判。

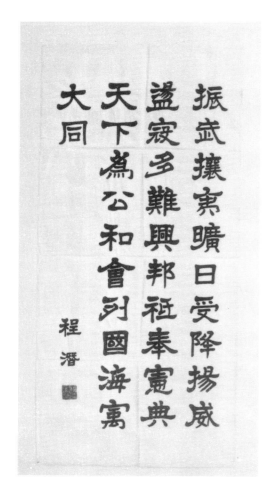

抗战胜利，程潜手书条幅，以抒其怀。

程潜叫侍从副官喊拟稿的人面叙。程潜对马培荪说："裁撤就裁撤，有什么可讲的。"说罢，以毛笔在稿上抹了个大圈，仅留下"遵办"两字。马培荪见此，不禁大吃一惊，心想：任何文胆高手，拟此复电，不能也不会只拟"遵办"两字。只有颂公自己才有此魄力，使蒋介石得电后完全理解到是程的口气。复电后好几天未见蒋介石的下文。突然，西安收听到朱总司令广播说："天水行营裁撤，官兵如无出路，欢迎到延安去共同抗日。"过了几日，蒋介石复电云："程主任调军事委员会副总参谋长兼战地党政委员会主任委员（原蒋自兼），副主任委员李济深调任桂林办公厅主任。"随后拨法币5万元作资遣费。

1940年5月，程潜走马上任，乘轿车由宝鸡、褒城、广元经庙台子，赴重庆就任新职。不久，他又一度代理参谋总长之职，直至抗战胜利。

在重庆，程潜一如既往，坚持国

共合作，共同抗战，常与周恩来（时任战地党政委员会副主任）、林伯渠等中共中央领导人取得联系，坦诚交谈，共商抗日大计。他还利用他的职位和声望，掩护一些共产党人和进步人士从事抗日救亡活动。

对于蒋介石消极抗日、制造摩擦事件，程潜愤慨不已。一日，他与一别多年的唐鸿烈（湖南人，时任国防最高委员会秘书，后为中央监察院监察委员）重逢于山洞寓所，抚今追昔，感慨良多，写条幅一首赠唐鸿烈，诗曰："豺虎何嚣嚣，狐狸何夔夔，日夕事内讧，昏瞆忘外侮。"他还深有体会地说："我完全同意毛泽东主席'论持久战'的主张。持久战是救亡的根本，国共合作是图存的关键。"

中国抗日军民经过 8 年浴血奋战，终于战胜了日本帝国主义，1945 年 8 月 15 日，日本政府宣布无条件投降，9 月 2 日正式签署投降书，中国人民取得了抗日战争的伟大胜利。据不完全统计，从 1937 年 7 月至 1945 年 3 月，在正面战场上，国民党军队共进行大会战 20 余次，重要战斗 907 次，共毙伤敌军 228.2 万余人，中国军队伤亡 330 万人。中国共产党领导的八路军、新四军及华南抗日纵队，对敌作战共 12.5 万余次，毙伤俘及受降敌伪军 171.4 万多人。作为一战区司令、天水行营主任、代参谋总长的程潜，在抗日战争中，无疑作出了不可磨灭的贡献。

当日本帝国主义宣布无条件投降，举国上下，万众欢腾。作为陪都的重庆，广大市民沉浸在一片欢乐之中。9 月 3 日 11 时许，代参谋总长程潜，陪同国民政府军委会委员长蒋介石，驱车巡视热烈庆祝抗日战争胜利的 100 余万群众。蒋介石着草绿色军服，身佩长剑，戴着白手套，坐在黑绿色之敞车之中。程潜全副戎装，威风凛凛，坐于蒋介石之侧。他们自官邸乘车驱赴市区巡视。当抵达中心路口，军乐大作，仪仗队持枪致敬，市民欢腾雀跃。敞车徐徐通过胜利门，取道校场口、民权路，折向过街楼、林森路，所到之处，人山人海，欢声不绝。这一激动人心的雄伟场面，至今还长留在重庆市民的脑海中。

1945 年 9 月 9 日上午 9 时，日军在南京举行了"中国战区"投降仪式，日本中国派遣军总司令冈村宁次在南京向中华民国陆军总司令何应钦递交投降书，中国抗日战争结束。下午，国民政府在陪都重庆举行纪念仪式，国民政府军事委员会副总参谋长冷欣将日本投降书献给中国战区统帅蒋介石。图中前立者为蒋介石，前排右侧站立者（从左至右）：冯玉祥、程潜、白崇禧；前排左侧站立者（从右至左）：孙科、于右任、戴传贤。

日本帝国主义宣布投降后的第 13 天，毛泽东、周恩来和王若飞等中共领导

胜利来临

人,在张治中先生的陪同下,到重庆同蒋介石进行国共两党和平谈判,历时43天。在这期间,毛泽东首先登门看望了程潜,程潜也亲往桂园拜访了毛泽东。两人作了多次长时间叙谈,话语亲切,气氛融洽,为以后程潜高举义旗、投向光明,奠定了很好的思想基础。

第五章
勉力竞选

◉　行辕主任

1946 年春，国民党参照美军体制，对军队进行了整编，并调整国防部人选。按理，程潜出任参谋总长或出任国防部长，是顺理成章之事，而蒋介石却升白崇禧为国防部长，把武汉行营主任陈诚调任参谋总长，派程潜去接任陈诚的职。陈诚的嫡系部队仍留在武汉，这使程潜的工作左右为难。

同年 5 月，程潜接受命令，任军事委员会委员长武汉行营主任，辖第六绥靖区（司令官周碧）、第七绥靖区（司令官王陵基）、第十集团军（总司令欧震）、第二十七集团军（总司令李玉堂）、衢州绥靖公署（主任余汉谋）。行营（9 月改为国民政府主席武汉行辕）的辖区，为河南省南部、湖北、湖南、江西三省全境。

程潜就任新职后，着手精简幕僚，组织班底。初拟以侍从室主任杨宣诚为参谋长，因为杨曾在程潜的参谋本部当过第二厅厅长，有一段历史渊源，加之杨对侍从室主任一职不大满意，常对程潜发牢骚说："我在当高级马弁。"程潜以为杨会一拍即合，欣然从命。谁知杨宣诚懒于仕途（后到台湾做生意），复电辞谢。再拟以行政院副院长潘培敏为秘书长，潘亦不肯从命，推荐前河南省教育厅厅长（程兼任河南省主席时）鲁涤平自代。程潜同意了，但鲁涤平同程潜由重庆乘飞机赴武汉之前，将自家的一些笨重的灶具，乃至石臼都搬上飞机，程潜生气地说："运行李要紧还是坐人要紧？好吧，飞机给你运行李，我不坐飞机了。"鲁涤平讨了个没趣，他把东西卸下，自己也未再上飞机，一直未到行营工作。后来，由邓介松担任行营秘书长。行辕设一、二、三、四处及总务、政务等处。

程潜在武汉（1946—1948 年）

程潜飞抵武汉后，武汉军政要员到机场迎接他入城。何键、邓耀煌（湖北省主席）等忙着为程潜选择驻地，布置官邸。程潜却指定要华商总会为办事处，他曾对他的幕僚吐露自己的心迹："我曾经在华商总会楼上被扣押过，我的官邸设在这里很有意义。"原来，1928 年他出任两湖政务委员会主席兼湖南省主席时，担任国民党中央政治会议武汉分会主席的李宗仁，与程潜有矛盾，以程潜"不听指挥，抗拒命令"等莫须有的罪名，借程潜到汉口开会之机，就在此楼将他无理扣押，从此，程潜被无端撤职，在上海当"寓公"近 7 年之久。现在程潜指定把行营设在这里，是有其纪念意义的。

程潜接替行营主任，既无班底，又无基本部队，可谓赤手空拳，单枪匹马，举步维艰。华中一带，原由陈诚的六战区管辖，长官部设在湖北恩施。1945 年 8 月日本投降后，陈诚调任武汉行营主任，孙蔚如接六战区司令长官。当时在华中陈诚的嫡系部队有胡琏的整编第十一师、宋瑞珂的整编第六十六师、杨伯涛的整编第十一旅、覃道善的整编第十八旅等。这些部队名义上归武汉行营管辖，实际上是听陈诚的命令，孙蔚如徒具虚名，程潜更指挥不动部队。行营人事，也都是第六战区的原班人马，程潜到任后，连经理处长钟岳峻，总务处长蒋虎志都不便调动。后来第六战区撤销，孙蔚如调任行辕副主任，以郭忏为参谋长。

国共两党签订《关于停止国内冲突的命令和声明》（即停战协定）和《政治协商会议决议案》（即政协决议）不久，蒋介石国民党就背信弃义地进行阻挠破坏，先后制造了一系列反共反民主的严重事件。6 月改组了国防部。9 月15 日，国民政府通令全国各地行营改称为国民政府主席行辕，武汉行营便改为国民政府主席武汉行辕，程潜仍任行辕主任。行辕辖区辽阔，包括湖南、湖北、江西、安徽、福建、河南等省和河北一部分地区，并辖第五十二、第五十六、第八十五共3个整编师。陈诚调任参谋总长后，大权独揽，以国防部名义行文，发号施令，调兵遣将，根本不把行辕主任放在眼里。他嚣张地说要在3～6个月内，基本上消灭共军主力。于是他撕毁《停战协定》，部署兵力，在华中方面首先包围鄂、豫边区李先念将军所部。程潜听从命令，卷入反共旋涡，铸成终身大恨。

武汉行辕召开绥靖会议，完全按照国防部的筹划办事，表面上是程潜在发布命令，实际上是陈诚调动部队。如国防部的命令说："在陇海线以南的军队均已整编完竣，而李先念部不肯整编，显系别有企图，各军应严密监视，候其有所行动，即包围歼灭之。"

在一次扩大总理纪念周大会上，程潜在训话中说："目前应着重绥靖地方，恢复战后创伤和社会秩序，安定民生；第三处应会同有关处，拟出一个绥靖计划方案来。"

第三处遵照程潜的意图，针对当时中原军区散驻地区情况，拟订了绥靖计划及加强地方武力方案。不久，程潜召集了第五绥靖区司令官兼江西省主席王陵基、第六绥靖区司令官周嵒、行营参谋长兼武汉警备总司令郭忏、湖北省主席王东原、河南和湖南代表，以及湖北省重点专区（邻近中原军区的专区）的专员及军、师、旅长等高级军政人员30余人，召开绥靖会议。

在会议开始时，程潜秉承国防部旨意，在讲话中强调："国家经过8年抗战，创伤很重，今后，要着重绥靖地方，安抚流亡，恢复地方秩序，繁荣经济，复苏民气，希望大家励精图治，勿负民望。"

穿便装的程潜在军舰上（1946年10月20日外国记者拍摄）

会上，制订了"绥靖计划"，其重点为："行营（辕）以绥靖地方之目的，应置兵力重点于鄂中地区，相机扫荡共军及肃清鄂东流窜股匪，安定社会，并维护辖区内水陆交通之安全。""第五绥靖区，应以有力一部对鄂东流窜各股，进行搜剿，击破其主力后，协助地方团队，进行清乡，同时以一部密切与第六绥靖区联系，严密监视共军，防止其东窜。""第五、第六两绥靖区在共军企图逃窜时，应不分地境，实行围歼和截击，勿使逃逸，必要时应电请武汉警备总部协助聚歼。"

在会议结束前，程潜将已签署的作战命令，在会场上宣读，并将绥靖计划及加强地方武力方案，亲手授予五、六两绥靖区司令官，武汉警备总司令及鄂、湘、赣三省主席。

绥靖会议结束后，五、六两绥靖区，均依计划，积极进行军事部署。对外扬言只在"绥靖"，实则对中原军区加以围困并随时进攻。如初期军事，蚕食中原军区的散在驻地，继而压缩至桐柏山区附近，企图挑起战机，实行其进击之目的。在鄂东，在歼灭小股中共武装后，进行"清乡"，实行农村连坐切结，然后积极"搜剿"张体学部主力，企图消灭中共中原军区。

在国民党军队对中共中原军区作大规模军事行动时，在汉军事调处小组共方人员极力抗议和向军调处呼吁，行营（辕）在不得已的情况下，停止军事行动，进行和谈。

1946年初秋，周恩来、张治中、马歇尔联袂由重庆飞至武汉，进行中原军区与行辕在当时军事僵持上的调处，但行辕无视军调，明谈暗打。在周恩来等离汉后，行辕为防止中原军区回师陕北，即集中兵力，对驻在宣化店附近之中原军区中共部队实行进攻。幸中原军区于前两日（决定进攻时间为9月2日）实行突围，回师陕北。

1947年春末夏初，豫中、豫东及鲁南战事吃紧，国民党的六十六、七十二两个师先后调出行辕建制。至此，行辕无一支辖属的国民党军队。

6月，刘、邓大军渡过黄河后，用远距离奔袭作战方式，在河南军山集把宋瑞珂的整编六十六师包围歼灭，宋被俘，一下子打乱了国民党的阵线。刘、邓大军顺利进入大别山区，直接威胁武汉和长江中下游。行辕急电国防部告急，请其速派有力部队，确保武汉，同时从湖南抽调两个保安团来汉，由行辕合编为一个旅，布置在湛家矶与汉口市区间担任守备。国防部随即调五十二师潘笑清部归行辕指挥，但该师在向大别山推进途中，被刘、邓大军歼灭。蒋介石及其国防部，在武汉行辕成立后，不能阻住中原军区中共部队安全回师陕北，因而对程潜极为不满。

蒋介石慌了手脚，在南京召开了"大别山作战检讨会议"和湘、鄂、皖、豫、赣、苏六省"绥靖会议"。决定成立"国防部九江指挥所"，由国防部长白崇禧亲任总指挥，统管以上数省军政大权，进行所谓"总体战"，企图消灭由共产党领导的部队，摧毁大别山根据地，与共产党争夺中原。除了以重兵分别钳制人民解放军华野部队及陈赓兵团外，并从豫、皖、苏和山东战场抽5个师，加上已进入大别山的9个师，共33个旅的优势兵力，开始对大别山进行全面"围攻"。因此，武汉行辕权利被剥夺殆尽，简直等于虚设。程潜以当时行辕在军事上名存实亡，而因祸得福，使他在反共的泥潭中陷得不深，客观上减轻了反共的罪责。

1947年，程潜与夫人郭翼青于武汉怡和村

1947年春，正当国民党军队对解放区的进攻接连被粉碎，以上海为起点，国统区各大城市爆发了声势浩大的"要饭吃，要和平，要自由；反饥饿，反内战，反迫害"的爱国学生运动。5—6月间，武汉大学学生在共产党的领导下，提出了立即停止内战、保障人权、提高高校学生生活等7点要求。同学们的正义呼声，得到了教授们的热情支持和响应。武大教授金克木等人发表《我们对学潮的意见》，全力声援学生的爱国正义行动。武汉地区反饥饿、反内战、反迫害的怒潮大波迭起。各高校于5月22日举行大游行。紧接着，又举行罢课斗争，发表要民主、反内战的正义宣言。

5月31日深夜，反动军警宪特1000多人，将武汉大学团团围住，闪着寒光的刺刀对准了师生们。在茫茫夜色中，被捕师生一卡车一卡车被运走。大恐怖、大逮捕持续到早晨6时。突然，一个反动军警掏出手枪砰地开了第一枪，埋伏在四周的机枪、步枪，一齐向手无寸铁的学生扫射，珞珈山上顿时响起了密集的枪声。不少同学应声倒在血泊之中，有的同学身负重伤。刽子手们丧心病狂，又向赤手空拳的学生投掷手榴弹。黄鸣岗、陈如丰、王志德三位同学，当即惨死在罪恶枪弹之下。这就是震惊中外的武大"六·一"惨案。

6月2日，湖北省参议会举行第二次会议，程潜派行辕民事处处长唐鸿烈前往该会致辞，适逢武汉大学师生代表到会请愿，要求参议会作为民意机关主持公道，追究"六·一"惨案肇事者的责任，严惩杀人凶手。唐鸿烈和在座的行辕副主任孙蔚如，当即赶回行辕，向程潜询问情况。程潜感到惊愕，立即向副参谋长王大鸣、武汉警备司令彭善查询此事，始知早于5月间，南京国民党中央党部预先电告各大城市警备司令部，并抄送当地军政主管机关，同于6月1日搜捕各大学内的中共党员。电文到达行辕时，王大鸣视作一般文件处理，未经呈阅，便擅自批交第二处再转武汉警备司令部。彭善则称："迭奉中央电令遵照办理，已在该校搜出手枪一支，显有危害地方治安企图，事件发生，督察处长自有责任。"程潜出于对下级负责的思想，表示由他承担全部责任。他悲愤地说："向手无寸铁的学生开枪，岂有此理！惨案发生前我一无听知，但作为行辕主任，我有不可推诿的责任。"

唐鸿烈气愤之余，力主从严惩治有关主从人员，迅即释放被捕师生，抚恤死者家属，善其后事。

程潜完全同意唐鸿烈的主张，立即决定，除分别作出处理外，责成民事处第一科科长陈煦拟出电文，以程潜名义报准行政院，将武汉警备司令彭善明令撤职，并停止任用5年。程潜还同意召开死者追悼会，指示主管部门妥善安排死者后事。

"一人倒下去，千万人会站起来！"武大师生连日举行各种追悼烈士的活动，发表了为死难者复仇的决议。在6月23日武大追悼会上，悬挂着南京校友送来的哀挽：

"哀法制、哭民主，文章无用，还是要坚强振作，奋力争生；囚教授、杀学生，枪杆横行，说什么爱护学府，奖掖文教。"

在学运高潮掀起的同时，武汉工运亦迅速兴起。1947年9月初，国民党军政部联勤总部被服厂贴出一张布告，要求全厂职工在10月完成计划和追加任务，并允诺每个职工发40万元奖金。当时物价飞涨，工人生计维艰，盼望任务完成后可以得到奖金。及至10月底，任务已完成，厂方又发出一张布告："戡乱时期，国库空虚……职工奖金，很难照发，为顾念职工生活困苦，先垫发每人10万元，其余部分俟12月末和年终奖金一并发给。"

这种出尔反尔的乱命，引起了工人们的强烈不满。

11月6日，裁剪场工人到工务课领裁衣样板，遭到课长刘松鹏辱骂。工人怒不可遏，与他评理。厂长徐福海闻讯赶来，工人质问他为什么不发奖金，徐却大骂工人造反，要工人滚，并恶狠狠地说："你们闹，我就写条子开除你们几个，再闹，我关了厂，全饿死你们。"

工人们长期压制下来的愤恨爆发出来了，大批工人在忍无可忍的情况下冲出厂门，派代表到武汉行辕请愿。行辕一个官员回答："你们先回去吧，我们就来调查。"

一天过去了，工人们并未见"行辕"来人调查，便决定明天再去请愿。

1948年，程潜在武汉

翌日，工人又整队集合，准备前往武汉行辕请愿，但在厂门口遭到武装厂警和特务的镇压，当场打死工人蔡绍仪、丁海泉，打伤工人10余人。

"一一·七"血案发生后，程潜即派民事处经济科科长程博能组织人员下厂调查，得知是武汉警备司令部和厂警卫队所为。程潜出于对工人的同情心和正义感，立即指示：撤销厂长徐福海的职务；将厂警卫队队长扣押，送军法处严惩；从优抚恤死者亲属，将行辕参谋长郭忏免职。并叫民事处一科科长陈煦起草电文，向蒋介石报告事情经过和处理结果。

在程潜任武汉行辕主任的1948年，国民政府决定于3月召开"行宪国大"，选举正、副总统。早在1947年冬，蒋介石到汉口视察，曾示意要程潜参加竞选，认为以程的资历人望，足以与李宗仁抗衡，意在分散李宗仁的选票，使李难以获选，暗中支持孙科。程潜与桂系有宿怨，眼下又受到白崇禧的实力威逼，也乐得演此一角，表示愿意参加竞选。他除了组成助选班子，筹资助选资金1亿元，赶写了《程朱理学的研究》，以论证自己的政治主张，印刊成帙，广为散发，并洗肖像1000余帧连同著述题名盖章赠送他人。同时，编印了《程潜最近言论》，大造舆论。在"言论"的编者序中指出："程潜先生为名将，人皆知之。程潜先生为纯儒，则人或有未知，或虽知之而不尽。……先生扬历中外，治军为政逾 40 年，所至辄以身教，不得已而有讲演，文告都凡八九十万言，卷帙浩繁，编辑未竣，兹以各方渴欲一聆先生政论，爰将今年春季讲章及公开函电，选辑 12 篇先行付印，以供众览。虽非全豹，亦可窥见一斑云尔。"

在编辑的 12 篇文章中，集中反映了程潜的政治主张和为政见解，为迎合竞选的需要，他以大量篇幅阐述"行宪"与"戡乱"的观点，大肆宣扬"反共"思想。在 1948 年元旦献辞《克己与全心》这篇文章中，开门见山地说："自政府去年颁令动员加紧戡乱后，'共匪'于挫败之余，仍图竭力挣扎。'匪军'所至，我男女老少同胞流离失所，或惨遭屠杀，或被裹胁为'匪'。后方同胞也因全国总动员一切为'剿匪'，一切为前线而进入战时的体制，不能继续平时的正常生活。翻开去年的旧历一看，竟有不少的血迹和泪痕，哀我民众，抚我河山，真是无限伤心，不堪回顾。""到此关头，政府和国人只有下最大决心，以武力止战争，以仁慈止残暴，以信义止狡诈，以忠勇止慓悍，以贞固止淫讹，才能死里逃生，步入建国的坦途。"他在以《行宪与戡乱》为题进行讲演时，更加露骨地宣称："现在距行宪的国民大会召集之期只有 3 个月，但国内'匪患'还很猖獗，在不统一不安定的环境中开始行宪，自难收到水到渠成的功效。共匪口头侈谈民主，攻击训政，等到政府召集国民大会，他们却又拒绝参加，甚至还要求取消国大及宪法继而扩大战乱。国人至此，才彻底明了'共匪'的本质是好乱的，他们所要的是阶级专制。他们所行的是破坏残杀，他们所怕的是和平安定，政府万不得已，才决心戡乱行宪，颁布动员戡乱实施宪政纲要。"

程潜在讲演和论述中，反复阐明自己参加竞选副总统的意向，2 月 23 日在武汉各界助选运动茶会上致辞，他以《相期无负平生》为题，郑重指出："……也有许多老友，因本人一向倾心民主政治，不以驽骀见弃，劝本人也不妨追随各位贤达之后，加入这种民意的竞赛。本来副总统地位，不关重要，而成功失败，尤其不足介意，为了赞助民主政治的风气，为了促进民主政治的兴趣，遂亦自忘愚陋，自亦不计得失，欣然参加，以备一格，且亦曾将区区之意，报告中央。""如本人幸仗诸先生提携，得以当选，惟有尽最大之忠诚，在全党领导之下，辅助大总统，维护宪法之实行，并促成三民主义，尤其是民生主义的实现，此则区区之志愿，坦白表示，就教于诸先生之前者。"

程潜于 3 月 8 日在汉口妇女节大会上，以《论妇女问题》为题，阐明了他当时的政治见解和对妇女问题的看法。他说："我以为今日世界有三大问题，而妇女问题乃是其中之一……第一是强弱的问题，因为世界上有强国欺侮弱国的现象。第二是贫富问题，因社会上有富人安享穷人受难的现象。第三是男女问题，因为男女在各方面的地位未臻于平等。""惟有民族主义普遍实行，则强弱的界限自然泯灭，而世界大同的理想终有实现之一日。"惟准有国父的民生主义方能把握史观的真实性，只有节制资本平均地权，一方面可以避免阶级斗争的惨剧，一方面可以达到全民共存共荣的郅治，所以惟有民生主义普遍实行，则贫富问题可以获得解决。"

在参加竞选前，程潜特意回湖南家乡进行活动，3月7日，他在长沙中山堂湖南各界欢迎大会上，以《国家与地方》为题，精辟地分析了当时一些错误的论调。他说："我们要复兴湖南，必须从经济下手，千万不可在政治上或军事上去求发展，那是蚂蚁向牛角尖去钻一样，越钻越窄不会有出路。近年许多不满意于现状的人，常说我们湖南人对于国家牺牲太大，而所得的报酬太少，因此大发牢骚，致有'文不入阁，武不封疆'的话说。我以为这种议论，未免太浅薄、太狭隘了。刻苦耐劳，是我们湖南人传统的生活；忠诚勇敢，是我们湖南人传统的美德；守义奉公捐生卫国，是我们湖南传统的精神。我们可以自豪的，不是湘军的威武，而是先贤的遗教。濂溪周子之广大精微，教我们以诚以公，船山先生之践履笃实，教我们以忠以义，那才是值得仰慕的。我们为革命而奋斗，为国家民族利益而牺牲，那是我们的本分，并不是做生意买卖的营利行为。斤斤计较，锱铢必争的，那是摆摊子的小贩子，做大生意的尚且不会如此。文人演（讲）究学问，目的岂在入入阁？武人捍卫国家，目的岂在封疆？文人只想入阁，必定是官僚，武人只想封疆，必定是军阀。地方没有官僚，没有军阀，不是那地方的耻辱，多出几个官僚军阀，对于地方又有什么益处？"

3月11日，程潜在湖南大学操坪演讲，以《思想与教育》为题，向师生们畅谈了自己的经历和做人的哲理。他慷慨陈词："记得我在这里（指湖大前身岳麓书院）读书的时候，那还是科举时代。我是一个年纪很轻的秀才，在书院里，和许多年龄比我大的秀才举人们在一起。一般读的都是经史诸子的书，做的是词章考据之学，我比别人不同的，是爱看三通掌故，方舆纪要，天下郡国利病书，及经世文编，时务通考一类的书籍，渐渐有时代意识了。又以古论今，渐渐不满意于当时现状，而引起我的革命的理想。……所以凡有思想的人，总是不满意于现状的。以我个人来说，虽然改了行，由文改武，又由武改文，满以为可从社会事业上，去实现我的理想。但是革命的需要，仍逼着我担任军事工作。在我的生命过程中，打过好多的仗，统率过好多的军队，经过好多次危险，做过统兵大将，做过参谋总长，总是与军事有关的时候为多。到今日虽是有 40 余年之久，还是和你们今日的思想一样，对于现状，总是不满的。今日的青年，对于现状不满，这是毫不足怪的事。……我是一个三民主义的信徒，是一个革命的急先锋。是一个民主宪政的拥护者。无论怎么样，我不会干涉他人的自由，或做思想统一的迷梦。……怎样才能得到真理？那就是学问的功夫。我们能够依照博学，审问，明辨，慎思，笃行的程序去做，自然有不惑、不忧、不惧的妙境。"

1948 年夏，蒋介石任命白崇禧为"华中剿匪总司令"，担任对大别山区刘、邓大军的"进剿"，并策应豫东、鲁南方面之战。程潜以当时行辕在军事上名存实亡，不得已电贺白崇禧就任新职，并请其由九江移鄂，坐镇武汉。程潜于 7 月底奉蒋介石之命，赴湖南筹组"长沙绥靖公署"。武汉行辕从此即告结束。

◉ 早邀默契

抗日战争爆发后，中华民族处于灾难深重的民族危机之中，程潜毅然投身到抗日战争的行列，先后担任国民政府军委会参谋总长、第一战区司令长官、河南省政府主席、军委会西安行营主任、国民政府军委会副参谋总长、战地党政委员会副主任委员等职。在指挥战斗中，他身先士卒，英勇抗敌，并热情帮助一些共产党员和进步人士从事抗日活动。

抗日战争胜利后，程潜渴望祖国的和平统一。1945 年 8 月，蒋介石迫于形势，连发三电邀请毛泽东主席到重庆来谈判。毛泽东不顾个人安危，毅然参加国共两党举行的谈判，会商和平建国大计。

8 月 28 日，毛主席飞抵山城，进行了 43 天和平谈判。这是惊心动魄的 43 天。大家十分担心毛主席的安全，毛主席则履险如夷，一面和蒋介石进行紧张的谈判，一面还抽时间会见在渝的民主党派和无党派人士，出席各种座谈会和宴会。

时任国民政府军委会副总参谋长、国民党中执委常委的程潜，作为毛泽东的老相识，心中顿起激情的波澜，很想去见见这位令人景仰的伟人。

让程潜没有想到的是，毛泽东在百忙中会先行一步，抽空特意走访了程潜。9 月 20 日，毛泽东突然来访，走进程潜的客厅，让程潜大感意外，不胜惊喜，连忙激动地说："毛主席是个大忙人，怎么还来看我呢？不敢当，不敢当。"

"颂公哪里话，我理应来拜访你这位老上司哩。"一席家乡话，几句肺腑言，让程潜喜不自禁，心潮滚滚。

　　两人寒暄了一会儿，然后转入对和谈的看法和估计。毛主席推心置腹地说道："人家蒋介石既然三次电报邀请，我们当然要来，来了就谈，和为贵嘛。"接着，他对当前形势谈了一些看法，强调和平、民主、团结的方针，强调做好统战工作。在谈话中，毛主席旁征博引，以古寓今，风趣横溢，妙语连珠，无不切中时弊，程潜为之倾倒。

　　当毛主席征询程潜对和谈的看法时，一向不苟言笑的程潜，忧心忡忡地谈了自己的见解，认为和谈是大势所趋，人心所向，但一想到蒋介石出尔反尔，不禁叹息道："和谈成功，难啦，即使写在纸上的协议，老头子（指蒋介石）可以翻脸不认账。当然啰，只要国共两党开诚布公，抱以诚恳的态度，和谈成功的可能性是很大的。"程潜有板有眼地说着，毛泽东凝神静听，不时点头首肯。

　　"我看，国共两党结婚没有问题。"毛泽东谈兴正浓，风趣地打着比喻，"我曾同民主革命同盟的领导人侯外庐说过这个意思，他说老头子和青年难成姻缘。我对他说，不行的话，可以刮胡子嘛。国共谈判就犹如两人谈恋爱，现在中共一方已经表示出很大的诚意，今后就要看国民党方面了。"

　　程潜听到这里，不禁扑哧一笑，连声说："讲得真有意思。比喻得好，比喻得好。不过，蒋介石的为人，我你都是知道的，他言而无信，老奸巨猾，我担心共产党上他的当，你不得不提高警惕呀！"

　　"颂公言之有理，我与蒋介石打交道数十年，早有领教了。这次国共和谈是一定要成功的。我们干一件工作，开始往往会感到没有把握。如果开头就有一半的希望，再加上大家共同努力来促成，事情就会好办了。从目前国内外形势来看，正如颂公所言，只要国共双方都有诚意，那谈判成功是非常有把握的。"说到这里，毛泽东将右手一挥，显出有充分的决心和信心。

　　初秋的山城，金风送爽，桂香四溢。毛泽东、周恩来等中共首脑人物到重庆后，把桂园作为在重庆谈判期间活动的中心。毛主席一到重庆，消息如同春风，迅速吹遍山城，各阶层人士、中外友好都以争先一睹为快，纷纷来到桂园，国民党的达官显要，上自蒋介石，下自五院院长以至各部、委、会许多负责人和进步人士，纷纷来见，宛如众星拱月，与毛主席早有交情的程潜，更是捷足先登。

　　一天晚上，华灯初上，满天繁星璀璨，程潜单独夜访毛泽东。当他步入桂园客厅，只见四周摆了朴素的沙发，南墙上悬挂了孙中山先生手书的"天下为公"横幅，结体雄浑，笔力遒劲，体现他作为领袖人物的伟大气魄。东墙悬挂了蒋介石手书的戚继光语录："若谓战无不胜，固属欺人之谈，然劲敌从来未尝不败……"西墙是一位87岁的老画家画的《秦淮夜泊图》，上书七绝一首：

春风吹梦到天涯，人在天涯梦在家。

梦到秦淮秋月夜，系船水阁听琵琶。

少顷，毛泽东来到客厅，见到程潜，"呵，颂公，还劳您却来看我，有事应该是我登门请教。哈哈哈！"毛泽东乡音凝重，一面亲切地说着，一面伸出双手向程潜身边走去，爽朗的笑声在客厅回响。

"岂敢岂敢，你是共产党的主席，重任在肩，只有我来看你的道理，哪好意思让你老去看我……"程潜满口醴陵话，文绉绉的，一副儒将风度。

明月高悬，把朝晖洒满程潜的庭院。秋风习习，使两位湖南老乡感到凉爽极了。两人促膝长谈，直至夜深人静。他们从武昌首义谈到抗日战争，从国际形势谈到和谈前景，真是话语依依，乡情绵绵，既有程潜对毛泽东的无限敬仰，又有毛泽东对程潜的殷切期望。他期望程潜能为促进和谈成功做贡献，更希冀他在人生的征途上走向更广阔的前景。他语重心长地对程潜说："颂公，你是国民党元老，在下届行宪国大选举时，你可参加竞选，如果搞成了，可以相机搞和谈；如果竞选不成，你可回湖南老家搞和平运动……"

程潜对毛泽东的几次长谈，心领神会，对他以后参加竞选副总统和毅然领衔和平起义带来举足轻重的影响。1963年12月26日，当毛泽东主席70寿辰时，程潜为毛主席写了组诗奉贺。其中有"我本多年邀默契，喜从中夜挹明光"的诗句。

诗中所写的"喜从中夜挹明光"，即指毛主席在重庆对他的谈话，对他以后的人生道路和高举义旗，有着重大影响，使他从深夜之中获得了光明。

◉ 跻身竞选

1948年春，当解放战争进入第3个年头的时候，蒋介石为了争取美援迎合美国资产阶级民主政治，妄图挽救其覆灭命运，标榜实现孙中山先生主张，结束"训政"，举行全民大选后"还政于民"，召开了所谓"行宪国大"，选举总统、副总统，导演了一场震惊中外的闹剧。

身为国民政府主席武汉行辕主任的程潜，跃跃欲试，决意参加副总统竞选。

入春以来，程潜进入紧张的竞选准备阶段。他有自知之明，自忖道："竞选对手孙科是孙中山总理的太子，又是时任国民政府主席蒋介石的姨侄儿，占有"天时"；李宗仁颇有民主作风，易与人相处，占有"人和"，而自己一无钱，二无势，三无地盘，四无派系，又何必去凑这个热闹呢？但转念一想，自己是国民党元老，资历深，曾经工作过的湖南、湖北、河南、陕西，颇为人民信任，其"人和"程度不亚于李宗仁。况且湖南人民自国民革命以来，浴血奋战，血流成河，尸骨如山，却"文未入阁，武未拜将"，都是为他人做嫁衣裳。在这次竞选中，凭着自己的元老招牌和资望，何不试试看？

决心既定，未雨绸缪。助选团很快成立了，由何成浚、贺耀组主持，成员有程潜的亲信、心腹、部属邓介松、肖作霖、刘文岛、潘薰南、范予遂、晏勋甫、唐鸿烈、杨继荣、杜心如、李默庵、罗贡华等人。他们尽心竭力，

1948 年程潜和夫人郭翼青，以及他们的女儿程渝在武汉时期合影

四处奔波，真是抬轿子的比坐轿子的更卖力气。

竞选之前，程潜于 1948 年 3 月 8 日，以视察江南防务为名（程当时任国民政府武汉行辕主任），由武汉来长沙，进行高节奏的活动：

9 日上午，接见省会党政军首长。下午参加省政府宴会，并接见各公法团首长。晚上 8 时半参加绥靖座谈会。

10 日上午 9 时参加湖南各界欢迎大会。正午参加省党部公宴。下午 3 时慰问受伤将士，6 时参加省会各公法团公宴。

11 日上午 11 时赴黄兴、蔡锷墓祭奠，正午参加湖南大学公宴。下午 2 时在湖大讲演后专车返汉。

程潜在长沙期间，虽未涉及竞选副总统问题，但在"行宪国大"召开前夕专程回到长沙，马不停蹄地开展各种活动，其用心良苦是不言而喻的。

湖南"国大"代表于 1948 年 3 月 21 日首批离长沙赴南京,车抵武昌时,行辕总务处长康朴奉程潜之命,率领一些中、下级军官到站迎接,热情招待。在武汉停留期间,湖北参议会议长何成浚举行盛大宴会宴请湖南代表,并热忱表示两湖代表携手一致拥护程潜主任竞选副总统。

为使竞选有获胜的把握,程潜除了安排助选团的成员四处活动、大造舆论外,还选派一些亲信、部属、同事和好友为其出谋划策,八方张罗。同盟会会员、程潜世交好友文振之的儿子文强,时任东北行营督察处中将处长。竞选之前,程潜写信叫文强速来武汉,密商对策。

文强接到信后,风尘仆仆来到武汉,两人相见,文强开门见山地问:"颂公,叫我有何贵干?"

"请你帮我的忙,赶快到东北活动一下,为我竞选助一臂之力。"程潜亲切地拍着文强的肩膀,征询地问:"你看在竞选活动中应注意哪些环节?"

精明能干、思维敏捷的文强,沉思片刻,慢条斯理地回答:"颂公,我看要打通两个关节,一是做好二陈(陈立夫、陈果夫)的工作,他们是颇有能量的;二是争取黄埔系中复兴社的力量,他们拥护你的不少如邓文仪、贺衷寒等人。我在东北可以为你加紧活动,我在那里抗战 6 年,人事关系不错。他们对你的看法也好,认为你心怀豁达,是个儒将,从不欺侮他们这些杂牌军,曾给了他们不少好处。"

程潜静静地听着,不时点头微笑:"你不愧为中将高参,还有哪些高见呢?"

"颂公哪里话!作晚辈的只是妄谈一些浅见。再者,你应把生平事迹、著述文章,包括《养复园诗集》等,广为宣传。还有,据说李宗仁很活跃,他的夫人郭德洁也出动了,还请了一些女士帮忙。可你的四太太不能出面,女儿也不能出面……"

听到这里,程潜不禁哈哈大笑:"我怎么办?总不能临时找一个夫人帮忙呀?"

各省代表陆续会集南京,程潜的助选团和两湖代表住在中央饭店。国民大会堂是由外国专家设计建筑的,可谓富丽堂皇,气派非凡,给六朝古城增添了一番新意。

程潜赴南京的时间,恰好选在他 22 年前带领北伐军第六军向南京发起总攻击的这一天——3 月 21 日。这是一个多么有纪念意义的日子!其时,他身为第六军军长,率部一举攻克南京,击败北洋军阀张宗昌部,取得北伐战争中的辉煌胜利。此一壮举,使程潜名扬中外。今天,他重返南京,参加副总统竞选,将在历史上写下同样辉煌的一页！

全体代表于 3 月 29 日上午 9 时谒中山陵。中国民主革命伟大先行者孙中山的陵墓，位于南京市东郊紫金山中部第二峰茅山的南麓。程潜跟随代表人流，从陵门经碑亭、平台到祭堂、墓室，拾级而上。在祭堂，程潜默默地重温大理石上刻的孙中山《告诫党员演说词》全文，回忆当年追随孙中山，担任大元帅府军政部长的情景，不禁浮想联翩，心潮激荡。当他来到祭堂后面的墓室，目睹正中直额孙中山手书的"天地正气"，更是感慨良多，陷入了深深的回忆。是啊，在跟随孙总理的岁月里，流逝的时光，留下了多少美好的追思；历史的长河，激起多少五彩斑斓的浪花！

29 日上午 11 时"国民大会"开幕，蒋介石以国民政府主席、大会主席团主席身份亲自主持大会开幕典礼，并致开幕词略谓："我认为今天国家与人民戡乱与行宪应当同时重视，我们不因戡乱而延缓宪政的实施，因之我们正因为要保障宪政的成功，不能不悉力戡乱，以铲除这个建国的障碍与民主的敌人。"

大会日期原规定为 20 天，但每天议事日程并无硬性具体规定，发言者也没有一定的安排，谁举手要求发言，都可以登台演讲一番。发言没有中心议题，各谈一套，有的发牢骚，有的讲怪话，有的指责政府，有的指责党团摩擦，有的揭露贪污腐化，有的提出革新意见，有的发表不同的政治主张，有的互相争辩，当场吵闹。"还政于民"嘛，真是八仙过海，各显神通。

湖南女代表万衡，在大会上表演了精彩的一幕。大会举行开幕典礼的上午，万衡坐在湖南代表席上，突然大会秘书处递给她一纸通知："衡阳高等法院撤销万衡的"国大"代表资格，以陈祖威当选。"四周湖南代表知道了，无不义愤，同声责备陈氏母子的卑鄙行径。散会后，万衡将事情的原委报告德高望重的湖南代表程潜，请求主持正义，维护民主。程潜愤慨已极，理直气壮地对万衡说："岂有此理！我马上与贺耀组等代表联合致电衡阳高等法院，请求撤销错误的判决。同时致电大会秘书处请求维护民主选举的万衡代表资格。我们坚决为你撑腰，申张正义，维护合法权益！"

受到程潜等人的支持、鼓动后，一向以性格温柔著称的万衡，顿增勇气，心雄胆壮。她向大会洪兰友秘书长申诉合法理由，将在法庭上的辩论重述一遍，致使他们理屈词穷，让她继续出席大会。

可是，过了几天，大会代表资格审查委员会宣布："万衡当选国大代表无效，以陈祖威当选。"并要她退出会场。万衡认为自己是民选的合法代表，而且得到程潜等代表的同情与支持，故采取听而不闻的态度，稳坐在衡阳县代表席位上继续开会。

又过了几天，正是选举大总统投票日。开选之前，大会秘书处又突然宣布："万衡当选代表无效，应退出席位……"并从扩音器里反复播了两遍。万衡忍无可忍，正在考虑对策时，从她四周出现一片不平之鸣。罗毅代表气愤地喊着："万代表，上前去要民主！"万衡望望坐在主席台上的程潜，程潜正向她投以同情、鼓励的目光。因湖南代表席位离主席台很近，她看得很清楚，程潜脸上的表情，大有愤愤不平之慨，深邃、沉思的眼神，闪射出过人的英气和胆识，似乎在喊：万衡，正义在你这一边，你应维护自己的民主权利！

万衡终于勇气倍增，不顾一切地冲上台去，夺取麦克风向全体代表宣告："我叫万衡，是湖南省衡阳县妇女国大代表，投票前湖南省选举事务所和中央选举总所公布了我的名字，符合竞选资格。投票后衡阳县和省选举事务所以及中央选举总所又公布了我得选票最多数，当选为国大代表。另一竞选人陈祖威没有当选，就沟通衡阳高等法院用司法特权撤销我的代表资格，却又将得票少数的陈祖威代替我。这是破坏民主选举，我不服！撤销我代表资格，不是关系到我个人的荣辱问题，而是反映是真民主还是假民主问题。"

程潜在主席台上凝神听着，默默地点头，在他69岁高龄的稍有皱纹的脸上，绽开了不易被人察觉的微笑。

万衡放出的这串连珠炮，义正词严，向大会揭露了陈祖威及衡阳高等法院的卑劣行径，博得全场的鼓掌与同情，一致表示支持万衡的当选资格，同声谴责湖南选举当局的非法行为。经过表演的这幕闹剧，国民党中央不得不承认万衡为出席大会的正式代表。万衡的斗争勇气的确惊人，大家夸奖她为"女中豪杰"，许多湖南代表感慨地说："外省人称湖南人为'湖南骡子'，其实我们男子汉有几个顶得万衡！"

国民代表大会，是国家最高权力组织，国大代表负有代表民众利益，决定重大决策，议论国家大事，选举国家元首，制定修改宪法等重要使命，理应集中精力，提出应兴应革意见，完成上述任务，力求实现民主政治，贯彻孙中山先生还政于民的"宪政"主张。可是代表们注意的不是这些，而是忙于竞选总统和副总统的奔走串联、宴请等应酬上，忙得不亦乐乎。

总统候选人只有蒋介石和居正。众所周知，居正不过是聋子的耳朵，配配相而已，蒋介石无疑是当然总统。但蒋介石为了获取选举成功，进行了一系列的秘密活动，大谈国民党的团结问题，强调总统、副总统的候选人由党提名。

一日，部分国民党籍代表接到秘密通知，定于某日到黄埔路国防部左侧的一个大厅里开座谈会。会场为半圆形，蒋介石、陈果夫、陈立夫等都出席，蒋坐在主席台。座谈会的中心议题是谈国民党的团结问题。可是发言的人，毫不讳言，大讲国民党内如何搞派系，如何排除异己，如何结党营私，如何勾心斗角，如何腐化堕落，政府如何无能，士气如何低落，民众如何疾苦，经济如何崩溃……还有两个东北代表，当说到"我们有家归不得"时，竟号啕大哭起来。把一个团结座谈会，演变成为控诉会和诉苦会。蒋介石再也忍受不住了，忽然站起来两手撑着腰，面红脖子粗，对大家圆睁怒眼，左右扫视。大家很自然地静默下来，都睁着惊恐的眼睛望着他。沉默片刻，蒋介石的斥责声打破快要凝固的气氛："成何体统！你们还要不要我这个总裁？呃！"

"我们当然要总裁！"部分代表有气无力地回答着。"嗯，要总裁就好，要总裁就要听总裁的话……"蒋介石那瘦削的刀型脸上露出一丝不易被人察觉的微笑，然后把自己为什么要当总统的信息透露给大家，会场一片唏嘘。

4月19日，蒋介石正式当选总统，南京及全国各宣传机器着实忙碌了一阵。蒋介石在一片颂扬声中飘飘然粉墨登场，导演了一场竞选副总统的闹剧。

◉　竞选角逐

副总统候选人由各方提出 6 人，即李宗仁、孙科、程潜、于右任（此 4 人属于国民党）、莫德惠（无党派人士）、徐傅霖（属民社党）。6 个候选人各有助选团组织，李宗仁的助选团由黄绍竑主持；程潜的助选团由何成浚、贺耀组主持；孙科的助选团由钟某主持。各有一个中心活动点；李团租用安乐饭店；程团租用中央饭店；孙团租用龙门酒店，不惜耗费巨款，大摆筵宴，招待"国大"代表，大拉选票。只要是胸佩"国民大会出席证"的代表，均可以随带亲友到任何一个副总统候选人所包下的酒楼饭店用餐而不给分文。连蒋介石也不例外地先后在励志社宴请全体"国大"代表，以省为单位，轮流宴请，蒋与宋美龄亲自出面接待。

当程潜亲率助选团成员由武汉到南京的第二天，李宗仁于 22 日率领助选团全班人马由北平（时任国民党政府主席北平行辕主任、全国仅二个行辕，即另一个武汉行辕，由程潜任主任）专机南飞，与程潜大有并驾齐驱之势。李宗仁暗想：程潜、于右任二人是不足以与我为敌的。于氏年迈，而程氏对党国的功勋似尚不足与我比拟。加以蒋先生虽反对我，也未必支持程颂云。

李宗仁还想到，除程、于之外，党中其他可能以"黑马"姿态出现的有资

1948 年的程潜

望的同志，只能是孙科，他是总理的哲嗣，可能得到蒋先生和CC系的支持，同时广东方面人士与孙科有极深的渊源，他可能分取我的部分选票，可能是我的劲敌。

正因为李宗仁作如此考虑，在离北平之前，曾托白崇禧去访问孙科，问他有没有意思参加竞选。孙科回答得很干脆：副总统在宪法上无权，我无意参加竞选，预祝德邻兄胜利。

3月25日，李宗仁在蒋介石官邸拜见蒋介石。寒暄既毕，李宗仁毕恭毕敬地说："总裁，我已决心参加竞选，事先并请吴、白两位报告过，承蒙俯允，现在希望更有所指示。"

蒋介石"嗯嗯"两声，淡淡地回答："选举正、副总统是民主政治的开端，党内外人士都可以自由竞选，我本人将一视同仁，不存成见。这个这个，你尽可以放心。"

李宗仁虽尽兴而归，但怎叫他放得下心呢？他知道蒋介石是个褊狭之人，断不能看着一位他不喜欢的人担任副总统。李宗仁忆及这样一件往事：台儿庄大捷传出之后，举国若狂，爆竹震天，万民欢庆抗日战争中的胜利。蒋介石在武昌官邸听到街上人群欢闹，便问何事。左右告诉他说，人民在庆祝台儿庄大捷。蒋先生闻报，面露不悦之色，若无其事地说："有什么可庆祝的？叫他们走远点，不要在这里胡闹。"蒋介石并不是不喜欢听捷报，他所不喜欢的是这个胜仗是李宗仁指挥的罢了。想到这里，李宗仁察觉到，蒋介石在意气上非把他压下去不可。

果然，在一批策士密议之下，他们秉承蒋介石的意旨，想以由党提名的方式，把李宗仁从候选人中剔出。因而召开第六届中央执监委临时联席会议。一日，在一间小会议室里，张群奉蒋介石之命，邀集李宗仁、程潜、于右任、居正、吴稚晖、吴忠信、陈果夫、孙科、丁维汾等中央执委和监委，商谈"由党提名"之事。稍顷，张群叫吴稚晖说明开会原委。吴稚晖略谓：本党一向以党治国，目前虽准备实行宪政，不过国民党本身需要意志统一，才能团结。这是本党内部的事，与实行宪政还政于民是两回事，不可混为一谈，故蒋先生认为本党同志参加正、副总统的竞选应尊重本党意旨，由党提名……

听到这里，李宗仁火冒三丈，滔滔不绝地说："选举正、副总统既是实施宪政的开端，则任何国民都可以按法定程序参加竞选，如果仍由党包办，则我们的党将何以向人民交代？现在即已行宪，本人主张一切应遵循宪法常规办理，任何其他办法，本人将反对到底。"

"我坚决赞同德邻的意见！"李宗仁话音刚落，程潜急不可耐地抢着发言，侃侃而谈："我们既然实施行宪，就要不折不扣地按宪法办事，让每个代表实行民主权利。如果由政党包揽一切，宪法形同一纸空文，民主成为一句空话，我们将愧对总理，愧对为国为民流血牺牲的志士仁人。也就失去国民大会的意义……"

程潜越说越激动，但他尽量抑制感情的冲动，红润的脸上泛着期望的微笑。他的发言，使持民主政见者，感到有一股和煦的春风吹进心扉，周身顿觉温暖舒畅。而对那些主张"由党提名"的人，犹如凛冽的北风夹带着大粒大粒的冰雹，粒粒砸在他们的头顶和身上，使他们感到头昏目眩，如坐针毡。

张群支支吾吾，说不出个子丑寅卯。最后由居正站起来打圆场，慢吞吞地说："我看德邻、颂公都不赞成这项办法，那就请岳军兄去回复蒋先生。"

蒋介石听到回报，大为不悦，不久便单独召见李宗仁，希望他放弃竞选，以免党内分裂。李宗仁解释说："委员长，我以前曾请礼卿、健生两兄来向你请示过，你说是自由竞选。那时你如果不赞成我参加，我是可以不发动竞选的。可是现在就很难从命了。"

蒋介石插话道："何以见得？你说给我听听。"

李宗仁清清嗓门，大声说："正像个唱戏的，在我上台之前要我不唱是很容易的。如今已经粉墨登场，打锣鼓的、拉弦子的都已叮叮冬冬打了起来，马上就要开口而唱，台下观众正准备喝彩。你叫我如何能在锣鼓热闹声中忽然掉头逃到后台去呢？我在华北、南京都已组织了竞选事务所，何能无故撤销呢？我看你还是让我竞选吧。"

蒋介石毫不松口："你还是自动放弃好，你必须放弃！"

短暂的沉默。李宗仁思索一会儿，为难地说："委员长，这事很难办呀！"

蒋介石有些不耐烦："我是不支持你的，我不支持你，你还选得到？"

李宗仁毫不示弱："这倒很难说！"

蒋介石提高调门，动气地说："你一定选不到！"

"你看吧！"李宗仁不客气地反驳道，"我可能选得到！"

蒋介石被气得半晌无言。李宗仁却反复陈述能当选的理由。蓦地，蒋介石从沙发上跳起来，怒容满面，连声说："你一定选不到！"

李宗仁也跟着从同一条沙发上站起来，针锋相对："我一定选得到！我一定选得到！"

蒋介石像一头被激怒的狮子，在屋里来回走个不停，口里直吐粗气，眼里喷着两团火焰。

没几日，蒋介石召集了一个极机密的心腹股肱会议。出席会议的全是黄埔系和CC系的重要干部。在会上，蒋介石赤裸裸地说："李宗仁参加竞选副总统，就如一把匕首插在我心中，各位如真能效忠领袖，就应该将领袖心中这把刀子拔去。"当蒋介石认定李宗仁绝不自动放弃竞选之时，便发动CC派和黄埔系来支持孙科同李宗仁竞选。在他看来，孙科是惟一可以击败李宗仁的人选。第一，孙科是总理的哲嗣，在党内国内的潜势力很大。再者，孙科是广东人，可以分取李宗仁在西南方面的选票。

孙科正式宣布参加竞选以后，果然声势浩大。CC系所控制的各级党部以及蒋介石所直接领导的黄埔系，利用党部、黄埔同学会以及其他党政军各机关为基础，大肆活动，派人直接或间接向各国大代表分头接洽，封官许愿，要钱有钱，要官有官，晓以利害。

程潜来到南京后，住进新建的一栋二层楼别墅。这是程潜在竞选前自建的官邸。庭院种满各种花草，争芳斗艳，清香四溢。春日娇媚的阳光，穿过琉璃瓦和绽着花蕾的藤萝架，在光滑如镜的石级上投下斑驳陆离的影子。假山四周，是清澈见底的水池，喷泉涌珠，游鱼戏水，好一个优雅之所在。

然而，连日来，门庭若市，应接不暇，程潜没有闲情逸致去欣赏新居的这一切。他除了派出助选团成员在湖南、湖北、江西、河南等4省（即武汉行辕管辖范围）代表中活动，以此为基础，采取拉票攻势。自己则忙于应酬，迎来送往，累得精疲力竭，眼窝一天天陷下去，脸盘也日渐清瘦起来。当不到而立之年的夫人郭翼青前来安慰他，他望着美貌的妻子，不禁叹息道："唉，真是骑虎难下，进退两难。人家郭德洁女士真能干呀……"

"什么？郭德洁！"郭翼青瞪着似两泓明澈泉水一样秀美的大眼睛，疑惑地打断丈夫的话。他欲言又止，那双深沉的双眼，转着圈，望着天花板出神。

程潜得知，竞选活动空前激烈。于右任书法闻名国内外，连夜赶写了近千幅"为万世开太平"的条幅，准备分别赠送各位"国大"代表，以示亲切和拉拢。难怪有位记者坦率地问："于院长（时任监察院长）参加竞选有什么做后盾？"他诙谐作答："我有条子。"这位记者大吃一惊：于院长恒无私产，哪儿来的金条？原来是指他赶写的条幅。李宗仁及其夫人郭德洁均以代表身份，每天上午会前，多次站在会场大门口，与到会代表一一握手，以示亲热与谦恭。郭德洁是一位具有政治活动才华的人，他以女代表资格在一些妇女代表之间串联，为李宗仁拉选票。他还请好友"国大之花"唐女士帮忙，在代表中卖弄风骚，极尽殷勤交际之能事，而程潜夫人郭翼青，虽出落得风姿绰约，婀娜妩媚，美貌惊人，但她毕竟是一个家庭妇女，不善交际辞令，纯粹是一个贤妻良母。她本人也不善于、不屑于应酬，外交活动稍逊一筹。在犹如交易的竞选活动中，她只好甘拜下风。

一天，湖南益阳代表蔡杞材去看望程潜，他留蔡便宴，宴席间，程潜向蔡杞材诉说苦衷："我本不打算搞这个路子的，就是总裁一再要我搞，我才出来试一试。这个路子真不容易搞，比做新郎公还要苦。"

蔡杞材听了程潜这么一说非常高兴，以为既有蒋总裁的支持，当选自然八九不离十，便应声说："呵，是总裁授意的，那就好比荞麦田里捉乌龟，——十拿九稳。你走咯哒路子要得。"

"这……"程潜显出无可奈何的样子，回答道："还很难说，杞材你是个军人，对总裁的为人你不是不知道。虽然不管戏唱得如何热闹，最后还是由他一人说了算，一锤子定音，但他是真支持我还是故意糊弄我，只有天知道。"

"呵——"蔡杞材若有所悟地点点头，心里默神：大登科金榜题名，小登科洞房花烛。做新郎公虽说左拜右拜，苦于应酬，但毕竟是好事呀！颂公把竞选副总统，看得"比做新郎公还要苦"，心中自有难言的苦处。

蒋介石支持孙科任副总统，犹如司马昭之心，路人皆知。南京不少新闻单位秉承蒋介石意旨，大造舆论。就在"国民大会"开幕的前一天，即3月28日，《中国新闻》发表长篇评论文章，对5位副总统候选人，一一予以评说，只要看看前面的引语，其导向意图明眼人一看便知：

评论之一——论于右任

他是一个相当理想的名誉上的元首，但却不适宜做一个事实上即是明日的大总统，而今天却是副总统的领袖！

评论之二——论李宗仁

他是一个卓越的军事家，但却未必是一个最理想的副总统，我们希望他学一学艾森豪威尔将军的作风。

评论之三——论孙科

他虽不是一个最适当的人选，但确实是一个相当理想的副总统，站在文人主政的立场，我们很希望文人能当选！

评论之四——论程潜

……他只适宜做一个军事方面的高级的幕僚，而不适宜做未来总统府中的副元首！

评论之五——论莫德惠

他是一个好好先生，虽然是一个很合适的副总统人选，但在中国这样重视权力的环境下，他无法挑起那一副沉重的担子！

评论文章对孙科大加赞赏，诸如"孙科在国民党内，是一个多面形特殊的人物。他不像邵力子，那样炉火纯青，始终以'和平老人'自居；也不像张治中，那样八面玲珑，迄今依然保持着谦逊的'君子风度'；他更不像莫德惠，那样老成持重，永远以超然的态度，周旋于各大派系之间，做一个好好先生。他有时沉默，有时咆哮，沉默时像一泓秋水，咆哮时便像一头雄狮……"

文章在对孙科歌功颂德的同时，对程潜则作出过低的不适当的评价："在军事将领中，程潜是比较温和厚道的一位。……在国民革命军北伐时，他曾大败张宗昌的部队于南京，一战而攻克20年以前的金陵，因此声名大噪，颇为蒋主席信任。论资历，看战功，他当然是一位功高德望的革命元勋。然而，他在军事方面的成就，恐怕也仅止于此点。因为，在这漫长的革命过程当中，他不仅无法在军事方面获得更高深的研究，甚至在政治方面，也没有什么惊人的建树；在才干上言，他既没有陈辞修（诚）的魄力，也没有李宗仁的勇敢，更没有白崇禧的智谋；在军事方面，他虽然追随蒋主席30余年，虽然与何应钦合作无间，但是，他所能给我们的印象，只是一个既无大功，也无大过的好好先生。"

"综观程潜半生的革命事迹，我们觉得他有一样最好的长处，那就是：假如蒋主席有什么重要的事交给他办，只要他力所能及者，准有百分之九十以上，会照着主席的意志去做，绝不会有丝毫走样。因此，据一班与程潜较为接近的朋友们，便这样批评程潜说：'颂云的确是一个货真价实、奉公守法的公务人员！'从这一句话里，我们便可以看出程潜的为人！因程潜在有些方面，他是小心谨慎、精细、稳健，温厚而有余，但是，冒险、进取、勇敢则不足。从他最近发表的几次竞选演说中，我们便不难看出他在政见方面所标的几点，都是平庸无奇，既远不及李宗仁的敢说敢言和有魄力；更远赶不上孙科那样周密而精湛，所以，又有很多人批评程潜是一个庸才，顶多也只能做一个标准的军事家……我们觉得程潜只适做一个军事方面最高的幕僚人才，而不是一个副总统最理想的政治家。站在文人主政的立场，我们像不欢迎李宗仁做副总统一样，同样也不欢迎程潜出来做副总统。"

"满纸雌黄，一派胡言！"当助选团成员指着这篇文章给程潜看时，他气炸肝肺，两手不停地颤抖，他愤怒，他痛苦，他悔恨自己没有回天之力。他浓黑的双眉紧紧拧在一起，宽厚的嘴唇霎时紧闭，仿佛内心深处有一股烈焰在燃烧。沉默片刻，他的声音突然沉闷的在客厅爆响："不欢迎李宗仁，不欢迎我程颂云，欢迎谁？还不是蒋介石支持的孙科！主子豢养的一群文人，尽会按主子的意图摇笔呐喊！"

无独有偶。"国民大会"会刊在介绍副总统候选人的简历和政治主张时，给程潜的描述也很平平："程潜青年时，参加革命组织，中年后，躬与讨袁护国护法，东征北伐，'剿匪'抗战，各役战功甚著。"

"程氏文才并茂，有陆军才子之称，并于宋明陆王理学有深湛研究，著有《养复园诗集》等书。"

"程氏对于竞选副总统，其目的乃欲与国人共同努力，完成国家现代化之伟业，其政治主张为：一、以人才为国家之本；宪法为制度之本。二、铲除豪门资本，实现耕者有其田的理想。三、贯彻和平外交，严防侵略力量之再起。"

面对连篇累牍的舆论，程潜感到有一种不祥之兆，下意识地袭上他的心头。果然，忽报《北平日报》的民意测验对他也很不妙。

《北平日报》近来专为这次竞选辟了民意测验的专栏，每天都有一篇读者来信摘登，对李宗仁、程潜、于右任等几位副总统候选人，说长道短，估摸预测。半月过去了，一版的左下角终于登出了预测结果：

　　此次民意测验，读者共投票 28868 张，统计结果如次：

李宗仁：26563 票；

程　潜：1163 票；

于右任：1125 票。

看到民意测验结果，程潜感到悬殊甚大，心中很不是滋味，李宗仁却心花怒放，踌躇满志。有人告诉程潜，李宗仁满以为竞选副总统稳操胜券，他曾与夫人郭德洁有一段精彩的对话：

李宗仁口若悬河："按照行宪规定，副总统须襄佐总统，必须懂得政治并且有从政经验和优越的行政能力，从这一点上说，孙科是中山先生之子，久主立法院，去年国民政府改组，又当了副主席，算是有条件。但是他平日喜欢说大话，高唱改革调子，光打雷不下雨，国人已有反感。我曾在广西、安徽、北平主政，广西曾被誉为全国的模范省，去年全国大学潮，又能在全国学潮渊源之地的北平稳住政局，安度风险，这不仅在国内，在国外也有不少舆论好评。再说，在军事上，副总统必须是一个高级军事领袖，在军界有力量，并具有优越的军事才能。从这一点说，孙科与我比，可是望尘莫及了。"

"那人家程潜一向治军，在军事上也颇有一套呀！"郭德洁望着丈夫得意之态，随便插了一句。

"程潜虽具有这一条件，但建树极少，且从政能力也无法与我比。"李宗仁矜持地回答。

听到这里，程潜怒不可遏，愤愤地说："好你李德邻，22 年前，你在武汉给我莫须有的罪名，无理扣押，使我无端受辱，几乎做了 7 年'寓公'。这笔账我没同你算，如今你又同我作对，极尽贬低、诽谤之能事，看你有何下场！"

"和谁生气呀！"比程潜小 37 岁的夫人郭翼青，听到丈夫的愤激之声，从里屋轻盈地走到客厅，柔声柔气地问。

"不关你的事，人家郭德洁，在安乐酒家、中央饭店穿梭般地奔走，拉关系，又是请客，又是送礼，左一个'感谢光临'，'请多关照'，右一个'美言几句'，'定当厚报'，而……"程潜说到这里，戛然止言，差一点将"你郭翼青"4 字吐了出来。她是一个贤惠、温顺的妻子，与她结婚 10 年来，恩恩爱爱，从未发生口角，当今竞选之时，她虽不能像郭德洁那样为丈夫奔走呼号，大拉选票，但怎能用带刺的话去伤害她那纯洁的心呢？想到这里，他连忙补充说："而这个李德邻，乘竞选之机，讲我的坏话。"

"算了，算了，不要把它放在心上，好人讲不坏，坏人讲不好，何况你程颂公，谁不知道你的为人？"几句贴心话，一席肺腑言，使程潜得到莫大的温慰，心情顿时平静了许多。

副总统竞选的激烈，的确为世人所瞩目。不仅有声有色，而且有香有味；不仅轰动中国，而且震惊世界。各助选团在副总统选举之前，展开各项竞选活动，街头巷尾，大厅会场，到处都有助选团张贴的各种标语传单。整个南京古城，都被这种波涛所震动。一时间，展开了交锋的白刃战，啦啦队摇旗呐喊，助选团锣鼓喧天。关金、法币、请柬与宣传品到处乱飞，真是钞票与民主奔舞。人们拭目以待：明日的副总统，竟属谁家天下？

4月23日9时35分举行选举副总统大会，到代表2684人，戴传贤任主席。开会后，秘书长洪兰友首先说明发票、投票手续，10时10分开始投票，于11时零8分宣告投票完毕，休息后，于11时30分开始唱票，一直到午后2时8分，开票竣事。主席戴传贤宣布："本日选举副总统投票结果，李宗仁先生得票754票，孙科先生得票559票，程潜先生得票522票，于右任先生得票493票，莫德惠先生得票280票，徐傅霖先生得票214票，依照总统、副总统选举罢免法第五条，准用同法第四条第三项第一款之规定，副总统之选举"应以得代表总额过半数之票数者为当选"，本届代表总额为3045人，过半数为1523人，本日大会选举结果，副总统候选人6人所得票数均未足法定过半数之票数，依同案第三项第二款的规定："如无人得前项所规定之过半数票时，就得将比较多数之首三名，重新投票，圈选一名。"本日大会副总统候选人得票比较多数首三名为：1.李宗仁先生754票；2.孙科先生559票；3.程潜先生522票。依法重新投票，经主席团开会决定，定于本月24日上午9时举行第二次副总统选举大会。

在初选之前，李宗仁以"先声夺人"的姿态宣布竞选，本来，气势最壮；但自孙科3月25日表示参加竞选后，一时各方的视线，便转集在这位爱放大炮的太子派领袖身上。惟在竞选前夕，孙科的力量已超过了李宗仁，甚至，于右任的声势，也比李宗仁占优势。故在竞选未开始时，大家都预料孙科胜利的把握比较大，于右任次之，李宗仁第三，程潜第四。莫德惠与徐傅霖两人，简直就未曾怎样表演。但是，谁知初选的结果，李宗仁竟得754票，孙科仅得559票，程潜得522票。因无人获得超过半数的票，故初选遂将于、莫、徐3人淘汰。在初选时，有两个意外：一是李的票竟超过孙195票，二是于被淘汰了，程反而跨列第三。以于淘汰得最惨，因于较程仅差29票。初选时，完全靠各人的基本票，和各人平日的政绩，以及各方面原有的关系，票数均很分散。

李宗仁第一次初选，之所以得票最多，原因有二：一是靠他的人缘关系好，与各代表拉关系所致。二是靠他的宣传得力，争取了130张妇女方面的票。据传，李在北平宣布竞选之初，即曾将可能参加副总统竞选人的过去历史和平日的为人，以及历次所发表的谈话记录等等，均曾搜有详细之资料。在初选时，孙科本预料有800多张基本票，其中300张妇女代表的票，经孙科数度邀宴，发表讨好妇女代表等的谈话后，各妇女代表均对孙科印象甚佳。因孙科曾说：这次"国代"，妇女名额太少，应增加一倍也不为多，同时，他并主张将来"行宪"后的各院部会首长，也应该有妇女的名额，俾使男女真正的平等！孙科这一番话，自然打动了妇女代表的心，再加之孙夫人程淑英和马超俊夫人沈慧莲两人积极拉票的结果，妇女代表方面本预计一致支持孙科，但不料在4月23日投票未开始时，各妇女代表均在自己的座位上，收到一封匿名的小册子，里面简述孙科过去在立法院例会中，以及接见中外记者时，曾一再反对增加妇女国代的名额，甚至连发表谈话时的相片均有，且该项材料，对于日期、地点，与其刊载的报纸杂志等均有详细记载。故各妇女代表阅后，有一部分代表愤怒异常，认为孙科简直是在欺骗她们。此外，再加李宗仁夫人郭德洁积极活动的结果，故妇女代表的票，遂有130张跑到李宗仁名下去了。还有十几张妇女代表的票，也改投了于右任。这是一项未曾公开的秘密，一般报纸杂志均无记载。据传：该项宣传品即系李之助选委员会所发。

然而，程潜初选，为什么又会得到那么多的票呢？像一般人的预料：他在初选中必然会淘汰的。据说：程在未到南京前，捧程的两湖代表，即行互相约法三章，除了签字盖章，表示一致支持到底外，而彼此更宣誓立据，以示决心。因两湖方面，尤其是湖南代表方面，均认为湖南人迄今均"文不入阁，武不拜将"，不仅是湖南人的耻辱，而且是中央歧视湖南人的明证，但湖南人能够在中央稍有实权者，只有程颂公一人。故湖南人士，不论过去是捧程抑系倒程者，均一致支持程潜。是以，在这次选举副总统时，两湖的票均很团结，既无一张外溢；这与广东和华侨代表之捧孙科，广西、安徽代表之捧李宗仁，几有"异曲同工"之妙。是以，在初选时，程潜能以522票而战胜于右任，绝不是侥幸，而是程潜实实在在花了一点硬功夫。

但是，孙科在初选时，为什么得的票竟会那样惨呢？据说：除了妇女代表被李拉走130票外，还有一个未曾宣布的秘密：就在竞选前夕的某晚，某安徽代表，曾亲率安徽28位代表，往孙公馆求见孙科，但孙却命楼桐荪代见。当该代表等提出拟以保障职业团体"国代"名额，而为交换选票的条件时，楼曾请示孙科，惟未获具体答复。故该代表等 29 张票，便一气投向李宗仁的锦囊。因李在拉票时，对于各位代表们的心愿，有求必应，态度比孙科谦和得多。假使孙科能争取这 29 张票，一往一来，便是 58 张，再加 130 张，事实上即等于 260 张妇女代表的票，在初选时，本可压倒李宗仁。但孙不此之图，居然初选即失利，不仅影响人心，而且打击士气。因初选虽不能决定一切，但影响十分关键。尤其对于那些游离的，没有什么背景的零星的票，几乎有着很大的向心力。故初选结果，孙科失利的形势已定之际，孙之助选委员会的人士，知道情势不妙，便连忙开临时检讨会，将责任归咎在《救国日报》上，认为报上几篇反孙的文章起了作用，所以，便由高信、张发奎等领头，乘了两辆"国大"专车，一气将《救国日报》捣毁。

原来，在南京出版的《救国日报》，在竞选副总统这一天，在一版头条刊登孙科与蓝妮的丑闻：蓝妮乃云南人，她有云南人的豪迈，又具有苏州人的妩媚，抗战时在陪都重庆以及胜利后还都南京，她在政坛风云人物间左右逢源，把汪精卫政权的立法院长陈公博和蒋介石国府的立法院长孙科玩弄于股掌之间。抗战胜利后，中央信托局在上海没收了一批德国进口颜料，作为敌伪财产处理。可是孙科却致"国民大会"秘书长洪兰友，说这批颜料为"敝眷"蓝妮所有，要求发还。洪兰友又写信给中央信托局局长吴任沧，说蓝妮是孙院长的如夫人，要吴看在孙院长的面上，将颜料发还给她。谁知这份材料为何落到《救国日报》社长兼主笔龚德柏手中。正当"国民大会"选举副总统的第一天，他把它捅了出来，使整个会场引起轰动。

对此，拥孙派极为恼火，张发奎、薛岳、李扬敬、香翰屏、余汉谋等几位上将，亲自率领一大批广东代表去砸《救国日报》。大门和排字房砸烂后，他们又上楼去砸编辑部。龚德柏是个文人，颇有武人气质，他拔出手枪自卫，在楼上守住楼口，声称如有人胆敢上楼，他绝不手软，以死一拼。广东代表不敢上楼，与龚德柏隔梯对骂一阵，便愤愤离去。

李宗仁夫妇听到这幕滑稽戏，喜上眉梢。郭德洁兴奋地说："这事倒也不坏，霉倒在龚先生头上，亏吃在孙院长身上。广东代表这么一闹，消息不胫而走，传遍南京古城，人们自然会以为是孙科暗中指使所为，他那威望还有不下降的？妙极了，这比撒传单不知要好多少倍呢！我们必须在安乐酒家办一餐上等宴会，请龚先生和报馆人员出席，由你德邻亲自出面抚慰几句。"

"使不得，使不得！"李宗仁红光满面，连摇双手，带着笑容说："我们如果请客，岂不应了广东代表诬蔑说我们拉拢他的口实？那就弄巧成拙了。"

"那怎么办？我们总不能见《救国日报》遭到如此欺侮而无动于衷呀！"郭德洁振振有词，"人家帮了我们的大忙，投桃报李，人之常情嘛！"

李宗仁习惯地用手掌撑了撑太阳穴，沉思片刻，悄声说道："悄悄地给龚先生送四根金条去，再给些现钞，帮助他们尽快恢复出报，钱就从我们的竞选资金里出，这事叫他千万不要声张。"竞选投票活动在紧张地进行之中。

广东籍的"国大"代表，砸毁了《救国日报》事小，但对于孙科的选票，无形中却打走了不少。故当《救国日报》被砸毁的消息传到李、程两人的耳朵里时，李认为优势的环境既已造成，而孙方面的人，却又在为李制造机会。不用说，李、程两方面助选的人士当然很高兴。故李、程、孙三方面的助选人士，便拼命争取于、莫、徐3人落选的基本票。据盛传：那时候一张选票的行情，已由2亿元涨到5亿元，而且，买意依然很浓。

当李宗仁初选获胜的消息传出时，不仅孙科震惊，据说国民党内的实力派与最高当局，也很感到惶惑。因为李是一股新兴的势力。加以李又是一个激进派的领袖，号召力很大。故在4月23日晚，孙与党某实力派的负责人，以及各助选大将等，曾密切计议，准备在复选时击败李宗仁。孙希望党内与自己有关系的票先行集中起来，以抵抗李、程、于3人的联合攻势。因那时李、程、于3人已订有秘密默契，谁落选，谁的票便支持得票最多数者。

李宗仁这次由北平南来，竞选副总统，准备时间最早，布置也最周密。据传，未来之前，李即已表示：此次竞选副总统，不是彻底的胜利，便是彻底的失败！"彻底的胜利"，即系"志在必得"。故在未竞选前，闻最高当局曾劝其改任监察院长，且向其非正式表示：希望未来的副总统，最好是一个文人。但李则答："既已宣布，势将竞选到底，碍难中途退出，贻笑中外。"故李在4月23日晚，满以为于右任的493张票，和民社、青年两党一部分的票，再加上自己700多张基本票，起码可获得1600多张票，可以稳拿副总统的锦标无疑。但谁知，一夜之隔，于右任的基本票便起了变化，至少有2/3多数，均跑到孙科那里去了。故在4月20日上午复选时，李仅得1163票，较预定的基本票少了500余张，而孙科却得了945票，也未如预料之多。原来，民、青两党曾向党方面保证可以全部投孙科的票未能兑现，且有1/2以上的票，也做了"人情"。程潜一夜的努力，得616票，仅增加94票，故投票结票，仍无一人能超过半数的票。但是，李却仍然领先，并多孙218票。故定于25日上午9时举行第三次选举副总统选举大会。

春日南京之夜，华灯初上，与闪烁的繁星相互辉映，高层建筑上的五彩霓虹灯，不断眨着变幻莫测的眼睛。4月24日晚，竞选活动进行着更激烈的角逐。

在中央饭店的高级宴会厅里，宋美龄在神采飞扬地举行招待宴会，出席宴会的多是些妇女代表和那些中央和地方上掌握军政大权者的太太。这位5天前刚当上总统夫人的宋氏三妹，公开地声明了蒋总统选择助手的意向，鼓动她们投孙科的票或为孙科拉票，并许诺一旦孙科当选副总统，必有重谢。

程潜在官邸的客厅里急匆匆地来回踱步，心潮似长江激浪翻腾。他来到窗前，一把将窗帘拉开，深深地吸了几口带着泥土芳香的空气，遥望远处隐约可见的山峦，忆起当年挥戈斩戟，大败张宗昌战斗场景，而今这一场竞选角逐，后果怎堪设想？今天上午第二轮投票后，自己仅得616票，仍居第三。恰在这时，蒋介石便召见贺衷寒、袁守谦二人，要他们劝我退出竞选，并答应启用我的助选人，补偿我的竞选费。可他在昨天的第一轮投票后，会见贺、袁二人时，嘱他们为我拉选票，并拨给活动费一亿元，想利用我战胜李宗仁。而在24小时之内，却来了个180度的大转弯，真是出尔反尔。想到这里，程潜大骂起来："你蒋介石，身为总统，如此言而无信，平日口口声声仁、义、智、信，却如此两面三刀，翻手为云，覆手为雨，总统总统，成何体统！"

但是，既然蒋介石执意劝程潜放弃竞选，也奈何不得，只得从命。程潜也觉得这样的竞选，毫无意思，纯系一场骗局和闹剧，一气之下，他于当晚8时，在中央饭店孔雀厅，约集支持他竞选的"国大"代表及助选团成员举行茶会，宣布本人已正式"受命"放弃竞选。理由是：本谦让克己之旨，知难而退。并再三叮嘱原先给他投票的代表，自由选择新的投票对象。并于25日上午发表书面谈话，原文如次："本人此次参加副总统竞选，原冀为民主宪政而努力，承代表诸公鉴其拙诚，力予支持，感荷无量，现已投票两次，仍无人当选，而竞选者，固皆本党同志，无论何人当选，均足欣慰，国家多事，团结至要，和谐为团结之基，克己为民主之本，爰本此旨，放弃被选举权，敬请爱我之诸位代表先生，于其余两位候选人中，另择一位接近诸公理想者，各投下神圣的一票。本人但愿副总统提前选出，大会圆满闭幕，新政府早日成立，则人民早一日苏息。个人进退，不足介怀，诸友隆谊，永矢弗忘。"

程潜退出竞选，引起大会轰动，全国舆论哗然。是夜，大悲雍园一号白公馆（李宗仁活动地）的宽敞的客厅，显得格外紧张，决策会议从晚饭后就开始了。李宗仁、白崇禧、黄绍竑、黄旭初、李品仙、夏威等6位桂系头目一个不缺。

竞选事务所邱昌渭主任和李宗仁的秘书黄雪顿更是提早到会。大家认为蒋介石和他的股肱们这种作风迹近下流，是可忍而孰不可忍。李宗仁认为反正当选已无问题，就让他们去胡闹好了。大家不以为然，七嘴八舌，各献其策，还是黄绍竑主意高超，提出一项叫做"以退为进"的战略：由李宗仁声明所受幕后压力太大，选举殊难有民主结果，因此自愿退出竞选。

依黄绍竑观之，李宗仁退出，孙科也会相继退出。若3人一齐退出，选举便流产了，蒋先生既不能坐视选举流产，只好减轻压力恢复竞选常规，则李宗仁必然当选。

李宗仁于25日晨3时宣布放弃竞选，其助选委员会并公开在报上发表声明："最近有人散登传单，公开攻击李宗仁先生，说李先生当选副总统就要逼宫，或3个月后就要逼迫领袖出国。此外并制造种种谣言，极尽诬蔑之能事，迹其用心，无非欲颠倒黑白，淆乱听闻，以打击李先生竞选活动，而遂其操纵把持之诡计。兹悉李先生为表明其光明磊落之态度，已向国大主席团正式声明，放弃副总统竞选，深恐社会不明真相，特为郑重声明。"而在同日上午，白崇禧复向报界谈称："李宗仁先生因感选民不断遭遇意外之警告与压迫，难以自由投票，为顾念代表苦心，乃决放弃。"同日中午，孙科因为已失却竞选对象，亦声明放弃。并云："他们都放弃了，我一个人当然也只好放弃。"于是，当程、李、孙三人均先后表示放弃的消息传出时，全国均呈骚动，上海的股票市场，也跟着猛涨；南京的空气尤其紧张，国民大会堂内的2000多个"国大"代表，更是咆哮山庄，舆论哗然，程、李两方的代表更极激动。自是，副总统竞选的风波，遂由汹涌的暗潮而正式爆发。

从程、李、孙3人放弃竞选的谈话中，可以看出政治的风向：程说是"奉命"，李说是"被迫"，孙则说是"没有竞选的对象"。3个人的姿态虽一，但却各有千秋。可见程、李两人均有不得已的苦衷。而孙却比较轻松。故4月25日的"国大"会场上，匿名的传单与标语，如"李宗仁竞选内幕"等，便在会上满场飞，后经人阻止方告敛迹。因秩序混乱，群情愤懑，无法开会，更不能选举，便只好决定宣布休会3天。同时，复经大会主席团推出王宠惠、张群、白崇禧、张厉生、张知本、陈布雷6人，分别向程、李、孙3人劝解。而国民党中常会，复于该日下午4时，在丁家桥中央党部召开临时特别会议，由该党蒋总裁主持，专门讨论3人放弃竞选的事，结果决定：不予接受，放弃无效，应请大会公决。同时，蒋介石复希望3竞选人，立即停止宣传。

孙科放弃竞选，亦由其助选委员会于25日发布，原文云："孙副主席为澄清外界流言，并加强团结力量起见，于今晨声明自动放弃竞选副总统，等候国民党的决定。"

预定 25 日举行的第三次副总统选举，乃因此一纷乱，而告流会，经洪秘书长代主席宣读由 335 人连署的临时动议："本会连日大会进行选举，代表等精神疲倦，本日适为星期日，拟请休息一日，明日进行续选，国家大典，甚望能从容郑重。"主席征询代表意见，结果无异议通过，主席即刻宣布休会。

此一选潮，使国内外人士同感惶惑，国民党中常会及"国大"主席团，都曾召开会议特别讨论此一问题，"国大"主席团并推定胡适、于斌、曾宝荪、陈启天、孙亚夫等分别与李、孙、程接洽，希望 3 人继续参加竞选，民社党及青年党并曾对副总统选举纠纷，发表联合声明，强调选举进行，必严格遵守自由之原则。蒋主席除在中常会提示 3 项办法外，并于 26 日晚在官邸召见李宗仁谈话，劝他恢复竞选，表示一定支持他。

其实，在"国大"休会期间，在 3 人放弃竞选之后，孙、李、程 3 方面的助选人士，依然并未停止竞选的工作。而 3 人的放弃竞选，不过都是"姿态的姿态"，3 个人根本没有一个人想放弃竞选，而程想乘李、孙两人相持不下时，自己可以渔翁得利。故在 3 天休会期间，各方面的传言也就更多，有说蒋介石确曾希望支持孙科出来，并说在 24 日投票后，最高当局曾召集各区代表的领队予以申斥，希望一致票选孙科；又谓李宗仁的竞选经费 8000 亿，完全是港方李济深和安徽李品仙供给；有谓孙科的 2 万亿竞选费，一半是华侨粤籍代表的义助，一半是 CC 由中农、中合两金融机构所支援……有谓调人斡旋，请李任行政院长，孙仍回主立法院，而程却出来做副总统；有谓蒋主席已改变初衷，劝请孙科让李当选副总统，而孙却任行政院长，以此交换条件；俾避免国民党内部的分裂，……众说纷纭，莫衷一是。但是，话尽管如此说，但 3 人做副总统的心仍很炽。故当调人稍稍奔走后，蒋介石分别召见李、程、孙 3 人长谈，劝请打消放弃竞选的心思，再度保证自由竞选的原则，李且已表示要束装北返，亦经主席劝勉慰留；故 3 人后来已不再坚持了，大家并同样表示应选！是以，在 4 月 29 日，这一幕竞选的风波也便平息了，而闹剧终于又开场了！结果，于 4 月 28 日，第三次重选时，李得 1156 票，依然领先，惟较上次少 7 票；孙得 1040 票，较上次多 95 票；程得 515 票，较上次少 101 票。依照副总统选举法，程潜终于被淘汰了，但程潜的票，却是李、孙两人最后决定命运的王牌，故 4 月 28 日晚，角逐程潜票的白热战，也便剧烈地展开。

按宪法规定，3 次选举都没有人得到法定的多数选票时，就要进行决选。

决选时，只有第三次当选的票较多的前两名能够参加，也就是只有在李宗仁和孙科两人之中进行决选。因此，李、孙双方无不全力以赴。

程潜落选后，李宗仁和孙科或亲自或托人来拉票。程潜当面都答应帮忙，两边都不得罪。实际上一面叫邓介松同孙科见面，答应程颂公全力以赴，为他帮忙；一面又叫唐鸿烈同李宗仁会见，允诺为他尽心竭力，做湖南代表的工作，选举李宗仁为副总统，从而敷衍一场。

4月28日夜，孙、李两方拉票的人，都集中到中央饭店程潜发号施令的大本营。首先是李夫人郭德洁带了很多女健将，去拉了好半天票。后来，孙夫人程淑英也带了很多女兵去拉票。这时，选票的行情已达到了最高峰，据传每张已达到15亿以上。一位湖南的代表向两方面拉票的人说："我这次竞选国代，以及来京所用的费用已达10余亿。"……但那位拉票的人听了，心内自然有数，马上赔着笑脸答："好说，好说，请到那边再谈。"于是，两人做了一个手势，便被拉票的人用汽车架走了。而孙科这时，也亲自出马去拜访程潜，希望颂公帮帮忙。但正当孙、程商谈之际，两湖的代表已有300多人被拉到龙门酒家（孙科的宴客地），另有拥程的200多代表却被拉到重庆安乐厅，是李宗仁招待的处所。惟到龙门酒家的300多个代表，大多为湖北籍的。湖南籍的大多到安乐厅去了。孙科因为会商时间甚久，稍迟才到；故有些被拉去的代表，觉得主人老不来，未免太傲慢，因此一哄而散者竟达100余人，后来等到孙科到时，席上已只剩下了200多位程的代表，而那散去的100余位代表，又被李的助选团人士拉去。以致第二天，4月29日正式决赛时，李竟以1438票对1295票战胜孙科。据说，那100余张被拉去而又跑掉了的票，便决定了这历史最富情趣，而又相当滑稽的一页。同时也决定了中国第一任副总统的命运！真是差之毫厘，失之千里！这好像是天缘，又好像是命定。惟另据未经证实的消息：孙科在25至27日的3天休会期间，曾派飞机到南洋和边疆一带专门去接代表，来投那最神圣的一票。甚至4月29日清晨，还在大设盛宴，请客拉票，满冀以一票之差，获得最后胜利！但是，三青团方面所控制的300多张票，孙科却始终无法拉到，且反而成为孙科的致命伤。据说，某一团方的领导人，曾因此而挨了某一最有权威者的一记耳光。

决选那日，每唱孙科的票，孙派代表就来一阵掌声；唱李宗仁的票，李派代表照样也来一阵掌声。此起彼伏，成了会场悦耳的旋律。起初，彼此票数相差不多，到末了，李宗仁的票唱到1400张，孙科及其代表知道大势已去，也就相率离开会场。李宗仁及其代表则在会场更加活跃，直到将选票唱完为止。

结果，李宗仁共得 1438 票，比较多数（孙得 1295 票）当选副总统了。李宗仁夫妇当即坐车到蒋介石那里去表示感谢，并且还说以后一定追随大总统之后进行"戡乱"，弄得蒋介石啼笑皆非。蒋只是说"好，好，好"，也向李宗仁道喜，并且说我们大家今后共同努力为"党国"服务。

白公馆（李常在那里会客和决定重大问题）自然贺客盈门，应接不暇。黄绍竑随后也到那里向李宗仁道喜。他说："好险呀！相差只有 143 票。如果不是罢选，把老蒋的压力松一下，多得几天准备工夫，情形就不是如此了。即以今日的票数来看，老蒋的压力并没松了多少，主要是山东、浙江拉得一些票子来补上。"李宗仁夫妇自然是春风满面，那班抬轿佬也喜气洋洋，好似马上就有什么好处似的。

李宗仁夫妇当晚也到孙科家里去慰问。据说这是美国佬竞选胜利者的作风。可是孙科风度不够大方，不肯出来见面。他的代理人说，孙院长很疲劳，到陵园休息去了。

李宗仁于当晚并发表谈话称："本人此次获选首届副总统，悉由于诸位代表先生之全力支持与全国人民之热烈赞助，隆情厚意弥足心感。此次大会之能顺利进行，实因国人对宪政意义之深切认识与蒋主席之精神感召，本人应选后，定当本平昔一贯主张，辅佐元首，革新庶政，完成戡乱建国之使命。甚盼各界人士随时予以指导督促，俾能不负付托。至此次参加竞选之诸位先生，均勋望崇隆，国人共仰，虽未能获选，然深信诸先生于新政府成立后，其公忠体国之精诚，共济艰难之职责，必不亚于本人也。"

或有人问，李宗仁竞选副总统究竟用了多少钱？他用钱的经手人是安徽省银行行长张岳灵。传说一共用了 1000 多根金条（即金子 1 万多两），都是由广西和安徽两省供给的，安徽省出了大部分。1 万多两金子在那时约值大洋 100 多万元，合金圆券就不知多少亿了，这在中国那时是个惊人的数字。孙科用的钱也是相当可观的。他有老蒋作后台，不用自己掏腰包。各竞选人所花的钱，或请客或送代表们作川资，虽不见得像曹锟那样每张选票有一定价钱，但也够肮脏的了。

程潜落选后，心情郁闷，食不甘味，寝不安席。尽管他的官邸听不到嘈杂的喧嚣，犹如仙境般的幽静，但他烦躁起来，觉得四周都在杂乱无章地轰鸣。决选后的翌日清晨，他独自登上楼顶的平台上，想清醒一下疲劳不堪的嗡嗡作响的头脑。但见朝阳被山雾拥抱着，失去往日耀人眼目的光芒，只有金盘似的轮廓在云雾中沉浮、游弋。他无意观赏六朝古都的晨景，竟然把这变化无穷的蒸腾晨雾和跳震不定的日出，当成动荡不已的时局。是呵，他不能超尘脱俗，只能在宦海中随波浮沉。

当他想到自己被蒋介石愚弄，想到蒋介石和李宗仁的宿怨，和这次竞选的闹剧，不禁自言自语道："后头还有好戏看哩。看你们是演对口相声还是演滑稽双簧！"

"颂公，你说些什么？肖作霖（曾任程潜的军管区参谋长，助选团成员）在客厅等你。你也该吃早饭了！"年轻的夫人郭翼青，气喘吁吁地爬上楼来喊他。

她见丈夫有些清癯的老脸上仍然阴雾重锁，便边走边劝慰道："算了算了，毛泽东主席不是早就告诉你，要参加国大竞选，选上了好主持和谈，选不上就要个湖南，在湖南搞和平运动。车到山前必有路，到哪山就唱哪山的歌嘛！"

程潜听到年轻、美貌的夫人这火热般的话语，心里滚动着难以言状的热流，阴沉的脸上顿时露出了微笑，毛泽东在重庆多次和他长谈的情景又重现在眼前，那番"早邀默契"的告诫，重又在耳边回响。

肖作霖坐定，向他报告了精彩的一幕：当选举副总统到第四次投票到最高潮时，蒋介石对这天决定性的投票格外关注，他在官邸内屏息静听电台广播选举情形，并随时以电话听取报告。大早，他就将电话移置到皮躺椅旁的桌几上。他一边静待大会传来最新消息，一边推测最后选举结果，做着得意的分析。既然他那颇具外交家水平的美龄夫人和中央组织部长陈立夫做了那么多幕后工作，又耗费了那么多的助选资金，再加上他这位老总裁、新总统的绝对权威，孙科最后获胜，还能有个差池？可是，当广播员报告李宗仁的票数超过半数依法当选时，他盛怒之下，一扫平日儒雅风度，"嘭"地一脚将茶几上的收音机踢翻在地，气喘如牛，拿起手杖和披风，发狂似地冲出门去。

"备车，娘希匹，快同我开车！"他站在门口声嘶力竭地叫道。"委员长，开到哪里去？"侍卫忙问。蒋介石一言不发。好在机灵的司机懂得蒋介石的脾性，他烦闷时总喜欢到陵园转悠，于是将车驶向中山陵。

乌黑锃亮的轿车刚驶进陵园道上，蒋介石突然高叫："掉转头，掉转头！"司机乃开回官邸。

谁知蒋介石刚下车，立刻又上车，再度发疯似地狂叫："同我开出去，开出去！"随从侍卫见蒋介石如发疯一般，恐怕出事，乃加派车辆随行。可是，蒋介石的座车刚进入陵园，他又吩咐掉转头。转回之后，又令司机急驶汤山。真惶惶如丧家之犬，不知何去何从，却苦坏了侍从人员。此消息便是总统府扈从卫士透露出来的。

"好戏好戏！出尔反尔的人本来是自寻烦恼的！"程潜听到这里，不禁捧腹大笑。

可是，好戏还在后头哩。在5月20日的国民政府成立后第一任正、副总统就职典礼上，蒋介石又导演了一出令人啼笑皆非的滑稽戏。

蒋介石对李宗仁当选副总统大为震怒，于是发生了在总统、副总统就职典礼上，蒋介石当众羞辱李宗仁的"新鲜事"。

就职典礼之前，李宗仁曾请示蒋介石关于就职典礼时的服装问题。蒋介石回答应穿西装大礼服。李宗仁黉夜找上海有名的西服店赶制一套高冠硬领的燕尾服。孰知就职前夕，侍从室又传出蒋先生的手谕说穿军常服。李宗仁只得照办。

就职典礼开始，礼炮21响过后，赞礼官恭请正、副总统就位时，李宗仁突

中华民国总统、副总统就任摄影（局部，1948年5月20日）

然发现蒋介石并未穿军常服，而是长袍马褂，旁若无人地站在台上。李宗仁穿一身军常服伫立其后，活像是蒋介石的侍从副官。李宗仁心中一怔，感到这是蒋介石有意使他难堪，但又不好发作，只好挺胸昂视，豁然若释。至此，蒋介石睚眦必报的褊狭胸怀，已暴露无遗，从此以后，李、蒋关系更加恶化。

为了打击和削弱桂系力量，5月24日，蒋介石命翁文灏为行政院长之后，以何应钦代替白崇禧为国防部部长，将白崇禧外调，任华中"剿总"司令。用蒋介石的话来说：桂系头目李宗仁、白崇禧两人不能同时在宁，总得调开一个，我才放心。于是，白崇禧要武汉这块地盘，原任武汉行辕主任的程潜，只好将武汉让出来。蒋介石又来找程潜了，劝他遵命，发布他为长沙绥靖公署主任，管辖湖南、江西两省，还要他兼任湖南省主席。这倒正中下怀，客观与主观异曲同工，蒋介石撤销桂系军阀白崇禧的国防部长职务，任命他为华中"剿总"司令长官，坐镇武汉，但只怕桂系挖他的墙脚，于是启用这次竞选副总统失败的程潜坐镇长沙，利用程潜和桂系的宿怨牵制桂系。主观上，程潜与毛泽东早有默契，回到湖南，他可以利用在湖南的"家长"威望，开展和平运动。岂不是异曲同工之妙？

第六章
义声昭著

◉　回湘主改

　　程潜竞选副总统失败后，一无所凭，彷徨无计，他既无半点实力能像李宗仁那样自存待变，又没有什么财产可去香港当寓公安度晚年。他宦海沉浮几十年，仍然是一没地盘，二少枪杆，三缺钱财，四无派系，从实力角度来说，谁也不把他放在眼里。但从另一方面而言，他的威望、资历、影响，又是谁也不可匹敌的，尤其是在湖南，因为在讨袁驱汤和护法运动时，他两度担任湘军总司令，在湖南素有"家长"之称。

　　"行宪国大"将要结束之时，程潜无限哀伤。一日，他在南京寓所，喟然长叹，对肖作霖（肖是在程潜任一战区司令长官时的军管区参谋长，在程回湘时，肖任湖南保安副司令，后兼任党政军联合办公室主任、长沙警备区司令）凄然地说："这次国大，只怕会成为收场锣鼓了。以后的蒋、桂之争会越来越激烈，共军发展也会越来越快，和共产党再打下去，只会越打越糟。我想来想去，对这个局势，只有退出的好。"

　　肖作霖插了一句："那么，您还回武汉行辕去吗？"

　　"去有什么用？！"程潜满脸愁云，淡淡地说，"我在那个地方不会有用，不过还会有人想那个地方哩。"

　　沉默片刻，肖作霖回答："依我看，局势也还会有变化，蒋、桂之争，终于难免不两败俱伤，到那个时候，也得有人出来收拾残局。如果再搞一次国共合作，两党不打内战，实行共同执政，和平竞赛，国民党倒反而会振作起来呢。"

　　听到这里，程潜那阴郁的脸上掠过一丝笑意，说："你这个远见只怕见得太远了点吧，眼前你看该怎么办？"

　　肖作霖沉思一会儿，劝他说："我看你暂时还是去上海住住为好，冷一阵子还会主动些。"

　　程潜连连摇头，反手在房间里来回踱步，神色异常忧郁，真可谓"绕室彷徨"，显出进退维谷的窘态。

　　不久，程潜开完勾心斗角的"行宪国大"，衔蒋介石之令，于1948年7月24日9时30分，从武汉乘专列抵达长沙，回湖南就任新职。随同他一道到湘的有蒋介石委任的李默庵、黄杰、刘嘉树、杨继荣等一批湘籍黄埔亲信。这是蒋介石对程潜不放心所采取的对策，安插他们在程潜左右回湘掌握实权。

　　"竞选不成，就回湖南搞和平运动。"毛泽东的话语犹言在耳，程潜的心情无比沉重。尽管他抵达长沙，沿途受到各界人士的热烈欢迎，但此时此刻他还不可能公开自由地阐明自己的政治观点，不能丝毫透露他将采取何种重大抉择。因为国民党还有大半个中国和长江天险，形势还十分严峻，自己的一举手一投足，必须慎之又慎。当前，湖南人民希望自己为桑梓造福，希望自己顺应历史潮流，作出一番利国利民的事业来。但，"戡乱"、"剿共"的口号就得照常喊，在某些场合还要喊得更响亮些。

　　当时，湖南省会长沙不满程潜回湘莅任的社会力量，主要有五个方面：

　　一是以湖南军管区保安副司令兼长沙警备司令蒋伏生为会长的在乡军人会，他们对程潜的文官政府不满而怒气冲天，准备发动几千名在乡军人，在程潜到达时涌到火车站去挡驾，主要是要丢他的面子，发泄自己的闷气。

　　二是以原省府委员兼省保安副司令李树森为头子的三青团势力，他们对拥程回湘的这帮武人也不服气，怨天尤人，随声附和，企图进行抵制。李树森是三青团干事长，因此就显得特别活跃。

　　三是以省党部主任委员张炯为首领的CC分子，是程潜平日最讨厌的一帮党棍。他们既恨程潜，又怕程潜，不敢公开对抗。而是采取暗中点火，隔岸观阵的幸灾乐祸的态度，等着看热闹。

　　四是以湖南《中央日报》为代表的一些舆论界人士，他们不了解程潜的施政纲领，而表现冷漠。他们对程主席既无恶感，也不表欢迎，有时还刊登一二篇讥讽文章，对程潜回湘执政持观望态度。

　　五是以原湖南省督、现任省参议长赵恒惕为核心的部分参议员。他们过去是程潜的政敌，为程潜回湘而惶惶不安，蠢蠢欲动。就在程潜抵达长沙时的当天上午，省府各界人士都齐聚省政府大礼堂，举行欢迎大会，都想听听这位钦命的封疆大臣，下车伊始，将会在施政演说中说些什么。

　　本来，邓介松为他起草了个发言稿，语气平和，用词中肯，颇有和平色彩。肖作霖、方叔章、刘岳厚等一批激进分子都说演说稿写得好，邓介松是个人才，应该当秘书长。施政演说中应该有革新政治、实施宪法等符合民意的内容，才能打响头一炮，取信于民。

　　但以黄杰、刘嘉树、杨继荣为代表的右翼将军们主张这次回湘，要明确地表明拥蒋反共的态度，主张"戡乱"到底，强调征兵，不同意提什么革新政治，实施宪法，更不同意强调什么孙先生的革命三民主义。

　　程潜倾向听取各方面人士的意见，自有他的一套主张。他征尘未洗，稍事休息，一刻钟光景，便被簇拥到院内礼堂，参加各界人士举行的欢迎会。

　　省府大礼堂内庄严肃穆，安静异常。当听到程潜演说中那些进步言辞时，全场报以热烈的掌声和摄影机"咔嚓"的拍照声。

　　但是，程潜讲着讲着，突然离开讲稿，将话题来了一个180度的大转弯，振振有词地大喊："我于本年3月间回到长沙一次，虽然仅住了3天，但是见了许多的老朋友老同仁，并且说了很多的话。今天到场的各位女士各位代表，大概都曾见过听过的。我对于本省的一般的感想和意见，上次说得很多，各位想必还能记得，无需重复再说了。今天我以绥靖主任兼省政府主席的资格，再与各位相见。在这盛暑的时候多蒙各位盛大的欢迎，各位的热情流露愈多，我的不安愈盛；各位的希望愈大，我的责任感愈深。我不好用什么话表达我心中的感应，只好用将来的工作说明今日的意思罢了。"

　　他先从大局说起："国家经过8年抗战、3年'剿匪'以后，元气大伤，到如今可说是民穷财尽了，但'共匪'好乱成性，毫不悔过。他们那种残忍暴戾的作用，不亡国灭种不止，还真是一个空前的浩劫！无论是男女老幼每一个人都不能侥幸求免，要想免灾惟有拼命去救灾，我是一个67岁的老翁，从事革命工作已经够了，革命50多年，性命之理，政治之学，所得于古圣时贤的不算很少，智名事功在我看来如浮云一样，……只有勇往向前，绝不后退一步。"

　　最后，他简直是声嘶力竭："先生们，女士们，我程颂云今年60有7了，但是，我绝不惜任何牺牲，要与'共匪'拼命，纵然活到100岁，我也还有勇气与他们拼命。我们有实力，有办法，我现在既然回来担任省主席了，大家也就不用怕共产党了。头一个月共军不会来，第二个月就不怕他来了，第三个月以后，就只怕他们不来，来一个杀一个，一起来丢到湘江河里去。"

　　他说这番话时，威风凛凛，杀气腾腾，使在座的有识之士和进步幕僚为之大惑不解，有的简直被惊呆了，莫名究竟。

散会后，邓介松、肖作霖都委婉地向程潜进言道："颂公今天讲话未免太露骨了，影响很不好，许多人都感到失望哩。"

程潜却不以为然，诡秘地眨了眨眼睛，胸有成竹地说："你们要知道，后头几句是讲给蒋介石听的，南京方面也在听我的讲话啊！"说话间，显露几分得意的神采。

8月10日，程潜在省政府宣誓就职，同时登报发表他亲自审定的《告全省同胞书》，又大肆诋毁和谩骂共产党和共产党所领导的人民解放战争。

"文告"的激烈措辞和欢迎会上的拼命精神如出一辙，都在证明程潜为首的湖南当局要在三湘四水与共军拼个鱼死网破。但程潜的内心活动与其言行是有许多矛盾的，在高谈阔论之下难以掩饰复杂的心情，既要对付南京的蒋介石，又要在暗中组织和平力量，但和平运动，谈何容易？打，是不可能的了，蒋家王朝将面临覆灭之灾，区区湖南一隅与共产党作对，无异以卵击石。和，自己曾与共产党对仗，能为共产党所容吗？程潜内心充满惆怅与彷徨。

程潜回湘之时，正值湖南天灾人祸，满目疮痍。虽说是初秋，田野里没有泛金的稻浪，到处如同荒废的坟地一样空旷和孤寂。呈现在人们面前的是萧条的村庄，破败不堪的农舍，流离失所的灾民。号称"中国粮仓"的湖南，几成有行无市，仅旱灾、水灾使全省亏粮2100余万石，还有脑膜炎、恶性痢疾、霍乱、疟疾等疾病瘟疫蔓延肆虐，夺去了400万人的生命。腐败不堪的湖南当局，竟假"救济"之名，行大发"赈财"之实，使幸存者卖儿卖女，沿门乞讨。当时，湖南军粮竟派到1600万石以上，本来灾荒之年，催缴军粮却有增无减，无怪乎农村流传着这样的民谣："想中央，盼中央，中央来了更遭殃；接程潜，迎程潜，程潜回湘更可怜！"更有甚者，苛捐杂税就有100多种。沅江县有一个镇，禁止镇上居民自修厕所，而由县政府统盖厕所，居民掏粪，也要交税。当地民谣曰："自古未闻屎要税，而今只有屁无捐。"这时的湖南，民怨沸腾，暴乱四起！

面对如此悲惨的现实，程潜惊骇之余，反躬自省，问心难安。他采取了一系列措施，使人民休养生息，安居乐业。如实行二五减租，并发表文告，对土豪劣绅及不法在乡军人要实行严厉制裁，将各县自卫队一律撤销等等。

程潜回湘不久，即电蒋介石，保肖作霖任湖南保安副司令。不料宪兵司令张镇对肖作霖说："俞济时说你要组织什么'民主自由联盟'，拥戴程颂公反对老头子（指蒋介石）。老头子非常震怒，不但保安副司令没有批准，还要查办你。还有颂公的儿子程博洪在上海办的《时与文》杂志，完全替共产党作宣传，老头子已下令要查封。”

肖作霖感到骇然，急忙找俞济时从中帮忙。俞济时引肖作霖见到蒋介石。两人相见，蒋介石却含笑指着旁边的豪华沙发，连声说：“坐坐，我们谈谈也好。”随即问他几时到的南京？湖南的情况怎样？保安部队是怎样部署的？竟像是他并不知道肖作霖干了什么事似的，接着又转口问程潜的情况，还谈到程潜的家庭，显出关切的神情，一字一顿地说：“颂云先生有个儿子，曾经想到美国去留学，我在重庆还给过他一笔钱，不料他没有到美国去，却用那笔钱办了个什么刊物替共产党作宣传，明明是受了共产党的利用，恐怕颂云先生还不知道。听说最近他把那个刊物自动停刊了，这就很好嘛。呃！你也认识他吗？我想要他到我这里来当秘书，你回去对颂云先生谈一谈，好吗？至于你任保安副司令，那是不成问题的，我立即发令。”说着说着，蒋介石露出诡秘的笑容，扬了一下光亮的秃头，拂袖而去。

肖作霖回到长沙，将上述情况向程潜一一作了汇报，程潜成竹在胸，深沉地说：“你能相信蒋介石的话吗？有人说你在上海要搞个什么组织来拥我反蒋，他们把这个情报也抄送给了我，当然也是对我的警告。蒋介石要不是现在的处境很狼狈，他是不会这样自己转变的。但他说得再好，我们还得提防呀，不仅要听其言，还要观其行，你说对吗？”

肖作霖连连点头：“颂公所言极是，蒋介石的为人——”

“早有领教，洞烛其奸。”程潜大声说着。

面对变化莫测的复杂形势，程潜采取了一系列应变措施。9月16日，他下令撤销了专门反共的“戡乱”委员会，包括县（市）分会，这是给共产党看的。30日，他又亲自手书“戡乱”建国的五项公约，这是给蒋介石看的。在“公约”中，他用四六句子拼成这样几句：

一、以精诚团结捍卫国家；

二、以公正廉明改良政治；

三、以精忠勇敢整训军队；

四、以勤俭朴实建立经济；

五、以刚中乾健剿灭“共匪”。

程潜忽左忽右，令人难以捉摸。连省政府秘书长邓介松看了“公约”之后，也不禁大吃一惊，婉言劝道：“颂公，这样恐怕不妥吧。”

“有什么不妥的！”

“您老人家刚下了撤销‘戡乱建国委员会’的命令，只过半个月，又亲手拟订'戡乱建国公约'，岂不自相矛盾？"

"各有各的用场嘛！"程潜满腹经纶地说，"撤销委员会表示不干实际工作了，只定个公约喊几句口号，蒋介石这些人听了自然会高兴，还可稳定一下那些反对撤销'戡委'的人的情绪，让他们安静下来嘛！"

"呵，原来如此！"邓介松恍然大悟。

此刻，尽管程潜对"和"、"战"仍举棋未定，矛盾重重，真真假假，讳莫如深，令人捉摸不定。但对扩充实力，消除政敌，集中权力，站稳脚跟，却在争分抢秒地进行着。

他首先利用邓介松、邓飞黄与省党部CC派有联系的特点，分化瓦解省党部，挤走了张炯；接着改组参议会，选举支持他的副议长唐伯球为议长；又将湖南军管区保安副司令兼长沙警备司令蒋伏生调往衡阳，以肖作霖接任。

剔除了异己，程潜将长沙绥署主任兼湖南省主席、省党部主任委员、省保安司令、省军区司令五大要职集于一身，党政军大权集于一体，站稳了脚跟。

同时，他组织了文官政府，以邓介松为省府秘书长，邓飞黄任民政厅厅长，李维城任财政厅厅长，刘岳厚任绥署秘书长。

在排除异己的同时，还在短期内扩充了两个军5个师又3个旅的军队，总算有了一点应变的实力。

◉ 巧于应变

程潜在统一党政军权后，在排除障碍的同时，巧于应变，采取了一系列行之有效的措施，但表现为左右摇摆，前后矛盾，使人"丈二和尚，摸不着头脑"。

他当机立断，成立了省经济委员会，自辟财源，直接对抗南京政府。南京政府一向把湖南当做军粮库，予取予求，漫无止境，每年上缴在1000万石以上。程潜主湘后，对于南京政府的态度恭倨无常，初期奉命惟谨，渐渐由阳奉阴违到公然抗命。1948年8月，他设立省经济委员会，以何汉文为主任委员，不顾中央法令而自订规章制度，管理粮食物资贸易事项。并设物资调节委员会，以程星龄任主任。程星龄为程潜族弟，刘建绪任福建省主席时，程为省府秘书长，以共产党嫌疑撤职。程潜回湘后，地下党工委叫地下党员余志宏委托何之光带信到台湾催程星龄回长沙，共同策动程潜和平起义。如今程潜委程星龄任新职，借重之处较多。

其时，省田粮处长由程潜委任蒋固继任。蒋秉承程潜意旨，对于南京给予湖南的军粮任务，多方拖延，借词搪塞，大部欠交。对此，蒋介石大为恼火。程潜不屑一顾，为蒋固撑腰打气："我们不顾中央法令，实行二五减租，拖交军粮，这些都是安定人心的大事呀！"

一日，省府秘书长邓介松心急火燎地跑到程潜的办公室，冲着他说："颂公，老头子来电，严词指责您拖交军粮的事，要您老人家到南京去开会，去见他。"

"啊？这事他也晓得了！"程潜顿感疑惑。

"怎能瞒过他？我们一上马，就要田粮处长有意拖交军粮，老头子就恼火了，看样子是找麻烦来了哩！"

"这……"程潜顿时感到有些茫然，他知道蒋介石并不是立几项公约就可以对付得了的，他开始为难起来：到底去不去参加南京的会呢？去吧，按老蒋的胃口，湖南每年的公粮十之六七要上交中央，那怎么行？自从上任以来，我程潜已经抱定宗旨："征粮自用"，"民以食为天"嘛！没有粮食我的省政府吃什么？军队吃什么？老蒋答应我回湘后建立 5 个美械师，现在还只搞起来 3 个。要全部建起来，现征公粮自用还不够哩！他决定不去，尽量拖延时间，拖得一天是一天，拖得一月是一月……

但是蒋介石再三催促程潜去南京，程潜只好硬着头皮，于 11 月中旬带着肖作霖乘机赴宁。

初冬的天空，阴云密布，飞机在慢慢地升腾。程潜随着机身的起伏，心潮更难以平静。他俯瞰机下，四野茫茫，看不清波浪滔滔的长江，古老的南京城被蒙上一层灰色的云雾。回首往事，他不禁黯然神伤。此刻，他想得更多的是如何对付老奸巨猾的蒋介石。想着想着，他终于想出了一个良策，一丝不容易被人察觉的笑意倏然掠过他略显苍老的方脸，闪现在浓眉圆眼之间。他似乎在说：对的，高调尽管唱，粮食不能给。

飞机抵达南京，程潜被一群记者围住，他正好借此机会，阐明自己的主张，造一下掩人耳目的舆论。因此，在机场答记者问时，他显示一副与蒋介石完全一致的姿态，表示拥护"戡乱建国"的方针，对外声称要"剿匪"到底，并以亲定的五项公约为证。他故作正经地对记者们说："对于挽救时局的问题，在抗日时期我是主张抗日到底的。现在我也只有'剿匪到底'四个字可以奉告。"

在与蒋介石面谈时，程潜主动提出军粮是如何重要，表示要承担按期接济责任，叫蒋介石放心。

他的这一表态，确实使蒋介石非常满意，觉得程潜还是靠得住的。拖交军粮的事可能是下面的人的问题，因此，他们在交谈时，蒋介石就没有着重追究了。

在宁周旋半月，程潜得到蒋介石的谅解，还批准了程潜的扩军计划，由 5 个师增加为 8 个师。

程潜回到长沙，把这一消息告诉了肖作霖（肖到南京后已先期回湘）。

肖作霖为此而高兴，但是他又说："可惜的是，现在已经来不及了！"

程潜说："是迟了点。但是醉翁之意不在酒，而在粮，我们可以此为由，强调我们要扩军，省粮就要自用嘛！"

"啊，对对。"肖作霖恍然大悟，十分佩服程潜这着妙棋。

可是，蒋介石也不是好骗的，他当即派了中央粮食部的几位部员跟着程潜一同回湘，来个坐地催粮。但是，程潜也不怕，他认为：老蒋尚且对付过去了，你们这几个小萝卜头又岂在话下？

于是，他一面命人殷勤接待，一面指示田粮处长美言敷衍，继续拖延……

这批催粮部员以钦差自命，神气十足，威风凛凛，盛气凌人，催逼着省主席亲自出面，召开紧急会议来解决这个问题。

会上，程潜闭目养神，静听他们双方的争执：

"为什么阳奉阴违，一拖再拖？这样是对待总统'戡乱建国'决策的态度吗？"钦差们打着官腔指责田粮处长。

田粮处长按程潜授意，敷衍说："我们的确没做好，有责任，愧对上司，愧对总统。可是，滨湖大水，垮了很多垸子，粮食实实在在征收不上来呀……"

"胡说！前不久程主席和黄杰将军，不是下了一个提前征兵 25 万和限期完成征粮任务的紧急命令吗？你们不中用，难道堂堂省主席的命令也不中用么？"钦差们声色俱厉，简直是冲程潜来了。

听到这里，程潜当即板下脸来，老气横秋地说："他这个田粮处长不中用，我这个省主席也不中用，你们几位委员中推选一个中用的来干好了。"

他说完拂袖而去，紧急会议也就不欢而散。这些钦差们碰了一鼻子灰，只好无精打采地回宁复命，而蒋介石却怪他们不该得罪程潜，骂他们"太不中用了！"钦差们也只好自认晦气，真可谓老鼠子钻进吹火筒——两头受气。

嗣后，无休止的笔墨官司往来不断，而湖南方面仍然我行我素，将应上交的军粮扣留了十之八九。经济委员会运用这批扣留下来的粮食，先后同广东、湖北做了几笔交易，赚钱弥补湖南的财政。

然而，无独有偶，祸不单行。正当湖南财政紧缺、经济拮据之时，南京政府又施出了将贮存在长沙银行的金银强行运走的毒计。

10月底的一天深夜，省参议会议长唐伯球登门向邓介松透露了一个绝密的消息："中央银行准备把贮存在长沙分行的2万两黄金和几十万两白银和银元，全部运往上海。"

唐伯球和程潜是同乡，他的儿子唐鸿烈抗日以来就一直受到程潜信任和重用，因此，父子俩都是忠心耿耿为程潜效劳的。他知道：此事关系到省政权安危，不能袖手旁观，因此半晚来报信。

"你听谁说的？"邓介松惊讶地问。

"长沙分行经理亲口讲的。我和他私交很厚，他以为我不会泄露出去，可是我想：这笔金银是年初南京当局利用发行金圆券而兑换进来的民脂民膏，无论如何不能让他运走……"邓介松将此事报告程潜。

肖作霖也来报告："颂公同意由省政府下令裁撤了全省各县自卫队。这件事受到民众的欢迎，但那些在乡军人则竭力反对。邓介松车过湘乡的时候，差点被捆住打死了哩！"

"事后我抓了几个闹事的嘛，他对的，我还是支持。但也不能都听他的，都依他的搞法会翻船哩！你还是去跟他讲一讲……"

程潜见肖作霖面有难色，便又说："这样好吧，设立绥靖临时费监察委员会，由绥靖公署指派委员3人，省政府和省议会各派委员2人，按月审核收支，杜绝弊端，这总可以吧！"

后来，程潜还是批准了这个方案。黄杰、刘嘉树等人则利用这项绥靖捐名义，横征暴敛，大肆搜刮民财。当时汉口有一位油商的几百吨桐油，还有一位矿商的几百吨纯锑，被他们拦住开征，几乎将人家连本带利，全搞光了。

程潜真没想到：我们的官兵可以阻住油商、矿商公开过境的桐油、纯锑，却阻不住中央银行秘密出境的黄金、白银。长沙分行经理辛蘅若竟按照南京总行的指令，将2万两黄金偷偷运走了。"马上给我截回来！"程潜立即电令江西省政府在南昌将这位经理截住，押解回到长沙。

"黄金呢？"

"黄金早已经运到上海了。"

"你怎么这样胆大包天？"

"卑职也是遵命而行，身不由己嘛。"

"关起来。"

最后，这位经理被收押在绥靖公署，南京方面几次派人来要求放人，程潜说："你退还黄金，我就放人。"

他们想："一个经理怎么顶得 2 万两黄金？放不放人由你，我们已经代他求情了，对得住他的妻儿老小了，你们要押就押吧，反正黄金是没有退的了。"

一个粮，一个钱，使程潜和南京方面的关系越搞越紧张起来。他原来想依靠中央政府回湘来建政振军，如今这个幻想也破灭了。为了吃饭，他只好把他们还来不及运走的那几百万两白银，私自铸成烂板光洋过日子，维持省政府和绥靖公署的庞大开支。

面对重重困境，程潜日夜焦虑，本来有些苍老的脸显得更瘦削了。贤妻郭翼青和爱女程熙常来安慰他。他不但感受不了多少慰藉，望着她俩为他担忧的情状，心里反倒涌起阵阵酸楚。剪不断，理还乱，他的思绪沉陷在深深的迷惘之中。

肖作霖见此情景，心想："心病还得心药医。"有一天，他趁吃午饭时，悄悄对程潜说："颂公，上次到南京时，我去找了美国大使司徒雷登的代理人傅泾波，他是我那个'共济社'的人员，也是个主张中国走第三条道路的。"

"找他们干什么？我们又不走第三条道路。"

"颂公，有点国际关系也好嘛！"

"你滥用我的名义啦？"

"没有。是傅泾波约我去的。一见面他就问我对时局的看法。我说：越打下去会越糟，蒋介石对这个危局是很难挽回的了。他说，是的，蒋先生最初就是不该打的。现在已经到了这个地步，就是愿和也难办到了。不过国民党内部还是应该团结才好，光反蒋并没有好处。我说，现在已经不是什么反蒋不反蒋的问题了，而是非有一个新的力量出来取而代之不可了。"

"你是说让李宗仁代替他？"程潜问。

"不，我说的是您老人家。"

"我？"

"是的。我说您老人家资望很高，而在政治上一向没有过自己的派系；在军事上也同样没有自己的系统。这恰恰是件好事。这样才可以超然于一切派系之上，所有实力派对您才都无所忌而有所尊重。何况黄埔系中还有您不少的学生。而李宗仁是无论如何也统率不了黄埔将领的。因此，如果蒋介石不行了，只有您出来才能收拾局面，而其他任何人都是无济于事的。"

"哈哈哈……你也是吹牛不还税，信口开河哩！"程潜笑了起来。

"不不，他很以为然哩！他也认为您行，但还缺少点实力基础。他问我湖南还能像当年那样，建立一批湘军吗？"

"怎么？你要我做曾国藩啦？"程潜惊呼起来。

"我说当然可以，只要有饷有械，湖南本来就是个大兵库嘛。他问一年之内能建立多少部队？我说，大约15到20个师。"

"哎呀，你真会讲话。前次你还说8个师都来不及了，现在又从哪里搞出这么多师来了？"

"颂公，对他们嘛，也不能过于老实。我只是随便谈谈，也没有用您的名义。尽管讲大点，怕什么？要是有了他们的支持，我们就更不用害怕老头子了。"

"不，我不想依靠外国人来对付老蒋。"

"为什么？"

程潜沉思有顷，深沉地说："我也不知道为什么，反正在我的心目中，外国人是靠不住的。"

"是的，我也不过是想利用利用他们，而他们最后是不能依靠的。可是，我们该依靠谁呢？"

"是呀，我们该依靠谁呢？"程潜迷惘起来。他仰望广漠的星空，长吁短叹，仿佛像一只孤单的头雁，扇动着疲惫的翅膀，不知向何方飞去。

一波未平，一波又起。恰在这时，南京政府分配湖南征兵名额为25万名，催征急如星火，"无湘不成军"呵！一日，当肖作霖与邓介松商谈停止征兵问题，彼此意见一致。两人携带由邓介松拟好的文稿和肖作霖拟好的致南京请示的电稿同去见程潜。程潜接过文稿，半晌无言，犹豫地摇摇头："这个——怕行不通吧。"

邓、肖从各方面向程潜陈说利害，分析得失，力言不能再缓。反复商讨之后，程潜经过深思熟虑，断然地说："好，就照你们的意见办！"说罢，从口袋里取出那颗翡翠长方小章在文稿上盖了章。随即交给电务室立刻译发，并交由新闻处送报社发表。

程潜致电南京行政院及国防部，吁请停止征兵。同时通令各县，在未奉新令以前，所有征兵事务，均暂行停止，以纾民困。不久，蒋介石下野，和平运动掀起高潮，停征期满，南京行政院和国防部还没有答复，湖南也就没有另令复征。原令"停征一月"，结果无限期延长，直到湖南和平解放，一直没有征过兵，深得人民拥护。

这时，程潜很想起用唐星，同自己一道搞和平运动。其时，唐星在武汉当白崇禧的总参议，过去是程潜的得力军师，现在他受地下党的委托，既要争取程潜，又要做白崇禧的工作。他必须周旋于程、白之间，相机行事。白崇禧对唐星深信无疑，程潜想调唐星回湖南，正合白崇禧的心愿。

唐星回到湖南以后，程潜非常高兴地对他说："你回来了，好得很！先和各方面碰碰头，联络联络，以后就以绥署副主任的名义帮我张罗一切，好吗？"

"承蒙颂公厚爱，敢不竭尽全力效犬马之劳么？"

唐星欣然受命后，遵照地下党的指示，与程星龄取得了联系。他们俩过去也有深交。程星龄介绍唐星认识3个人：邓介松、肖作霖、张严佛。张严佛是特务头子戴笠的书记长，戴笠死后，接任的毛人凤以前是他的部下，他自然有点不服气。肖作霖劝他走第三条道路，跟他回湖南。他因抗日时当过军统西北大区区长，与程潜相处尚好，又是醴陵同乡人，所以也愿意跟程潜走。程潜有了他，就可以控制住湖南那帮特务，因此也表示欢迎，让他当了省保安副司令，党政军联合办公室副主任兼军务组组长。

正当程星龄、唐星等加紧串联活动，力促程潜主和之际，白崇禧也派了李书城来湖南，征求程潜关于和谈的意见，希望程潜与他采取一致行动，共逼蒋介石下野，拥戴李宗仁主持和谈。

李书诚是黄兴武昌首义时的参谋长。程潜与黄兴是儿女亲家，因此，李书城的话，他是听得进耳的。这样，程潜就面临一次重大的抉择。他觉得此事非同小可，需要慎之又慎，三思而行。他征询唐星的意见，唐星当然极力赞成，但程潜还是不放心。

一天深夜，程潜把程星龄找到省政府，二人秘密交谈。程潜说："局势发展很快，看来蒋介石快要完蛋了，现在李宗仁、白崇禧起草了一个倡导'和平解决国事'的电稿，他们现在征求我的意见，你看怎么办？"

程星龄看了电稿原文之后，当即建议程潜接受倡议，他说："主张和平，反对内战，这是全国人民一致的强烈愿望，可顺而不可逆。"

"是的，但李、白居心叵测，言而无信。他们主和的目的是为了倒蒋，万一在倒蒋之后他们不肯和谈，到那时我岂不进退两难，成了猪八戒照镜子——里外不是人么？"

"他若敢于重开战衅，一定会遭到人民的唾弃，不啻引火自焚。那时颂公仍坚持和平到底，必将受到人民欢迎。必要时我们就投向中共，又有何为难呢？"

"好，我听你的。决心脱离蒋记政府，投向中共。你能不能帮我与中共组织取得可靠的联系？"

"可以，我就是中共湖南地下党催起回来的。回来之后，已经有所活动，但是由于时机尚未成熟，还没有向您提出。现在既然您有了决心，我可以负全责代表您与地下党联系，但是……"

"什么呢？讲嘛，这里再没有别人。"

"这事危险性大，关系到您和我的人身安危，必须十分机密。颂公如果信得过我，就只能由我一人负责，不能有任何第二人参与。"

"嗯，我绝不让其他人知道。"

"那好。不过我建议：今后，您在一定时期内对左右谈话，专讲对付桂系，专讲和谈，完全不要涉及投向中共的问题。如果有人谈到这事您就缄默不表态，以免招致危险。"

程潜心领神会，默默点头。

◉ 投向光明

程潜回湘不久，以周里为首的中共湖南省工委，根据中央关于"假若战争中打过我们的坚决反共的，现在动摇亦应争取"和毛泽东关于"在国民党军队中，应争取一切可能反对内战的人，孤立好战分子"的指示，对程潜及其班底作了历史唯物主义的分析，认为程潜早年追随孙中山投身民主革命，北伐战争时期曾和林伯渠合作，受过共产党较多的影响，抗日战争曾率部打过日本，先后任参谋总长，一战区司令长官，拥护第二次国共合作。抗日战争胜利后毛泽东主席赴重庆谈判时，曾多次与程潜长谈，鼓励他走和平的道路，投向光明，两人已有默契。他与蒋介石以及李宗仁、白崇禧为首的桂系都有矛盾，这次回湖南蒋介石又委任了忠于他的湘籍黄埔亲信李默庵为绥署副主任兼第十七绥署司令驻常德，黄杰为绥署副主任兼第四编练司令驻衡阳，刘嘉树为绥署参谋长，杨继荣为绥署高参跟随程潜左右，进行监视，而白崇禧又拥重兵驻武汉，对程潜施加压力。在人民解放军胜利进军，蒋家王朝岌岌可危，程潜本人处境艰难的情况下，经过争取，程潜有可能站到人民方面来。

经过这样全面缜密的分析，省工委决定把党的工作重点放到统战策反方面，专门成立小组，并确定先从争取程潜周围的重要人士做起，逐步影响他，一俟时机成熟，即派人直接见面，争取程潜站到人民方面来。周里确定由共产党员、湖大讲师余志宏来担任这项重要使命。

余志宏通过两条渠道来争取程潜：一是通过方叔章。方是国民党湖南省政府顾问，同程潜私人关系较为密切，出入省府和程潜公馆都很方便，而方同地下党早有联系，想立功赎罪。再一个就是程星龄。程星龄在福建任省府秘书长时，因常与中共党员和进步人士接触，于 1945 年以共产党嫌疑遭到拘禁，直到 1947 年才由程潜、许孝炎等保释住在台湾。余志宏曾在福建社会科学院研究所任助理研究员期间，与程星龄熟悉。1948 年 8 月，程从台湾回到长沙，余志宏便陪同周里先后多次去看过他，鼓励他相机做程潜的工作。而程潜首先委任程星龄为省物资调节委员会主任，后又任命他为党政军联合办公室副主任兼政务组长。

程星龄建议程潜写亲笔信，派杨继荣（军统特务，绥靖公署高参，蒋介石亲信，紧跟在程身旁）前往南京将白崇禧派李书城来长沙的图谋向蒋介石告密。程潜含笑地说："告什么密？你怕蒋介石还不知道？"程星龄眨了一下诡秘的眼睛，也笑着说："不仅是应付蒋介石，而是要稳住颂公左右刘嘉树（绥署参谋长，蒋介石亲信）、杨继荣之流，骗得他们相信颂公是忠于蒋的，以便专心对付桂系。"翌日，程潜即派杨继荣持他的亲笔信前往南京，向蒋告密。程星龄还多次陪同湖南地下党的代表余志宏同程潜见面，密商起义事宜。

1948 年 10 月 19 日，程潜任天水行营主任时的秘书处长方叔章，受湖南省工委之托，在桃子湖畔方叔章住宅举行家宴。幽雅之室，高朋满座，省府秘书长邓介松、省保安副司令肖作霖、省物资调节委员会主任委员程星龄、湖南大学著名教授李达和伍薏农、民盟地下党负责人肖敏颂、方先生的常客余志宏都应约前来赴会。李达教授是中共第一次代表大会的参加者，是一位著名的社会科学权威人物，当时在湖南亦负盛名，他的到来为聚会增添了色彩。酒过三巡，菜上几道，加上名流欢聚，自然畅谈当前局势，尤其是在国民党败局已定的情况下，湖南怎么办？程潜怎么办？更成为议论的中心。宴会之后，余兴未尽，继续谈论时局。肖作霖说："我看程潜有主和的一面，但还有不少顾虑。"这时李达接过话来说："颂云先生还有不少顾虑是怪不得的。但内战是一定打不得了，打下去对国民党来说，只能加速其灭亡之进程。"接着他分析了湖南所处形势预言："蒋介石不会派兵到湖南来，白崇禧也只是从武汉路过湖南有一个短暂时间的停留，湖南之解放就在旦夕。"这一番精辟的分析使满座连连点头称是。李达清了清嗓子，然后回顾了程潜追随孙中山先生进行国共合作的历史，继续说："孙中山先生深知只有和共产党合作，中国革命才有希望，世界潮流浩浩荡荡，顺之者存，逆之者亡，依我看颂公应以 3000 万湖南人民的生命财产为重，走和平起义的道路。"

李达教授这番话，引经据典，恳切周全，说服力强，与会者深受感染。事后，余志宏向省工委负责人汇报了聚会经过。肖作霖、邓介松、程星龄即向程潜报告了座谈情况，程潜频频点头称是，很受感染。特别是十分称颂李达的真知灼见，激动地说：“本来嘛，如他所言，除了和平起义，别无他途。”随后他还资助李达治病和去北平的旅费，并殷切希望李达能将他的意愿和倾向直接上达毛泽东主席。

12 月 12 日，程潜决定成立党政军联合办公室，也正是为起义做准备。

不久，方叔章先生又来到省府，程潜见诗友来到，不敢怠慢，连忙起身让座，两人谈古论今，说到知心处，方问程潜：“颂公你准备走哪条路，是和共党合作，走和平道路，还是去香港、台湾？你一家 10 余口人，到香港或美国去生活怎么办？台湾当然不能去，你又和李宗仁、白崇禧搞不来，怎么办？大军已过江了，你去打游击吧？”

程潜脸色阴沉地说：“打游击？我已年近古稀，不行啊！”

方叔章深沉地说：“出路倒有一条。”

程潜忙问：“有什么出路？总不能投降呀！”

方叔章说：“不投降，跟共产党拼个鱼死网破？你有多大本钱，值得么？”

程潜顿了顿说：“投降我是不干的。”

方叔章挪了挪身子，继续说：“你不投降？胜者为王，败者为寇，日本天皇还无条件投降呢！‘顺者昌，逆者亡’，古今常理嘛。”

方叔章这句话倒是击中了程潜的隐痛：是啊！我和天皇比，有多大能耐？“世界潮流，浩浩荡荡，顺之者存，逆之者亡。”他不禁又回想起肖作霖他们汇报桃子湖宴会中，李达先生的一段话。他沉思一会说：“投降，就得找共产党啊……”

就在这时，余志宏执行省工委的指示，利用各种渠道，影响程潜身边的幕僚，使程潜日渐觉醒。当时的政治军事形势也极为有利，11 月 2 日，辽沈战役胜利结束，蒋介石丧失了 47 万精锐之师；紧接着东北野战军挥师入关，会同华北军区主力，于 11 月 29 日发起平津战役。11 月 6 日，华东野战军主力在徐州以东碾庄全歼国民党第七兵团，击毙兵团司令官黄伯韬。淮海战役吃紧之际，蒋介石曾令坐镇武汉的白崇禧率部增援，白崇禧不仅按兵不动，而且另有新谋，趁蒋介石焦头烂额之际，发起“和谈”攻势，逼蒋下野，由桂系取而代之。

1949 年元旦，蒋介石发表文告，声称愿与中共商谈“停止战争，恢复和平的具体办法”，提出五条空洞原则，并放出下野的空气。1 月 14 日，中共中央毛泽东主席对蒋的文告，发表“关于时局的声明”，指出蒋介石求和的声明是虚伪的，他所提出的条件是继续战争的条件，并针锋相对地提出了结束战争，争取真和平的八项条件。

毛泽东的声明在全国引起强烈的反响，3 天之后，蒋介石宣布“引退”。

24 日，李宗仁正式就任代总统，由他主持残局，桂系倒蒋获得成功。

27 日，李宗仁致电毛泽东主席，愿意以八条为基础和共产党进行和谈。

程潜面对蒋介石反动统治全面崩溃和湖南和平呼声日益高涨，本人又一贯受蒋介石、白崇禧排挤之苦，就早有逐渐脱离南京反动政府之意，加之程星龄和他几次长谈，已下定投向光明的决心。但是，他深感处境艰难，无军事实力，惟恐力不从心。特别是毛泽东主席的八项声明，引起他思想上的不安，因为其中有"惩办战争罪犯"一条，而且在去年 12 月 25 日中共新华社在陕北发表消息，公布了全国各阶层人士根据事实共同拟定的中国内战罪犯名单，列出了 43 名首要战犯，其中就有程潜的名字。

如今，毛泽东正式发表声明，强调惩办战争罪犯，这使程潜顾虑重重，心中如湘江掀起巨澜，极不平静。他怎么也想不通：4 年前，毛泽东主席叫我参加"行宪国大"竞选，选上了好主持和谈，选不上就回湖南搞和平运动。言犹在耳，如今反倒成了首要战犯！怎么办？他处在极度苦闷之中。

中共发表和谈条件的当日下午 4 时许，记者特访程潜主席询其观感，程潜苦笑道："对共产党八项条件，本人实无甚批评。"沉思有顷，始以沉重态度谈称："此为共产党故作之难题，足见其无悔过自新与和谈的诚意。"旋反问记者观感如何，记者告以一般意见，认为共方现既无反应，虽条件过苛不失开启和谈之门，似仍有一般和谈之希望。程潜答曰："和平既无今日全体人民的希望者，惟个人所见，共党所提条件，索价过高，意即原价不过一元者，今叫价数以亿兆计之，如此交易势难接近。"并且说："共党一贯作法，今见诸所提条件，益排其绝不止于所标榜之经济革命，而谋根本否灭我国五千年的历史，来一个总清算，倘今日为渴求和平，不惜根本否灭我国五千年的重大代价，此则胥以人民之公意如何以为定，吾人此际似不宜多作主张，不过个人之意，深认今日社会上并存的不好的事，无疑地力予改革。例如共党条件所提清算官僚豪门资本，实行土地改革，应为吾人所赞同，但历史上文化上所应保存的东西，仍应予以保留。总之，中国共产党具有深厚的国际背景，其自身殆无独立的性格与意志，故根本无国家无民族的观念，其最后目的无非借武力的威力以夺取政权，以遂其毁灭我国历史的企图，至所提和平条件，不过是继续拥兵倡乱而已。"

记者将程潜的答记者问，刊载在 1949 年 1 月 16 日《湖南日报》头版，舆论界哗然，众说纷纭，莫衷一是。

1 月 18 日，国民党行政院长孙科来电询程潜对和谈八条的意见。程潜立即召集绥署和省府大员进行研究，主和主战两派各持己见，议论纷纷。以刘嘉树、杨继荣、王凤喈（教育厅厅长）等为首的主战派认为中共八条要价太高，坚决主张与共产党打到底，咄咄逼人地说："是和是战，事关重大，我们绝不背叛党（国民党），不背叛总理（孙中山）。"以肖作霖、邓介松、邓飞黄等为首的主和派则振振有词：总理生前告诫我们要实行联俄、联共、扶助农工三大政策，我们和共产党讲和，使三湘人民免遭战火涂炭，正是继承了总理的遗志，也是民心所向。况且和共军作战，我们也无实力。两派各陈其词，对垒分明。这时，大腹便便的刘嘉树唾沫横飞，站起来叫道："如果抵抗不住，我就上山去打游击。"

程潜听到这里，禁不住笑了起来，冲着刘嘉树说："打什么游击啰！你这么大的尸坯子，四个人抬都抬不起，吸烟要吸'三五'牌，还讲打游击，真是寻死。"程潜一席话，说得大家捧腹大笑。

程潜等大家笑了一阵之后，将手一挥，快刀斩乱麻似地说："诸位不必争了，和谈是大势所趋。共党所提条件中，关于没收官僚资本、改革土地制度，吾人自甚赞同。但是，如果惩办战争罪犯系指和谈对象而言，则和谈无从谈起。其他七条，我们也是可以磋商的。"

接着，程潜就其他七条谈了自己的看法，并叫秘书长邓介松根据他的意图，整理一个电文，于1949年1月23日正式电报孙科，并载于当日之湖南《中央日报》上，电文云："中共所提条件，其所谓战犯如果系和谈对象而言，则和谈将无从谈起。二、三两项是合二为一者，宪法非不可修改者，所谓废除亦不过修改宪法之标志。改编军队之事，如果有必要，吾人不如更进一步要求废除军队。没收官僚资本，改革土地制度，废除卖国条约三项，可以全部接受。至于召开政务会议成立联合政府，此为和谈之必然结果，惟程序与技术问题仍当应先商讨。承询，特复，弟程潜巧。"

事后，程潜向邓介松吐露了苦衷："我都成了战犯了，还谈什么和平啰？况且，我们一表示接受中共八条，蒋介石肯定会先拿我们开刀。"

邓介松回答说："依我看也不见得，只要颂公愿意接受八条，当然就不能算是战犯了。至于蒋介石，他现在自顾不暇，不但奈何不得共产党，而且奈何不得桂系。对于我们，谅他也不敢开刀的了！反正我们豁出去了，什么也不在话下。"

程潜"嗯嗯"着，觉得邓介松言之成理，不愧为得力的心腹。自给孙科的电文发出不久，程星龄也特来对程潜说："颂公，各界对你23日所发电文反映良好。"

程潜沉吟片刻，仍有疑虑地说："你有所不知，我就是被中共方面列为首要战犯之一啊！惩办就意味着算老账，我可是负债深重的人呵！"言谈之间，充满了忧郁之情。

省工委对程潜对八条的态度、言行极为关注，当程星龄汇报程潜的想法及疑虑时，余志宏代表中共湖南地下党许诺："根据党的统战政策，只要颂公坚决站到人民方面，不仅不会算旧账，而且会得到应有的待遇。"

程星龄随即把地下党的态度转告程潜，使他逐渐消除了疑虑。程潜沉思片刻，向程星龄表明自己的心迹："我正在考虑一个新的问题，假若和谈破裂之后，湖南独树一帜，但湖南军事力量极为单薄，况且我担心执掌兵权的人，到时能否跟我们一致行动。"

程星龄频频点头，赞同地说："颂公所虑极是，我和地下党的同志也正在考虑这一问题，真是不谋而合。我看设法把陈明仁调到湖南来，一则他手下有2个军，二则他是你的学生，在四平街与共军打过硬仗，蒋介石和白崇禧都不会怀疑他的反共决心。我们可以叫刘斐出面去武汉做工作。"

程潜高兴地回答："你考虑得周到，我也想到只有子良这个人可靠了，就这么办！"

◉ 妙演双簧

陈明仁应程潜之请，经刘斐说服白崇禧，同意他回湖南任职。1949 年 2 月 18 日，春寒料峭，陈明仁踌躇满志，以华中"剿总"副司令兼一兵团司令官的身份，亲率二十九军和七十一军全体官兵，浩浩荡荡，来到湖南编训。

陈明仁一到长沙，就径直到颂公官邸，拜见这位老上司、老同乡。

程潜见到昔日当讲武学校校长时的学生、如今是赫赫有名的兵团司令，霎时，四手紧握，四目相视，各人的心中顿生难言的喜悦，浑身涌起奔腾的暖流。半晌，他无限深情地端详着陈明仁：两道平行的浓眉，眉梢略往下垂，透出英武之气。一双凤眼，闪着倔强的光芒。靠着鼻翼有两道纹路顺着脸颊成弧形延伸至嘴角，显得更加刚毅。尤其是那两只耳朵，耳垂恰在鼻尖与嘴唇的平行线上，更露出军人的威武。他体魄伟岸，铮铮铁骨，全身戎装的每一个纽扣和风纪扣都扣得整整齐齐，大盖军帽戴得端端正正，气宇轩昂，一副标准的军人风度。他虽将至知天命之年，看上去比实际年龄要年轻得多。程潜情不自禁地拍着他那硬朗的宽肩，喜出望外地笑道："子良，盼你回湘，真是望眼欲穿，亲不亲，故乡人嘛。在湖南，我们可以着实干一番事业！"

"颂公，您是我的知遇恩人，尽管人事沧桑，时过境迁，我红黑不会忘记提携之情、师生之谊，您永远是我的师长。"陈明仁深情地说着，一双锐利的

1949 年 8 月，程潜、陈明仁在长沙举行起义时留影。

眼睛在凝神地注视这位具有儒将风度的长者：他那张颧骨突起、棱角分明的方脸，显然爬上了象征老年的皱纹。大盖头，高额角，宽鼻翼，一双闪着智慧光芒的眼睛既慈祥又威严，似乎蓄着深沉的内涵。那两片善于辞令的薄薄嘴唇和两只象征福寿的大耳朵，使他更增加了儒将气派。

望着与自己有同乡之情、师生之恩、僚属之谊的程潜尊容，陈明仁脑海里立即翻腾着历历往事：那是 1924 年春，担任大本营陆军讲武学校校长的程潜，派教育长李明灏到湖南招生。由于要求入伍的人多，很快满员，程潜下令停止招生。一日，李明灏向他报告："又来了一个湖南青年报名，横竖要入校。"程潜连头也不抬，忙挥了挥手，不假思索地说："名额满了，不要！"李明灏忙补充一句："他叫陈明仁，还是你我醴陵的老乡哩！"程潜断然回答："醴陵的更不能收，收了会贻人以柄，会说我程潜家乡观念重，思想狭隘。"

"颂公，他还有陈昉周和潘培敏的亲笔介绍信哩，看来此人是个将才。"

"噢！陈昉周，潘培敏……"程潜语气有些缓和。陈昉周曾经是程潜任湘军总司令时的旧部，交情甚笃。他的儿子陈臧仲又是程潜的侄女婿。潘培敏也是程潜的同乡，素有患难之交。"你带陈明仁给我看看。"

程潜一见陈明仁仪表堂堂，英俊威武，谈吐自如，连声赞曰："将才，将才呵！"便破格录取了陈明仁，将他编入了讲武学校第四大队。

岁月如流，20 余年风风雨雨，一个成为统率千军万马的名将，一个成为德高望重的国民党元老。两人重逢，思绪万千，喜不自禁。程潜为陈明仁设宴洗尘，开怀畅饮之后，陈明仁把蒋介石令他秘密监视程潜的手令交给他的老校长。程潜接过密令，霎时，他的脸上明显地显出愠怒，顷刻，又现出一丝苦笑说："子良，你意如何？你兵权在握，要杀要抓听便。"

"哈，哈！"不苟言笑的陈明仁，此时不禁扑哧一笑，"颂公哪里话？我陈明仁绝不违背天理良心，我不听蒋介石的，听你颂公的指挥。"

"那就听便吧。"平日本不喝酒的程潜，醉意熏熏的脸上，露出满意的神采，但在性格倔强、深沉的陈明仁面前，他的谈话还是留有余地的，话题转入政治形势上，他俩从蒋介石分崩离析的政局，谈到湖南兵祸连接，人民受苦受罪的困境。程潜说："湖南是我们的家乡，地处中南腹地，是华东沟通西南的捷径之一，又是由北向南通向两广的门户，战略地位非常重要。我回湖南时就讲过，'吾湘面临此危机，应以加强自己和安定民生为两大中心工作'。我已两次主湘，要为桑梓父老干一番事业才是。"

陈明仁听后连连点头，乘着酒兴，接过话头："颂公不愧为湖南家长，德高望重。我是一个军人，曾听到一位文人的名言：'作为一个炎黄子孙，尽管各自的人生道路不同，处世哲学不同，甚至政治信仰不同，但热爱满目疮痍的国土，忠诚多灾多难的民族，则是中国人的起码道德。否则，应当受到长江的冲刷，遭到人民的唾骂。'我俩是湖南人，应该为湖南人民造福，才不愧对家乡父老。"

夜色正浓，话语未尽。

陈明仁在以后一段时间里，眼见形势每况愈下，蒋家王朝覆灭已成定局，湖南和平运动的空气愈益浓厚，他倾向和平的心理也与日俱增。他认为，只要能够救人民，救湖南而牺牲小我以成全大我，是心甘情愿的，便下定与程潜共同走和平道路的决心，于2月底，再次登门拜见程潜。

陈明仁来到程潜卧室，两人进行着密谈。陈明仁出于不苟言笑的性格，尽管打定主意的事情，也从不轻易外露，使人高深莫测。这次话题由浅入深，还是程颂公先打开了话匣子："子良，我已思谋良久，打算和共产党合作，走和平的道路。"程潜在学生面前倾吐着真言，毫不掩饰自己的政治主张，用信任的目光注视着陈明仁，用满口醴陵话继续说："这样做，可以缩短战争进程，影响大西南，保存国家元气。尤其可以使家乡人民避免再受战火涂炭之苦，不知您意如何？"

陈明仁用锐利的目光扫视了一下老校长，又环顾了一下四周，室内一片宁静，只听见闹钟嘀嗒声。陈明仁双眉紧蹙，若有所思，他觉得老校长对他如此开诚布公，心心相印，而且想法如此默契，真可谓心照不宣。他又想到胞弟陈明信在四平之役被俘释放回来。以自己的亲身经历诉说解放军优待俘房之实况，继而想到蒋介石的所作所为，终于，铁嘴开口了，陈明仁兴奋地说："颂公，我俩想到一块来了，决心投向共产党，和你一道走和平的道路，不过——"陈明仁欲言又止，沉思片刻，继续说，"现在情况非常复杂，既要对付白崇禧，又要对付蒋介石，军、警、特盘根错节，人物的面孔千姿百态，我们也得有应变措施，不能书生气。这件事，我只和你颂公保持联系，不和任何人发生关系，在公开场合，我还要以反共的面貌出现，唱唱花脸，这样可以取得蒋、白的信任，减轻武汉方面的压力。"

"是的，秘密千万不能泄露，我知你知，天知地知，举足轻重啊！"颂公愈说愈兴奋，炯炯有神的眼睛笑得眯成一条缝。

陈明仁回到湖南后，正值国共和谈期间，程潜与陈明仁共同附和李、白所倡导的和平，湖南各界各县更是广泛而热烈地响应，陈明仁也应付自如。可是，和谈破裂后，李、白出尔反尔，不仅他们自己主战，并且不准别人再谈和平。原来，白崇禧之主张和谈，不过是"借以摆脱困境，创造新机"，企图延缓时间，伺机再起。当4月15日中共代表团把经过各方面商定的国内和平协定8条24款交给南京和谈代表团时，虽以张治中为首的南京和谈代表同意这个协定，但李宗仁拒绝签字，白崇禧一唱一和，他不接受《国内和平协定》上的条款，第一个起来反对。南京政府拒绝签字，于是中国人民解放军开始进行渡江战役。

4月23日，解放军就攻占了南京。蒋介石叫嚷要打好"最后一战"，白崇禧积极拥护，把"和平"的假面具撕得粉碎。

当此之时，程潜表面上不公开反对李、白，暗中却支持社会人士，继续呼吁和平，并把促进和平改名为自救运动，积极倡导湖南人民搞局部和平，与李、白的倒行逆施对抗。值此解放军大举南下，华中战争紧张之际，程潜指出：本省应变最高原则，端在避免炮火。4月初，当记者就湖南应变态度叩询程潜答复时，邓介松以坚定爽朗的语调转告程潜的表态，略谓："无论大局如何变化，本人（程自称）基于行政长官之立场，决心至诚至正，力求湖南人民免于炮火之灾害，地方免于流血与糜烂。本此最高原则，恪尽个人力量，排除万难，悉力以赴，所有外间揣测之词，诸不足信。"邓介松继称："根据程主席此番言论，其以3000万人民福利为依归而决定其安定应变之怀抱与坚定立场，如此可见一斑。"

与此同时，程潜发表一系列的文告和书面谈话，分别在《湖南日报》、《中央日报》、《中央社讯》上发表。3月29日，程潜亲自主持青年节纪念会，发表激昂慷慨的演说，指出青年运动的方向，是为人民大众和国家谋福利，他首先说明38年前的今天，黄花岗72烈士的血，奠定革命的根基，烈士的牺牲精神突破了革命的阻力。政府以今天为青年节，就是要青年人效法革命先烈的牺牲精神。他更指出："在以往指挥一般青年从事政治和从事军事，总不做基层的实际的工作，这是一种很大的错误，使青年不能走出一条正当的出路，只在政治与军事中钻，政治与军事本身发生毛病，对国家没有贡献。现在，我们必须纠正这种错误，不是从政治和军事去进行，而必须要向农工进行，向农工学习，我们要以人民和国家的利益为努力的目标，为人民大众服务，为国家谋福利。我们向农工学习，这就是彻底实行民生主义，从事最基本最实际的工作，革命才能完成。我们要认清国家的需要，认识人民的需要，个人与环境的需要，走到农村，走入工厂，学习农工，我们今后要开辟一个新境域，从农业、工业、商业去努力进行，这才是真正的革命。"寥寥数语，激起了学生们热烈的掌声。

接着，他于11日发表了《拯救湖南人民，舍和平无他途》的书面谈话。12日，省参议会通电拥护程潜的和平主张，并分电国共当局呼吁和平。

陈明仁则身体力行，忠实地实践着他在回到长沙以后与刘斐所商定的对策以及回到长沙后与程潜默契的盟誓，表面上摆出坚决反共的姿态，表示服从南京政府，暗地里却追随程潜准备起义。他一来到长沙，对程潜显得敬而远之，疏远冷淡，令人捉摸不定。程潜的左右程星龄、李默庵、肖作霖、邓介松等，几乎每晚都在程潜的卧室陪他闲谈，讨论和平自救运动，而陈明仁都从未参加。陈明仁和程星龄也很少碰头，装作"老死不相往来"的样子。

和谈破裂后，程、白之间的矛盾进一步揭露，陈明仁与程潜更加疏远，显得陈明仁在其职权范围内独断专行，刚愎自用，把程潜没有放在眼里。所有这些姿态，都是在陈明仁回到长沙初期与程潜密商好了的。就是这样蒙蔽着白崇禧，使白崇禧深信陈明仁坚决反共，程潜不过是个老迈昏聩的傀儡，尽管他对中共的态度暧昧，但已无足轻重。

和谈破裂后，4月22日晚，程潜召开了党政军各方面的首脑会议，会议的中心议题是：和谈破裂了，湖南怎么办？会议在激烈地进行着，程潜讲了一通当前的形势以后，企图试探各方对于和平的意向及其对待长沙即将举行大规模群众游行示威活动等问题的态度，突然指名要陈明仁发言表态。陈明仁毫无思想准备，环顾左右，只见长沙绥靖公署参谋长刘嘉树、高参杨继荣等在座，他们都是蒋介石安排在程潜身边的坐探，心中感到有些尴尬，便灵机一动，大声说："我是个军人，军人以服从为天职，时至今日，只有听从中央指示，南京说打就打，说和就和，至于我个人，无他可言。"寥寥数语之后，陈明仁立即离开会场，当晚驱车回到老家醴陵去了。他的这一举动，使程颂公大失所望，会议不欢而散。

次日，程潜派程星龄、张严佛来找李君九，问陈明仁是不是变卦了？他们对李君九说："从昨晚陈明仁在会上的发言来看，大成问题。颂公把陈明仁看做湖南和平起义的一张王牌，现在担心这张王牌难以打出去了，颂公为此十分焦急。"

李君九回答："不会变得这样快吧，内中必有别的原因，待我找他问个明白，再告诉你们。"

随即，李君九、温汰沫、张严佛3人，驱车赶到醴陵，登门拜访陈明仁。陈一见到他们3人，就面有愠色地骂道："你们是些死猪，昨晚开会各色各样的人都有。我一看到刘嘉树、杨继荣这些军统、坐探在场，心里就烦躁。开什么样的会也不看场合，丢了性命还不知道如何死的！这叫我如何表态？"他们3人面面相觑，默不作声。沉默片刻，陈明仁的怒气稍有削减，便解释道："昨晚我的话，对于'和'和'打'的界限，我认为还是明确的，蒋介石要打，但他已经下台，住在溪口；李宗仁在南京代理总统，表面倡导和平。我说是听命于南京，不是听命于溪口。我倾向哪一方面，自认为并不含糊。"3人听了，不约而同地点头称是。

次日，陈明仁独自到程潜住地看望了他，向程潜表明："2月间，我同您商谈的事，向您所讲的话，都始终是算数的。但只要有任何第三者在场，即使是您的太太在旁，我都会表示不承认。一切请您放心！"程潜听了，得意地露出了笑容。

1949年4月20日，国民党政府拒绝在和平协定上签字。毛泽东主席和朱德总司令发出"将革命进行到底"、"向南进军"的命令。饮马长江、严阵以待的解放大军，势如破竹，一夜之间，突破长江天险，直逼南京。国民党反动政府逃迁广州。湖南面临着是战是和的重要抉择。

5月16日，人民解放军以摧枯拉朽之势攻占武汉，白崇禧率数十万军队败退湖南，他本人坐镇长沙，决心实现其湘桂联防，进行"总体战"，以做垂死挣扎，并扬言"要在湖南和共军决一雌雄！"在一片"反共戡乱"的鼓噪声中，古城长沙充满一片白色恐怖，陷入无底深渊。

巍巍麓山在垂泪，滔滔湘水在悲鸣！

白崇禧进入湖南的第一件大事就是不惜用一切手段搜刮和抢夺人民的物资，疯狂地抓丁、派款、要粮。白崇禧亲口向湖南人民要的是至少300万银元，而湖南中央银行的 700 多万两黄金，则被他们全部劫走。

白崇禧又加强他的法西斯控制，改组了省政府，合并非蒋、桂系军队，派大批特务打进湖南的各级组织、地方部队和土匪，使之变为自己的爪牙。为了更方便地吸吮湖南人民的膏血，他们提出了所谓"军政一元化"，以师长兼行政专员，团长兼县长，直接向群众搜刮。

白崇禧对人民的疯狂的镇压和屠杀，更是变本加厉。国防部第二厅系统下的特务机构"人民服务大队"，每个队员都配发有加拿大手枪一支，可以任意杀害他们认为不可靠的人。还收买流氓地痞，成立另一个嫡系的特务组织"青年救国团"，白亲任总团长。分布在各县、镇、乡村，成为匪帮压迫和掠夺人民的凶残、毒狠的先锋。此外，又积极拉拢湖南的封建势力，土匪武装，到处滥发委任状，仅宋希濂一部就委编了 5 个师的番号。

针对白崇禧的倒行逆施，程潜与陈明仁配合默契，巧与周旋，程潜表面对白崇禧惟命是听，巧妙应付，暗地里却通过程星龄与湖南地下党联系，并通过黄雍掩护的秘密电台与中共中央联系。陈明仁则大唱花脸，跟着白崇禧大声疾呼要"剿匪"、反共到底。他第一步于 4 月 29 日接替肖作霖兼长沙警备司令；第二步于 5 月 16 日接替邓介松兼省府委员；最后于 7 月 21 日代理省主席。

程潜针对白崇禧让华中长官公署交通处强迫湖南省船舶总队派民船 200 只、小火轮 4 艘，运送搜刮来的财物去衡阳的指令，立即宣布撤销船舶总队。

程潜针对白崇禧下令召开分区行政座谈会，贯彻"总体战"、"总动员"意图，宣布马上停止召开此类会议。

程潜针对白崇禧撇开他直接任命县长的决策，宣布对临武、耒阳、江华、湘潭、靖县、会同、通道、东安、平江 9 县县长，立即更调或罢免。

程潜针对白崇禧暗中让十四军军长出面，在联勤总部取消三一四师的番号的阴谋，宣布在省保安经费项下予以维持这个师的开支。

程潜针对白崇禧命令入湘部队凭购粮证在长沙任意取用军粮的做法，立即宣布购粮证不再使用……

这样一来，李宗仁、白崇禧把程潜视为心腹大患，企图让他接任广州考试院院长，调虎离山。李宗仁惟恐他不就，亲抵长沙劝驾。白崇禧更是软硬兼施，力促其成。程潜老谋深算，早已洞察其奸，将计就计，顺水推舟，表面做出退让姿态，答应送夫人郭翼青去香港，表示向广州政府靠拢，实则为减少准备起义的后顾之忧，于是作出把夫人及女儿、儿媳等疏散到香港的决定，然后放出欲把全家迁居香港的烟幕。

　　春夏之交，细雨霏霏，程潜独坐卧室，心中无限愁闷。门"吱呀"一声开了，夫人郭翼青端来一碗银耳莲子汤进来："颂公，补养一下身子吧。"

　　望着年轻美貌的夫人，他心中一阵酸楚，低沉而深情地说："翼青，白崇禧来长沙后残酷镇压和平运动，搞和平运动的人在重压下，走的走，散的散。现在白崇禧对我步步紧逼，欲加害于我，我将你送往香港暂避一下，一则那里比较安全，可解除我的后顾之忧；二则可以消除白对我的猜忌。"

　　"我不想走，我要跟您在一起共患难。"郭翼青说。

　　程潜强抑离情别绪，无可奈何地说："夫人，此事我已深思熟虑，除此别无他途。"

　　郭翼青凝视饱经风霜的丈夫，凄然地说："您一个人在长沙，身边无人，叫我怎么放心？"

　　程潜提高嗓音说："时局维艰，生死未卜，你一个妇道人家，怎能滞留此地？"

　　"不，我不走，我要留下来照顾您。"郭翼青声音呜咽，泪如雨下。

　　程潜深情地把妻子拉在身旁，安慰道："你放心去香港吧，我身边有博乾（即程元）照料，他还是警卫团长哩！"

　　"嗯！"郭翼青久久地凝望着丈夫。

　　4月20日，程潜派徐毅到香港为郭翼青布置房间。徐毅请示他需要住宅大小时，程潜回答说："并不要大房子，只三四间普通住房就够了。"徐毅在九龙加速威老道为他租了几间小房。不久，郭翼青带领两个女儿和儿媳由杨继荣护送（实为监视），乘飞机抵达香港。

程潜与夫人郭翼青于20世纪50年代初在长沙小吴门处陈家垅11号家中合影

程夫人去香港的消息在广州不胫而走，此举不仅迷惑了国民党当局，更掩护了程潜和平起义的各项工作的顺利进行。

◉ 高举义旗

1949 年春，人民解放战争在胜利发展，形势急转直下。在湖南，一场和平运动空前高涨起来。国民党长沙绥靖公署主任程潜和国民党第一兵团司令官陈明仁，因为中共湖南地下党组织不断对他们做工作，已逐渐认清形势，深感只有走和平的道路才顺乎民意，合乎潮流，和谈态度已趋明朗。中共湖南省工委基于当时这种形势，决定组织一批社会进步力量，争取一批强有力的爱国人士，把和平运动引向更深一步。

长沙和平运动风起云涌。4 月 22 日，湖南人民和平促进会召集湖南工会、农会、妇女会、商会、总工会等 11 个单位的扩大会，成立了"湖南各界争取和平联合会"，提出湖南"不设防、不备战、湖南人民大团结"等口号。省工会决定利用唐生智的声望，广泛组织社会各阶层、团结湖南中、上层人士，以壮大湖南和平运动的声势，促使程潜、陈明仁坚定走和平起义道路的决心。

争取唐生智的工作首先由程星龄、马子谷（原福建省政府顾问、进步人士）出面委托李觉（原国民党十四绥靖公署司令官，是唐的老部下，对蒋介石也怀不满）去做。唐生智欣然应允，表示愿弃前嫌（程潜曾联桂倒唐），和程潜一道倡导和平。

唐生智应约来到长沙与程潜见面，双方初步商妥，军政方面由程潜负责，唐生智代表湖南人民团体和 3000 万人民成立"湖南人民和平促进会"（后改为"湖南人民自救委员会"），由唐生智任主任委员。

"自救会"成立后与长沙市的学生运动遥相呼应，使湖南和平运动达到了高潮，也使程潜深感和平的道路顺乎民意，合乎潮流，从而坚定了高举义旗的信念。

4 月下旬，程潜在省府召开的例会上，义正词严地说："现在全国人民要和平，我们的政府只有排除万难，力谋真正和平之实现，还有什么瞻顾的余地呢？如果还有什么人梦想借武力来压制全国人民所祈求之和平，一定逃脱不了'千夫所指'的惨痛教训。"最后，他呼吁僚属"拿出良心来，争取真正的和平，为国家、为民族留一线生机"。他说得激昂慷慨，不时以掌击桌，会场气氛庄严肃穆。

当此之时，白崇禧撕破和平的假面具，威逼程潜免去邓介松、肖作霖的职务，5月6日又亲自飞抵长沙，在机场当着程潜、唐生智和一群记者的面，板着面孔说："今日实无和平可言，局部和平，等于分化我们。……傅作义的局部和平办法，你们看到没有？局部和平就是缴械！"白崇禧的言下之意，谁要搞和平运动，他是绝不相容的。

白崇禧坐镇长沙后，决心向程潜的"和平武器"宣战，并且认为这一"战役"对于湘、桂联防与共军作最后的顽抗是十分重要的，不去掉程潜难以达到目的。然而去掉程潜谈何容易！于是他运用兵法上的"釜底抽薪"之计，先去程潜左右，后迫程潜就范，他来到长沙之后，向"和平"宣战的第一件事便是解散"自救会"。

解散了"自救会"后，白崇禧对省政府班底进行调整：桂系亲信杨绩荪、田良骥分别委任为省府秘书长、民政厅长。陈明仁取得了白氏的进一步信任，当上了警备司令后又新增补为省府委员。肖作霖、邓介松只好离开长沙回邵阳老家去了。曾几何时，聚集于程潜身边的主和谋臣现已是寥寥无几，程潜日子日趋艰难，然而白崇禧"釜底抽薪"之计，到此尚只一半。

乱世之秋，政权是靠军队来左右的。湖南尚有程潜苦心经营的几万部队，白崇禧的下一步就是整编部队。他曾探听到：驻在宁乡至岳麓山一带的一百零二军的三百一十四师是程潜的嫡系，目前正在招军买马，扩充实力，不可不防。白崇禧得到的这个情报确实不假。三百一十四师是程潜请准国民党中央在湖南成立的5个师之一，全师一色的湖南子弟。他的族侄孙程杰在该师当团长，程潜视其为基本部队，而于4月份调到长沙市亲自冒雨校阅，阅后召集营以上军官当面嘉勉，又将自己收藏的一部分手枪赠给该部，并于省府经费十分紧手之际，拨出2万银洋给该师作特别周转费。眼下该师驻岳麓山虎视长沙，白崇禧视之为眼中钉，欲去之而后快是不足为奇的。

白崇禧决定把湖南部队（程潜扩编的5个师，陈明仁从武汉带来的2个军）整编成3个军9个师，统归一兵团指挥。撤销三百一十四师番号，部队编散。这样，陈明仁的一兵团由原来的5万余人，骤增到12万之众，陈明仁执行了白氏的整编方案，并于6月初开始实施。

白崇禧逼走了唐生智，改组了省政府，改编了湖南军队，攫夺了军政大权，使得原来一派和平气氛的湘江两岸，立刻充满战争恐怖。与此同时，白氏又串通蒋介石、李宗仁，在湖南境内和边界地区增设了不少军事机构。在芷江，设立了"湘西绥署司令部"，刘嘉树当了司令官；在湘鄂赣边界，增设"湘鄂赣边区绥靖总司令部"，霍揆章任司令官；在长沙，他召开高级将领会议，部署兵力在长沙、株洲，采取守势作战，以江西的方天兵团为右翼，以宜昌、沙市至常德一线的宋希濂兵团为左翼，吸引解放军在长、株之间进行决战。他扬言："要在湖南和共军决一雌雄。"

面对白崇禧的高压手段，程潜忐忑不安，他担心程星龄找到的地下党这条线与人民解放军取不上联系，便要求程星龄告诉地下党的负责人，他要亲自和地下党负责人见面。

地下党负责人周里得知程潜的想法后，对余志宏说："你代表地下党去见程潜。"

在程星龄的陪同下，余志宏来到省府办公室。这时的余志宏，年方32岁，长得斯文尔雅，戴着一副近视眼镜，一介书生气。程潜见程星龄引来一个年轻的白面书生，心中不以为然，疑惑地说："你呀，我看不像是地下党的负责人。"接着郑重地说，"我要搞就搞明的，不搞暗的。我不会害地下党的人。做人，就应该光明磊落。"

余志宏察觉程潜对自己不放心，以为"嘴上没毛，做事不牢"，便用醴陵家乡话诚恳地对程潜说："颂公一生光明磊落，尽人皆知，我们完全放心，不过目前蒋介石特务横行，颂公又无法完全控制，一旦他们搞暗杀、绑架，嫁祸于颂公，就会混淆视听，贻误和平大计。基于这一考虑，地下党负责人亲自指定我作为他的代表，来与颂公商榷，一切可由我负责转达。"

程潜听着余志宏的家乡口音，觉得非常亲切，深感这位书生确有水平，讲得入情入理，绷紧的脸顿时舒展开来。

余志宏见谈话气氛融洽，便无拘无束地说："颂公可能以为我午轻，缺乏见识，可您当年留学日本，年方22岁。颂公在我这样的年纪，早已担当重任，叱咤风云。据我所知，您33岁任湖南护国军总司令，34岁就担任了湖南省省长，真是有志不在年高呀！我已是30出头了，这次受党的委托前来也不过是照话转话，颂公尽管放心好了。"

余志宏情深意切的一席家乡话，说得程潜喜笑颜开，连声回答："呵，你还懂得我不少经历呀，哪里哪里，你完全可以代表地下党负责人和我说话。"

余志宏抓住契机，将话头转入正题。他针对程潜担惊受怕的心理，入木三分地说："白崇禧负隅顽抗不会长久，颂公不必多虑。我们党对起义人员的政策是既往不咎，论功行赏，而以颂公的德望和以往对革命的贡献，只要这次能高举义旗，自然会受到优厚礼遇，这是毫无疑义的。"

程潜听到这里，脸上的皱纹抹平了许多，显出了兴奋的红光，高兴地说："余先生所论甚是，我们又是家乡人，有什么讲什么，不知当今形势之下，贵方对我有些什么具体要求？"

"颂公提得正好。"余志宏喜上眉梢，用手推了推金丝眼镜，激动地说，"这次地下党负责人派我来，除了对颂公走和平道路之举表示赞赏外，也委托我向您提出以下几点：

"第一，希望颂公以书面的形式向党表明态度；第二，停止捕人杀人；第三，继续释放政治犯；第四，扣留作恶多端的国民党特务；第五，所有档案要保存，不能转移或销毁，桥梁铁路要保持畅通，不能破坏。

程潜当即表示："特务捕人杀人的事，正如刚才余先生所言，我也不能完全控制，至于第一条，容我考虑再说。其余各条都可以照办不误。"

"那好，就这么办。"余志宏高兴地说着，将话锋一转，"不知颂公对地下党又有些什么要求？"

程潜沉思片刻，立即提出了四点：

第一，我拥护共产党的政策，但不参加共产党；第二，反对蒋介石，但不背叛国民党；第三，对特务虽不能指挥，但可以设法控制；第四，个人只要不列为战犯，起义后能够保全首领，就如愿以偿了。"

他接着告诉余志宏："我在南京、上海、长沙都有房子，只要把上海的房子留给我住，我心满意足了。"余志宏一一应允转达，便尽欢而别。

这时，程潜欣闻李达决定潜赴北平，便立即赠旅费 500 元，由方叔章转交李达，并委托李达向毛泽东主席汇报他投向中共的决心。

李达于 5 月 14 日到达北平，18 日即到香山会见了毛泽东主席，向他汇报了有关程潜密谋起义的情况。毛泽东当即兴奋地说："颂公高举义旗，很好，我非常欢迎。请你回去转告他，我在等待颂公的壮举。"

在此黎明前的黑暗时刻，程潜"辗转苦夜长"，"翘首望天明"。省工委洞悉程潜的处境，进一步抓紧争取程、陈起义的工作。根据前段工作进展情况和程潜的态度，省工委决定动员程、陈两将军立即写个"起义备忘录"，向党中央、毛主席正式表明态度，以图于困境中坚定起义决心。

程潜获悉地下党的意图，便欣然同意，速即嘱程星龄起草，备忘录表明响应毛泽东主席 1 月 14 日的 8 条声明，决心脱离以蒋介石为首的国民党反动派，投向共产党。经余志宏核阅后，程潜亲笔签了名。由李君九、温汰沫送陈明仁签名。陈以"怕泄密"为由拒绝签名。"备忘录"由余志宏送到周里手里，周里打开一看，字迹娟秀醒目：

潜自参加同盟会迄国民党，从事革命凡 40 余年，服膺三民主义，始终不渝。近十余年，坚决反对蒋系独裁统治。去年返湘以后，便站在人民利益立场，坚决反对战争，力主和平。祗以自身力量尚弱，既不能明揭主张，更难于放手措施。数月以来，处心积虑，应付环境，凡实际是以打击反动力量以及解除人民痛苦之处，无不悉力以赴。例如，二五减租，停止征兵征粮，停止使用金圆券，皆自本省始。至于暗中保障革命分子活动，相当开放舆论与群众运动，皆荦荦大端；所给予反动势力军事上、经济上之打击至为重大。而潜亦以是遭受压力更为强。忻所幸迅已获得全省人民一致热烈拥护，虽反动分子多方阻挠，多方逼胁，卒难动摇。此次桂系大军退压湘境，白崇禧即极端嫉恶本省一切和平措施，遂不惜越权要挟，改组本省省政府，态度横暴，而后果必然一反本省过去措施，势将完全违犯人民利益，致引起全省人民公愤，迫使白亦放弃原定计划，此即人民力量积极支持进步措施最为显著之例。本省军政机构，缘由蒋所一于安排，而军政干部更多系蒋历年所卵翼之人物。兼之本省封建色彩亦颇浓厚，自十六七年以来，一直培养反共环境，一旦谋予转移，诚非易事。曾深思焦虑，认为调整人事，健全机构，在蒋系束缚与桂系压迫之下绝不可能。如贸然行动，势必引起狂澜，绝非潜所能抵抗。计惟努力直接为有利于人民之措施，期以转移风气，借人民自觉造成力量，反而影响政治干部。数月以来，确已略收效果。当前咸感大势所趋，莫能阻抑。潜对于军政干部潜移默化，犹未稍懈。除少数极顽固分子仍不惜自趋绝境而外，大都追随革命潮流，不致阻抑。论者或指摘本省军政机构散弱无能，自是事实，无可讳言。惟以本省过去环境，如其果有健全机构与人事，则不出两种形态：一为蒋系之工具，一为封建性的团结。此两者皆属反革命之壁垒，如其坚强，则潜所遭阻力以更大或至一筹莫展。兹幸其散弱无能，乃得乘隙增强人民力量。凡潜有所措施，多获得社会人士密切联系与直接赞助（甚至往日担任特务工作之张严佛、肖作霖、李肖白、王永康、任建冰等，近数月来亦协助和平措施甚力）。除极少数参与机要人员外，军政机构几于置身事外。此种现象，近一两月来日益显著，亦即证明进步力量之日益强大。数月以来派员与贵方不断接触，至于融洽。惟以环境逼胁，每或事与愿违。至于维持治安，沟通人民情感与理解，借以获得今日局势，多荷贵方协助，衷心感谢，匪可言宣。既受本省人民之重托，又值烽火迫近本省之际，如何避免战祸，如何减少人民痛苦，如何保存本省元气，实属当前惟一任务。爰本反蒋、反桂系、反战、反假和平之一贯态度，决定根据贵方公布和议 8 条 24 款之原则，谋取湖南局部和平，具体进行办法，极望双方指派军事代表，立即成立军事小组，俾能详细商决，并密切配合行动。就本省当前军事形势论，留驻省内军队，除桂军外，大部分所能切实掌握者，另附详表备查。凡可掌握之军队，大部均已集中长沙附近，而桂军多已开赴湘南、赣西（留驻长沙者仅约一团）。本省军队数量虽不少于桂军，但战斗力则远逊于桂军，不得不极力敷衍桂系，一俟时机成熟，潜当即揭明主张，正式通电全国，号召省内外军民一致拥护以 8 条 24 款为基础之和平，打击蒋、白残余反动势力。在潜揭明主张以前，如何配合行动，全权由军事小组商决。在揭明主张以后，短期似有设立联合指挥机关必要，一以整编本省现有武力，一以配合贵方为进一步之军事行动。凡此均得联合指挥机构商决实施。本省现有武力番号甚多，内容不实而指挥又未能统一，此皆蒋系凌乱作风。在本省来揭明主张以前，实无法调整，一俟揭明主张以后，甚望贵方予以彻底整编。惟数月以来，官兵待遇极其菲薄，尚能协力维持地方治安，而干部中更不乏明达之人，暗中拥护潜之主张，不无微劳。倘能汰弱留强，重予教育，则以上诸关系，于今后地方绥靖工作，乃至扫荡西南，尚可效劳一二。又本省反共历史垂 20 年，思想落后，固由局促山地，昧于大势，亦由蒋某多方欺骗，多方利诱威迫，造成积重难返之势。兹以贵方大军逼近，或多惶惑，经潜直接间接多方解释安慰，除少数顽固分子或已逃亡外，大多明了贵方宽大作风，尚能镇定以俟。甚望贵方大军抵达之日，更能予以事实上之证明，则全省人民甚幸。此亦潜职所关，思虑所及，合并提备参考。

程潜（签名）

1949 年 7 月 4 日，毛泽东收到《程潜备忘录》后给程潜的亲笔复电："先生决心采取反蒋反桂及和平解决湖南问题的方针，极为佩慰。"

周里看过"备忘录",殊感高兴。他还用密写药水写了一份报告,概述全省党组织和策动程潜、陈明仁起义的大体情况,将报告和"备忘录"装入特制的双层篾箩筐,然后派共产党人黄人凌、张友初装扮成商人和挑夫,将"备忘录"和省工委的报告安全地送到汉口,再由王首道、萧劲光转党中央和毛主席。

6月30日,毛泽东主席收到程潜的"备忘录"后,一面电示四野:"陈兵湘鄂边界";另一方面选调吉林省副主席袁任远(湖南慈利县人)和华北军大总队长李明灏两人前往武汉,参加湖南和平解放工作。李明灏字仲坚,他和程潜相处多年,1923年,程潜在广州任孙中山大本营军政部部长兼陆军讲武学校校长时,李明灏任讲武学校教育长。陈明仁进讲武学校的第一期学习,就是李破例录取的。程潜任北伐军第六军军长时,李在六军任十七师师长。因此,他们3人相互关系密切,尤陈明仁称他对自己有"知遇之恩","往来不断"。

毛泽东主席为中央军委起草致电四野和华中局的电文,高度赞扬了程潜在"备忘录"中所表示的态度,郑重指出:"我们认为程潜的态度是好的,应极力争取程潜用和平方法解决湖南问题。"电报还明确表示:"程潜所提军事小组联合机构及保留其军队和干部,加以整编、教育等三项要求,原则上均可照准,并迅即成立军事小组商定具体办法。我军行动在即,此事进行要快。"

军委电报还强调:"如程潜发表声明反美、反蒋、反桂,似应予率部起义之待遇,使程潜能起影响南方各省之作用,我们亦可考虑予程潜以高级名义,例如南方招抚使之类,俟南方各省平定,程潜则来中央政府担任工作。程潜是孙中山的老干部,在国民党内地位甚高,近年治湘措施表示进步,若得程潜真正站在我们方面,将有很大益处。"

中央军委回电时,还附有毛泽东主席亲笔给程潜将军的信,在武汉的四野首长即通过李明灏,找到时在汉口经营电池厂的陈大寰担负送信任务。

当时,李明灏在华北军大任总队长,担任北平傅作义将军起义将校军官的教育工作。5月间,周恩来副主席电示李明灏速赶武汉,策划湖南和平起义和湖北宜昌、沙市的工作,并告以程潜已有"备忘录"送交毛泽东,提出和平解放湖南的意见。6月间,李明灏由石家庄到达武汉,会见了中共中央华中局和第四野战军的负责同志,他们把疏通程潜、陈明仁、宋希濂的任务交给李明灏,并要他想方设法把毛主席致程潜的一封亲笔密信迅速稳妥地交给程潜亲收。

李明灏欣然同意,并答应将信亲自送给程潜。但组织上考虑到时机尚未成熟,不同意李明灏亲自出面,以免产生不测之虞。于是李明灏物色最可靠的送信人,最后找到了陈大寰。

陈大寰的父亲在大革命时期曾任第六军军需处长，是程潜的旧部，与李明灏是姑表兄弟。他本人与程潜、陈明仁左右亲信相识甚多，又在汉口开办大公电池厂，国民党反动派不会怀疑资本家会通共产党。

7月上旬，李明灏来到陈大寰家，把毛泽东主席写给程潜的这封密信交给他，郑重地对他说："这是一封极机密而又意义重大的信，必须保证安全送给程潜亲自收阅。"陈大寰表示纵有艰难险阻，定要尽力克服，不负重托。

当天晚上，陈大寰避开家人，不顾天气闷热，关门闭户，独自在房里试行夹带信件的办法。他将信件折叠成与电池锌铜一般高，卷在锌铜上，覆以薄油纸，再贴上商标。这样，不拆开是很难发觉的。同时还准备多带一些新电池，以防国民党军队沿途搜查。次日清晨，李明灏又来到陈家，当得知送信办法，连声称赞："妙哉！妙哉！"

李明灏还用印有大公电池厂厂牌的信纸，匿去双方的真实姓名，用经商的语气，分别写了两封信，一封交程潜，一封交陈明仁。信中云："大公电池厂扩大经营，正在扩股投资，这边商场中人很重信用，生意兴隆，大有发展前途。希踊跃投资，合伙经营，不要坐失良机。余由陈先生当面洽谈。"

7月5日晚，素有"火炉之称"的武汉，暑气灼人，微微江风不仅没有一丝凉意，反倒像是从蒸笼中透出的蒸气，吹到脸上，炙皮烫肉。陈大寰冒着炎天酷暑，以商人装束，带着密信，同中共某部特派的刘梦夕一道乘专轮向新堤出发。次日上午到达新堤后，改乘专驶岳阳的小划子。船行约20华里，只见沿江南岸密布国民党军岗哨，与北岸布防的解放军遥相对峙，形势极为紧张。经过3天的强渡，他们安全渡过了沿江封锁的第一关。

8日傍晚，江心停泊的国民党兵舰，先鸣枪示威，接着叫所有船只驶到兵舰旁边接受检查。陈大寰所乘的船只靠近兵舰时，有个士兵边伸手边说："把你的手电筒借我用一下。"陈大寰灵机一动，镇静地回答说："这个开关有点毛病，你不会用。"他边说边从提包内拿出一支新电筒给他。士兵占了这点小便宜，便放松了盘查，陈大寰顺利地闯过了水上封锁的第二关。

过了城陵矶，时值洞庭湖水上涨，浊浪滔滔，茫无边际，航线不明。船上的人为了避免航行途中的检查麻烦，商请船夫绕道行驶。船抵岳阳东门，已是深夜。刚一靠岸，荷枪实弹的国民党兵，马上登船检查。随之叫他们把行李全部搬上岸复查。陈大寰估计他们又会打手电筒的主意，便在提包内取出新的电筒放在外衣口袋里。上岸后，果然不出所料，检查的士兵拿到新手电筒后，立即转向检查别人去了。这样，以一支电筒的代价，买过了登陆这一关。

陈大寰和刘梦夕，在两军对峙、交通梗阻的情况下，历尽艰险，终于在7月11日下午来到长沙，由程潜的秘书潘培学引陈大寰将毛泽东主席的亲笔信面交程潜。毛泽东写给程潜的信是用一张薄薄的白纸写的，字迹较小。信的全文如下：

> 颂云先生勋鉴："备忘录"诵悉。先生决心采取反蒋、反桂及和平解决湖南问题之方针，极为佩慰。所提军事小组联合机构及保存贵部予以整编、教育等项意见，均属可行。此间已派李明灏先至汉口林彪将军处，请先生派员至汉与林将军会面，商定军事小组联合机构及军事处置诸项，为着迅赴事功打击桂系，贵处派员以速为宜。如遇桂系压迫，先生可权宜处置一切。只要先生决心站在人民方面，反美、反蒋、反桂，先生权宜处置，敝方均能谅解。诸事待理，借重之处尚多，此间已嘱林彪将军与贵处妥为联络矣。

> 毛泽东
> 1949 年 7 月 4 日

程潜捧读毛泽东主席的亲笔信，心情无比激动，双手微微抖动，高兴之情溢于言表，半晌才说："咯下就好了，湖南的和平运动，我哩去年就开始酝酿，由于没有得到毛主席的指示，宝盒子还没有揭盖，我顾虑未消。现在有了他的复信，真是湖南人民的佳音，我也吃了定心丸。"说到这里，他喜不自禁地握着送信人陈大寰的手，连声说："陈先生，太感谢你了！有了毛主席的指示，不仅我个人的出路用不着顾虑，而且整个湖南的问题，一定会得到圆满解决。"

这时，刘梦夕插了一句："陈明仁将军的态度怎样？"

程潜回答："他已经与地下党有过接触，态度也很明朗，对当前的局势看得很清楚。但他的处境和部属的情况相当复杂，蒋介石、白崇禧又多方拉拢他，所以对他做工作，务必慎重，稍有差错，会影响全局。"

刘梦夕下意识地说："哦！原来如此。"

程潜又补充一句："问题尽管复杂，但我相信经过真诚的努力，湖南和平解放一定会实现。"

刘梦夕说："我们一定把您的决心和陈明仁将军的态度报告汉口四野首长，转呈毛主席。"

陈大寰记起李明灏托交的两封信，若有所悟地说："李明灏将军已到汉口，他托我问候您老人家，还有信给您和陈明仁将军。"陈大寰随即递交了李明灏给程潜和陈明仁的信。

在此之前，程潜由于受白崇禧的重压和猜忌，度日如年，茫然不知所措，不得不作出多种猜想和准备。先是请唐伯球的儿子、时任监察院监察委员唐鸿烈，代他去广州或香港找到相当关系，将他的和平起义的意图转告中共中央。唐鸿烈答应去香港为他寻找党的关系。

5月初，唐鸿烈从长沙乘火车经广州去香港。他在九龙与黄绍竑闲谈中，得知乔冠华以公开身份为新华通讯社香港分社社长。当即请黄绍竑陪同访乔于其寓所。唐鸿烈向乔冠华陈述程与蒋素有宿怨和程想和平起义的思想动向，要求转达党中央和毛主席。乔当即表示"欢迎"之余，交代了具体政策，应允立即电告党中央和毛主席。

唐鸿烈回长沙后，将香港之行面告程潜。程连连点头，高兴地说："好，好，应该继续与乔冠华取得联系。"

自白崇禧从武汉退驻长沙后，程的处境日益艰难，地方上也遭到祸害，白竟然指令地方军警开列黑名单，到处捕人杀人。为了急于要求解放军直逼湖南，救民倒悬，程潜又于6月间叫唐鸿烈飞抵香港面乔。同时，鉴于地方财政困难，灾情严重，还叫唐顺道去广州找阎锡山（当时阎任行政院院长兼国防部部长）救济。唐鸿烈再一次飞港，与乔冠华密谈于咖啡馆，向他转告了程潜的要求。乔嘱将程所指挥的部队番号、人数、分驻地点、作战能力以及部队长姓名等，写一份书面材料，加封交由他指定的"香港分社"人员收转，并告此人不久将去北京。唐鸿烈当即参照当时在港的李默庵所提供的情况，列表详明，按乔冠华提出的要求办理。

唐鸿烈离港后，又遵程潜之嘱去广州拜见了阎锡山。当时李宗仁也在座。李宗仁盘问程潜情况："听总统府秘书长邱昌渭反映，外界传说程颂公不稳，这究竟是怎么一回事呢？"

阎锡山插话说："你照直说吧，这与你是没关系的呀！"

唐鸿烈连忙多方解释，强调说："程潜是国民党元老，历来忠诚党国，已被中共列为'战犯'，如有流言，显然是别有用心。现在湖南军政各费困难，灾情又重，特代表前来请求补助、救济。若有怀疑，请阎院长亲往湖南调查。"

李宗仁陪笑说："我只是问问，不必多心。"

阎锡山回答："我抽不出时间，调查就不必了吧。"

随后，经李宗仁同意，阎锡山派贾景德（行政院秘书长）与唐鸿烈同行，一道回湖南。贾景德对唐鸿烈说："阎院长与程颂公系日本士官学校同期同学，没有不帮忙的，除临时拨款补助外，先以银元 1 万元随机带往长沙救济灾情。"

7 月 14 日，当唐鸿烈和贾景德同机飞抵长沙时．白崇禧于晚上约见唐鸿烈，突然声色俱厉地对唐说："你背叛党国，勾结'共匪'，在湖南图谋不轨。你必须即日离开湖南，否则对你不起！"然后又说："你即转告程颂公，要他放明智些，自动辞去省主席兼职。"说罢，不由分说，拂袖而去。

唐鸿烈随即将白崇禧的态度告知程潜，并说："白崇禧对我们怀疑得很，但拿不出证据来也是枉然。如陈明仁不可靠，你就不要辞职。"

程潜恰在前两天收到了毛泽东主席的亲笔信，有了尚方宝剑．心怀坦然，露出悲喜交加的神色，沉思片刻，回答说："这很难说。不过毛主席的亲笔信已派人送到，我本人已下最大决心，坚决遵照毛主席给我的指示去做，早日实现湖南和平起义。至于陈明仁，他不会不考虑，早点通知他，不无好处。"随后，程潜与陈明仁面商机宜，共策和平起义。

与此同时，程潜向程星龄诉说了内心的恐惧，对他说："为章（即刘斐，醴陵人，曾任国民党国防部参谋次长）已由北京回到香港，我想请你去香港一趟，请为章来长沙接任省主席，我就可以转危为安。"

原来，程潜身处逆境，如坐针毡，他想起刘斐，想请他接任省主席职务，借以"金蝉脱壳"，缓和自己与白崇禧之间的矛盾。这对程潜而言，无疑为一着妙棋，而且也符合白崇禧的意图。于是，6 月间，由唐星征得白崇禧的同意后，他便派程星龄、刘岳厚带着他给刘斐的亲笔信立即飞港，请刘斐回湘。程潜在信中写道："白崇禧已胁迫我一同备战，并指桑骂槐地责备我。我实在难以忍受，希刘兄不负重托，速回湘任主席职。"

程星龄等抵达香港，把信交给刘斐。刘看了以后，拒绝回湘，对程星龄说："我与白健生的关系，你是深知的。颂公配合子良共同欺骗白健生，我怎能扮演颂公这样的角色呢？请你转告颂公，有子良掌握兵权，白健生深信子良是坚决反共的，认为颂公完全是个傀儡，就绝不会危害颂公，颂公不必过虑。"接着，刘斐还给程潜写一封复信，请他不要辞职，信中云："事情仍照我们以前所谈的相机办理：一面和白崇禧虚与委蛇：一面避居湘西，以便相机起义。"

程星龄、刘岳厚向刘斐谈到当时白崇禧和程潜在长沙的情况道："5 月 16 日，白退驻长沙，其总部迁衡阳，指挥所则设于长沙藩正街，警卫森严，如临大敌。唐星去看他，他对唐星表示，湖南省主席必须换人，仍要唐劝程潜到广州去当考试院长。程潜已成了他的眼中钉。唐只好赞成他的主张，并对他说：最好请刘斐回来当主席。白崇禧回答说：'为章好是好，但他到香港去了，怎么办呢？'

唐星说：'我们可以派人乘飞机去请他回来。'"

过了 10 余天，程星龄、刘岳厚回到长沙，将刘斐托带的信面交程潜，还作了一番口头汇报，并把刘斐不愿回湘的意思由唐星转告白崇禧。白说："还是多劝劝为章，要他回来，这对湘、桂双方都好，对他本人也有好处嘛。"他要唐星马上派人再去劝说。唐请示程潜后，又派刘岳厚赴港，劝刘斐回湘，但刘仍坚持不就。

白崇禧见两次请刘斐都不来湘，便决定另找人选，接替程潜主席之职。他对唐星说："目前湖南要找一个当家的人，一定要是湘籍的才好，当然没有实力也不行。但实力又都在黄埔学生手里，只好在他们当中物色一个。"这些，陈明仁自然就成了他考虑的对象，最后决定以陈明仁代替程潜出任湖南省主席。

程星龄在香港虽未说动刘斐回湘，却意外地碰见了章士钊先生。

章士钊是李大钊的好朋友，很有影响的进步民主人士，程星龄向章告以此行的使命和经过。章士钊说："刘斐不愿去湖南是有道理的。我看桂军在湖南待不了好久，颂公可在湖南待一段时间。"接着章又谈起毛泽东主席英明伟大，对程潜起义，期望甚殷，同时告诉程星龄："据我所知，中共对陈明仁绝不追究他四平街的问题，毛主席有一次跟我说过：'当日，陈明仁是坐在他们的船上，各划各的船，都想划赢，这是理所当然的，我们会谅解，只要站过来就行了，我们还要重用他。'"

程星龄听后，非常高兴地说："如果颂公和子良都知道这些情况，一定受鼓励。"

章士钊笑了笑说："那就托你带封信给颂公，就把这些情况告诉他，如何？"程星龄连声称好。

程星龄带着章士钊的信回长沙，向程潜汇报香港之行的情况，陈明仁这才知道毛泽东主席对他的谈话，他的心情激动不已。回想几十年来替蒋介石冲锋打仗，做了许多不利于人民的事情，特别是四平一战更是百身莫赎之罪。而共产党却是这样宽宏大量，毛主席的话又是如此体谅其情，寄托甚殷。他决心见一见地下党负责人，表明态度。并把这个想法告诉了李君九。然后李君九高兴地把陈明仁的意见报告了余志宏。

省工委经过慎重考虑，决定仍然派早已与程潜打过多次交道的余志宏"深入虎穴"，去做陈明仁这位兵团司令的工作。

余志宏深知，要见这一位高喊反共的国民党兵团司令官，自然要承担风险；同时又考虑到：自己通过李君九、温汰沫已掌握了陈明仁的一些思想动向，有条件与陈明仁见面阐述党的政策，使之尽快站到人民方面来。他满怀信心地接受了这项任务，并且习惯地表示："请组织放心，我坚决完成任务。"

由于白崇禧专横跋扈，耀武扬威，程潜独处省府院内，深感朝不保夕；他日夜盼望解放军迅速进军湖南，其心情之急迫，有如大旱之望云霓。

7月初的一天深夜，程潜把程星龄和唐星找去商谈，决定派代表驰往武汉，催请四野首长尽速派兵向长沙进军。唐星推荐刘纯正承担此一重任。

刘纯正曾在汉口担任过第九兵站总监部视察组长，1948年回长沙后，经拜把兄弟、宪兵第十团团长姜和瀛介绍参加了"湖南进步军人民主促进社"（与地下党关系密切的策反组织，由陈采夫负责）。唐星引刘纯正拜见程潜。程潜开诚布公地说："好，请坐。我在南京竞选副总统的时候，被李宗仁出卖，受了他的骗。现在又受白崇禧的压迫、控制，我实在无法应付啦！请你把我的意思向他们（指解放军四野领导）好好转达，希望他们快点把部队开进湖南，我们担子交给他们就放心了。"

程潜说到这里，沉思片刻，面对唐星："天闲，我的事你很清楚，请你同他详细谈谈。"

说罢，他霍地起身走到桌边，熟练地从抽屉里拿出一份地图，"哗"地打开摊在刘纯正面前，指着对刘纯正说："这是福建汀州，这是广东韶关，这是……"唐星笑着说："颂公，他是黄埔四期的，看地图他是里手的，交给他就是了。"

"真的，多此一举。"程潜微笑着将地图交给刘纯正，并当即写了送300元旅费的条子交他，叫他到程星龄处去取款。

刘纯正问："颂公，有什么条件向他们提吗？"

程潜回答，"有什么条件，他们来了再说。"

临别时，程潜反复叮嘱他要小心谨慎。

7月10日上午，刘纯正与退役军官夏国祥等3人，以合伙做生意为名，由长沙搭乘运载水灾难民的敞篷车出发，下午到达汨罗站，后改乘木船。这时湘江水涨，洪水滔滔，茫无边际，船小风大，令人胆战心惊。几经敌人盘查，闯过道道关卡，终于于15日晚到达武汉。

次日早上，王首道接见他们，劈头就问："刘先生这次来是全权代表，还是非全权代表？"

刘纯正如实回答："来时我问程主席有什么条件提出没有，他说不提什么条件，等你们到了再说。我以为他的起义是无条件的。我来的任务，仅仅是传达程主席的意图，希望解放军早日入湘。关于以后的一切问题，他并没有授权给我，所以谈不上什么全权代表。"

王首道又问："程颂公已有'备忘录'给我们，刘先生知不知道？"

刘纯正不假思索地说："不知道。"但转念一想：程颂公真是老谋深算，双管齐下，既写"备忘录"派人送中央，又派我赴武汉当面请示，办事可谓稳扎稳打。

一会儿，经谭余保引路，刘纯正见到萧劲光司令员。萧连声说："你来得正好，再迟3天不来，我就要下总攻击令打长沙了。枪声一响，程颂公的起义就完蛋了，一打起来，这笔账如何算呢？"

刘纯正不禁心头一怔，继而庆幸颂公深谋远虑，采取多渠道与党中央和四野首长取得了联系，真是举足轻重呵！

不几日，刘纯正随王首道、唐天际、金明、谭余保等首长，日夜兼程，驱车来到平江。王首道对他说："我们已组成了一个和平代表团，由金明同志任首席代表。请刘先生回长沙后转告程潜主任，请他也组织一个代表团，谈判的地点，由程潜主席决定，平江、春华山、黄花市、城内、城外都可以。"刘纯正连声回答："好，好！"

根据中央军委和毛泽东的指示，四野一方面兵分3路进军湖南，向白崇禧部发起进攻；另一方面派出干部刘梦夕自汉口秘密来长沙，直接与程潜晤谈。7月17日晚，四野将晤谈情况电告中央军委和毛泽东，并请示：程潜、陈明仁起义后，他们要求给所部用"国民党人民解放军"或"国民党人民自卫军"名义出现，究以何种名义为宜，请中央考虑答复。7月18日下午，毛泽东以中央军委名义电示四野，电文云："在程潜、陈明仁等在宣布脱离国民政府后，可以暂用国民党人民解放军名义出现，以便给蒋、阎、李、白等以打击。我们现在不怕程潜仍挂国民党名义，因他挂此名义利于暂时团结内部，又利于在政治上给蒋、桂以打击。我们也不怕他挂人民解放军名义，因为不久该部即可被我改编，而且挂了此名义，即区别于蒋、桂的国民党。"

在7月18日的同一份电报中，毛泽东还郑重指出：四野应"派代表数人（其中应有李明灏）与程潜代表数人举行会议，商谈确定并组织联合机构，然后行动，此项会议应立即举行。如程不便派代表来汉口，则你们的代表可去长沙。"

根据上述指示，四野立即组成了包括李明灏在内的5人代表团（金明、袁任远、唐天际、解沛然），准备与程潜、陈明仁商谈湖南和平解放事宜。

在形势急转直下的关键时刻，白崇禧对程潜步步紧逼，使他处境更为艰难。但他已有毛泽东主席的亲笔复信和复电，因而心定气壮，稳如泰山。

7月14日，湖南省政府会议厅里，文武官员满座．冠盖如云，庄严肃穆，恭候广州国民政府行政院长阎锡山派来的特使贾景德。程潜首先致欢迎词："正当我省黎民遭受水旱灾害之苦、面陷战祸之际，阎院长派来特使慰问灾民，我代表湖南民众，向阎锡山院长，以及不辞辛苦、长途跋涉的特使贾秘书长表示谢意！"

他的话被一阵热烈的掌声所打断。停了片刻，他继续慷慨陈词："民乃国之本，民不聊生，国岂能存焉？目前，湖南正处于危急存亡之秋，天灾人祸，苦不堪言。国民政府理应竭诚解民倒悬，救民于水火之中，以不负孙总理在天之灵，民众之所托，现在请阎院长的代表贾秘书长训示！"

又是一阵热烈掌声。程潜请特使讲话。

贾景德说："本人此次奉阎公之命，一为慰问灾民，二为敦请颂公速赴广州就任考试院长。颂公乃党国元老，德高望重，才学过人，素负盛名，众望所归。李代总统、阎院长均盼望颂公早日就任。"

台下人们交头接耳，厅内一阵哗然。

程潜挥了挥手，示意大家安静。稍顷，他霍然从座位上站起来，目光四射，威严灼人，激动地说："刚才，特使转达了广州政府对我省的关怀和期望，我代表湖南军民表示感谢。请转告李代总统、阎院长，我们一定组织自救，共度荒年。过去，我们当中确有人希望别人来救济，靠菩萨保佑。现在他们应当明白了，只有自己救自己！"

一阵雷鸣般的掌声过后，他将话题一转，义正词严："现在湖南面临着天灾人祸，我身为湖南的行政长官，理应与大家和湖南的父老兄弟同甘苦、共患难、渡难关。绝不应在危难之际临难而弃民，去广州就任新职。程某愿与湖南3000万同胞共患难、同生死，以度残年。拳拳此心，请上达广州诸公谅解。"

会场掌声不绝于耳，特使垂头丧气，感到无地自容。

对于白崇禧的倒行逆施，程潜洞悉其奸，断然拒绝就任考试院长，但白崇禧绝不会善罢甘休，程潜自忖："小诸葛"对自己可能采取两种方案：一是派特使暗杀。这种可能性较小。二是胁持他去广西，这种可能性最大，也是程潜最担心的：如果去广西，不仅自己人身安全没有保障，整个起义计划也会遭到破坏。想到这里，他打电话："请唐副主任来一下。"唐星来到程潜办公室，程潜把自己的分析告诉他："你到那里（指白崇禧处）看看有什么动静，如要我去广西，务必设法开脱。"

唐星来到白氏官邸，见面问好，白崇禧一边批阅文件，一边随和地说："天闲，你来得正好。长沙的事要子良（即陈明仁）负责，颂公（即程潜）和他的保安部队，撤入广西境内，烦你向颂公禀报一声。"

唐星心里暗暗吃惊，但他表面不露声色，不紧不慢地说："共军指日南下，颂公老迈，后撤广西境内，甚是安全，白公（即白崇禧）虑事很周全呀！不过……"唐星故意把话顿了顿。

白崇禧忙问："不过什么？"

唐星笑了笑说："白公若把湖南这几万保安部队弄到广西去，一则造成后方交通拥挤，二则增加广西给养负担，三则万一闹起事来，酿成内乱，后方不稳，此三者乃兵家之大忌也。"

白崇禧急不可耐地问道："那你有何高见？"

"高见不敢，此事在下早有所虑！"唐星胸有成竹地说，"邵阳地处交通要冲，有公路通衡阳和川、黔边界，又尽在白公控制之下，如果把程潜和长沙绥靖公署移往邵阳，谅他跑不出你的手心，万一战况有变，还可令他退入川黔边界，与白公会合。这样既可稳住湖南民众之心，又可制约程潜，此乃万全之策！"

白崇禧若有所思地说："你的考虑很有道理，但我想让你去邵阳指挥长沙绥署，颂公嘛，还是到广西为妥。"

唐星窥见白崇禧的用意，依然不紧不慢地说："白公对我的信任，我非常感谢，但颂公若不去邵阳，我万难从命。"

"为什么？"白崇禧问。

唐星说："没有颂公这块牌子，我何能服众？"

白崇禧犹豫了一会儿，才把手一挥说："好吧，就按你说的办。"

唐星告辞白崇禧，径直朝省府走去。他把这段经过绘声绘色地讲给程潜听。程潜不禁长长地嘘了一口气，情不自禁地掏出手帕擦了擦额上沁出的汗珠。他紧紧握住唐星的手说："感谢你，为湖南和平事业立了一功啊！"

送别唐星，程潜立即部署邵阳之行：他召集省府高级军官会议，安排去邵人员，接着又在省府礼堂对干部训话，说明出巡邵阳之意义；他示意舆论界造点声势。省会几家主要报纸，立即登出"程主席将于近日内出巡邵阳"的醒目消息；他还下手令给陈明仁将军，着他代行省主席职务……程潜以其丰富的经验和周密的安排，使号称"小诸葛"的白崇禧居然对这一切毫不怀疑。

◉ 毅然起义

对程潜、陈明仁的争取工作，是在中共中央统一领导下通过多条渠道同时进行的。7月中旬，中共长沙特别支部（先属香港分局，后属华中局，刘晴波任书记）负责军事策反工作的张立武，来到省府与程潜会晤。程潜坦诚相告："长沙绥署已迁往邵阳，我准备21日离长去邵，等白崇禧离开长沙后再回来。"

张立武急切地问："起义通电何时发出？颂公去邵阳后，长沙方面作何安排？鉴于解放军已进入湖南境内，白崇禧主力部队已向衡阳撤退，在长沙只留少数警卫部队，是否可考虑一方面组织武装力量，从衡宝线向衡阳出击；另一方面在长沙采取强力措施扣留白崇禧？"

程潜的双眉紧紧拧在一起，他陷入了沉思之中。客厅里的大座钟，发出有规律的摆动声，似乎有意在打破这难堪的沉默。片刻，程潜郑重地说："起义通电问题，如果张先生能去邵阳，可以到那里再商量。我去邵阳后，长沙方面由子良负责，他是靠得住的。关于组织武装力量的问题，我们已在长沙、湘潭、邵阳及衡宝线，做了一些部署，至于扣留白崇禧的问题，我与他相处数十年，虽不甚融洽，但我还是不愿这样做。我走我的阳关道，他过他的独木桥，最好互不相犯。我已年近暮年，只求保住湖南就行了。"

这时，华中局派洪德铭（原任地下党成都市委书记）来湖南传达《中共中央、华中局关于程潜起义和湖南迎接解放的指示》，主要有下列几点：一、中央已同意程潜的要求，并已指示解放军前线指挥部准备组织代表团和程谈判，李明灏将参加谈判工作。希望程不要着急，特别是陈明仁要不动声色，不能有任何暴露。二、立即停止到处武装袭击白军和军、警机关的行动。三、要进一步加强统战、策反工作……

省工委根据华中局的指示，进行了认真的研究，决定派张立武随程潜去邵阳，促使程潜尽早发表起义通电，继续争取下面的部队起义。张立武接受任务后，与刘伯谦、陈立漠、谢一中、程元等开会研究程潜去邵阳的问题，决定由陈立漠的水上保安总队负责长沙至湘潭的安全保卫。

7月21日上午，省府大院门前，整齐地停放着大小20余辆汽车，整装待发，随同前往邵阳的有省参议会议长唐伯球、建设厅长王恢先、长沙市长陈迪光，还有机要秘书、绥署高参及各处处长刘岳厚、朱明章、杨敏先、潘培学等，以及警卫团。8时许，程潜出现在自己的专座——一辆日本造避弹车前。正欲登车出发时，白崇禧专程来为程潜"送行"。程潜古铜色的脸上露出几分愠色，但立即又泛起神秘莫测的微笑，虽然各有心事，官场应付依然如故，他和白崇禧握手寒暄了几句，就一头钻进座车，立即吩咐司机："开车。"白崇禧望着远去的车队，扬起阵阵尘埃，脸上露出几分得意的奸笑。当日下午，他把长沙的事交给陈明仁，就放心飞往衡阳。

当程潜的坐车来到南门口时，程星龄早已等候在这里——他是为了避免白崇禧见疑，而特地安排中途上车的。程星龄登车，两人相视会意。车队沿长宝公路向邵阳驶去。一路上，程潜一行不紧不慢，悠闲自得，路过青树坪，又把邓介松带上，直到太阳西下才进入邵阳，受到各界的热烈欢迎。省主席驾临古城，鞭炮齐鸣，鼓乐声声，热闹非凡。程潜频频向欢迎的人们挥手微笑致意。邵阳地区的反共大土匪、前六十三师师长陈光中也在欢迎之列，他请程潜到他家里去，并且献媚地说："敝处僻静安全，宽敞明亮，兼有碉堡，配有家兵日夜巡护，请颂公就在敝舍下榻，万保无虞。"程潜泰然应允，令警卫大队分驻附近，一行大员乘车往陈光中的住处——郊外小江湖亿园驶去。

白崇禧一到衡阳，迫不及待地打电话给邵阳专员兼保安司令魏镇，询问程潜沿途情况。魏镇是白崇禧的老部下，但他已向程潜靠拢。所以当白崇禧问及程潜的行踪，魏镇回答得真真假假。白问："程潜什么时候到的邵阳？"魏答："下午4点到的。"这是真话。白问："在哪里吃中饭？到过邓介松家吗？"魏答："他在湘潭吃中饭，他没有去青树坪邓介松家。"这是假话。实际上程潜是在青树坪邓介松家吃的中饭。

这样，当白崇禧获悉程潜住进反共头子陈光中家，也就放松了防范，自以为妙算得计。可他哪里知道，程潜到邵阳以后，立即召集各方面人士开会密商，紧张地筹备起义。次日，他派李觉到东安请唐生智来邵阳共商起义大计（后因唐怕目标太大，湘桂边境的地方武装尚未组织好，担心引起白氏施加压力，影响大局，故未成行）。23日、25日两日，程又秘密会见了省工委派到邵阳联络起义的张立武，后又会见了地下党员刘寿祺，就起义通电发表的时机、地点、邵阳部队的部署等问题进行了研究。程潜认为：起义通电在长沙发表影响大，比较合适。并嘱邓介松等起草起义通稿，还接见了六十三师师长汤季楠，嘱他好好掌握部队迎接和平解放。

为了迷惑白崇禧，24日，程潜叫侄儿、省府高参程博能发一个特急密电给广州政府李宗仁，请陈明仁出任湖南省政府主席。广州不明颂公意向，由唐鸿烈以私人名义来邵，探询是否出自真意。程潜叫程博能立即电复："确出诚意。"以此表明他不问政治，自愿退处闲职。这样一来，朝野人物都以为湖南全局已为白崇禧驾驭，而白也就自鸣得意，眉飞色舞。

程潜出走邵阳，陈明仁坐镇长沙，各方面应酬自如之际，程潜派往汉口催促解放军尽快入湘的刘纯正回到长沙，带来王首道的话："我方已组成和谈代表团，解放军到达平江已停止前进，希望长沙方面也组织一个代表团，谈判地点可由双方协商。"陈明仁思忖了一会儿，决定请他的老师李明灏先入长沙，以探听解放军的态度再说，他电告在邵阳的程星龄速回长沙，有要事相商。

程星龄于 26 日回到长沙，陈明仁告知原委，并说："我想请你和李君九明晨去平江，迎仲坚（即李明灏）先生来长。"程星龄欣然应允。

陈明仁随即用密码通知程潜，请他速回长沙。程潜当即复陈明仁"至速艳日（即 29 日）来。"28 日晚，他召集心腹商定了密返长沙的方案。决定仍由长宝路取捷径回长沙，连夜布置长宝沿线警戒，并由负责警卫的朱明章选派警卫团军需朱程凯火速赴湘潭找水警大队长陈立谟，密嘱他于 29 日清晨将汽轮生火备用。29 日清晨 4 时，程潜装作外出散步之态，突然急驰返长。临行时，他告诉随身副官范少立："你留在这里专守电话机，外面来电话，你就说我到外面溜达溜达去了。"程潜离开邵阳时，仅带警卫组手枪排及姜定华的警卫大队作护卫，留下警卫团一个营驻邵阳原地不动，以掩人耳目。这样，程潜一行神不知鬼不觉地离开邵阳。

车到湘乡时，突然发现国民党飞机沿线侦察，飞机在空中盘旋狂轰，似乎时刻准备着俯冲投弹。程潜一行灵巧地隐蔽着，待敌机去后继续前进。

上午 10 时，车到湘潭，程潜决定改乘汽轮返长。事先准备好的汽轮已靠近河岸，只等待发。这时，程潜嘱咐汽车司机徐贵轩计算时间，估计程乘坐的汽轮已到达长沙时，即将其原坐的日本造避弹车开过湘潭渡口。当哨兵检查时，但见车中空无一人，只得放行。汽车经过黄土岭时，程潜坐车号码，被交通检查站发现，立即告知长沙警备司令部稽查处长毛健钧。毛马上向陈明仁报告："程潜已经潜返长沙。"陈反问道："哪来的情报？"毛答："程潜坐的避弹车于下午 3 时通过了黄土岭回长沙。"陈明仁故意进一步追问："车内坐些什么人？"毛答："不清楚。"陈大声斥责："混蛋！程潜的坐车就只坐程潜吗？快给我查明。"陈明仁以此哄骗特务一番。

汽笛一声长鸣，汽轮像一支离弦的飞箭向长沙射去，划起白浪滔滔，惊得一群盘旋逐食的鸥鹭腾空飞去。程潜端坐舱内，望着窗外烟波浩渺，不禁百感交集，心头涌起无限焦急和思虑。

29 日下午，正当广州政府正式任命陈明仁为湖南省政府主席时，程潜安抵长沙，住进水陆洲音乐专科学校。连日来，他运筹帷幄，日夜操劳，策划起义，迷惑蒋特，应付桂军，确实巧运心机。时近黄昏，当朱明章、杨敏先、程博能陪同程潜共进晚餐时，一向不苟言笑的他，面露微笑，妙语解颐，对大家爽朗地笑道："今天吃餐解放饭啦！"他夹了一块鲜鱼，得意地点头说："小诸葛这次被我玩弄于股掌之上，竟毫无觉察！"

"哈，哈，哈……"大家会心地同声笑道。

停了一会儿，他用欣赏的语调说："这次多亏子良通力合作啊！"是的，二人同心，其利断金，师生情深，配合默契，串演了一出绝妙双簧！

程潜回到长沙的第二天，李明灏来到水陆洲，与程潜密谈。两人相见，抚今追昔，感慨万千。李明灏告诉他："这次到长沙是毛主席点的将。毛主席曾和我多次长谈，称赞颂公是位杰出的人才，不仅军事上是科班出身，仗也打得蛮不错，北伐时攻克芜湖，首克南京，都是您与林伯渠通力合作的杰作，而且能诗善文，工于书法，做诗沿袭汉魏古风，古朴苍劲，气魄恢弘，不愧为一代钟吕之音。"

"哪里哪里！主席过奖了。"程潜听了李明灏介绍的情况，得到无限的宽慰，表示一定要按照党中央、毛主席的决策办事，为和平解放湖南竭尽全力。

正在这天，广州政府正式免除程潜本兼各职，任命陈明仁兼湖南省政府主席，随即又宣布撤销长沙绥署，成立湖南绥署总司令部，陈明仁任总司令，程潜为广州考试院长。同日，白崇禧密电陈明仁："程潜率武装人员潜返长沙，图谋不轨，着即解除护卫武装，实行兵谏，迫使程去广州任考试院长。"

陈明仁即将电文交给了程潜，程潜付之一笑，毫不理睬。

正当程潜加紧筹划起义之时，8月1日清晨，蒋介石派国防部次长黄杰、政工局长邓文仪（均为陈明仁黄埔一期同学，邓是醴陵人）充当说客，携带银洋20万和重机枪50挺，由广州乘飞机抵达长沙，游说和劝驾陈明仁死守长沙，挟持程潜去广州，并随身携带蒋介石给陈明仁的亲笔信。

黄杰、邓文仪下了飞机，见机场戒备森严，三步一岗，五步一哨，不禁有些胆寒，便急忙钻进吉普车，直奔省府大院。往昔，这里平静幽雅，如今，到处可见荷枪实弹的卫兵，给省府大院增添几分神秘阴沉的色彩。陈明仁在楼梯口迎接这两位特殊使命的"上宾"。他们3人都是黄埔一期的"得意门生"，旧友重逢，按理有千言万语要尽情倾吐，然而，胸怀各有不同的目标和志向，交谈中不免有些格格不入。黄、邓察觉到，陈明仁脸上失去了往日的热情，握手也失去了往日的憨劲，一言一笑，都显得十分克制，使黄、邓莫名其妙。

3人坐定后，黄杰单刀直入："中央已任命程潜为考试院长，弟此行肩负迎请程院长就职之使命。"

陈明仁心头一沉，双眉一皱，知道是白崇禧用的调虎离山、釜底抽薪之计，便婉转地回答："颂公到邵阳去刚回，与我没有联系，我对他的行踪无法了解啊！"

时至 12 时，陈明仁在省政府后楼设宴招待黄、邓，省府秘书长文斌和陈明仁秘书陈臧仲作陪，5 人共进午餐。

宴罢，密谈间，邓文仪神秘地从怀里拿出一张印有"雪冰用笺"的信纸（雪冰是邓文仪的别号），上面有蒋介石写给陈明仁的亲笔信。邓文仪将信递给陈明仁，几行字体赫然跳入陈明仁的眼帘："吾弟为党国中坚，一生光荣史迹，当自珍惜，为中正所深信也……对卖身投靠分子，应羞与为伍，必要时，不惜大义灭亲，将之明正典刑，然后退守湘西，吾即来四川为尔后盾，余由雪冰面告。"看完手令，陈明仁镇定自若，仍正襟危坐，挺直腰板，俨然像尊雕塑，可是内心却翻江倒海。对于蒋介石对自己肉麻的吹捧，软硬兼施，他早已领教过。好个"为中正所深信"，想当年，他死守四平，为蒋拼命，却落得个"撤职查办"的下场，如今蒋家王朝正日薄西山，气息奄奄，即使蒋介石从幕后走向前台，残局已无法挽回，历史不可逆转，还叫我卖命不成？他对蒋介石嗤之以鼻，但在黄、邓面前，仍处之泰然，安之若素，只是不卑不亢地敷衍道："我们都是蒋校长的学生，只能见机行事嘛！"

是夜，夜色沉沉，乌云滚滚，雷声阵阵，一道闪电撕破夜空，暴风雨即将来临。陈明仁招呼秘书陈臧仲一同上车。陈明仁坐在前座，自己扳动方向盘，吉普车风驰电掣地径直开到毯子湾程颂公驻地。"嘎"地一声，小车猛然刹住。陈明仁见到颂公，向他汇报黄、邓来长沙的情况。并将蒋介石的亲笔信给他看。当颂公看到"将之明正典刑"，蒋介石叫陈明仁谋害自己，不禁勃然大怒，愤愤地骂道："蒋介石这个大流氓！"

陈明仁劝慰程潜："颂公，我不会听蒋介石的，一定坚定不移地同你在一起走和平的道路。"两双锐利的眼睛深情地对视着。

就在这天夜里，程潜以个人名义起草通电，揭露蒋介石和桂系的罪恶，呼吁西南、两北各省军政长官，幡然悔悟，站到人民方面。通电当晚由程潜次子、长沙绥靖公署警卫团团长程元等发出。

在陈明仁进行军事方面起义部署的同时，程潜在 8 月 3 举行记者招待会，宣读了他 8 月 1 日向毛泽东主席、朱德总司令以及向李宗仁、阎锡山、白崇禧等的呼吁和平通电。通电历数了"蒋介石当国 20 余年，背弃总理遗教，惟务独揽大权，专己自利，姻亲私昵，贪黩成风，罗织飞网，遍及全国"的罪行。8 月 3 日，程潜又以个人名义，致毛泽东、朱德等中共中央领导及四野负责人。

电报云：

> 北平毛主席、朱总司令、汉口林司令员、邓政委：潜等即将宣布脱离广州政府。日来说服各部队长，默察军心，知骤予转变，殊非易事，必须略俟时日，乃可潜移默化。此时配合行动，在如何争取军心，如何安定军心，敬拟权宜之计，暂设中国国民党湖南人民临时军政委员会，其原第一兵团暂改称中国国民党湖南人民解放军司令部。临时军政委员会为空洞名义，不设机关，亦无职权可行使，仅有政府主席及湖南人民解放军司令官由委员会推定，派出省政府移交会议略延时日，多则一月，以期避免刺激军政人员。潜与子良兄已令所属军队，一切行动，均按贵方指示办理，绝不阻碍接管最关紧要之军事行动。至于上项权宜设置，为时甚暂，但期减少刺激，安定湘境军政干部心情，并进图争西南各省。对于改革大计，实无阻碍。管见所及，提请鉴谅之。希俱赐同意，毋任感祷，并明复电。
>
> 程潜

李明灏和刘梦夕也同时电报四野并中共中央，对程潜电报中所提各点，作了说明。在此以前，中央军委于8月2日复电四野负责人，表示同意陈明仁保留兵团司令名义。在看到程潜8月1日通电后，中央又致电四野及十二兵团负责人，对程潜通电表示赞赏，并指示我军可迟一两天入长沙。

8月3日，由四野和谈代表团通过地下党转告程、陈两将军，请派一得力干部去和谈代表团进行协商。下午，陈明仁令参谋主任郑克林、参谋处长罗文浪与省工委派来的联络员欧阳方前往春华山中国人民解放军一百三十八师驻地，见到和谈代表金明、袁任远、唐天际、解沛然等，随即设宴欢迎。宴后罗文浪说："程、陈两将军响应中国共产党号召，毅然脱离国民党，率军民欢迎解放军入城，特派我们前来接洽。"同时献上长沙驻军地图。

金明对程、陈两将军的正义之举表示欢迎和赞赏，并说："有关细节问题，可与解沛然参谋长具体协商。"罗文浪即将长沙附近驻军地图交给解，并指着地图说："关于驻军问题我们行前开了个会，陈司令指示兵团主力驻河西，是避免接管长沙市时发生冲突，请贵方酌定。"入夜，双方就接管长沙市的问题上达成下述协议：

1. 长沙市一切军事要点均由解放军接管；
2. 市区治安由解放军维持；

3．解放军负责维护程、陈两位将军的安全，内卫可由程、陈两将军的警卫员负责；

4．其他任何人、任何部队不得破坏治安；

5．在未成立联合机构前，程、陈两将军所属军、警、宪各部队统归新成立的警备司令部指挥；

6．岳麓山由解放军派出部队加以控制。

8月5日，中共中央在收到四野送到的程潜8月3日电报后，复电四野及十二兵团负责人。

回电云：

> 四日电及转来李明灏、程潜两电均悉。我们认为程潜所提临时机构是必要的，应予同意。毛、朱复程潜电，请林、邓即转去，林、邓亦应根据毛、朱复电意旨去电鼓励程潜。

毛泽东主席、朱德总司令也致电程潜，对程潜所提建议表示完全赞同，对他与陈明仁将军毅然起义，表示祝贺。电报称：

> 颂云先生勋鉴：
>
> 未江电敬悉。为对抗广州政府，为维持湖南秩序，为稳定军心，为便利谈判，为号召多方，所提设立由先生领导的中国国民党湖南人民临时军政委员会及陈明仁将军的中国国民党湖南人民解放军司令部两项临时机构，并由临时军政委员会派出临时性质的省政府主席及湖南人民解放军司令官，均属必要，即可施行。省政府之移交，亦可嗣后进行。弟等认为，湖南临时军政委员会不应为空洞名义，应行使必要之职权。除敝军已接收之地方外，其余地方，应由临时军政委员会指挥，庶使秩序易于维持。总之，解放湖南及西南各地，需借重先生及贵方同志之处甚多，只要于人民解放军进军及革命工作有利的事，均可商量办理。此次先生及陈明仁将军毅然脱离伪府，参加人民解放事业，大义昭著，薄海同饮。南望湘云，谨致祝贺。
>
> 　　　　　　　　　　　　　　　　　　　毛泽东　朱　德
> 　　　　　　　　　　　　　　　　　　　8月5日

　　程潜、陈明仁接到中共中央及毛泽东、朱德的电报后，极为感动。复电为即将举行的双方谈判奠定了基础。

　　1949年8月4日下午，历史终于翻开新的一页。由程潜、陈明仁两将军领衔、30多名国民党军政要员签署的"起义通电"正式发表，宣布正式脱离"广州政府"，站在人民的立场，加入中共领导的人民民主政权，与人民军队为伍。

　　程潜、陈明仁两将军领衔通电的全文如下：

　　北平毛主席、朱总司令，广州李代总统阎院长，重庆张主任，衡阳白长官，兰州马长官、马主席，广州薛主席，昆明卢主席，成都王主席，西康刘主席，贵阳谷主席，福州朱主席，赣州方主席，宁夏马主席，桂林黄主席，青海马主席，新疆鲍主席，长沙陈主席，广东省参议会、四川省参议会、云南省参议会、贵州省参议会、福建省参议会、江西省参议会、甘肃省参议会、西康省参议会、宁夏省参议会、青海省参议会、新疆省参议会、湖南省参议会：

　　北伐成功以后，蒋介石独揽政权，背叛孙中山先生遗教，以致主义不行，外患踵至。8年抗战，民力已尽，方期生养休息，和平建国。讵料蒋与好战分子破坏政治协商会议，重启内战。外则勾结美帝国主义，不惜丧权辱国；内则肆行独裁，变本加厉。豪门聚敛，贪污横行，结果经济崩溃，军民离心。蒋即被迫退位，李宗仁代为主政，和谈重开，举国喁喁。湘省在抗战期间，出兵达300万人，输粮逾5000万石。敌骑蹂躏，遍及沅湘50余县，兵燹之酷，甲于他省。痛定思痛，期望和平最殷，于和平运动赞助亦最力。孰知言和实所以备战，阴谋欺骗，恬不知耻。故南京政府不旋踵即告倾覆，流亡广州，生机早绝，残骸仅存。白崇禧主战之论，荒谬绝伦，放弃武汉，窜扰湘赣，诡言空室清野，攫取公私资财；一若假反共之名，即可内钳百姓之口，外邀强国之欢。至其狙于抗战之后，希冀第三次世界大战爆发，从中苟延残喘，卑劣愚昧，尤属令人齿冷。潜等顺从民意，呼吁和平，声嘶力竭，而蒋与李、白，执迷不悟，仍欲以我西南西北各省，为最后之孤注。用是忍无可忍，爰率领全湘军民，根据中共提示之八条二十四款，为取得和平之基础，贯彻和平主张，正式脱离广州政府。今后当以人民立场，加入中共领导之人民民主政权，与人民军队为伍。俾能以新生之精神，彻底实行革命之三民主义，打倒封建独裁、官僚资本与美帝国主义，共同为建立新民主主义之中国而奋斗。所望我西南西北各省同志同胞，洞察蒋与李、白坚持内战、祸国殃民之罪恶，以人民之意旨为意旨，以人民之利益为利益，一致响应，奋起自救，铲除此倒行逆施之残余封建政权。全湘军民，誓为后盾。特此布闻，诸维察照。

程潜、陈明仁、唐星、李默庵、刘进、张际鹏、熊新民、傅正模，军长谷炳奎、彭谔、杜鼎，副军长李精一、方定凡、汤季楠、鲍志鸿、杨馨、文于一、刘光宇，师长张用斌、夏日长、扬文榜、刘勋浩、康朴、卫轶青、曾京、张诚文，湖南全省绥靖副总司令刘兴、李觉、王劲修、成刚，保安副司令彭杰如，保安师长何元恺、周笃恭、张际泰、丁廉、颜梧，宪兵团长姜和瀛同扣支未即。

8月6日，毛泽东以中共中央名义电告华中局和湖南省委。电报指出：

请你们考虑，物色若干程潜系统中的开明分子，在程潜及本人同意的条件下任命他们为长沙军管会的顾问。……程潜的临时机构，不忙很快取消，省政府接交可推延一个月左右，使程潜有时间在其内部进行教育工作，利于将来的改编和改造。

在将来接收省政府及改编军队时，除陈明仁应任军职外，应给程潜及其一派中的开明分子以位置，并吸收他们尽快工作。其办法为组织湖南军政委员会，由两方面的人成立，以程潜为主席，以我们的人为副主席。湖南省政府亦照此方式组织，成为统一战线的临时过渡机构。

与此同时，程潜、陈明仁还分别发表告湖南民众书、全省官长书等文告，宣布即日起脱离广州政府，绝对拥护和平，参加解放大业。要求各级官员各安岗位，勿自惊扰。号召全省军民一致反蒋驱桂，把湖南的和平运动引向西南、西北，以便缩短战争，迅速实现全国解放。但是，由于刘伯谦未正式拍发起义通电，直至8月中旬才被发觉，便予以补发。

8月8日，双方和谈代表团在长沙南门外天鹅塘段宅举行第一次会议，湖南方面由唐星任首席代表，熊新民、刘云楷、唐生明、刘公武任代表。不料在这次会后，熊新民、刘云楷即率部未归，改由彭杰如、王劲修接任代表，继续进行会谈。主要是在前次商定的方案基础上进行具体研究，充实内容，无须进行原则性的谈判。双方商定，将起义的正规部队、保安团队、宪兵队、水警总队、省府警卫大队等编成一个兵团，番号为"中国国民党人民解放军第一兵团"，由陈明仁任司令员，集中醴陵、浏阳一带整训，以后再改编为中国人民解放军。成立湖南临时省政府，由陈明仁任主席，袁任远任副主席。原已设立的湖南人民临时军政委员会改称湖南人民军政委员会，由程潜任主任，黄克诚任副主任，陈明仁、金明、袁任远、唐天际、周里、仇鳌、唐星、李明灏等为委员，李明灏兼秘书长。

8月16日，毛泽东主席、朱德总司令致电程潜、陈明仁将军及全体起义将士，对程、陈两将军的义举表示欢迎和祝贺。电文云：

> 程潜将军、陈明仁将军暨全体起义将士们：
>
> 接读8月5日通电，义正词严，极为佩慰。中国人民解放事业的胜利，已成全世界公认的定局。美帝国主义及其走狗蒋介石、李宗仁、白崇禧、阎锡山等残余匪党不甘心失败，尚图最后挣扎，必被迅速扫灭，已无疑义。诸公率三湘健儿，脱离反动阵营，参加人民革命，义声昭著，全国欢迎，南望湘云，谨致祝贺。尚望团结部属，与人民解放军亲密合作，并准备改编为人民解放军，以革命精神教育部队，改变作风，力求进步，为消灭残匪，解放全国人民而奋斗。
>
> 毛泽东
> 朱德

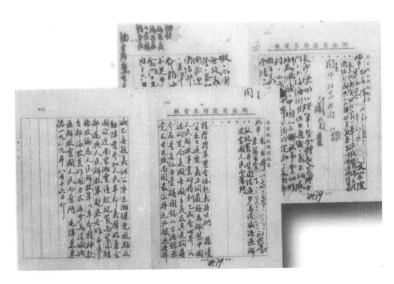

1949年8月5日，毛泽东、朱德复电程潜、陈明仁及全体起义将士："此次先生及陈明仁将军毅然脱离伪府，参加人民革命，义旗昭著，薄海观迎，南望湘云，谨致祝贺。"

8月19日，程潜、陈明仁电复毛主席、朱总司令，表示"潜等责无旁贷，遵命竭力以赴。"

白崇禧获悉程潜、陈明仁通电起义，大发雷霆，怒不可遏，于8月4日至7日，由衡阳派出飞机数架轮番飞临长沙上空盘旋，轰炸长沙扫把塘（程潜住地）和湖南省政府（陈明仁办公处）等地，发泄心中的愤怒。同时，散发反动传单，妄图煽动起义部队的军心。传单云："有带一连官兵到衡阳报到者，见官加一级，赏银洋500元；带一营官兵到衡阳报到者，见官加一级，赏银洋1000元。一兵团警卫营长能把陈明仁挟持或处死，可官晋3级，赏银洋1万元……"

8月5日下午，是长沙人民伟大的节日，这一天长沙和平解放了。晚10时许，人民解放军一三八师从小吴门进入市区。红旗飞舞的两部卡车，载着解放军文工队奏乐先行。当威武雄壮的解放军队伍整齐行进时，长沙10万群众夹道欢迎。全城红旗招展，欢呼声、锣鼓声、鞭炮声交织在一起，响彻云霄，不绝于耳。大幅毛主席画像到处可见，红绿标语贴满墙头。欢迎队伍从五里牌到南门口，长达10余里，汇成一股浩浩荡荡的洪流。当解放军缓缓向灯火辉煌的市区开进时，到处响起了欢呼声，人群像急风怒涛一样，拼命地向前拥挤着，一直闹到凌晨3时，才慢慢散去。但锣鼓声、爆竹声直响到黎明。当人们遥望东方晨曦，许多人不禁兴奋地说：天真正亮了。

◉ 威震四海

高举义旗，登高一呼，四海响应。当程潜、陈明仁通电起义以后，在国内外引起强烈反响。

程潜、陈明仁两将军的起义，是中国人民解放事业的一个伟大胜利。这次和平起义震撼了华南、西南、西北的国民党残余统治，加速了中国革命的胜利进程。正如经毛泽东主席亲自修改的新华社评论《湖南起义的意义》一文所指出的：程、陈两将军的起义，又一次证明了残存的国民党营垒中，有不少爱国的军政人员，正在等待寻找脱离反革命集团而投向人民方面的机会。反革命集团愈是山穷水尽，就愈要倒行逆施。因此它的军政人员中判明了利害是非，决心立功自赎的事情就愈加多起来。在今年的8个月中，只取最大的几件来说，就有1月间的傅作义将军和平解决北平问题。2月间郑兆祥舰长率领巡洋舰重庆号起义。4月间，国民党政府和平代表团全体代表张治中、邵力子、黄绍竑、章士钊、刘斐、李蒸及其随员接受中国共产党提出的国内和平协定（仅因蒋、李、白等反对而没有签字），同月林遵将军率领国民党海军第二舰队舰艇 25 艘在南京江面起义，刘团长率领国民党伞兵第三团在上海起义；5 月间张轸将军率领 4 个师在汉口前线起义，吴奇伟等将军等发动了闽粤边的起义。此外，国民党内发表言论要求接受中共和平主张的人越来越多。这种情况已使蒋、李、白、阎等部感到极大的恐慌。这次程、陈两将军起义前，蒋介石采取种种手段来破坏程、陈两将军起义，但是程、陈两将军仍然实现了起义计划。长沙省会及其附近各县也得以和平解放，而程、陈属下的多数国民党军政人员，也能在两位将军的领导下，接受中共和中国人民解放军的主张，为改造自己，服务人民而努力。湖南的起义，严重地震慑了华南、东南、西南、西北的国民党残部。湖南的起义告诉他们，对于人民解放军的抵抗是没有前途的，惟一的光明前途，就是脱离蒋、李、白统治，接受中国共产党领导，而无论什么人，只要真正做到这一步，就有受到人民谅解的希望。

程、陈两将军和平起义，促进国民党集团上层人士纷纷效尤，相继通电响应，从而加速蒋家王朝的崩溃。当程潜、陈明仁领衔通电发出后，唐生智、周震鳞、仇鳌为首的湖南各界人士 100 多人即发出通电，响应程潜、陈明仁两将军的通电号召，益阳、湘潭、安化、新化、湘乡、攸县等县的旧县政府也相继响应，宣布起义。

在程潜、陈明仁义举的震慑下，8 月 13 日，在香港的国民党立法委员和中央委员黄绍竑、贺耀组、龙云、罗翼群、刘斐、刘建绪、李任仁、胡庶华、舒宗鎏、李觉、周一志、李默庵、潘玉昆、覃异之、张潜华、湛小琴、李荐廷、朱惠清、黄绝、金绍先、高宗禹、黄翔、骆介子、毛健吾、祝平、彭觉之、王慧民、罗大凡、骆美轮、郭成白、郭汉鸣、李炯、黄权、徐天深、朱敬、刘绍武、瞿绥和等 44 人发表《我们对现阶段中国革命的认识与主张》，宣布脱离蒋介石政权，在香港起义。9 月上旬又发表《告国民党陆海空军全体将士书》，号召"效法程颂公、陈明仁两将军的义举，或弃暗投明，率部来归；或举兵起义，实现局部和平。"

对此，蒋介石气急败坏，采取既拉又压的手段，明则下令通缉，并开除黄绍竑、贺耀组等 44 人的国民党党籍；暗中又派要员前去拉拢。当时香港发表一篇评论说："这是和历史作拔河的游戏，试试看吧，拉得过去吗？"

8 月 27 日，邓召荫、陈剑谱、李犁洲、黄祖培、陈明仙、李翰园、朱紫朝、姚忠华、赖希如、王连庆、李达等 91 人发表了我们响应黄绍竑等的《八·一三声明》的书面谈话。参与黄绍竑等的"革命运动"，后又有王普涵、席尚谦、阴初斋、王含章、王丹岑、张君劢、伍崇厚、贾伯涛、罗浩志、杨洪绩、刘茂华、熊世铨、魏希文等13人参加这一义举。

程、陈两将军和平起义，引起蒋介石、李宗仁极度恐慌，蒋家王朝分崩离析。

程潜、陈明仁在长沙宣布起义后，逃迁广州的国民党政府，则惊恐万状。当时，蒋介石虽已下野，但仍在暗中主宰一切。代总统李宗仁、行政院院长阎锡山、国防部部长顾祝同等均在广州。他们得知程潜、陈明仁起义的消息后，连夜召开紧急会议，会后请示蒋介石，决定派国防部次长黄杰为湖南省主席，并兼湖南绥靖总司令、全省保安司令、第一兵团司令官等。还作了明文规定：辖境内所有兵团司令官以下部队长，均归其指挥。与此同时，国防部还派飞机不断飞临长沙、湘潭、湘乡一带上空散发传单，煽动起义部队官兵迅速脱离程潜、陈明仁指挥，率部和个别携械仍回原部队者，予以重赏。

8月6日晚，黄杰在广州饭店住地召开了一次临时会议，并设宴招待各级将领。国防部政工局中将局长邓文仪、中将人事局长杨良、中央委员肖赞育、袁守谦、原长沙绥靖公署中将高参杨继荣、少将处长曾坚、湖南绥署少将政工处长潘鉴等参加了这次会议和宴会。会上，黄杰强调说："我主持湘政，是中央对我的信任，我一定不辜负中央和湖南民众的期望。我们还得从各个方面去同程潜、陈明仁、唐生智等及其部队战斗到底。"他企图扭转湖南的局势，痴心妄想地做着主湘的"美梦"。

但是，中国人民解放军势如破竹，曾几何时，黄杰率部纷纷逃往桂林，在解放军的穷追猛打下，黄杰部如惊鸟骇鹿，各奔前程，大部被人民解放军围歼，部分高级将领飞往香港、昆明和重庆，黄杰个人逃出了大陆。他的主湘"美梦"化为泡影。

自程潜、陈明仁在长沙起义后，四川外围的国民党军宋希濂、罗文广、郭汝槐等见大势不妙，即率部分官兵向川南、川东集结，胡宗南部则向北集结，企图固守四川，稳定重庆。

连日来，蒋介石坐立不安，心烦意乱。程潜、陈明仁在长沙突然起义，使蒋介石心惊肉跳，疑神疑鬼，草木皆兵。程潜这样的国民党元老，被毛泽东定为首要战犯，像陈明仁的第一兵团这样的嫡系部队，在东北四平街战役中曾与共军血战而被称为"中坚"的部队，陈明仁这样毕业于黄埔一期的"得意门生"和蜚声中外的"能战名将"，居然倒戈一击，这是他万万没有想到的。为此，他决心去重庆安定一下军心，分别找宋希濂和四川省主席王陵基谈谈，摸摸他们的底。他还怕四川"二刘"的地方势力：刘文辉对蒋介石的独裁政策一直大为不满，便和刘湘联合另一个军阀邓锡侯，搞了一个民众自卫运动，成立民众自卫委员会。在这风雨飘摇的多事之秋，蒋介石大伤脑筋，日夜不宁。

8月26日下午，蒋介石烦躁不安之时，又把宋希濂找去谈话。他要宋希濂把他所指挥的几个军的军长、师长姓名、籍贯、军校期别及他们对共产党的态度，向他汇报。宋希濂逐一作了答复，并把每个人的性格和指挥能力，都概要地加以说明。蒋介石听了，那苍老的刀形脸上露出了满意的表情。他强打精神地说："我们和共产党势不两立。共产党得势，我们这些人是死无葬身之地的。这个这个，你要告诉各级干部，尤其是高级干部，呃，要人人抱定为我们总理的三民主义而奋斗之决心，牺牲了也是光荣的，嗯！"蒋介石这番话，充分透露出他在临近末日之际那种垂死挣扎的绝望心情。

8月29日上午9时许，蒋介石在西南军政长官公署，召开了军事会议，出席会议的有张群、胡宗南、宋希濂、钱大钧、刘文辉、王陵基、邓锡侯等。

蒋介石勉强振作精神动员说："过去有些人投降共产党，连陈明仁这样经过四平街考验的'中坚分子'也倒戈了，辜负了我的重托。现在，这些人都知道上了当，今后不会再有叛变投降的事了……"他知道这是自欺欺人之谈，只好抖擞精神继续说："这个这个，今日之重庆，要再次成为反侵略、反共军之中心，重新肩负起支持作战艰苦无比之使命。希望我全四川的同胞，振起当年的抗战精神，为保持抗战成果，完成民族革命而努力……我们现在还有100多万陆军，有相当强大的海空军，绝没有任何悲观失望的理由，望大家同心同德，坚定信心，坚持奋斗，以争取胜利……"

会后，蒋介石找宋希濂个别谈话，为之撑腰打气。

宋希濂是黄埔一期生，是陈明仁的湖南老乡和同学，这时担任川黔鄂湘绥靖公署主任，统率着两个兵团的中央军，其实是一些被解放军打得丢盔弃甲的残兵败将。在西北战场，他被彭德怀、贺龙的部队打垮了，现在虽还有十几万人马，怎能经得起解放军精锐之师的猛击呢？蒋介石问他："程潜、陈明仁在长沙叛变，你事先知道吗？"

"不知道。"宋希濂心头一怔，不假思索地脱口而出，但仔细一想，这样回答不妥，便忙补充说："当事情发生后，我立即查问电台和陈明仁兵团的电台是否尚可联络？电台答复说还可以。我就即刻发给陈明仁一电，探询真相。第二天，得陈明仁复电，申述他脱离国民党、投向共军的原因，并希望我和他们采取一致的行动，我复电拒绝，以后再没联系过了。"

蒋介石听了连声说："好！好！"

其实，自程潜、陈明仁起义以后，宋希濂心里感到很不踏实。陈明仁起义时，曾向他这老同学拍过一个密电，要求他"联合行动"，宋希濂感到左右为难，不好抉择，就复了一个"事关重大，正慎重研究中"的回电，搪塞一番，拒绝起义。但他深感情势危急，心神惶惑。8月11日，他从恩施乘飞机到重庆时，曾和胡宗南会谈到深夜两点多钟，两人长谈达6个多钟头之久。他们谈到国民党政府20多年的统治，回顾往昔，瞻望前景，不禁凄然，宋希濂露骨地说："3年来国军失败到如此地步，我看不外乎4个方面的原因：一、政治上，贪污成风，腐败无能，民怨沸腾，民变蜂起；二、经济上，通货膨胀；三、党务上，国民党员号称几百万，毫无组织力量；四、军事上，军队内部矛盾重重，中上级军官腐化堕落，士气消沉，指挥紊乱……"

蒋介石对宋希濂的分析不以为然，认为他是贪生怕死，要他一定确保川东。但是，到了11月间，解放军果然采取大迂回包抄的方针，以刘伯承、邓小平为首的第二野战军杨勇兵团，解放了贵州之后，即西出毕节、泸州、宜宾、乐山，主力部队并进抵川康边境金口河、富林等地，完全截断了宋希濂、胡宗南部队退往西昌、滇西的去路。

蒋介石为了鼓舞宋希濂部队的士气，曾专门派蒋经国带了3000两黄金到川东前线来犒军慰劳。但是，宋希濂的部队和刘邓大军一交锋，便一触即溃，兵败龚滩，15万人马，死的死，降的降，已十去八九，几乎全军覆没。宋希濂日夜担惊受怕的惨败命运，终于不可逆转地降临到他的头上，乖乖地成了战俘。

9月22日晚，蒋介石飞抵广州，即闻绥远省主席董其武率部8万余人起义。3天后，新疆省警备司令陶峙岳和省政府主席包尔汉通电宣布脱离国民党反动阵营。蒋介石"至为痛心"。

陶峙岳起义后，于10月间专程赴长沙拜见了程潜。在湖南省府礼堂举行的欢迎大会上，陶峙岳真挚热情地表达了对党和毛主席的感激之情，对程潜、陈明仁的起义，给予高度评价，认为对他的起义起了极大的鼓舞、推动作用。

早在1949年7月中旬，程潜在通电起义前夕，曾与地下党员张大平和刘梦夕、潘培学、程星龄多次密谈。有一次，当程潜得知张大平将去西南各省进行策反工作时，便叫秘书毛注清以他的名义，写了敦促刘文辉、邓锡侯、杨森、卢汉等人起义的信，都盖上了程潜的私章。当时，潘培学写了一封信交给张大平，叫他与潘在重庆二十一兵工厂工作的弟弟潘继民取得联系，便于将程潜的信一一送给收信人亲阅。

1949年11月，云南的卢汉，川、康的刘文辉、邓锡侯、潘文华等部分别在昆明、雅安等地起义，云南、西康两省和平解放。蒋介石知道西南局面已无法挽回，遂于下午 2 时从凤凰山上飞机，6 点 30 分到达台北。蒋介石返台北之日，即刘文辉、邓锡侯通电起义之时。蒋经国说，他的父亲"此次身临虎穴，比西安事变时尤为危险，祸福之间，不容一发。记之，心有余悸也。"

◉ 备受礼遇

1949 年 8 月下旬，党中央、毛主席发出电报，邀请程潜出席在北平召开的中国人民政治协商会议。当程潜捧读邀请电时，一种难以言状的激动心情，双手微微地颤抖，昏花的老眼霎时湿润了，他沉浸在中国共产党对自己信任的欢欣中。

8 月 31 日清晨，朝阳喷薄而出，给大地镀上一层金色。由一辆黑色小轿车和几辆吉普车组成的车队，从长沙向平江方向奔驰而去。

轿车上坐着程潜、李明灏、程星龄和方叔章，同行的还有朱明章、杨敏先以及程潜的长子程博洪。解放军第十二兵团司令员萧劲光特派警卫部队专程护送。

9 月 2 日下午，程潜一行抵达武昌，湖北省政府主席李先念和其他军政领导亲到郊外迎接。在省府稍事休息，他们即登轮渡江，第四野战军的领导人又在江岸迎接。

4 日，毛主席对周恩来、聂荣臻说："程潜 9 月 2 日抵汉口，今日由汉动身来北京，请铁道部注意沿途保护照料不可疏忽。问准火车时刻请周恩来组织一批人员欢迎，并先安排好住处……"

9 日下午 10 时，当特快列车徐徐抵达北平车站时，毛泽东主席、朱德总司令、周恩来副主席、林伯渠秘书长等，到车站迎接。程潜紧握毛泽东的双手，激动得半晌说不出话来，还是毛泽东主席先开口，风趣地说："多年未见，您历尽艰辛，还很康健，洪福不小呵！这次接您这位老上司来，请您参加政协，共商国家大事……"

程潜顿感一股暖流遍及全身，饱含感激之情说："托福，托福，我已近古稀之年，为党为民定献余力。"

站在一旁的林伯渠，在北伐时就与程潜是老朋友，加上程潜的女儿嫁给林伯渠作弟媳妇，真是朋友加亲戚，旧友重逢，备觉亲切、大家握手问候完毕，随毛泽东去中南海他的住所，由毛主席举行晚宴，为程潜洗尘。

次日，程潜与陈明仁两将军同去拜访毛泽东，又被毛主席挽留谈了一个多小时，共商军机事宜。

12日，程潜、陈明仁应朱德之请，到北平交际处赴宴，出席作陪的有刘伯承、陈毅、聂荣臻、粟裕、黄克诚等20多位党和国家领导人以及解放军的高级将领。这次吃的西餐，但朱老总懂得四川、湖南人吃辣椒的习惯，"湖南人不怕辣，四川人辣不怕"，便兴致盎然地卷起长袖，亲自下厨炒了一个四川菜招待程潜和陈明仁，风趣而亲切地对他们说："你们湖南人吃辣椒有名，在我们部队里一些湖南兵说：'不辣不革命。'我们四川人不但喜欢吃辣椒，而且要加花椒面，叫做麻椒。你们尝尝我做的菜，品品味道怎么样？"

"朱老总的手艺高超，做麻辣菜定是你的拿手好戏。"程潜一面品尝着朱老总做的菜，一面风趣地说，心中荡起阵阵暖流。

原来，这幢华丽的餐厅，系北洋政府时代日本驻华使馆的会议室，袁世凯签订丧权辱国的二十一条，就在这个地方。程潜和朱德都亲身参加过护国反袁斗争。抚时感事，以30多年前的旧事作为中心话题，程潜感慨良多，庆幸自己走向光明之路，为中国人民终于站起来了而感到由衷的自豪。

19日上午，毛泽东主席到程潜下榻的北京饭店看望程潜，来的时间很早，这是毛主席破例起了早床。随行的有刘伯承、陈毅、粟裕等。大家谈得十分融洽，推心置腹，整整谈了一个上午，然后在饭店共进午餐。餐后，毛主席邀请程潜同游天坛。同时邀了张元济老先生和陈明仁、李明灏、李明扬几位一道游览。由刘伯承、陈毅、粟裕、陈叔通等作陪。程潜的儿子程博洪以及程潜的随员也都随行。

正值金秋的北京，天高气爽，金桂飘香。程潜跟随毛泽东主席来到天坛。这里周围古柏参天，庄严肃穆，是我国最大的古代祭祀性建筑群，是世界建筑艺术的珍贵遗产。天坛有两重坛墙，分内坛和外坛。坛上呈圆形，下呈方形，圆形象征天，方形象征地，暗合所谓"天圆地方"的说法。

毛主席和程潜、陈明仁并排而走，信步漫游，谈天说地，笑语风生，气氛异常和谐、热烈。行至祈年殿（皇帝祈祷五谷丰登的地方）道上，毛主席忽然停步，笑向张元济老先生："你考过瀚林，是如何考的？见过慈禧太后几次？她摆不摆格？"张老先生一一作答，引得全场大笑。在参观陈列的古文物听讲解员讲解时，毛主席口衔香烟，双手抱肩，正凝神专注间，陈毅忽然趋至身旁，悄声说："此处禁止吸烟。"毛主席笑而作答："哦！下不为例。"

当游到祈年殿前，毛主席召唤陈明仁："子良将军，来，来，我们两个单独照个相吧。"

毛泽东与程潜在一起，总是相谈甚欢。

"这……"陈明仁这位驰骋沙场的名将，竟然感到有些腼腆，踟蹰不前。

"你和主席都是湖南老乡，主席请你，你装啥子斯文啰!"陈毅戴着墨色眼镜，幽默地说着，一面将陈明仁推到毛主席跟前。陈明仁挺直腰板，两眼平视，气宇轩昂，恭恭敬敬地站在毛主席右手边，和毛主席照了个双人照。

照完相后，毛主席拍着陈明仁那宽阔的肩膀，关切地说："子良将军啊，现在外面谣言很多，说你被我们扣起来了；在香港等地有些国民党的反动分子说你已被软禁在长沙做寓公了。我想请你这次开会之后，把情况向外宣传解释一番，写些书信给你那些还未过来的亲友故旧，不仅谣言可以不攻自破，还可促进他们及早觉醒，早日归来。"

"对的，我一定照办。"陈明仁诚恳地回答。

"你可以把我们两个的合照分送你的黄埔同学和其他亲友，只要送得到的，都送一张。估计要洗多少?"毛主席边说边问。陈明仁回答："洗10打(1打12张)行了。"

"这少了，洗它50打吧。"毛主席要他把洗照片的数目扩大了5倍。

政协开会前夕，毛泽东主席又单独接见程星龄，对他说："我想和你商量一下，对颂公怎样安排好?中央决定成立几个大区，其中有中南军政委员会，属第四野战区，颂公是老前辈，他从事革命时，我们还是学生。我想让颂公屈就副主席，论班辈就感到有些为难，请你和颂公婉商一下如何?"

毛泽东主席的谈话使程星龄深受感动，他回答说："颂公这次来北平，承

蒙主席如此优待，他感激的心情，不是语言可以形容的。关于工作安排，他一定会欣然从命，请主席放心。"

毛泽东主席说，"不，还是请你同颂公先商量一下，明天回我的话。"

同时，毛主席还对程星龄说："颂公搞了几十年，戎马倥偬，宦海浮沉，几起几落，但始终没有被打倒，不简单。"

程星龄把毛主席的话告诉了程潜，老人感动得热泪盈眶，半晌才说："你就告诉毛主席，这样安排，本已过分，但有所任，无不从命。"程星龄转达了程潜的话，毛泽东主席听了异常高兴，对程潜的安排就这样定下来了。

1949年9月19日毛泽东邀程潜游天坛，同时受邀的有张元济老先生、陈明仁、李元灏、李明扬等，由刘伯承、陈毅、粟裕、陈叔通等作陪。

不几日，毛主席又单独接见了程潜，两个湖南老乡，海阔天空，无所不谈。谈兴正浓之时，毛主席将进军大西南的计划送给程潜过目，并征求他的意见。这是非常机密的文件，程潜受到毛主席如此尊重与信任，深有感触地说："我和蒋介石共事多年，从未预闻过他的机密。我刚刚投向人民，毛主席就这样信任我，如此推心置腹，真是万万没有想到的。"

21日，北平万里无云，蓝空如洗。第一届全国政协会议在怀仁堂隆重开幕。程潜在主席团座位就座。第一次参加新中国这样全国性的盛会，他感到无比荣幸。在会上，他被选为第一届全国政协委员。

当时有人议论说："要是程潜在渡江战役前就起义，和解放军南北配合，夹攻长江，南京政府就更吃不消了，可以加速国民党政府的覆灭。"毛主席听

1949 年 9 月 19 日毛泽东邀程潜等游天坛。

1949 年 9 月 19 日毛泽东邀程潜等游天坛。

到后，公正地说，"不能啊，那时白崇禧的力量还很强，控制着江南，程潜要这样做是很为难的呀！"

在部队工作的一些党员代表对此也想不通，甚至发牢骚、讲怪话。陈毅得知后，便多次召集二野、三野代表开会。他平常同大家乐乐呵呵，平易近人，幽默风趣。这次却没有一点儿笑模样，异常严肃，声色俱厉地说："我们有些同志就是不懂统战工作，周恩来副主席已作了几次报告，这些同志对统战精神还不理解，听不进去。外边有个说法：'早革命不如晚革命，晚革命不如反革命。'这是牢骚话！是很错误的！"然后，他以傅作义、程潜为例，充分肯定了他们高举义旗，和平解放大城市、保护民族文化遗产的功劳。特别是对程潜，他极为佩服。他说到当时程潜、陈明仁还统率着十几万军队，如果与解放军血战一场，后果不堪设想。他们终于走向了和平起义的道路。最后，陈毅提高嗓门，声如洪钟似地说："如果不这样，敌人伤亡1000，我们伤亡800，有什么好处？！"慷慨激昂一席话，掷地有声，振聋发聩，使大家心悦诚服，懂得了只有掌握了统一战线精神，才能克服狭隘思想的道理。

23日晚，毛泽东主席，朱德总司令宴请程潜、陈明仁、张治中、傅作义、邓宝珊、黄绍竑、李书诚、刘斐、李明灏、程星龄等26人。在宴会上，毛泽东主席几次举杯庆祝到会诸将领举行起义后响应人民和平运动的功绩。毛主席

第一届全国政协主席毛泽东在最高国务会议上，同政协委员们在一起。

说："由于国民党军中一部分爱国军人举行起义，不但加速了国民党残余军事力量的瓦解，而且使我们有了迅速增强的空军和海军。"毛主席还单独多次邀请程潜到他家做客，共吃家乡饭，畅叙心事。

10月1日，程潜与陈明仁登上天安门城楼，与中共中央和国家领导人一起，共庆开国大典，感到无限的欣慰。

开完国庆大典，程潜在京逗留一段时间，参观游览，走亲访友，大开眼界。10月26日，程潜离京回湘前夕，毛主席于中南海颐年堂设宴，为程饯行。参加宴会的有朱德、周恩来、聂荣臻、董必武、林伯渠、李立三等首长，还有陆定一、李达、章士钊、刘斐、李世璋诸先生，以及程潜的随员程星龄、方叔章、晏勋甫、肖作霖、杨敏先、朱明章等，共有20人，正好两桌。席间毛主席谈古论今，谈笑自若，气氛极为融洽。宴会从下午6时直到将近11时，毛主席一直谆谆不倦地说笑，他对大家说："战争关可算是过了，没有好多仗打了。接着还有个土改关，只要地主肯把土地交给农民，这个关也很容易过。再下去就还有一个社会主义关，这一关就要难一些，时间也要长一些。但这是一定要过的，过了这一关，就人人都解放了，就都好了。"程潜专心地听着，时而也插上几句话，得到毛主席的赞同。

程潜告别时，毛主席、朱德总司令亲自送他到门外。周总理还亲自把他一行送上专车。在专车上，程潜不胜感慨地对随行人员说："自从去年8月我从武汉回到湖南后，真像是做了一场噩梦过来的，哪里想到会有今天呵！现在我们真是进了天堂了。毛主席和共产党的伟大，实在是无法用言语形容的。"

11月2日上午，程潜平安返回长沙，黄克诚、萧劲光、王首道、金明、袁任远等首长以及机关团体代表100余人到车站迎接。程潜热情洋溢地发表谈话："我个人这次在人民政协会上受到了很好的教育，受到毛主席、朱总司令很大的鼓舞，更增加了为人民服务的决心和勇气。我们今后的任务，就是要在毛主席的领导下，尽一切努力来彻底实现人民政协的共同纲领，以建设民主、繁荣的新湖南。"

1950年，在湖南召开首届各界人民代表会议前夕，程潜要程星龄替他写个讲话稿，他含着热泪，郑重地对他说："过去我长期与共产党对抗，做了不少对不起毛主席、对不起共产党、对不起人民的事，罪恶严重。在这次发言中，我要把自己的罪恶和盘托出，老老实实地认错认罪，不要忌讳，不要隐瞒。"

程星龄按他的意图写了一篇发言稿，经他亲自修改，将原稿中有些措辞比较隐讳的句子，都改为坦诚直率的词语，还作了一些添补，表达了对毛主席和

1949 年 11 月 3 日，程潜、陈明仁离京回到长沙，受到省委、省政府负责同志欢迎。萧劲光（左）、程潜（中）、陈明仁（右）在车站合影。

党的深切感激和坦荡的襟怀。

新中国成立以后，程潜对新中国所取得的每一成就，每一胜利，无不赞叹不已。当抗美援朝胜利后，他非常兴奋，无限感慨地说：“我长期追随孙中山、黄兴，孙、黄所为之奋斗的是国家的自由平等，但被新老军阀闹得一团糟，几乎亡国。共产党和毛主席在肃清一切反动派之后，又把长期侵略我国的美帝国主义打败了。我们国家从此真正独立自主，中国人民真正站起来了。”

程潜起义后，自始至终受到党和毛主席的殷切关怀和优厚待遇，曾任中央人民政府委员、中国人民革命军事委员会副主席、国防委员会副主席、全国人大常委会副委员长、中南军政委员会副主席、湖南省省长、全国政协常委、民革中央副主席、中苏友协副主席等领导职务。他十分感激共产党和毛主席对他的深厚恩情。

第七章
老骥伏枥

◉　身兼数职

新中国成立后，程潜受到党中央和毛泽东主席的优渥待遇，获得崇高的荣誉。毛主席还为程潜在北京准备了房子，让他随意在北京、长沙两地居住，安度晚年。实行工资制后，程潜每月的工资定为高于三级，政府还照例发给他特别费 5000 元，直至 1968 年 4 月他去世才停止。程潜在湖南省和中央身兼多职，晚年一直竭诚致力于人民事业，"老骥伏枥，志在千里，烈士暮年，壮心不已"。他以 70 多岁的高龄，勤于参政，忠于职守，做到了鞠躬尽瘁，死而后已。

北京宽街 2 号是 20 世纪 50 年代程潜在北京的住处，这是程潜与女儿程渝在北京宽街 2 号庭院内（1958 年）摄影

让我们看看《全国人大及其常委会大事记》、《中国国民党革命委员会的历史道路》两书中有关程潜活动的部分记载吧。

《全国人大及其常委会大事记》摘要：

1954年9月27日，程潜当选为一届全国人大常务委员会委员。

9月28日，一届人大一次会议举行全体会议。会议根据毛泽东主席的提名，决定任命程潜等15人为国防委员会副主席（同时被任命为副主席的有朱德、彭德怀、林彪、刘伯承、贺龙、陈毅、罗荣桓、徐向前、聂荣臻、叶剑英、邓小平、张治中、傅作义、龙云等14人）。

1955年7月30日，全国人大代表举行会议。会议选出了参加全国议会联盟的人民代表团执行委员会。彭真为主席，程潜等8人为副主席。

8月6日，一届全国人大常委会参加全国议会联盟的人民代表团执行委员会举行第一次会议，组成了我国出席各国议会联盟第四十四届大会代表团。彭真为代表团团长，程潜、廖承志为副团长。

1956年11月5日，第一届全国人大常委会举行第五十次会议，通过了全国人大访问苏联、罗马尼亚、捷克斯洛伐克代表团名单，彭真副委员长任团长，李济深、程潜、章伯钧、胡子昂任副团长。

1956年11月15日至1957年2月1日，彭真团长、程潜等副团长率领我国人大代表团先后访问了苏联、捷克斯洛伐克、罗马尼亚、保加利亚、阿尔巴尼亚和南斯拉夫。

1957年3月31日，一届全国人大常委会举行第五十四次扩大会议，听取了全国人大代表团彭真团长作的全国人大代表团访问苏联等6国的报告。会上，代表团副团长程潜等作了补充报告。

1958年2月1日至2月11日，一届全国人大第五次会议在北京举行。11日，根据本次会议主席团的提名，会议补选程潜为副委员长。

1959年4月17日，第二届全国人大第一次会议大会主席团举行第一次会议。会议推定刘少奇、宋庆龄、程潜等12人为主席团常务主席。

4月27日，第二届全国人大一次会议召开全体会议。会议选举朱德为全国人大常委会委员长，程潜等16人为副委员长。

4月28日，第二届全国人大一次会议召开全体会议。会议根据刘少奇主席的提名，决定程潜等14人为国防委员会副主席。

1960年3月29日，第二届全国人大第二次会议大会主席团举行第一次会议。会议推定程潜等14人为主席团常务主席。

　　1962 年 3 月 22 日，第二届全国人大第三次会议大会主席团举行第一次会议。会议推定程潜等 14 人为主席团常务主席。

　　1963 年 11 月 16 日，第二届全国人大第四次会议大会主席团举行第一次会议。会议推定程潜等 12 人为主席团常务主席。

　　1964 年 12 月 20 日，第三届全国人大第一次会议大会主席团举行了第一次会议。会议推定程潜等 19 人为主席团常务主席。

　　1965 年 1 月 3 日，第三届全国人大一次会议召开全体会议。会议选举程潜等 18 人为副委员长。

　　1965 年 1 月 4 日，第三届全国人大一次会议召开全体会议。根据刘少奇主席的提名，会议决定程潜等 13 人为国防委员会副主席。

　　《中国国民党革命委员会的历史道路》摘要：

　　1949 年 9 月 21 日至 30 日，中国人民政治协商会议第一届全体会议在北京举行。程潜作为国民党的知名人士为特邀代表。会上，程潜当选为全国政协委员。

　　10 月 21 日，以周恩来为总理的中央人民政府政务院成立，程潜在政务院

中央政府人民革命军事委员会部分成员在中南海颐年堂合影

第一次会议上当选为中央人民政府委员会委员，被任命为中央人民政府人民革命军事委员会副主席。

11月12日至16日，中国国民党革命委员会代表会议在北京召开，会议产生了新的民革第二届中央委员会，程潜被选为中央常务委员。

1956年2月21日至29日，民革第三届全国代表大会在北京召开，选举了第三届中央委员会。3月5日，在民革第三届中央委员会第一次全体会议上，程潜等被选为副主席。在三届全国代表大会上，程潜做民革党章的说明。

1957年3月25日至30日，民革第三届中央委员会第二次全体会议在北京举行，副主席程潜主持开幕式。会议决议指出，国内阶级关系已发生根本变化；坚决拥护扩大社会主义民主，正确处理人民内部矛盾的一切措施，贯彻"有反必肃、有错必纠"的方针，继续巩固人民民主专政。在人民民主统一战线发展的新阶段中，民革工作应当本着团结一切可以团结的力量，调动一切积极因素，为社会主义服务的原则，加强思想改造，扩大社会联系，积极发展组织。

6月12日，民革中央小组举行第七次扩大座谈会，程潜就如何帮助中共整风的问题，发表了很好的意见。

1958年3月16日，各民主党派和无党派人士1万多人，在天安门广场举行集会游行，表示接受共产党的领导，走社会主义道路。程潜与大家一起参加集会游行。

12月4日，民革中央举行四届一中全会，程潜被选为副主席。在民革第四

刘少奇和程潜（居中者为沈钧儒）

次全国代表大会上，程潜作关于修改《中国国民党革命委员会章程》的说明。

1959 年 8 月 24 日，国家主席刘少奇召开第十七次最高国务会议（扩大），讨论国民经济和进一步开展增产节约运动等问题。程潜出席了会议，并在会上发了言。

1962 年 1 月 19 日，各民主党派、无党派民主人士和全国工商联负责人在政协礼堂举行集会，谴责美国肯尼迪政府迫害美国共产党的暴行。集会由民革中央副主席程潜主持。与会人士一致拥护中共中央关于本月 15 日发表的题为《坚决谴责美国政府反共暴行，支持美共反迫害的正义斗争》的严正声明。

程潜在会上指出，美国国内统治的法西斯化，是由美帝国主义的内外政策所决定的。他说，美国对外的侵略政策和战争政策，同它对内的军事化政策和法西斯政策，是一件事情的两个方面。美国反动派迫害美共的暴行，一方面表明它对美国共产党和美国人民的仇恨，另一方面也表明它仇恨人民，又恐惧人民，所以挟反革命的法西斯手段来迫害人民。

他说，美国反动派可以说是发起疯狂症来了。西方俗话说："上帝要人死亡，必先让人疯狂。"看起来，仇恨——恐惧——疯狂——死亡，这是美国反动派逃脱不了的命运。

程潜说，美国反动政府这种法西斯的倒行逆施，是对全世界进步人类的猖狂进攻，是对和平运动、民族解放运动、社会主义共产主义运动的疯狂挑战。

他强调说，肯尼迪政府不仅富有极大的侵略性和冒险性，而且有着更大的欺骗性和虚伪性。肯尼迪用华丽的辞藻，连篇累牍地自炫美国是"民主天堂"，"自由世界"，"和平首领"，说美国要组织"全民福利国家"，还要"反对殖民主义"，如此等等。可是，听其言而观其行，我们的结论是：肯尼迪是一个地地道道的"好话说尽，坏事做尽"的丑角人物。现在美国政府迫害美共的滔天罪行，把这位总统的一切美丽谎言粉碎尽净。

程潜最后说，当代浩浩荡荡的世界潮流，是和平运动，是民族解放运动，是社会主义共产主义运动。他说，貌似强大的美国反动派，以及全世界一切大小反动派，由于它们的阶级地位所决定，一定要逆流而行，其结果一定要死亡。最终的胜利，定将属于战斗的美国人民。

3 月 29 日，民革中央举行集会，纪念黄花岗 72 烈士殉难 51 周年。纪念会由民革中央副主席程潜主持。

　　……

程潜走向光明、投入人民解放事业之时，已近古稀之年，但他老当益壮，以"敬恭桑梓，造福人民"的豪迈气概，勤于参政，为振兴中华奉献自己的聪明才智。

程潜任湖南省人民军政委员会主席期间，凡属全省性的重大行政措施，他都亲自听取专题汇报和综合汇报，从而了解全局情况，做到心中有数，便于共同商讨，作出决策。诸如接管工作、筹粮支前、起义部队的整编、游杂武装的收编处理以及全省性的生产救灾措施等，无一不经军政委员会或临时省政府的例会，程潜都亲自参加，在统一认识作出决定后交主管部门贯彻执行。在一次讨论征粮条例的会上，某些上层人士向他反映："下边征粮逼死了人"、"政策好，干部不好，南下干部更不好。"程潜据实反驳，理直气壮地说："按共产党的政策，'粮多多出，粮少少出，无粮不出'，下边的干部都是这样办的。地主粮多，自然要多出一点，但按这几年常年全省150亿斤总产量计算，预定征收20多亿斤，只占16%。现在湘北十多个县连七八月份的借粮50万斤，还只征收了2亿多斤，难道会过头吗？毛主席在北京对我说过，'今年前前后后将近200万军队就食湖南，湖南人民的负担是很重的。'但是，为了解放全中国，湖南出点粮，义不容辞，我们理应为了长期的幸福，而忍受暂时的艰苦。"程潜的远见和政论，对于一些出席、列席会议的耆老、顾问们。是一次生动的启发教育，有助于在相当范围内澄清社会舆论，减少贯彻政策的阻力。

1952年3月初，中南军政委员会召开了讨论荆江分洪工程计划的联席会议，参加会议的有湖南、湖北两省和中南军政委员会所属水利、农林、交通部门的负责人。作为湖南省军政委员会主席、中南军政委员会副主席的程潜，会前深入荆江沿岸进行周密调查，了解荆江水患的原因和荆江分洪的意义，倾听人民的呼声。在掌握大量第一手资料的基础上，他综合分析了实施荆江分洪工程的措施，在联席会议上畅谈了自己的远见卓识，得到了与会者的首肯。会上，他有理有据地慷慨陈词："荆江分洪计划的实现，对湘鄂两省人民极为重要，如不缜密考虑，贸然动工，将造成空前的灾难。"为此，他特郑重提出如下意见：

一、必须认识长江中游水患系江水挟有大量泥沙注入洞庭湖，使湖床日渐淤高，湖面日益缩小，水位亦逐年提高，同时荆江尾段，因流分势弱，亦为泥沙所淤塞，江面缩小，水流不畅。江中堤垸州滩，愈加阻碍江流，造成今天江湖互病，水灾频率增加。应根据此一原因，订出治水工程计划，始能解决问题。

二、水位高差对洞庭湖滨湖区域威胁很大，根据分洪工程计划，分洪区南部最高蓄洪水位为39.75米，高出安乡、南县等地地面达10米，高出各该地现有堤顶约5米。水位高差如此巨大，而建筑分洪工程又如此短促，当地群众对此深表怀疑，信心不大。一旦分洪区西堤或南堤溃决，则濒临洞庭湖之16县市，西至桃源，南至湘潭，均有陆沉之危险。

三、荆江南北两岸，直接受洪水威胁的农田面积及人口与收益之估计：在荆江南岸受到分洪区威胁的农田共 1150 万亩，较之荆江北岸大堤所保障的 800 万亩农田，超过 350 万亩。南岸产量（稻谷为 80 亿斤）较北岸产量（稻谷 28 亿斤）超过近两倍。就人口论，南岸（公安、石首两县及滨湖各县市）为 400 万以上，北岸（荆江大堤所保障的）人口约为 270 万。

四、治理长江中游水患，必须首先扫除长江本身之障碍：如肖子垸的堵塞，减低了江水的流速，应全部掘开；州滩民垸太多，增加了河床的狭窄，如南五州、天心州、阮陵州、大沙州等，占河床几近 4/5。这些州滩垸子拥塞水流，影响荆江大堤。为此，我们坚主打开肖子垸，废除江中州滩垸子。

五、建议：

1．彻底铲毁江中州滩民垸，掘开肖子垸水道。

2．北岸地势较南岸为低，以同等面积，其蓄洪容量北岸较南岸为大，故宜在北岸修建蓄洪区，以淤高地面，巩固江堤。

3．沿江两岸所具有蓄洪价值的湖泊及洼地，统筹分配蓄洪。

4．大力培修荆江干堤。

5．治理洞庭湖。

6．疏浚长江下游。

与会人员听了程潜的发言，无不惊叹不已，有的感慨地说："颂公简直是位水利专家，充分的论据，精辟的分析，令人非常信服。"

3 月 6 日，他将自己的见解和发言稿直呈毛泽东主席。毛主席喜读程潜的来信，激动不已，随即复信：

颂云先生：

　　3 月 6 日惠书收到。在联席会议上的发言，使我明了江湖利病所在，极为有益。此复。顺致

　　敬意

毛泽东

3 月 11 日

随后，毛泽东将程潜的发言稿转给政务院总理周恩来。周恩来立即组织有关人员进行认真的讨论。1952 年 3 月 31 日，政务院正式发布《关于荆江分洪

工程的决定》。

荆江分洪工程于 4 月 5 日动工，6 月 20 日竣工。分洪区蓄水量可达 50 亿到 60 亿立方米。这是我国水利史上的一大奇迹，已载入《中华人民共和国大事记》。在这一伟大工程中，程潜倾注了不可磨灭的智慧和心血。

1954 年，程潜担任了湖南省人民委员会主席，尔后称省长。前后任省长共 14 年，这是近 80 年中执掌湖南政务任期最长的一人。这期间，他又身兼数职，加之年事已高，力不从心，但他总是在力所能及的情况下参政议政，勤勤恳恳，兢兢业业，搞好本职工作。他经常深入各地视察、检查工作，溃垸后的南洞庭湖、荆江分洪工地，"大跃进"中的浏阳、醴陵和湘潭，偏僻的湘西，到处都留下了他的足迹。

程潜敢于尊重客观规律，坚持实事求是的原则。1955 年 7 月 23 日，在全国人大一届二次会议上，他作了讨论、审议第一个五年计划草案和预决算报告的发言。他在充分肯定成绩的基础上，向大会提出了十分中肯的意见。他着重谈到要反对急躁冒进和发扬实事求是的工作作风。在会上，他直言不讳地说：从去年起，在中共中央、毛主席和国务院的领导下，在全国范围内，开展了反对和批判右倾保守思想的斗争。这一斗争取得了辉煌的成果，使我们国家的政治形势发生了深刻的、根本的变化，社会主义已经取得了决定性的胜利。但是，也应该看到，在反对右倾保守思想的同时，在某些地区、某些部门也出现了急躁冒进倾向。例如，农业生产合作社生产计划的偏高和不够全面，农业生产的单打一和忽视副业经营，新式农具和优良品种的盲目推广，扫盲工作中的好大喜功，轻工业生产中的忽视质量规格，等等。所有这些盲目冒进的倾向都是和反右倾保守思想的正确要求不相符合的。反右倾保守，是反对那种安于现状的思想，在这种思想指导之下，人们趑趄不前，畏首畏尾，束手缚脚，把应该办而且能够办的事情搁下来不办，应该快些办而且能够快些办的事情缓缓地办。毫无疑问，这种现象是应该反对的，不反对右倾保守思想，我们的各项工作就将如蜗牛行步，不能前进，就要犯大错误。急躁冒进则是超越客观可能的倾向，是不顾客观条件、不从实际出发的主观主义倾向，其结果自然也会招致损失，在某些情况下还要导致强迫命令、脱离群众的恶果。因此，即使这种倾向只是存在于某些地区和某些部门，即使这种倾向还只是萌芽状态，我们都应该强调指出来，大力克服它。这种急躁冒进的倾向，在某些高级机关固然有，但由于下面各级机关将任务层层加重，把完成任务的期限层层缩短提前，所以显得较严重一些。下面有不少的干部，在社会主义革命的高潮中，政治热情和积极性很高，他们怀着善良的愿望，主观上想为群众多办点事情，但缺乏实事求是的工作作风，思想方法片面，所以百废俱兴，齐头并进，其结果就产生了急躁冒进的倾向。我想，领导者的责任，一方面应该具体地、有分析地检查自己所领导的单位是不是有急躁冒进的倾向，如果有，它的程度怎样？对下面产生了什么影响？如何克服？另一方面，应该向下级机关和干部进行说服教育，说明过与不及都是不对的道理，让大家懂得，应该开展两条路线的斗争，既要反对保守主义，也要反对急躁冒进。必须认识：思想方法的问题，是一个必须在较长时间内在实际斗争中不断学习、不断提高始能求得解决的问题。如果不进行具体分析，不进行说服教育，一声喊"反对急躁冒进"，就会把问题扩大化，导致另一个极端。而这种泼凉水的办法，只能使下面的干部感觉：昨天右了，今天"左"了，一无是处，无所措手足。——而这是会造成很大损失的。

他还明确提出：中央和地方的分权，最重要的标志是财政管理上的权限和机动性。1956 年国家预算开始注意到这点，不久还要提出具体办法做系统的规定。我认为这是正确的，我们的国家幅员很大，各地区的自然条件、人口密度、民族情况、经济基础、物质资源、事业发展情况、国家重点建设的分布条件等等方面，都有着千差万别，不注意到各地区的特点和差别，中央管得太多、过紧、过细，就很难发挥地方的积极性，许多应兴办的，可以办的事项，地方就将感觉手长袖短，无能为力。反分散主义是对的，反本位主义、地方主义也是对的，但发挥地方的积极性，调动地方的积极力量来支持中央，支持全国的建设事业，同样也是对的。

他曾两次出国访问，一次是到斯德哥尔摩参加世界和平理事会紧急会议，途经莫斯科时，他发表了呼吁保卫世界和平的激动人心的讲演。

最使他终生难以忘怀的是，1956 年 11 月 15 日至 1957 年 2 月 1 日，他作为全国人民代表大会代表团副团长，接受了苏联、捷克斯洛伐克、罗马尼亚、保加利亚、阿尔巴尼亚和南斯拉夫 6 国的邀请，率代表团进行了友好的访问。在历时 79 天的访问中，程潜怀着无比激动的心情，同这些兄弟国家的议会、政府、党和群众团体的领导同志们和各方面的工作人员进行了亲切的谈话，访问了许多美丽的城市和乡村，参观了许多规模宏大的工厂、农庄、学校、科学文化机关和市政设施。所到之处，到处都是夹道欢迎的人群，沿途时常听见为欢迎代表团而演奏的中国音乐，看见为欢迎代表团而悬挂的中国国旗，在不少的地方，连欢迎的标语也是用中国文字写的。他们称呼代表团是"伟大的中国人民的使者"。面对此情此景，75 岁高龄的程潜，似乎年轻了许多，他作为"中国人民

在 1956 年中国人大代表团访苏期间，程潜副团长于克里姆林宫拜会苏联外长莫洛托夫，中立者为中国驻苏大使刘晓。

的使者"而感到无比的荣幸和自豪。

在苏联访问的 18 天中，他随团访问了苏联首都莫斯科，访问了十月革命的摇篮列宁格勒等大城市。在莫斯科，他拜谒了列宁、斯大林墓，敬献了花圈。在列宁格勒，参观了十月革命武装起义的总部斯莫尔尼宫，参观了拉次列夫的列宁避难所，参观了炮打冬宫光荣起义的"阿芙乐尔"号巡洋舰等革命的遗迹和纪念物。

在访问过程中，程潜亲身体会到这些兄弟国家的人民对于我国人民是有着深厚友谊的，他们把中国人民革命的胜利看做是自己的胜利，把中国社会主义建设的成就看做是自己的成就。他们对我国社会主义工业化的发展速度，对我国

在短期内基本上完成了农业合作化并且在合作化的基础上所得到的农业生产的成就，对于我国采用和平改造的方法顺利地进行对资本主义工商业的社会主义改造，对于我国人民民主统一战线的日益巩固和扩大，都感到很大兴趣。代表团这次访问是带着中国 6 万万人民对这些兄弟国家人民的深厚友谊而去的，也带着这些国家的人民对中国人民的伟大友谊回来了。

访问归国后，全国人大常委会在 3 月 31 日下午举行第五十次会议扩大会议，由全国人民代表大会代表团团长彭真做关于《中华人民共和国人民代表大会代表团访问苏联等六国的报告》，程潜等副团长作补充报告，畅述访问观感。程潜副团长说，在这些兄弟国家进行友好访问的每时每刻，都感受到兄弟国家人民对中国人民的深厚友谊。他说，他看到各兄弟国家都有着雄厚的经济力量和强大的国防力量。因此，他相信世界和平是有保证的。

程潜不顾年迈体弱，尽量到各地视察，了解人民疾苦，倾听群众呼声。1958年8月15日，骄阳似火，程潜以全国人大常委会副委员长、湖南省省长的身份，冒着酷暑，驱车来到工业新城——株洲，为株洲麻纺厂开工剪彩。在开工典礼上，他热情洋溢地鼓励职工为社会主义建设增添光彩。他说："希望你们以崭新的姿态，旺盛的斗志，高度的劳动热情从事生产，为我国纺织工业迅速地跃居到世界的先进水平而奋斗。光荣属于忘我的、富有创造性的、勇于革新的劳动者。"

程潜对分裂祖国的背叛行为，始终是深恶痛绝的。1959年4月24日，他以全国人大代表大会代表和全国人大常委会副委员长的身份，出席第二届全国人大第一次会议。会上，他慷慨发言，严肃奉劝帝国主义和扩张主义分子：不良的居心永远不能得逞，休想在西藏问题上浑水摸鱼。他的发言不时为热烈的掌声所打断。他声音洪亮地说："原西藏地方政府和上层反动集团，受帝国主义者的唆使，处心积虑地背叛祖国，破坏统一，不惜采取罪恶的手段，发动了公开的武装叛乱。中央人民政府采取英明坚决的措施，迅速扫平叛乱，这不但符合120万西藏人民的利益和愿望，而且符合6.5亿全国人民的利益和愿望。我们认为，各民族从历史上形成的我们国家的神圣统一，绝不容许破坏；中华人民共和国的内部事务，包括各民族之间的关系，可以由自己商量解决和调整，绝不容许任何外人干涉和染指；反动的、落后的，残酷的、暴虐的社会政治制度，绝不容许长期保留。我们的热切的同情心，倾注于身处底层、备受痛苦的广大藏族劳动人民，倾注于追求进步、热爱祖国的藏族僧俗人民。历史发展的客观规律无法抗拒，全世界各族人民的未来，包括西藏人民的未来，只能是社会主义和共产主义；西藏的反动派和反革命派，在一个历史时期之后，将和他们的"神圣的、美丽的"农奴制度一起，归于消灭和死亡。而伟大的西藏人民，在社会主义的祖国大家庭里，则将以自己的崇高劳动，缔造和建设繁荣幸福的生活。

现时世界上有一些帝国主义分子和扩张主义分子，他们张开贪婪的狼嘴，还想喝别人的血，吮别人的脂膏。在西藏问题上，他们扮演了幕后主持人的角色，极尽怂恿、摆布、唆使、挑拨之能事。但是，人们看得很清楚，他们自己的日子很不好过，他们的作为，包括在西藏问题上的作为，并不能挽救他们的日落西山的死亡命运，他们想在西藏问题上讨点"便宜"，结果也只能事与愿违，适得其反，只不过是在全世界人民面前更深刻地暴露自己的丑恶面目，使自己更加孤立而已。现时世界上也还有一些不审时、不度势、不量力，但是居心不

1958—1959 年，程潜在北京。（北京王府井照相馆摄影）

良的人，他们"一叶障目，不识泰山"，看不见或不愿看见整个世界形势的变化，看不见或不愿看见中华人民共和国的伟大变化，他们对西藏问题发表了形形色色的荒唐谬论，他们想继承英帝国主义的遗策，手伸得很长，情不自禁，企图在西藏问题上浑水摸鱼。在这里，我们想严肃地奉劝这些人们：不良的居心永远不能得逞，搞浑水摸鱼的企图永远是一个美丽的肥皂泡。我们同各国的人民之间是友好的，我们的国家相互之间也是友好的，不同的社会政治制度是完全可以和平共处的。中华人民共和国的强大，为一切反对帝国主义的民族主义独立国家撑腰，使他们更加勇敢地站立起来，扬眉吐气，奋发图强。"黄祸"之说，是帝国主义的造谣中伤。我们国家的强大兴隆，仅仅对帝国主义不利，除此之外，丝毫不伤害任何国家和任何人。我们过去、现在、将来都不会干预任何国家的任何内部事务。但是，如果有人还在痴心妄想，不审时度势，想在西藏问题上作什么文章，那么，他们就会很快地发现自己陷入了一种进退维谷、十分狼狈的境地。客观事实的发展，终归要走向主观妄想的反面，到那时，就是所谓最聪明的政治家也将后悔莫及。

在我国三年经济困难时期，作为全国人大常委会副委员长和湖南省省长的程潜，与人民共渡难关。他于1959年底，特意到湘西土家族苗族自治州等地进行视察。这里交通闭塞，经济落后，是湖南最偏僻最穷困的地区。他深入这里的山山寨寨，访穷问苦，了解穷困的原因和自救的办法。尽管当时由于"左"倾错误等多方面的原因，造成经济上的暂时困难，人民过着"苦日子"，程潜却仍然充满乐观主义精神，坚信马列主义、毛泽东思想一定胜利。

1960 年 4 月 9 日，他在全国人大二届二次会议上，就讨论、审议李富春副总理《关于 1960 年国民经济计划草案的报告》、李先念副总理《关于 1959 年国家决算和 1960 年国家预算草案的报告》、谭震林副总理《关于提前实现全国农业发展纲要而奋斗的报告》发了言。在发言中，虽然难免受当时"左"的影响，充满"左"的色调，但他对形势仍作了正确的分析。

1962 年 3 月，春寒料峭，年已 80 高龄的程潜，听从全国人大和全国政协的安排，自告奋勇地以双重身份（人大常委

程潜与夫人郭翼青 20 世纪 50 年代摄于长沙小吴门外陈家垅 11 号，现为韶山路 1 号

会副委员长、全国政协常委）到全国各地视察工作，广泛接触各阶层群众，进行周密的调查研究，根据实地调查所得，提出了改进工作的建议。每到一地，他热情地赞扬各地劳动人民坚持艰苦奋斗的光荣传统，在克服自然灾害、经济困难的斗争中，在工业、农业、文教事业的建设中所取得的成就，也对实际工作中的问题和缺点，提出善意的批评。

在一个风和日丽的下午，程潜偕夫人郭翼青到株洲视察了三三一厂（现叫南方动力机械公司）。他兴致勃勃地参观了航空发动机试车台和二分厂新技术产品陈列室，不断询问该厂的发展情况。他颇有感触地对陪同他视察的副厂长罗振坤说："真想不到在株洲董家塅这个杂草丛生的地方，解放后还建起了这么大的一个国防工厂，靠自力更生生产出高精尖的航空发动机。我们的人民真是了不起，我们的民族不愧为伟大的民族。"

● 肝胆相照

程潜走向光明之路，受到党中央的优厚礼遇，他对共产党衷心拥戴，毫无二心。他置个人得失于度外，立志与共产党肝胆相照，荣辱与共。

1949 年 9 月，他领衔起义不久，应毛泽东主席的邀请，赴京参加中国人民政治协商会议第一次全体会议。

他抵京后，特向记者发表起义后的观感，他说："长沙解放后，本人在长沙和这次经武汉来到北平所目击的一切——解放军的军纪、中央干部的风度和作风、社会的秩序，都使我非常钦佩。在极度落后的社会，又经过 12 年的战争，残破之余，能培养出这么一个崭新的气象，能够这么稳健，这么有条不紊，这么尽其可能保存元气地来进行一个彻头彻尾的革命，确是史无前例的。这正表现了人民力量何等伟大，同时也是由于中共中央领导的正确。"

程潜认为："国民党反动派现在已只剩了一点残破力量，很快就将被中国人民革命的洪流彻底荡涤净尽。"他对蒋、李、阎、白等企图依靠美国和幻想爆发第三次世界大战来挽救他们的命运，认为是完全不可能的。他说，"美帝国主义过去送给国民党反动派的军火、金钱和物资，已经达到惊人的数目，但是三四年间，除开消费以及豪门中饱而外，通通转送了解放军。反动派越打越弱小，现在只剩了一点残破力量，不堪一击了，就是美国再支援他，也没有用处。"关于第三次世界大战问题，程潜说："全世界人民都是爱好和平的，只有一些战争贩子和国民党反动派，为了自己个人的利益，才不顾战争的残酷，使用各种方法鼓励战争。但是爱好和平的力量经过第二次世界大战更为强大了，不单是支持和平的国家互相团结，极力反对战争，就是美、英两国人民的反战情绪，也日益高涨。最近的和平运动，弥漫全球，便是例证。而且，中国的解放，纵然未能消灭世界战争，也已冲淡世界战争的气氛。"

程潜以一个三民主义信徒的资格提出了他今后的主张。他说："在孙中山先生逝世后，国民党受了以四大家族为首的反动官僚集团把持操纵，渐次走上极端反革命的道路。新中国是以工农联盟为基础的，而以工人阶级居于领导地位，今后必须积极参加以苏联为首的世界和平民主阵营。所以依照我个人的意见，孙中山先生的三大政策，至此实有进一步发展的必要。我以一个三民主义忠实老信徒的资格，愿意本着孙先生的一贯革命精神，提出三项简捷明了的主张：联苏、协共、服务工农。我之所以主张'协共'，因为中国共产党无疑应是人民民主政府的领导者，国民党革命分子应该居于协助的地位。再者，今后国家政权，既以工农联盟为基础，当然一切须为工农服务。"

21 日下午 7 时许，华灯初放，群星璀璨，政协会议在怀仁堂隆重开幕。礼炮 54 响过后，毛泽东主席致开幕词。毛主席用浓重的乡音庄严宣布："我们的工作将写在人类的历史上，它将表明占人类总数 1/4 的中国人从此站起来了。"程潜无比激动，老泪纵横，和代表们一道，热烈鼓掌，他恨不得喊出自己的心声：人类历史翻开了新的一页，我程潜从此也走向了新生的光明大道。

果然，他作为特别邀请代表，在当日开幕式上，作了热情洋溢的发言，倾吐了发自肺腑的心愿。他激昂慷慨地说，今日人民政治协商会议开幕，本人参加出席，引为非常荣幸，衷心愉快。

他说，本人参加革命 45 年，追随中山先生将清朝推翻，不幸随即出现了北洋军阀，造成十余年连续不断军阀混战与镇压中国人民的局势。最后中山先生目击苏联革命伟大的胜利，深知中国革命必须效法苏联，于民国十三年坚决改组国民党，确立了革命的三大政策——联苏、联共、扶助农工。因此，国民党内与中国人民，外与反侵略的苏联相结合，得到广大人民的拥护及国际的同情，始能进行北伐战争。北洋军阀倒了，哪知专政竟又落到蒋介石及其反动集团的手里，重蹈袭北洋军阀压迫人民之故伎以自私自利。这是国民党最可痛心的一桩事。厥后为了反对帝国主义的侵略，全国人民团结抗日，我们忍气吞声和蒋介石合作，幸赖全国人民的伟大力量，把日本帝国主义打倒。哪知蒋介石贪人民之功据为己有，便趾高气扬，穷凶极恶，撕毁政协决议，发动内战，直到今日还在负隅顽抗。我们革命，目的本来不在转换朝代，而是要求社会变质，是要把数千年来的封建专制彻底推翻，把近百年来的帝国主义压迫扫除净尽。但是数十年来努力革命，仍旧免不了仅仅变换形式，尤其是革到最后，居然革出一个独裁的法西斯的蒋介石及其四大家族来。蒋介石的专制横暴，比之满清，比之北洋军阀，甚过万倍，皆有事实证明：蒋介石丢开了日本帝国主义者，又勾结了美帝国主义者。除此而外，蒋介石更增添了培育了一个庞大无比的官僚资本集团，更造成法西斯的特务恐怖统治，真是兆人所指，道路侧目。我们参加这种所谓"革命"的人感到非常惭愧，也非常愤慨。

这所新的大厦，在没有建造起来的时候，这一群人常常闹着外来的大强盗，就是帝国主义。家里常常闹着一群小偷，就是官僚资本家和封建地主。中间有一根柱子，它也是常断的。这帮外来的大强盗和家里的小偷们破坏它、迫害它。这根柱子是什么？就是民族工商业者们。现在这老的柱子，变成新的柱子了。

在全国政协一届一次会议上发言的程潜

民族工商业者们共同地卖气力建造新的大厦了。小偷快完全消灭了。大强盗不许进门了。

这所新的大厦的环境，多么美丽！多么伟大！有很多座高山，很多条江河，统统趋向着一个很大的大洋，就是太平洋。太平洋应该是太平的。可是一群小的海盗，想倚靠着大的海盗，来兴风作浪，并且强盗们自己先闹起来了。只有沿太平洋的各国人民自己觉悟起来，才能保障太平洋的太平。

这所新的大厦，有5个大门，每个门上两个大字，让我读起来：独立、民主、和平、统一、富强。

这些新的大厦，周围有很辉煌灿烂的墙壁，墙壁上写着一行一行顶大的大字，就是中国人民政治协商会议共同纲领。

回过头来想，为了建造这所新的大厦，不知多多少少人卖尽了他们的气力，流过了他们的血汗，多多少少劳苦大众、爱国志士，伤残了他们的肢体，牺牲了他们的再宝贵没有的生命，就是换得来这所新的大厦。

这所新的大厦完成了。这所新的大厦的主人，四万万七千五百万人民，大家要站立在各个岗位上，去好好地工作了，我们全国人民要谢谢建造这所新的大厦的几百万人民解放军战斗员、指挥员，他们的总司令朱德先生。我们全国人民要谢谢领导建造这所新的大厦的空前伟大工程的中国共产党主席毛泽东先生。

程潜衷心拥护共产党的各项方针、政策，总是坚决贯彻执行，言听计从。但他从不作阿谀奉承之词。他凭着自己"历世悠长阅世深"的非凡经历，凭着自己丰富的政治经验，敢于面对现实，对我党存在的某些阴暗面和腐败现象洞察先机，忧虑深沉。他曾经三次和章士钊先生一起向毛泽东主席进谏。提出要从严治党，严肃整风。毛泽东诚恳地听取了他的意见，认真纳谏，在全党开展了声势浩大的整风运动。

新中国成立不久，程潜曾向毛泽东提议：在省政府、省政协，应设立参事室这一机构，用以安置投入革命阵营的旧军政人员和知名人士等。毛泽东主席非常赞同，随之便有了参事室，在当时对社会稳定起到了积极作用，该机构一直延续至今天。

1958 年 3 月 16 日下午，北京的天空万里无云，风和日丽，各民主党派和无党派民主人士 1 万人，在天安门广场南端举行史无前例的社会主义改造促进大会。主席台面向雄伟壮丽的天安门。在主席台两侧，高悬着巨幅红底金字标语："接受共产党领导，走社会主义道路。"

作为民革中央副主席、大会主席团成员的程潜，目睹大会的壮观情景，心情无比激动，他对坐在主席台上的李济深、郭沫若、黄炎培等人说：我们要与共产党肝胆相照，把心交给党和人民，把一切贡献给伟大的祖国，贡献给勤劳智慧的人民，贡献给共产党。

会议结束后，盛大的万人游行队伍从天安门分东西两路沿着广阔的东西长安街行进。程潜精神抖擞，走在东路游行队伍的前面。中国国民党革命委员会党员，抬着一颗巨大的用红布做成的"心"，上面横写着"把心交给党"的字样，在蓝天下熠熠闪光。程潜默念着：是呵，我要活到老，学到老，干到老，把晚年献给共产党和社会主义事业。

1959 年，庐山会议后，程潜为"彭黄张周"的千古奇冤而老泪纵横，暗暗泣不成声。他觉得在共产党内部，不要像曹氏兄弟那样，煮豆燃豆萁，相煎何太急，残酷无情。他曾悲愤地说，"彭老总的为人我是知道的，我在 1939 年在西安任天水行营主任时，常与他交往。他一身正气，光明磊落，赤胆忠心，忧国忧民，敢吐真言，何罪之有？"后来，他的秘书将这一情况报告给周总理。不久，周总理特来程潜家做解释工作："颂公，情况复杂呵，许多事情需要等历史来作结论，我们应坚信党，坚信真理，识时务者为俊杰嘛！"

程潜仍百思不得其解，怎么也想不通，革命一生、戎马倥偬的将帅，转眼之间竟成了反党罪人？但他出于对周总理的尊敬，不便妄加辩驳，表示庐山会议是中国共产党内部的斗争，他无需多说什么，他一再进言：希望今后不要这样搞，和为贵呀！

程潜性格内向，城府甚深，一向不苟言笑，但他敢于面对现实，直言不讳，将荣辱得失置之度外，勇于向共产党痛陈时弊，大胆进谏。1958午，当总路线、大跃进、人民公社这"三面红旗"刚从地平线飘起的时候，他开始也跟着喊"三面红旗万岁"。但随着时间的推移，"三面红旗"的失误明显地暴露出来，"瞎指挥，浮夸风，高指标"愈演愈烈，"五风"越刮越猛。一时间，经济失调，田园荒芜，人民过起"苦日子"来了。面对严酷的现实，程潜挺身而出，向中央和省委有关领导陈述自己的不同看法，认为再不"刹车"，就要"祸国殃民，愧对革命先烈，愧对炎黄子孙"。他一针见血地指出问题的严重性，使人振聋发聩，深思警觉。

程潜直面人生，爱憎分明，表现了"直如蛛丝绳，清如玉壶冰"的崇高情怀，赢得党内外同志的赞许。他那"荣辱与共，肝胆相照"的言行举止，表明他不愧为共产党的真诚净友和畏友。

◉ 晚节弥坚

程潜率部起义，投向人民，已近古稀之年。他担任湖南省人民委员会主席一职时，已过70岁高龄，共任职14年，直至86岁高龄去世。其间，自1958年2月起，任全国人大常委会副委员长恰好10年，自1954年9月起，任国防委员会副主席，共任14年。自1956年起，担任民革中央副主席，经历12个春秋。他担任如此多的重任，始终勤于参政，晚节弥坚，直至生命的最后一息。台湾国民党当局在《传记文学丛刊》的《民国百人传》中，以《程潜晚节不坚》为题，在传记中写道："程潜竟于1949年8月3日（应为8月4日——作者）宣布向共产党靠拢。这一转变，使国民党原来守卫广州的计划无法实现，更加速大陆局势的剧变与恶化。"这一叙述，恰好从反面证明程潜晚节弥坚，他领衔起义，投向光明，具有划时代的意义。

他在任省长14年期间，尽管年事已高，身兼要职，但仍竭诚尽力，按时主持省政府的各种重要会议，每届省人代会的《政府工作报告》、《开幕词》、《闭幕词》，他都不要"秀才班子"包办代替，而是根据平日掌握的第一手材料，亲自拟写提纲，然后一丝不苟、字斟句酌地修改定稿。因此，他的报告，生动具体，具有震撼人心的力量。他还按期邀请厅局级干部作专题汇报，并根据上面精神和下面实情，做出令人信服的指示。许多同志深有感触地说："解放前，湖南人民称颂公为'家长'，解放后，颂公不愧为德高望重的一省之长。"

程潜洁己奉公，一直为世人所传颂。解放前夕，他将自家的一百多亩田契，一一分给农民，使耕者有其田，土地还老家。当时有人提出："颂公可给五小姐（程潜的女儿）留点田产吧。"他一点也不留，回答道："她要自食其力，不能靠父母的田产过日子。"他曾经对他的秘书杨慎之说："我一生不置恒产，解放前夕我把土地还给佃户。我身无一文，只有两件旧狐皮袍子，现在我的穿着，完全是人民政府给的。"

程潜与夫人及 5 个女儿：程熙、程渝、程文、程欣、程丹（最小的女儿 1958 年 11 月 28 日才出生）

1958 年摄影（中国照相）

解放初期，毛泽东主席考虑到他的子女多而年幼，加上旧部众多，花销较大，便亲自批给他每月 5 万斤大米（后折合人民币 5000 元）作为他的特别费，由他随时使用。程潜深感待遇优厚，并无他求，得此照顾，十分感激，指定省政府秘书长张孟旭为他经管，凭条支付。虽然如此，程潜还是从严掌握，多数用于救济确有生活困难的一些"辛亥革命同志会"的老人。其余部分除赴京开会支领三五百元外，从不随便花费一分一文。薪金制后，先定为四级，后三级，月薪 420 元。他的家庭日用开销从不动用特别费。

程潜平日不喝酒，不爱盛馔，不喜穿戴，常着布鞋。洁己清廉，是他的一贯作风。早在1939年，他任天水行营主任时，就约法三章，尽量节省开支。他曾对当时的少将参议、人事科长兼交际处长康问之说："行营机关大，无论从前方来的主要军政官员也好，在地方的绅士也好，包括在行营的40余名俄国顾问，我们都要和他们打交道，免不了要设宴招待，你必须本着节约的原则，一般酒席每桌不要超过10元。简言之，千万不要浪费，不要讲排场，乱花国家一分一文。"

他平日的生活也很简朴，衣服、鞋子都喜欢穿旧的，因为舒服，特别是内衣、裤，一定要白色土布做的，共三套，南方梅雨季节干不了，只好用熨斗烫，还不让做新的。饭食保持一般人家水平。他最喜欢吃醴陵乡下的小鱼干（小鱼嫩

程潜在长沙家庭院内（1965年）

子），和豆豉辣椒炒在一起，又好吃，又下饭。家里的厨师是程姓族人，自己家里养猪，自制熏腊肉、熏猪肝，以及熏鱼用来蒸炒，地道的湘菜。其它如冬天喜欢吃羊肉炖白萝卜、菌油蒸鸡蛋、炒回锅肉和各种菜蔬，荤素搭配。一般中餐、晚餐三四个菜、一个汤，有客人时会加菜。早餐则更为简单：白米粥配皮蛋、咸蛋和醃姜片，一杯牛奶、一片面包加黄油、果酱，或馒头、包子等替换吃。他常说："生活上的特殊化，骄奢淫逸，势必脱离群众。"可是，他对那些经济上有困难的同志，总是解囊相助，常把自己的稿费、衣物慷慨地捐献给他们。

程潜的晚年生活很有规律，黎明即起，做做室外活动。

早餐后，独自静坐——背古书，如诗经、歌赋之类，身边工作人员称之为念"经"。念"经"之后，总要练习一阵书法。他念"经"、练字之时，任何人都不接见，由秘书在门口挡驾。

他在工作之余，经常挥笔写诗，已成为一种癖好。他写的诗，沿袭汉魏古风，古朴苍劲，雄健豪迈，以诗叙史，气魄宏大，曾被章士钊等文坛名士誉为一代钟吕之音。1984年黑龙江人民出版社为他出版了《程潜诗集》，精选了程潜在不同时期的诗作170余篇，由叶剑英元帅题写书名，由赵朴初作了"题记"。"题记"云："深郁而永扬，无异阮嗣宗。风华而天秀，实与大谢同。赵叟非谀者，评语出至公。良由所立大，风操劲且崇。典雅而敦厚，进退为世隆。英华谈积久，豁尔能贯通。谁知三军帅，诗亦一代雄！"赵朴初的评价并非言过其实。的确，程潜不仅是战场上指挥若定的老将，也是诗坛上颇负盛誉的名家，尤晚年做诗不辍，以诗言志，独具风格。钱仲联教授曾编过一部《近百年诗坛点将录》，把清末至民国有影响的诗人，配上水浒一百单八将的姓名、绰号，加以评价。这一阶段全国诗人众多，想入选颇不容易。湘籍诗人入选的仅有8位：程潜、谭嗣同、释敬安、曾广钧、易顺鼎、邓辅纶、王闿运、程颂万。当时国民党将领中，名大于程潜的谭延闿，虽也写了不少好诗，都未受到青睐。而独将程潜列为"地僻星打虎将李忠"，可见编者在评选中，是独具慧眼的。

《点将录》对程潜的评价是："国民党人不乏能诗者，军人工诗者未闻。程潜治军30余年之久，治诗之年更久。自序《养复园诗集》于明尊青田，于清尊湘绮。赵熙为其诗集作序，谓'八代中先生盖久有以自处矣'。今其集中所存，皆为五言选体，七古乐府仅数首，近体诗无一首。虽其乡邓辅纶、王闿运之笃古亦无程之专。"后来人们称程潜为"诗坛'打虎将'，起义老将军。"

"文化大革命"的浩劫开始在神州大地蔓延时，程潜感到无比震惊，对出现一些颠倒黑白、"虎狼共处"的怪现象，虽然"慎所思"，也无法捉摸，但他仍然坚信"当然胜利属中州。"他在《秋兴八首》（《养复园诗集新编》第191～193页）中写道：

真理争先一着棋，贫民专政敌方悲。
鼎新革故开天地，自力更生度岁时。
工跃农团兵作则，男腾女奋少前驰。
虎狼共处秋林寐，进退踌躇慎所思。

闽台峡口到汕头，烽火连年接九秋。

志士枕戈防寇虐，渔民结队遏边愁。

巡风纲布招青鹤，破浪舟移起白鸥。

立国堂皇凭正谊，当然胜利属中州。

正当派性斗争四处泛滥，神州大地恶浪翻滚，到处是侮辱人格的谩骂，到处是无休止的斗殴，老干部受到残酷的迫害。程潜深感余生的道路将有风霜雨雪，会有陷阱坎坷，急流险滩。他以《无题》（《养复园诗集新编》第193页）为题，愤然写道：

萁豆本是同根生，煮豆燃萁太无情。

豆泣釜中终化腐，萁燃釜下早成尘。

1967年春，乍暖还寒，程潜进入85岁诞辰。这时，林彪、"四人帮"倡乱大作，扰得国无宁日，人心惶惶，程潜忧愤彷徨，悲痛至极。就在85岁寿辰这一天，他研墨做诗，以《丁未八十五岁咏怀》（《养复园诗集新编》第194页）为题，连续做诗五首，巧用释家隐语，表达自己难以言状的心境。

其一

历世悠长阅世深，婆娑尘宇度光阴。

志不要名勇拂绩，坦怀报国表真忱。

其二

扰扰魔群了又孳，魔生孽长浩如林。

五中荡涤期干净，还我原来赤子心。

其三

阿弥陀佛阿弥福，阿弥福佛阿弥陀。

阿弥陀福皆成佛，陀福由来共一家。

其四

一障新除一障生，既非利己又何名？

手中紫极降魔柱，魔障高高柱未倾。

其五

中国立权属民有，亿兆心同理更同。

不畏强□不侮寡，煌煌屹立亚洲东。

形势急转直下，浩劫步步升级，许多老干部在戎马倥偬、南征北战的艰难岁月，没有惨死在敌人的屠刀下，却在"天怒人怨"的浩劫中被迫害致死，蒙受着人间诉不尽的冤屈。在这度日如年的日日夜夜，程潜住在宽街2号的一栋四合院里，由周总理派来的公安人员为他站岗放哨。庭内苍松翠柏，程潜亲手种的桃树、葡萄等果树，也长得生机勃勃，环境十分幽雅，堪称"世外桃源"。高墙外，群魔乱舞，乌烟瘴气；庭院内，风光依旧，百花盛开。面对此情此景，程潜百感交集，神思恍惚。突然，怒放的牡丹映入程潜的眼帘，他似乎闻到一股特有的芬芳，喜不自禁，欣然命笔，一首《题牡丹》（《养复园诗集新编》第196页）的自况诗一挥而就：

春深浓国色，动风吐天香；

首出心无竞，名归实自扬。

若与群芳比颜色，花花相对黯无光。

这首诗，是程潜晚年生活的真实写照，表达了他高风亮节、洁身自好的广阔情怀。

◉　情深意笃

程潜与共产党的关系由来已久，与毛泽东主席素有渊源，林伯渠不仅是他任北伐军第六军军长时的党代表，而且与他有戚谊，林的弟弟（地下党员）是程潜的大女婿。程潜对毛泽东、周恩来、刘少奇、朱德等老一辈无产阶级革命家衷心尊重，过从甚密，情深意笃。

1952年秋天，天高云淡，金风送爽，毛泽东特邀程潜到中南海划船游览，饱赏这里的迷人景色。他俩兴致勃勃地来到中南海畔，只见美丽的海面和殿阁楼台，错落有致，独具风格，交相辉映，景色优美。毛泽东触景生情，对身旁曾当过自己老上级的程潜说："前人对中南海曾有'翡翠层楼浮树杪，芙蓉小殿出波心'之赞誉，今日置身其间，不知颂公有何感受？"

程潜会心地笑着，不住地点头说，"名不虚传，妙不可言，妙不可言。"

两人坐在同一条小艇上，毛泽东亲自为程潜荡桨。程潜兴奋地说："岂敢岂敢，你是国家元首，已年近花甲，怎能让你为我荡桨？"

"哪里哪里，你是国民党元老，爱国高级将领，又是我的老上级，家乡人，还分什么彼此啰！你已古稀高龄，总不能让你划桨呀！还是客随主便吧。"

1952 年秋游览中南海，毛泽东为程潜划船

毛泽东操起桨来，小艇悠然地向前游动。两人哈哈大笑，笑声在波光粼粼的中南海面上久久回荡。

1958 年，毛泽东到湖南视察，邀宴程潜。这时程潜已当了 4 年湖南省省长，又被补选为全国人大常委会副委员长，他向毛主席请示：年岁不饶人，北京与湖南相距甚远，不便兼顾，要求辞去省长一职，让年轻一些的同志担任。

毛主席风趣地回答："颂公怎么要提出辞职？是不是以为自己用了两个右派（当时在省政府任职的程星龄、谭日高被错划为右派），就引咎辞职？这不要紧嘛，我不是也用了右派？以后您可以半年在北京，半年在湖南。夏初秋末在北京住，春冬两季在长沙住。"停了片刻，毛主席严肃地说，"现在大局安定，领导班子不能随意调换，颂公是中央的人，我们没有把您当巡抚看待，您德高望重，还是您担任省长为宜。"

"好好好，我听主席的安排，尽力而为，尽力而为。"程潜那饱经风霜的面庞上，露出了慈祥的微笑，连连点头同意。

1963 年 12 月 26 日，毛泽东 70 寿辰那天，在中南海举行了家宴，仅请了两桌客人，除了毛泽东自己的亲属外，只邀请了 4 位湖南老人，即程潜、章士钊、叶恭绰和王季范。程潜还带了他的女儿程熙同往。

程潜与毛泽东在中南
海薰亭前(1952 年秋)

家宴操办得十分丰盛，桌子摆满了湖南家乡菜，毛主席还特意叫厨师为程潜加了个豆豉炒辣椒和熏鱼，因为程潜平日最喜欢吃这两样菜。

席间，欢声笑语，气氛浓烈。本不会喝酒的程潜，也频频举杯，敬祝毛主席健康长寿。

这天，程潜特把书写好的组诗赠给毛主席，为毛主席寿辰奉贺。原迹先装帧成册，由章士钊先生置封面。诗中以饱满的政治热情和深情厚谊，歌颂中国共产党和毛泽东主席领导中国人民完成新民主主义革命，进行社会主义革命和建设所取得的丰功伟绩，表达了他对毛泽东主席崇敬之情。组诗《毛泽东主席七十大寿祝诗》(《养复园诗集新编》第 187 页)共书 12 首，诗云：

其一

灵椿长寿不言寿，至德安仁亦利仁。

道大为公天可则，物穷其极理皆真。

鹓雏振翼鸩生妒，海若回潮水共亲。
远届八荒齐拜手，堂堂赤制有传薪。

其二

平生罕说智仁勇，智勇兼仁作一家。
天地立心观不灭，恫瘝在抱意无涯。
良医肱折自神技，老树高枝皆好花。
龙马负来资本论，凿开混沌见光华。

其三

竭来手捧西来法，密结宗盟取次传。
直北已看经散地，入南直觉道同肩。
风开粤海蒙求圣，云暗长江龙御天。
一自豫章扬赤帜，亢阳有悔七逾年。

其四

长短纵横未肯齐，谁凭灵宪定高低。
害群骍马终归北，得意春风尽向西。
月照桂林笼鬼影，道扬遵义踏天梯。
朱旗北斗交相映，万水千山路不迷。

其五

左纛飞扬不怕难，征程万里达天山。
横过青藏入餐雪，逖听燕云敌闯关。
攘遏胜筹犹掌运，陶甄气类互心安。
洪图卫国加经野，冲破重围敌胆寒。

其六

八年归马转多悲，奸宄横行世共知。
作计败盟张虎欲，甘心鬻国与狼私。
籍无平地成天法，会有崩山竭海时。
听到来苏呼满野，看他枯朽一朝夷。

其七

民犹水也民为贵，紧握灵枢定一尊。
谋大不遗防鼠窃，助多焉用怕鲸吞。
鏖兵辽沈空诸巷，困敌京圻断只辕。
陶铸降俘三百万，到头胜利属元元。

其八

徐淮大捷北投戈，舆颂欢娱贵在和。
罪表独夫应不赦，章刊战蠹亦无讹。
月明清浦闻天鼓，风送金鼓听国歌。
夜半渡江传令急，洸洸正气壮山河。

其九

大军南下气恢张，群丑如鳏早自贶。
东起淮扬通百粤，西包滇藏到新疆。
远亲近悦兄迎弟，女跃男歌酒有浆。
我本多年邀默契，喜从中夜挹明光。

其十

天安门启一声雷，中国人民站起来。
合德同仇精爽紧，伤穷悯白智谋该。
山呼永雪臣奴耻，海纳长储创建才。
气象万千光八表，裁成新自斗争回。

其十一

迢迢京阙隐巃嵸，大纛高悬映昊穹。
建国辛勤弘物质，齐民寅亮代天工。
道包本末权衡定，政彻初终上下共。
正德厚生并利用，万般经制一般红。

其十二

万汇人天指画清，要凭主义换和平。

早知豺虎非吾类，未必鸱鸦变好声。

沧海月明看魍魉，神州日食任亏盈。

三多古话应恢廓，大量无虚带至诚。

　　程潜与周恩来总理的关系十分亲密，早在1925年9月国民革命军第二次东征时，周恩来任东征部队总政治部主任，程潜任第三纵队队长，他俩就并肩指挥作战。在1926年北伐战争中，他俩也在战争中结下了深厚的友谊。解放后，周总理经常到程潜家看望程老。程潜也常登门拜访周总理，两人推心置腹，无所不谈。郭翼青与程潜结婚后生下第六个女孩时，周总理特别关心，经常到他家看望，有时抱着小女孩亲亲，喃喃地说："'千金'真乖，快喊声'周叔叔'。"总理幽默的举动，把程潜一家人都逗乐了。

　　历史的车轮轰隆隆地滚到了1966年5月，神州大地，刮起"文化大革命"的巨澜，林彪、"四人帮"兴风作浪，一场凭空制造的空前浩劫即将蔓延，一时间，乌云漫天，群魔乱舞。这场灾难终于像瘟疫一样传播到了全国人大常委会和民革中央，尤民革中央机关首当其冲。8月，林彪、江青怂恿"红卫兵"到处揪斗"走资派"，"横扫一切牛鬼蛇神"，他们多次冲击并最后查封了民革中央机关。民革中央已无法进行正常工作，被迫宣布停止一切活动。民革不少领导人和干部遭到揪斗，有些人被"隔离审查"或被非法逮捕关押。有的被迫害致死，造

1958年，程潜陪同周恩来、陈毅等欢迎抗美援朝志愿军归国。

成了令人痛心的后果。

在此人妖颠倒、局势混乱的紧急关头，周恩来总理以大无畏的气概和胆略，挺身而出，保护一大批高级领导干部。8月30日晨，周恩来总理亲笔写了一份加以保护的重点人物名单中，第四位便是程潜。

正当造反派开始大肆打砸抢抄的时刻，一天，国务院来了一位同志要接程潜走，此人不报姓名，不讲具体工作单位，不允许家人相随，本来忧心忡忡的程潜，莫名究竟。程潜的家属更是无比惊骇。郭翼青叫司机去看看（司机常与程潜外出活动，认识的人很多），得知是总理办公室的人，家里人才放心。原来，周总理见局势严峻，浩劫骤起，便派人将程潜送到三〇一医院保护起来。后来程潜家里人在电视中看到程潜与毛泽东主席一起在天安门城楼检阅红卫兵，才千斤石头落了地。一次接见红卫兵时，程潜向毛泽东主席提出要回家。毛泽东主席同意了他的要求。程潜回家后，周恩来总理还派了两名公安人员住在他家里，保护程潜的安全。

1968年初，程潜在家里不慎跌了一跤，造成骨折，被送到北京医院治疗。周总理十分关心程潜的治疗问题，派出最好的大夫和护士，亲自组织制定治疗方案，决定为程老做手术。可是，浩劫甚嚣尘上，北京医院很快发生了大变动，周总理派来的大夫、护士全部被撤换，治疗方案全部被改变，医护人员对程潜的态度非常粗暴，有人还说："像你这种人，任何人任何时候都可以贴大字报，都可以揪去批斗。"他气得怒目圆睁，每根神经都在颤抖，但也无可奈何，人妖颠倒是非混淆啊！到了4月份，由于肺炎引起大量出血，程潜溘然长逝。

周总理非常关心程潜的安葬问题。对于国家领导人去世后的安葬问题，当时中央没有明确规定，只是一般都土葬。1956年4月27日，毛泽东、刘少奇、周恩来、朱德、邓小平等151位党和国家的高级干部在中南海紫光阁举行的中央工作会议上倡导移风易俗，身后实行火葬，只留骨灰，不保留遗体，不建坟墓。毛泽东带头签名身后火化。当时因程潜不在北京，也就没有签名。程潜生前也确实准备在死后用棺材安葬，并经中央批准在湖南老家为自己准备了一副棺材。这副棺材是用东北红松特制的，做的套棺、双棺，每油漆一次，就用麻布缠绕一次，如此反复多次，无比牢固，货真价实的"千年屋"。他生前希望身后能归葬湖南岳麓山，与战友黄兴、蔡锷作伴。当时家里人劝他还是移风易俗，火葬为好。程潜临终时也同意火化。程潜逝世后，周总理因了解程潜过去的心思，便派人与程夫人郭翼青商量。来人说："听说程老生前一直想用棺木，这是可以的，你们不要有什么顾虑。"因程潜家里人不愿意给周总理添麻烦，所以都表示同意火葬。周总理仍不放心，曾两次派人来商量，直到最后他亲自到程潜家，找了郭翼青当面商量，才决定火葬。

程潜逝世后，有关部门受"左"的干扰，仅发给程家500元就不管了。当时，大女儿从事美术工作，二女儿因对"文化大革命"充满怀疑并在信中写了"睡在毛主席身边的赫鲁晓夫不是刘少奇"等不合时宜的话，而被关押，三女儿、四女儿、五女儿在工厂劳动锻炼，六女儿仅10岁。在程潜家属最困难的时候，程潜的大女儿收到王海容寄来的一封信，让她到外交部去一趟。见面后，王海容告诉程潜女儿，是周恩来总理让找她的。王海容询问她家里有何困难，并将情况向总理作了汇报。总理随即让国务院管理局每月定期给程家补助140元（即6个女儿和保姆每人20元），解决程家的实际困难。

程潜与刘少奇、朱德、陈毅等国家领导人也交情甚笃。朱德曾把自己栽培的珍稀墨兰送给程潜。程潜精心培养，让象征友谊之花永不凋谢。"文革"中，程潜发现附近贴有丑化朱德总司令的大字报和漫画，便让女儿程渝赶快写上"毛泽东思想万岁"的标语贴在上面。他还气愤地对家里人说："林彪诡计多端，没有修养，一副奸相，绝没有好下场。"程渝学着爸爸的口气，谈了同样的看法。后来有人告密，程渝因而惨遭横祸，被关押了好几个月。

当斗争刘少奇主席时，程潜悲愤不已，让服务员把刘主席的像挂起来，无

程潜与毛泽东、朱德等党和国家领导人在一起。

所畏惧地说："还没有取消少奇同志国家主席的职务，为什么不能挂他的像？我偏不信邪！"

他坚决反对斗争陈毅、彭真同志，理直气壮地说："他们久经考验，为国为民，出生入死，是毛主席的左右手，不应随意砍去。"

◉ 自有评说

1968 年，天怒人怨的林彪、"四人帮"制造的浩劫，使全国人民蒙受的灾难愈益深重。86 岁高龄的程潜，眼见全国的混乱局面，忧心如焚，百思不得其解：为什么在一个有着数千年文化传承的文明古国里，竟然如此打砸抢抄？为什么都是炎黄子孙，还要互动干戈？为什么还要"革那些革过命的人的命"？他老病交加，心力交瘁，病情日益危重。4 月 9 日，他不幸与世长辞，走完了人生的最后旅程。

噩耗传来，首都北京，古城南京，三湘四水，笼罩着一片哀痛。人们为这位经历三个朝代的高级将领、著名的爱国人士和国家领导人默默致哀。

年方 49 岁的郭翼青，顿感晴天霹雳，柱倒天倾，12 日晚间，正当程潜家属处于无限悲痛的时刻，周恩来总理和江青、康生、谢富治等在开完会后来到程潜家里悼念，并向郭翼青及其子女表示深切的慰问。郭翼青见到周总理那潇洒倜傥的领袖风度，听到那豁达开朗的政治家的话语，感到无限的慰藉。她鼓起勇气，向人民的总理问了一句多年想问而来不及也不便于问的问题："总理，程潜究竟算什么人？我家到底算什么成分？"

室内的空气似乎要凝固起来，静得人的呼吸声也清晰可闻。程潜的亲属个个屏声静息，等待总理的回答。周总理那饱经风霜、布满愁云的脸上，显出深沉的表情。突然，一个洪钟般的江苏口音在厅堂里响起："颂公当然是革命干部嘛！他与共产党合作那么多年，抗日功勋卓著，和平起义义声昭著，还是一级解放勋章的获得者嘛！解放后，他身负要职，鞠躬尽瘁，死而后已。你们的家庭当然是革命干部家庭嘛！"

"谢谢总理！"程潜夫人郭翼青和子女们，几乎同声道出了无限感激之情，每人的脸上挂满了激动的泪花。

4 月 12 日，中国国民党革命委员会在八宝山革命公墓礼堂，为程潜举行了追悼会。参加追悼会的有民革中央副主席熊克武，在京民革中央常委和中央委员卢汉、卢郁文、刘斐、朱蕴山、翁文灏等。著名爱国人士李宗仁、章士钊以

2005年5月，程潜与夫人郭翼青合葬移灵，六个女儿走在最前面，从右至左：程熙、程丹、程玉、程渝，第二排从右至左为程文、程欣。

及程潜的家属也参加了追悼会。

朱蕴山在会上致追悼词。他在介绍程潜解放前的生平经历后，沉痛地说："全国解放后，程潜先生历任湖南省军政委员会主席，中南军政委员会副主席，湖南省人民政府主席、省长，中央人民政府国防委员会副主席，第一届全国人大常务委员会委员，第二、第三届全国人大常委会副委员长，第一届全国政协委员，第二、第三、第四届全国政协常委，民革中央副主席等职。程潜先生关心时事政治，拥护党的政策，在1957年民革中央的反右斗争中，起了很好的作用。程潜先生对于和平解放台湾也作了努力。"

千秋功过，谁人曾与评说？在"四害"横行、人妖颠倒的1968年，连追悼词也不能对一个有功于国、有利于民的高级爱国将领作出正确的评价，进行充分的肯定，只有在粉碎"四人帮"以后，特别是在党的十一届三中全会以后，才能正本清源，拨乱反正，对程潜这样的历史名人，作出符合本来面目的公正评价。

1982年6月29日，民革中央在政协礼堂举行大会，隆重纪念程潜、邵力子诞辰100周年。中共中央政治局委员、全国人大常委会副委员长乌兰夫、全国政协副主席刘澜涛、中共中央统战部部长杨静仁、民革中央主席王昆仑等出席。中共中央政治局委员、全国人大常委会副委员长彭冲，全国政协副主席董其武，民革中央副主席屈武先后讲话。

屈武在讲话中指出："今天民革中央在这里举行纪念大会，纪念程潜同志和邵力子同志诞辰 100 周年。程潜、邵力子都是民革中央已故的领导人，一位是副主席，一位是中央常委。他们出生于清朝，早年都曾追随孙中山先生进行民族、民主革命，参加过第一、第二次国共合作，后来，作为国民党著名代表人物投身于人民革命斗争的行列，为新中国的革命和建设奋斗了终生。这两位老人经历过清朝、民国、中华人民共和国 3 个不同的时代，有着丰富的阅历。他们爱国的、革命的一生，给我们留下了深刻的印象。今天，我们怀着崇敬的心情，缅怀他们一生的事迹。纪念他们的 100 周年诞辰，是有重要意义的。"

屈武在阐述程潜作为孙中山的得力助手的主要事迹后，指出："程潜同志投身于新中国的革命和建设以后，他个人的历史展示了新的光辉一页。1949 年 9 月，他出席了在北京召开的中国人民政治协商会议第一届全体会议，参加了中央人民政府的建立。同年 11 月，他和张治中、邵力子等原国民党著名代表人物加入了民革，并被选为民革中央常委，参加了民革中央的领导工作。后来，程潜同志先后担任了中南军政委员会副主席、湖南省省长、全国政协常委、全国人大常委会副委员长、国防委员会副主席、民革中央副主席等领导职务。

"多年来，程潜同志在中国共产党的领导下，认真负责，积极工作，他时刻关心新中国的革命和建设。积极参加国家重大政治事件的协商。在湖南，他努力贯彻党的统一战线政策，团结、帮助原国民党军政人员一道进步。在民革中央，他协助何香凝主席主持日常领导工作，认真负责，团结同志，在领导各项工作中发挥了较好的作用。

"程潜同志活到老，学到老，平时严格要求自己，注意进行思想改造。他常常勉励别人，跟上时代，不断进步。程潜同志生前十分关心台湾回归，实现祖国统一大业。他多次著文、写信、发表谈话，寄语台湾及海外故旧，希望他们为祖国统一大业尽心献力。总之，程潜同志一生不断前进，从参加旧民主主义革命到投身新民主主义、社会主义革命，经历了严峻的考验，他走过曲折迂回的道路，终于找到了光荣的归宿，为新中国的革命和建设做出了自己的贡献。"

屈武强调说："回顾程潜、邵力子这两位老人漫长经历的一生，我们可以从中总结出不少有益的东西。其中，我以为最主要、最可贵的，就是他们共同具有的那种赤诚热爱祖国，为了祖国的和平、富强、统一而努力进取的精神。

孙中山先生生前留给我们最珍贵的遗产是'和平、奋斗、救中国'的革命精神，程潜、邵力子作为中山先生的信徒，多年来所追求和实践的也正是这种爱国的革命精神。""纪念程潜、邵力子同志，我们希望台湾和海外的国民党军政人员，以他们的爱国精神为榜样，热烈响应叶剑英委员长宣布的关于台湾回归祖国、实现和平统一的方针、政策，推动尽早解决通邮、通航、通商和经济、科学、文化等方面的交流问题。我们都是炎黄子孙，应该共同为列祖列宗争光，为子孙后代造福。我们应该携起手来，共同继承中山先生的遗志，合力建设和平、统一、富强的新中华，借以告慰程潜、邵力子同志于九泉。"

屈武还说，"程潜、邵力子这两位老人还有一个共同的美德，就是一生活到老，学到老，不断进步，与时俱进。这一点对于我们民主党派成员来说，也很有教益。"

屈武最后指出："在党中央倡导加强爱国主义教育和建设社会主义精神文明的今天，我们纪念程潜同志和邵力子同志，要发扬爱国主义的革命精神，虚心学习，不断进步，为了发展我国广泛的统一战线，为了振兴中华，统一祖国，让我们共同作出不懈的努力！"

中共中央政治局委员、中共中央书记处书记、全国人大常委会副委员长彭冲代表中共中央和全国人大在纪念会上对程潜做出了公正的评价。他在讲话中指出，程潜将军和邵力子先生，都是对中国人民革命事业做出过重要贡献的著名爱国人士，是中国共产党的真诚朋友。程潜将军在青年时代即投身于民主革

八宝山革命公墓墓园里程潜与夫人郭翼青合墓

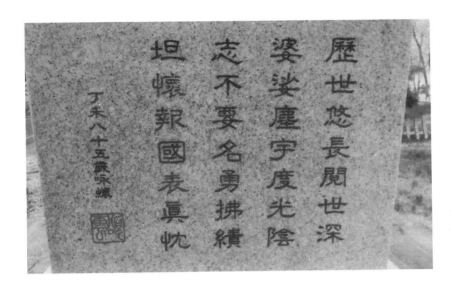

历世悠长阅世深
婆娑尘宇度光阴
志不要名勇拂绩
坦怀报国表真忱
丁未八十五岁咏怀

程潜与郭翼
青的墓碑背
面刻程潜85
岁咏怀诗

命的洪流。他追随中国伟大的革命先行者孙中山先生，积极参加辛亥革命和讨袁、护法、讨伐陈炯明的革命活动。孙中山先生逝世后，程潜将军坚持联俄、联共、扶助农工的三大政策，并以实际行动同共产党人合作。1926 年北伐时，程潜将军任国民革命军第六军军长，林伯渠同志任党代表，他们协调一致，为北伐立下了战功。"七七"事变后，中国共产党号召团结抗日，倡导组织抗日民族统一战线。他率部抗击日本帝国主义的侵略，拥护国共第二次合作，并曾帮助一些共产党员和进步人士从事抗日活动。解放战争后期，他不顾顽固派的非议和反对，同国民党第一兵团司令陈明仁将军一起，于 1949 年 8 月 4 日在长沙宣布起义，投身到人民革命的行列。这对于促进以后国民党将领的起义，加速国民党反动统治的全面崩溃，起了推动作用。

彭冲说，中华人民共和国成立前后，程潜将军和邵力子先生积极参加了中国人民政治协商会议第一届全体会议，参与了中央人民政府的成立。他们分别在政府、人大和政协等方面担任了重要职务，程潜将军还被选为全国人大常委会副委员长。新中国成立以来，这两位爱国老人同中国共产党真诚合作，对人民的事业表现出很高的热忱和负责精神。他们为祖国的社会主义革命和社会主义建设，为巩固和发展我国的统一战线，做出了重要贡献，受到了人民的尊敬。

彭冲说，程潜将军和邵力子先生都是中国国民党革命委员会的卓越领导人。他们对于巩固、发展中国共产党同民主党派的团结、合作，起了重要的作用。今天，当我们纪念程潜将军和邵力子先生诞辰 100 周年的时候，我们伟大的祖国已经进入了一个新的历史时期。我们要加强中国共产党同各民主党派的团结合作，同党外朋友真正建立起肝胆相照、荣辱与共的关系，发展当前的大好形势，共同为把我国建设成为高度民主、高度文明的现代化的社会主义强国贡献力量。

彭冲最后说，程潜将军和邵力子先生曾为第一、第二两次国共合作做出了贡献。他们生前对祖国的统一事业十分关心，并且做出了不懈的努力。对于为我们伟大民族的统一和团结作出过贡献的人，我们都要纪念他、称赞他。实现祖国统一的大业，是我们每个中国人，包括海外一切仁人志士，包括国民党当局在内的义不容辞的神圣使命。我们愿与大家一道，共同努力，为促进祖国统一的早日实现，为加速社会主义现代化建设，造福后代，为创造中华民族光辉灿烂的新历史而共同奋斗。

这是党的声音，这是人民的呼声，这是历史的评说！程潜夫人郭翼青的心情无比激动，热泪流淌。

程潜若在天有灵，一定会含笑于九泉。

后 记

　　程潜是一位高级爱国将领，驰名中外的历史人物，经历了清朝、民国、新中国3个不同的历史时期，走过了86个春秋的漫长道路，宦海浮沉，坎坷曲折，功功过过，是是非非，世人评说纷纭。笔者想写好这样一个"历世悠长阅世深"的风云人物，深感力不从心。"文章天下事，得失寸心知。"在出版社编辑同志的热情支持、鼓励下，笔者自1983年以来，坚持从事日常党史工作，结合征集有关党史、军史资料的同时，陆续收集程潜的生平事迹和有关材料。在多年的采访中，沿着程潜戎马倥偬、官场渺渺的足迹，下江南，上北京，赴南京，到豫陕，奔粤穗，先后到武汉、郑州、开封、洛阳、西安、上海、云南、广州等数十个省、市做调查，到中央及有关省、市档案馆、党史办、文史办查找、参阅有关文献、资料，受到这些单位的热情接待与支持，尤中央档案馆、全国人大档案馆、南京第二历史档案馆、中央统战部、民革中央秘书处、陕西省文史办、河南省志办及省社科院、湖北档案馆、湖南省博物馆、株洲图书馆等单位的李进国、刘永端、言利华、康问之、邓爱琴、刘翔南、王质彬、王法星、马晓南、王普兰、冯文纲、郭秀如、张文国、顾辉辉、杨杏元、柳宁、陈建英、李干国等同志热情为作者提供许多珍贵的史料。作者忘不了赵庆云、奚金芳、张善成、周凯清、王光前、王昌国、张海蒲、李瑶珍、雷屈孚、王风彬、安志萍、陈革、刘蒲云、贺最希、左英等同志，他们不辞劳苦，为作者到各有关单位摘抄资料，校对稿件。尤其是南京大学奚金芳教授，利用假期，带着病弱之躯，一连10余日，到南京第二历史档案馆为作者查抄了许多珍贵文献和资料。此外，还有衡阳东盈房地产集团董事长王卓、株洲知名爱心人士董建华对该书的写作和出版给予了慷慨的支持和帮助。在此，特表深深谢忱。

　　作者在广征博采时，走访了宋时轮、程星龄、汤季楠、陈臧仲、唐鸿烈、程博能、马培苏、黄克虎、文强、朱明璋、陈煦、程杰、曹明星、汪友成、郭翼青、程博洪、程元、程熙、程丹等上百名程潜的同乡、部属及亲属，他们为作者提供了大量的书面材料和口头资料。尤醴陵籍老将军宋时轮上将，一再鼓励作者："写好程潜的传记对于促进国共合作，进行革命传统教育，有着十分重要的意义。"中共中央党史研究室科研局副局长胡丹，热情鼓励作者说："出版程潜的传记具有重要意义，这个人物很值得研究。祝你成功，为党史界争光！"

在采写过程中，还要感谢原湖南省长周伯华、株洲市人大副主任钟燕、醴陵市委书记胡湘之、醴陵市委宣传部长刘海龙、株洲市委党史研究室（市地方志编纂室）主任段谭云，资深律师陈革，湖南铁路科技职业技术学院副教授陈斗，见习律师陈翰，他们给作者精神上的鼓励，财力上的支助，使采写工作得以顺利进行。著名的党史专家、教授林增平、谭双泉、宋斐夫、陈富华等同志也对作者给予热情指导与帮助。

我要特别感谢夫人刘燕平女士，她是一位高中语文教师，优秀共产党员，数十年来在繁重的教学工作之余，承担全部家务和教育子女的重任，含辛茹苦，任劳任怨解除我的后顾之忧，我的写作成就有她的一半，其情可感，我永不忘怀。

在这本书的采写过程中，运用的历史材料数以百计，实难以一一列举，恕难赘述，主要参阅了下列资料：《北伐战争》、《李宗仁回忆录》、《蒋介石生平》、《林伯渠传》、《民国高级将领列传》、《刘斐将军传略》、《彭德怀自述》、《回忆卫立煌先生》、《民国档案》、《国民革命军大事记》、《湖南文史资料》、《文史资料选编》、《中共党史资料》、《湖南统一战线》中的《湖南和平起义》（湘军边、钟德灿）、《和平起义前的程潜》（周全）、《河南文史资料》、《开封文史资料》、《郑州文史资料》、《抗日战争中的河南省委》、《民国春秋》等。

由于作者心钝笔拙，水平有限，时间仓促，收集的资料挂一漏万，书中难免产生谬误和不足之处，敬希专家、学者以及广大读者批评指正，待此书再版时予以增修。

陈利明

2016 年 12 月修订于株洲